线路三维可视化设计理论、方法与应用

吕希奎　著

国家自然科学基金资助(51278316)
河北省自然科学基金资助(E2014210111)
河北省教育厅重点项目资助(ZD20131026)

科学出版社

北　京

内 容 简 介

在三维可视化环境中进行线路方案设计与决策,实现线路的三维可视化设计,使设计过程更加形象直观,对提高线路设计效率和设计质量、直观地查看设计效果具有重要的现实意义和应用价值,已成为线路工程设计信息化发展的主要趋势之一。本书以铁路和城市轨道交通目前最主要的两类线路工程为研究对象,全面论述线路三维可视化设计理论、方法与应用。全书分为两篇共 15 章。内容涵盖了三维地形数据采集、海量三维地形建模、线路三维可视化设计理论和方法、高速列车运动仿真、线路三维景观建模、三维地质环境建模与线路设计应用、三维城市景观建模、数字管线三维建模、城市轨道交通线路三维地质建模理论与方法、城市轨道交通线路三维建模与设计、线路三维漫游等内容。基于研究成果,开发了铁路和城市轨道交通三维可视化设计系统,并给出了应用及实例,以软件系统进一步展示研究内容和成果。

本书可供铁道工程和轨道交通工程领域的科研人员、工程技术人员及管理人员阅读参考,也可作为铁道工程和轨道交通工程专业的研究生教学用书。

图书在版编目(CIP)数据

线路三维可视化设计理论、方法与应用/吕希奎著.—北京:科学出版社,2015.9

ISBN 978-7-03-044796-8

Ⅰ.①线… Ⅱ.①吕… Ⅲ.①城市铁路-轨道交通-铁路线路-设计 Ⅳ.①U239.5

中国版本图书馆 CIP 数据核字(2015)第 124321 号

责任编辑:孙伯元/责任校对:张怡君
责任印制:张 倩/封面设计:陈 敬

科 学 出 版 社 出版
北京东黄城根北街 16 号
邮政编码:100717
http://www.sciencep.com

中国科学院印刷厂 印刷
科学出版社发行 各地新华书店经销

*

2015 年 9 月第 一 版 开本:720×1000 1/16
2015 年 9 月第一次印刷 印张:26 1/2
字数:514 000

定价:150.00 元
(如有印装质量问题,我社负责调换)

前　　言

我国铁路和城市轨道交通的快速发展和建设,使线路设计面临着越来越繁重的工作。随着各种高新技术如数字地球、虚拟现实、科学计算可视化等的不断涌现,各种学科之间相互交叉和渗透、彼此影响和促进,线路勘察设计对数据可视化、仿真模拟、空间分析等方面的需求与日俱增,传统的二维设计方式越来越难以满足这种要求。三维可视化技术以立体技术展示空间信息,不仅能够表达空间对象间的关系,而且能对空间对象进行三维空间分析和操作。三维可视化设计作为线路设计领域的新技术,将设计过程迁移到三维平台上,在三维可视化环境中进行线路方案设计与决策,实时建立工程的三维模型,达到所见即所得的设计效果;使决策者、设计师对线路设计成果有直观的三维立体印象,从而对线路的几何线形、平、纵、横的整体协调以及景观协调等作出更科学的评判;对提高线路设计效率和设计质量、直观地查看设计效果具有重要的现实意义和应用价值,已成为线路设计信息化发展的趋势。

本书以铁路和城市轨道交通两大线路工程为研究对象,根据它们的特点,全面论述了线路三维可视化设计理论、方法与应用。全书分为两篇共 15 章。第 1 篇是铁路三维可视化设计理论、方法与系统应用,共 8 章。内容涵盖线路三维可视化设计概述、海量三维地理信息获取方法、三维地形环境建模、线路三维设计关键技术、线路三维景观建模、三维地质环境建模与线路设计应用、高速列车运动仿真三维建模和三维线路设计实现与系统等内容。第 2 篇是城市轨道交通线路三维可视化设计理论、方法与系统应用,共 7 章。内容涵盖三维城市景观建模、数字管线三维建模、城轨线路三维地质建模理论与方法、城市轨道交通线路平面和纵断面子系统设计、城市轨道交通线路三维建模和城市轨道交通三维设计系统等内容。在注重理论、方法研究的同时,每一篇最后都给出了系统及应用实例。

本书在撰写过程中得到了西南交通大学易思蓉教授、北京交通大学魏庆朝教授的热情指导与帮助。感谢何彬、李鸣、李亚丹、李永发、孙培培等研究生在系统的实现与优化、本书的排版与校对等工作中付出的辛勤劳动。特别是城市轨道交通部分,何彬、李鸣两位研究生做了大量工作。感谢科学出版社的工作人员,他们给本书的整个出版过程提供了可行性的建议,并和我们一起经历了本书的整个设计和制作过程。在本书的编写过程中,参阅了国内外大量优秀教材和学术论著。在此,谨向书中提到的和参考文献列出的诸位学者表示衷心的感谢!

我国的铁路和城市轨道交通还在快速发展和建设中,日新月异发展的信息技术、计算机技术、BIM 技术在线路设计中的应用,必将使线路三维设计的新理论、新方法和新技术不断向前发展。

　　由于作者水平有限,书中不足之处在所难免,恳请广大读者批评指正!

作　者

2015 年 5 月

目　　录

第 2 篇　城市轨道交通线路三维可视化设计理论、方法与系统应用

第1篇　铁路线路三维可视化设计理论、方法与系统应用

将遥感技术、数字摄影测量技术、虚拟现实技术、数字地质技术相集成,建立一个能够同时满足地质选线要求和环境选线要求的三维可视化选线地理环境,基于这样的三维可视化环境进行选线设计,将大大开拓勘测设计一体化的视野,并为勘测设计一体化提供一个全新的服务。

本篇综合运用计算机图形学、VR 技术、数字摄影测量、数据库以及软件工程等信息技术,对铁路线路三维可视化设计理论、方法和关键技术进行研究。采用 Visual C++. NET、OpenGL 图形库和 Oracle 数据库,开发了铁路三维线路设计系统。系统以遥感正射影像图、数字高程模型、遥感工程地质数据为数据源,利用虚拟现实技术和三维可视化技术,建立三维地理环境,重建三维地理场景,实现在该环境下进行线路三维设计。本篇共包括线路三维可视化设计概述、海量三维地理信息获取方法、三维地形环境建模、线路三维设计关键技术、线路三维景观建模、三维地质环境建模与线路设计应用、高速列车运动仿真三维建模和三维线路设计实现与系统等 8 章内容。

第1章　线路三维可视化设计概述

1.1　三维可视化工程设计

无论纸质地图，还是数字地图，包括数字高程模型（digital elevation model，DEM），就其数学基础和表现形式的实质而言，它们只是实现了在各种二维介质平面上对实际三维地形表面的表示和描述。而且到目前为止，工程设计也主要都是在这些二维"地图"上进行，地形、地貌以及地物在二维地图上通过等高线、地物边界线或特定符号表示。这种表示很不直观，有时需要有一定的地图学知识和经验才能正确地判断地形或地貌的特征。二维线划地图对于地物、地形的细节也难以精确表达，这些都给工程设计带来了一定的困难。人在三维空间中具有很强的形象思维能力，计算机具有极强的数据处理能力，但理解和推理能力差。如果用计算机将设计或生成的数据转换成可视化的直接对象，就可借助人的智能来快速准确地理解这些数据，以便有效地决策和设计。于是，在三维真实感立体模型上进行工程设计，使设计过程和设计结果可视化一直是工程设计人员的梦想和追求的目标。

目前，二维"地图"（包括影像）和 DEM 是所有工程设计的基础。所以将"影像地图"与 DEM 有机地结合起来，建立既具有比地图强的量测功能，又具有三维可视化的立体模型，是实现三维可视化工程设计的关键。而正射影像图比地图更加现实和全面地显示实地环境，而且具有"正射"的特性，从而更容易地进行地形、地貌、地物的判读，并且可以拼接建立大范围地区的立体模型，这些特性都使其非常适用于三维可视化工程设计。三维可视化工程设计系统就是利用数字高程模型和数字正射影像重建三维地理景观，直接在三维地理环境中进行工程设计，并对设计完成后的工程方案进行三维建模、动画漫游、成果输出、方案评估的一套通用工程设计系统。它充分将工程设计问题与测绘技术、虚拟现实技术、三维仿真及科学计算可视化技术有效地结合起来，这是工程设计的重大突破。三维可视化工程设计系统为工程设计人员提供了一个可视的、三维的直观设计平台，对提高设计质量和加快设计速度具有重要作用。

1.2　我国铁路三维设计的发展需求

我国铁路《中长期铁路网规划》明确指出：到 2020 年，全国铁路营业里程达到 10 万 km，建设客运专线 1.2 万 km 以上，新线 1.6 万 km，既有线增建二线 1.3 万

km。为了实现上述目标,铁路勘察设计单位急需改进勘察设计手段,应用计算机技术提高设计效率与质量[1]。线路专业是铁路设计的"龙头"专业,线路设计的效率和质量对整个铁路的设计具有极其重要的影响。目前成熟的二维 CAD 专业软件发挥着重要的作用,但随着各种高新技术如数字地球、虚拟现实、科学计算可视化等的不断涌现,各种学科之间的相互交叉和渗透,彼此影响和促进,线路勘察设计对数据可视化、仿真模拟、空间分析等方面的需求与日俱增,迫切需要开发以矢量地形图为选线参照物,充分利用三维数据的计算机辅助选线设计软件,以提供丰富的线路专业设计工具。三维可视化技术以立体技术展示空间信息,不仅能够表达空间对象间的关系,而且能对空间对象进行三维空间分析和操作,线路三维可视化设计对于方便铁路设计方案的审查、提高设计质量有重要作用。

1.3　国内外研究现状

20 世纪 80 年代后期以来,交互式计算机图形技术和知识工程的飞速发展,推动了空间地理信息技术的发展,空间地理信息领域的理论与技术取得了许多重要的实用成果。基于计算机技术的卫星影像技术、航空摄影测量技术,彻底解决了数字地形信息采集与表达中的难题。特别是随着全数字摄影测量系统的发展,对工程设计的地形资料的采集已经越来越普遍,生成的正射影像和立体匹配片可以进行镶嵌,建立长大范围地形的三维立体模型,然后在三维立体模型上进行工程设计。随着计算机软硬件技术尤其是计算机图形、图像处理技术的飞速发展,三维可视化技术在国内外工程设计领域得到了广泛应用[2~4]。各国均对三维可视化技术在线路设计领域的应用开展了不同程度的研究,铁路与公路领域的学者也开始探索基于虚拟现实技术和三维空间信息技术进行线路规划与选线设计的理论、方法及其应用技术。这种基于虚拟现实技术的三维可视化工程设计方法将克服目前二维设计不直观、作业周期长、工作量大、重复性工作多等缺点,大大减轻设计人员的工作量,节约投资。

1.3.1　国外研究现状

在铁路三维可视化设计领域,由于国外新建铁路不多,主要研究基于虚拟现实技术的列车运行仿真、管理。例如,卡尔加里大学的 Chandramouli 等研究了基于实现虚拟环境下规划和建设可持续的铁路运输系统[5];都灵理工大学的 Caneparo 研究了都灵伯塔苏萨高速列车车站的虚拟现实设计与管理[6];那不勒斯大学的 Di Gironimo 等研究了在虚拟环境下的铁路机车设计[7];韩国铁道研究院的 Jun 研究了在一个交互式虚拟环境下的多列车运行模拟[8];俄亥俄大学的 Kljuno 等研究了以控制和虚拟现实为基础的车辆仿真系统,实现了车辆的动态模拟[9];日本的 Shibata 等则提出了发展铁路安全虚拟现实仿真系统的观点[10]；罗马大学的 Bruner 等对列车在铁路轨道动态模拟进行了研究[11]。

　　国外在线路 CAD 上推出了多种商业化软件，具有实时三维动态显示和景观透视功能。如德国 IB&T 公司的 CARD/1 系统、美国 Trimble Navigation 公司的旷达系统、美国 INTERGRAPH 公司的 INRAIL 和 INROAD 软件、英国的道路辅助设计软件 MOSS。这些软件代表了当今国际线路 CAD 的潮流与方向。其中比较有代表性的是 CARD/1 系统和旷达系统。

　　1. CARD/1 设计系统

　　CARD/1 系统是一款道路（公路和铁路）勘测设计一体化软件系统，广泛应用于测绘、道路、铁路（磁悬浮列车）和管道的规划、设计和施工，在我国公路上应用较多，铁路上应用较少，上海磁悬浮就是用 CARD/1 设计的。CARD/1 设计系统按功能划分包括三维可视化平台、测绘及三维数字化地形处理系统、平面设计子系统、纵断面设计子系统、横断面设计子系统、互通立交、土石方调配、挡墙设计、线路行驶模拟子系统等功能模块。在完成路线平、纵、横设计后，可以直接使用平、纵、横数据定义模型，实现三维行驶模，如图 1-1 所示。

图 1-1　CARD/1 三维动画行驶模拟

　　2. 旷达系统

　　美国 Trimble Navigation 公司的旷达系统是结合卫星图像技术、航测技术及计算机优化技术进行路线三维优化的规划系统。该系统将丰富的太空图像数据以及工程、环境等数据转换成线形基础设施规划的优化方案，大幅度降低工程的建设及运营费用，显著改善对环境的影响。该系统由线路规划软件 Itergrator 和优化运算软件 Pathfinder 两套软件组成，Itergrator 安装在客户端计算机上，用于定义设计项目的多个设计方案和各种控制条件以及计算和评估优化后的路线方案。Pathfinder 安装在旷达数据处理中心的服务器上，用于路线方案的优化计算工作。

但旷达系统不是一个商业化的软件系统,它只用所开发的系统对勘测设计部门提供设计咨询服务。用户必须将准备好的设计数据通过互联网提交旷达总部进行线路优化设计,客户端只能进行综合分析而不能进行优化设计。旷达系统运行效果如图 1-2 所示。

旷达系统广泛应用于全球超过 7000km 的高速铁路规划设计项目,如美国加利福尼亚州 1000km 高速铁路网、澳大利亚布里斯班至墨尔本 1600km 高铁、东西横跨澳大利亚大陆的 3370km 矿运铁路等,在我国的蒙内铁路、吉衡铁路铁路线路设计中也得到了应用。目前旷达系统已经在澳大利亚、新西兰、美国、加拿大、法国、西班牙、葡萄牙、马来西亚等国得到了广泛应用。

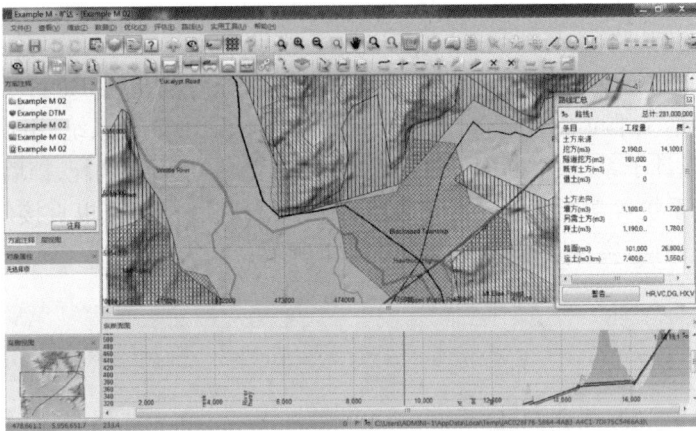

图 1-2　旷达系统运行效果图

1.3.2　国内研究现状

虽然国外某些软件能解决铁路线路平面设计和绘图的问题,但这些软件不符合我国铁路勘察设计的规范和设计单位的工作习惯,二次开发不但成本高,而且难度大[12]。铁路方案展示、评审、信息化管理、环境评估、安全审计等工作,需要构建大场景铁路三维仿真平台。目前国内铁路三维可视化多采用 OpenGL 技术搭建铁路三维场景。该方法可以快速高效地实现具有较强真实感铁路三维场景的绘制和交互式漫游。

中铁第一勘察设计院集团有限公司利用航摄资料建立真实三维地理场景,通过虚拟现实技术建模,重现工程设计情况和周围三维地形信息,从而真实反映工程设计的各种效果。目前已应用在青藏铁路三维动画、西延铁路三维动画、武张铁路电气化三维动画、邢清公路三维动画等项目中。

中铁第三勘察设计集团有限公司已专门成立实验室,基于 GIS、网络、虚拟现实、数据库等新技术,开展"数字化三维协同设计系统研究与开发",已广泛应用于铁路勘察设计和铁路运营工务管理,取得良好的社会和经济效益。

中铁第四勘察设计院集团有限公司基于航空摄影与遥感获取的 DEM、DOM 以及各种多源数据,利用虚拟现实技术,重建三维地形场景,提供立体选线平台,开发用于铁路线路设计(平面设计、纵断面设计、横断面设计)的矢量图形系统。系统能够提供利于选线的大区域的三维立体实景,并对竣工后的线路进行三维建模、工程量预算、工程量的查询、统计。实践表明,该系统的应用,加快了线路设计方案的优化进程,大大提高了设计效率和产品质量,取得了良好的经济和社会效益。

此外,在线路三维建模上,西南交通大学的朱军等实现了基于实体—关系概念模型的虚拟高速铁路场景组合建模方法[13],建立了具有符合实际标准和高度仿真感觉的虚拟高速铁路场景。实现方法是利用其他系统的线路设计数据,进行高速铁路景观建模,还不是线路三维设计,本质上属于三维景观展示。石家庄铁道大学的王明生等基于 GIS 平台,通过路基模型与地形模型的叠加,利用 GIS 控件实现了路基的三维建模和可视化[14]。

总体而言,目前国内外在线路三维设计研究还主要集中在三维地形建模、线路建模方面,已经取得了较丰富的研究成果。随着高速铁路的快速发展,集成高速铁路三维牵引计算、线路动态仿真与漫游、三维可视化工程地质环境建模、高速铁路噪声评估三维仿真、高速铁路动力学选线设计、列车运动仿真技术为一体的综合高速铁路三维选线设计平台及其关键技术将是研究的重要方向之一。

1.4　线路三维可视化设计系统开发主要技术方法

三维图形库是开发线路三维设计系统的重要图形环境支撑。其中,OpenGL 和近几年发展起来的 OSG(open scene graph)是目前国内外自主从底层开发三维可视化系统的两种主要三维图形库,而基于 Google Earth 免费的三维平台进行开发则是一种新的思路,避开了三维图形库。

1.4.1　基于 OpenGL 的开发方法

开放性图形库(open graphics library,OpenGL)是一个开放的、跨编程语言、跨平台的 API 库,提供了大量的针对图形硬件的软件接口,主要用于绘制高性能的二维和三维图形。它是目前用于开发可移植的、可交互的二维和三维图形应用程序的首选环境,也是目前应用最广泛的计算机图形标准。

1. OpenGL 概述

OpenGL 作为一个高性能的图形开发软件包,被设计成独立于硬件和窗口系统,可以运行在当前各种流行操作系统之上,如 Mac OS、UNIX、Windows、Linux 等。它源于 SGI 公司为其图形工作站开发的 IRIS GL,在跨平台移植过程中发展成为 OpenGL。作为图形硬件的软件接口,OpenGL 包括了 100 多个图形操作函数,开发者可以利用这些函数来构造景物模型、进行三维图形交互软件的开发。OpenGL 具有可移植性,任何一个 OpenGL 应用程序无需考虑其运行环境所在平台与操作系统,在任何一个遵循 OpenGL 标准的环境下都会产生相同的可视效果。

2. OpenGL 工作流程

OpenGL 被设计成独立于硬件、以流水线的方式工作,基本工作流程如图 1-3 所示。OpenGL 工作流程的输入端可以是图像或几何图元,但最终结果都是光栅化后的图像。对于图像,首先通过像素解包把其像素格式转换成 OpenGL 内部格式,然后通过像素操作后直接光栅化输出或作为其他物体的表面纹理。对于几何图元,OpenGL 中的所有几何图元都是用顶点来描述的。OpenGL 首先通过顶点解包将不同格式的顶点数据转化为内部的标准格式,然后对顶点及其相关数据(坐标、颜色、纹理坐标等)进行操作,再进行光栅化,最终得到可见的图像。

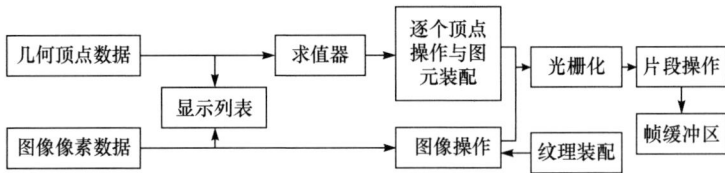

图 1-3　OpenGL 的基本工作流程

3. OpenGL 版本

自从 1995 年 SGI 推出了 OpenGL 1.1 版本以来,OpenGL 经历多个版本发展阶段,到 2013 年 7 月,OpenGL 图形接口规范的新版本已达 4.4。要想使用某个版本进行开发,既需要显卡本身支持所需的功能,又需要驱动程序能兼容这个版本。决定使用哪一个版本之前,可用 GPU Caps Viewer 检查支持的 OpenGL 和 Open-GL 着色语言(OpenGL shading language,GLSL,用来编写运行在 GPU 上的着色程序)的最高版本和具体支持哪些扩展。例如,GeForce GT 630 显卡支持 Open-GL 4.4 和 GLSL 4.4,如图 1-4 所示。

用于开发的 OpenGL 版本有两个概念。第一个是指计算机显卡支持的 Open-GL 版本,更新显卡驱动程序到最新,用如下代码可以测试当前计算机显卡所支持 OpenGL 的最新版本。

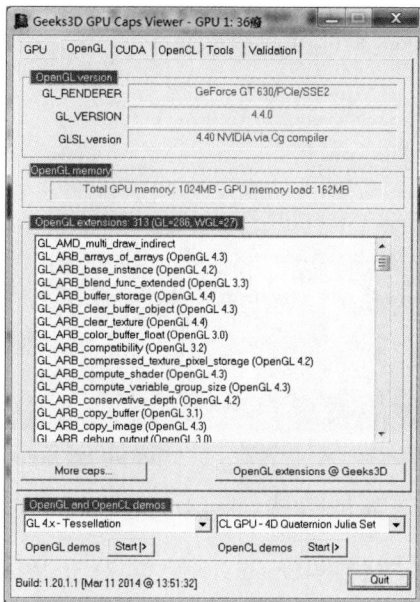

图 1-4　OpenGL 版本检测

```
#include<Windows.h>
#include<stdio.h>
#include<gl/GLUT.H>
int main(int argc,char* *argv)
{
  glutInit(&argc,argv);
  glutInitDisplayMode(GLUT_SINGLE|GLUT_RGB|GLUT_DEPTH);    //显示模式初始化
  glutInitWindowSize(300,300);        //定义窗口大小
  glutInitWindowPosition(100,100);        //定义窗口位置
  glutCreateWindow("OpenGL Version");    //创建窗口
  const GLubyte*name=glGetString(GL_VENDOR);      //返回负责当前 OpenGL 实现厂
                                                    商名字
  const GLubyte* Identifier=glGetString(GL_RENDERER);    //返回一个渲染器标
                                                           识符
  const GLubyte* OpenGLVersion =glGetString(GL_VERSION);    //返回当前 Open-
                                                             GL 版本号
  const GLubyte*gluVersion=gluGetString(GLU_VERSION);    //返回当前 GLU 工具
                                                          库版本
  printf("OpenGL 实现厂商的名字:% s\n",name);
  printf("渲染器标识符:% s\n",Identifier);
```

```
printf("OpenGL 实现的版本号:% s\n",OpenGLVersion);
printf("GLU 工具库版本:% s\n",gluVersion);
return 0;
}
```

程序执行效果如图 1-5 所示。

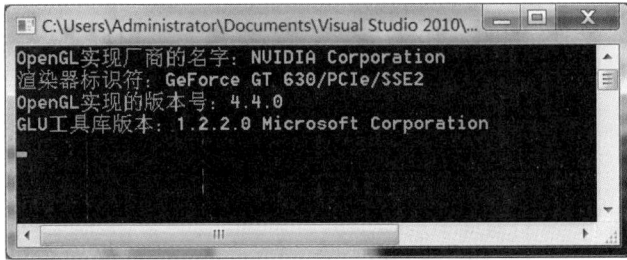

图 1-5　显卡所支持 OpenGL 的最新版本测试结果

第二个是操作系统支持的 OpenGL 版本,对于 Windows 操作系统,通过 GLUT 和 GLEW 两个扩展库,可以不受 Windows 的限制,只要显卡能支持到的版本,都可以用。最新的 GLEW 库为 1.9 版,能支持最新的 OpenGL 版本。

4. Windows 7+Visual studio 2010 下 OpenGL 的环境配置

可从 OpenGL 官网下载的最新的压缩包解开,将得到 3 个文件夹,分别是 Bin、Include 和 Lib,分别对应 OpenGL 动态库文件、头文件和静态库文件。配置步骤如下。

(1) 将 Include\gl 文件夹下所有文件(* . h)复制到 x:\Program Files\Microsoft Visual Studio 10. 0\VC\include\gl 文件夹中,如果没有 gl 这个文件夹则可以自己新建一个(x 是安装 Visual studio 2010 的盘符号)。常用的头文件主要有 gl. h、glew. h、glext. h、glu. h、glut. h、glxew. h、glaux. h、wglew. h。

(2) 将 Lib 文件夹下所有文件(* . lib)复制到 x:\Program Files\Microsoft Visual Studio 10. 0\VC\ lib 文件夹中(x 是安装 Visual studio 2010 的盘符号)。常用的表态库文件主要有 glew32. lib、glut. lib、glut32. lib、glew32mx. lib、glew32mxs. lib、glew32s. lib。

(3) 将解压得到的 Bin 文件夹下所有文件(* . dll)复制操作系统目录下面的 system32 文件夹内(典型的位置为:C:\Windows\System32)。常用的动态库文件主要有 glew32. dll、glut. dll、glut32. dll。

(4) Visual studio 2010 OpenGL 示例程序。

创建一个 Win32 Console Application 程序,然后链接 OpenGL libraries。在

Visual C++中先右击项目，选择属性，找到连接器标签，最后在输入中的附加依赖库加上 opengl32. lib、glut32. lib 和 glu32. lib。

程序示例代码如下：

```
#include "stdafx. h"
//在 VS2010 中尤其要注意不能漏掉这句，并且注意使用位置
#define GLUT_DISABLE_ATEXIT_HACK //在 VS2010 中要注意不能漏掉这句，并且注意使用位置
#include<gl/glut. h>
#include<gl/glu. h>
#include<gl/gl. h>
void renderScene(void)
{
    glClear(GL_COLOR_BUFFER_BIT | GL_DEPTH_BUFFER_BIT);
    glLoadIdentity();
    glBegin(GL_TRIANGLES);
    glColor3f(1,0.5,1);glVertex3f(-0.5,-0.5,0.0);
    glColor3f(0,0.5,0);glVertex3f(0.5,0.0,0.0);
    glColor3f(1,0,0);   glVertex3f(0.0,0.5,0.0);
    glEnd();
    glutSwapBuffers();
}


int _tmain(int argc, _TCHAR* argv[])
{   glutInit(&argc,(char* * ) argv);//初始化 GLUT 库并同窗口系统
    glutInitDisplayMode(GLUT_DEPTH | GLUT_DOUBLE | GLUT_RGBA);
    glutInitWindowPosition(100,100);//设置初始窗口的位置
    glutInitWindowSize(320,320);//初始化窗口的大小
    glutCreateWindow("Hello OpenGL");//创建顶层窗口
    glutDisplayFunc(renderScene);//注册当前窗口的显示回调函数
    glutMainLoop();//进入 GLUT 事件处理循环
    return 0;
}
```

程序执行效果如图 1-6 所示。

1.4.2　基于 OSG 开发方法

1. OSG 图形库概述

OSG 使用 OpenGL 技术开发，是一套基于 C++平台的应用程序接口（appli-

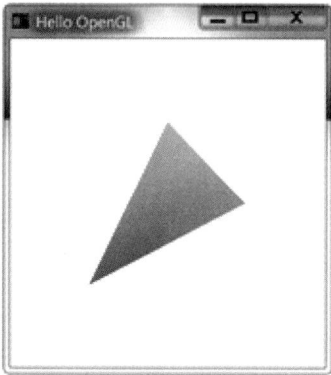

图 1-6　OpenGL 运行程序示例

cation programming interface，API）。它作为一个开源的图形开发库，主要为图形图像应用程序的开发提供场景管理和图形渲染优化的功能，不但封装了很多有用的功能如阴影、纹理、材质、光照、雾化、粒子化，更简化了很多烦琐的（如架构、文件 输入/输出、窗口创建等）编码工作，具有跨平台性，可以运行在多种操作系统中。从系统开发人员的角度看，相比工业标准 OpenGL 或其他的图形库，OSG 的优点显而易见。除了开源和平台无关性以外，它封装并提供了数量众多的提升程序运行时性能的算法、针对包括分页数据库在内的几乎所有主流数据格式的直接数据接口以及对脚本语言系统 Python 和 Tcl 的支持。它让程序员能够更加快速、便捷地创建高性能、跨平台的交互式图形程序。

2. OSG 组件

OSG 运行时文件由一系列动态链接库（或共享对象）和可执行文件组成。这些链接库可分为以下五大类。

（1）OSG 核心库。它提供了用于场景图形操作的核心场景图形功能、类和方法；开发 3D 图形程序所需的某些特定功能函数和编程接口；以及 2D 和 3D 文件 I/O 的 OSG 插件入口。OSG 核心库包含 osg 库、osgUtil 库、osgDB 库和 osg-Viewer 库四个链接库。

（2）NodeKits。它扩展了核心 OSG 场景图形节点类的功能，以提供高级节点类型和渲染特效。主要包括 osgFX 库、osgParticle 库、osgSim 库、osgText 库、osgTerrain库和 osgShadow 库。

（3）OSG 插件。其中包括 2D 图像和 3D 模型文件的读写功能库。

（4）互操作库。它使得 OSG 易于与其他开发环境集成，如脚本语言 Python 和 Lua。

（5）不断扩展中的程序和示例集。它提供了实用的功能函数和正确使用 OSG 的例子。OSG 发行版包含了五个常用的 OSG 工具程序（osgarchive、osg-con、osgdem、osgversion、osgviewer），它们对于调试和其他基于 OSG 的软件开发均十分有益。

OSG 的体系结构如图 1-7 所示。

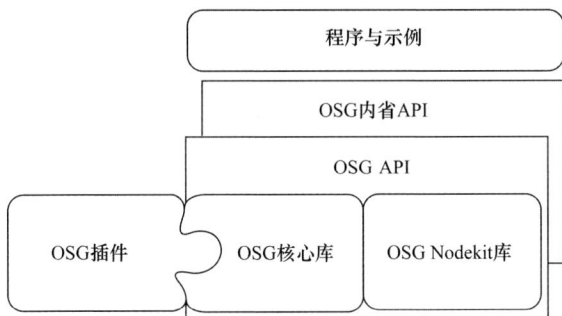

图 1-7　OSG 体系结构图

3．OSG＋VS2010＋Win7/Win8 环境搭建

1）相关准备

由于 OSG3.0.0 有些模型打不开(OSG_FILE_PATH 目录下的)，3.0.1 修复了这个漏洞，安装 3.0.1 版本 OSG 比较好。将解压缩后的文件放到 C 盘，这时会出现 C:\OSG 文件夹。

2）环境变量设置

右击"计算机"，然后单击"属性"，选择计算机属性窗口的左边"高级系统设置"，在弹出的"系统属性"窗口中，选择"高级"选项，进行环境变量设置，如图 1-8 所示。

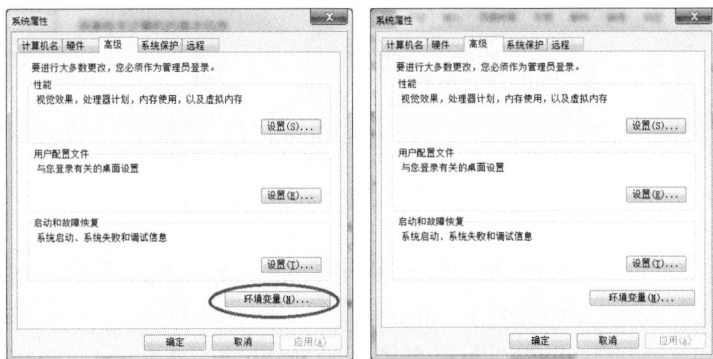

图 1-8　OSG 环境变量设置

对系统变量设置如下。

在用户变量中，新建 OSG 用户变量：OSG_FILE_PATH：C:\OSG\data。

在系统变量中，编辑 PATH 变量，增加 OSG 的变量：C:\OSG\bin\。

OSG 系统变量设置完成后如图 1-9 所示。

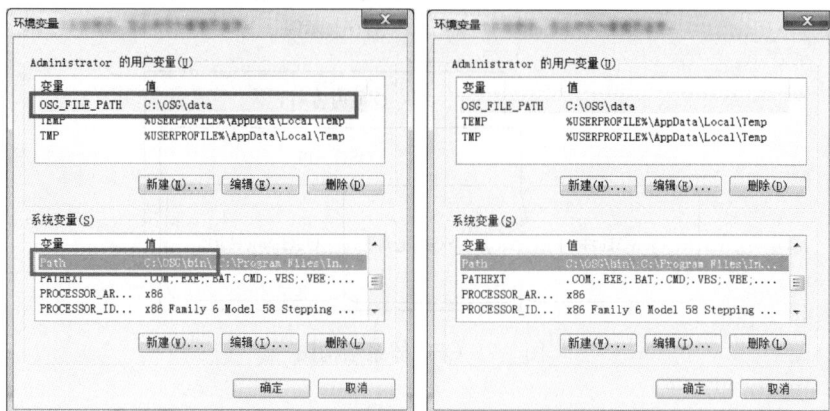

图 1-9　OSG 系统变量设置完成

3）新建 OSG 项目测试

（1）在 VS2010 下新建 Win32 控制台程序，在下面实例中，项目名称为 OS-GTest。

（2）右击项目，选择"属性"，在属性页对话框中选择"配置属性"下的"VC++目录"，在包含目录添加 C:\OSG\include，在库目录添加 C:\OSG\lib，如图 1-10 所示。

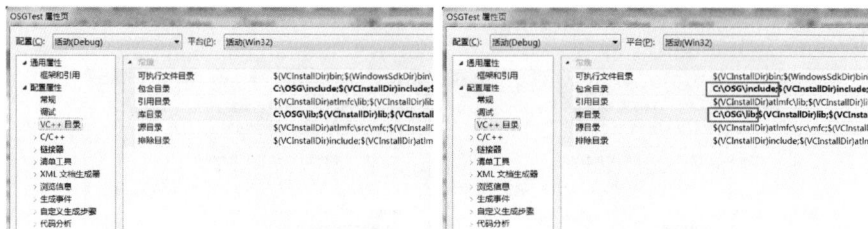

图 1-10　添加 OSG 的包含目录的库目录

（3）在项目在属性页对话框中选择"配置属性"下"链接器"下的"输入"中，附加依赖项加上"osgd. lib；osgGAd. lib；osgDBd. lib；osgViewerd. lib；osgTextd. lib；osgUtild. lib；OpenThreadsd. lib；"，如图 1-11 所示。

（4）在 OSGTest. cpp 文件中添加以下代码：

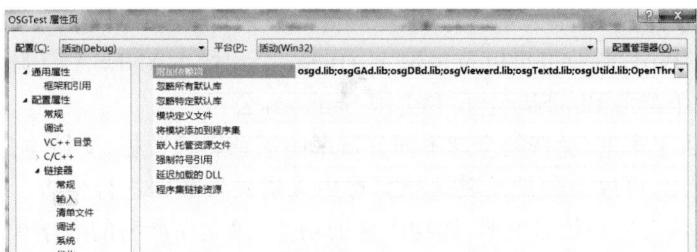

图 1-11　添加 OSG 附加依赖项文件

```
#include<osgViewer/Viewer>
# include<osgDB/ReadFile>
int main(int argc,char**argv)
{
    osgViewer::Viewer viewer;     //创建 Viewer 对象,场景浏览器
    viewer.setSceneData(osgDB::readNodeFile("cessna.osg"));     //设置场
                                                                  景数据
    viewer.realize();     //初始化并创建窗口
    return viewer.run();     //开始渲染
}
```

程序运行结果如图 1-12 所示。

图 1-12　OSG 在 VS2010＋Win7 的运行效果图

1.4.3　基于 Google Earth 的开发方法

1. Google Earth 数据的特点

Google Earth(GE)是一款由 Google 公司开发的虚拟数字地球软件,将卫星影像、航空照片、三维地面模型等 GIS 信息布置在一个地球的三维模型上。其数据

来源于美国航空航天局(NASA)。卫星影像部分来自于美国 DigitalGlobe 公司的快鸟(Quick Bird)商业卫星以及美国 EarthSat 公司的 LANDSAT7 陆地卫星;航拍部分来源于英国 BlueSky 公司和美国 Sanborn 公司。

GE 提供了丰富、免费的全球不同分辨率的遥感影像数据,支持本地矢量数据的采集和应用,可以方便地从其遥感影像中采集矢量数据进行分析。GE 同传统地图一样具备表达和传递地形、地物信息的功能,建立在严密的数学模型下,拥有二次开发的接口。GE 的这些特点使它能够作为铁路选线设计的一个平台,满足铁路选线设计一定阶段内的设计需求,并且具有实时三维显示的巨大优势,这是传统基于 CAD 选线设计平台所不能比及的[15]。

2. GE 数据精度分析

GE 所显示的底片是卫星遥感影像,这些影像是卫星影像和航拍数据的整合,其全球地貌影像的有效分辨率至少为 100m,在我国通常为 30m。经中铁第四勘察设计院集团有限公司在金温铁路设计中详细验证,GE 数据的精度可以满足铁路选线设计中预可研和可研两个阶段对空间信息数据精度的要求。为了进一步检验从 GE 上获取的地面线数据的精度,中铁二院工程集团有限责任公司曾对郑州至万州、四川犍为小火车规划等线路的纵横断面地面线进行了综合比较分析。经比较发现,从 GE 上获取的地面线数据与从 $1:5 \times 10^4$ 地形图上人工判读的地面线数据高差在 10m 范围内达到了 95%,可以说明基于 GE 的提取的地形精度与人工从 $1:5 \times 10^4$ 地形图上判读的精度相当,可满足规划阶段的要求[16]。另外,GE 的提取速度远快于人工提取的速度,并且 GE 是 DEM 叠加影像的三维平台,具有较好的量测性能(如高程、距离等),有着众多的优势。

3. 基于 GE 卫星影像的选线设计工作流程

铁路设计过程中,勘测的首要任务是搜集项目涉及区域范围的详尽测绘资料。对于难以获取基础地理信息和地形图成图较早、现势性较差的区域,在铁路预可行性研究和可行性研究等前期勘测阶段,往往使得线路勘测设计面临很大的困难。以 GE 为代表的海量免费地理信息数据,更新数据快(一般地点几个月更新一次)。GE 影像不仅提供了能够满足线路选线所需要的高分辨影像,而且提供了丰富的三维信息[17]。因此,基于 GE 提供的丰富的数字地形和影像,结合现有的地形图资料,可为线路的设计提供一个免费的三维地理信息系统基础数据平台。不仅能实现定线以及定位阶段的工程需要和线路设计的可视化,还可以更加直观真实地显现出线路设计方案及其周围地理环境的三维景观。而且这一平台还能进行线路项目优化管理,并为各个专业的协同配合架设起沟通的桥梁,主要工作流程见图 1-13。

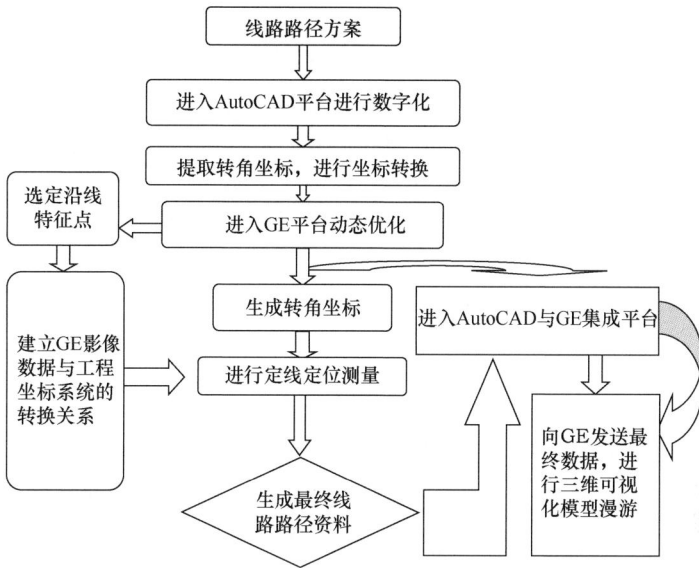

图 1-13　GE 线路三维选线设计工作流程图

4. DEM 数据提取

Google Earth 共享了受许可的航空图片、卫星图片及经纬度高程信息,数据涵盖全球。Google Earth 利用 SRTM 数据作为它的基本高程数据,该测量数据覆盖中国全境。尽管 Google Earth 中各个地区覆盖的卫星影像不同,但其构建三维地面模型的基础数据相同且完全免费,其精度能够满足选线设计要求。因此,基于 Google Earth COM API 二次开发技术,实现空间地形数据自动、快速和批量提取,方法如下。

Google Earth API 提供的类能够将 Google Earth 三维界面中的屏幕点由屏幕坐标转换为经纬度形式,利用 IApplicationGE 类中的 GetPointOnTerrainFrom-ScreenCoords 函数转换为 IPointOnTerrainGE 类的点,即可实现视图中屏幕坐标转换为经纬度形式,并将其属性写入文件中。

调用函数 IPointOnTerrainGE GetPointOnTerrainFromScreenCoords(double screen_x,double screen_y)

这两个参数值均在－1 和 1 之间,表示视图中心点在屏幕坐标系中的坐标值。示意图如图 1-14 所示。

基于 Google Earth COM API 开发的 DEM 数据提取模块(图 1-15),实现了大范围 DEM 的自动提取。

采样间隔分为水平和垂直两个方向,它们的范围为－1～1,值的大小决定了每个屏幕上采样点数。例如,水平和垂直采样间隔均为 0.02,那么每屏的采样个数

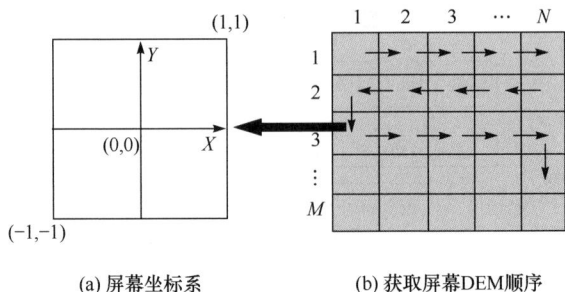

(a) 屏幕坐标系　　　　(b) 获取屏幕DEM顺序

图 1-14　Google Earth 获取 DEM 示意图

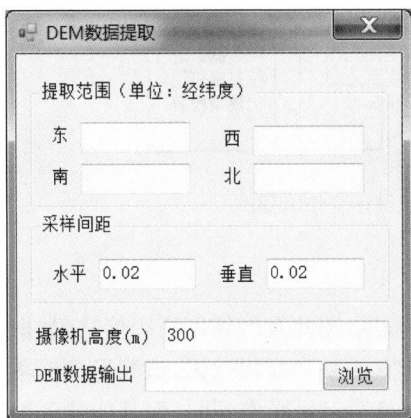

图 1-15　获取 DEM 数据

为 $\{[1-(-1)]/0.02\}\times\{[1-(-1)]/0.02\}=10000$。采样间隔和单屏经纬差共同决定了 DEM 提取的密度和程序运行时间及数据量的大小[18]。提取密度（采样间隔）和精度（摄像机高度越低，提取精度也就越高）可自行配置。

地形数据转换 2000 国家大地坐标系。我国自 2008 年 7 月 1 日起，全面启用 2000 国家大地坐标系（China geodetic coordinate system 2000，CGCS2000）[19]。Google Earth 获取的地形数据基于 WGS84 坐标系，为了适应新的国家大地坐标系，需要将 WGS84 的经纬度坐标转换为 CGCS2000 坐标系下的空间坐标 (x,y,z)，以符合我国工程设计数据的习惯和铁路线路设计要求。

CGCS2000 的定义包括坐标系的原点、三个坐标轴的指向、尺度以及地球椭球的四个基本常数的定义，采用的地球椭球基本常数的定义见表 1-1。

表 1-1　CGCS 2000 椭球定义的基本参数

常数	数值
长半轴 a/m	6378137
扁率 f	1/298.257222101
地心引力常数 GM/(m^3/s^2)	3.986004418×10^{14}
自转角速度 $\omega/(rad/s)$	7.292115×10^{-5}

表 1-2 给出了 CGCS2000 椭球与 WGS84 椭球的主要几何参数。

表 1-2　CGCS2000 椭球与 WGS84 椭球推导的几何参数比较

参数	CGCS2000	WGS84
b/m	6356752.3141403558	6356752.3142541795
c/m	6399593.6258640232	6399593.6257584931
e	0.0818191910428158	0.0818191908426215
e^2	0.0066943800229008	0.0066943799901413
e'	0.0820944381519172	0.0820944379496957
e'^2	0.0067394967754790	0.0067394967422764
f	0.0033528106811823	0.00335281066475
$1/f$	298.257222101	298.257223563
Q	10001965.729323	10001965.729405
R_1/m	6371008.771380	6371008.771415
R_2/m	6371007.180925	6371007.180960
R_3/m	6371000.789974	6371000.790009

研究表明：同一点在 CGCS2000 与 WGS84 下经度相同，纬度的最大差值分别为 $8.26×10^{-11}''$（相当于 $2.5×10^{-6}$ mm）和 $3.6×10^{-6}''$（相当于 0.11mm）。两个坐标系的定位结果误差在厘米级，所以一般情况下两者的定位结果可以通用和互换，因为误差仅为 0.1mm，且仅是纬度上才有，经度一样，因此 CGCS2000 和 WGS84是相容的。在坐标系的实现精度范围内，CGCS2000 坐标和 WGS84 坐标是一致的。

从 Google Earth 获取的 DEM 数据从原始 WGS 84 经纬度坐标转换为 CGCS 2000 坐标的程序模块如下：

```
public Point3D GaussProjCal (double longitude, double latitude, int pa-
raDegree)
{
    long longRadius=6378137;  //长半轴
    double flat=1/ 298.257224;//椭圆扁率
    Point3D pnt=new Point3D();
    int ProjNo=0;
    int ZoneWide;//带宽
    double longitude1,latitude1,longitude0,X0,Y0,xval,yval;
```

```
    double e2,ee,NN,T,C,A,M;
    ZoneWide=paraDegree;
    ProjNo=(int)(longitude/ZoneWide);          //按 ZoneWide 带宽计算中央子午线
                                                 的经度
    longitude0=originLongitude;
    longitude1=Angle.DmsToRad(longitude);       //经度转换为弧度
    latitude1 =Angle.DmsToRad(latitude);        //纬度转换为弧度
    e2=2*flat-flat*flat;
    ee=e2*(1.0-e2);
    double sinB=Math.Sin(latitude1);
    double tanB=Math.Tan(latitude1);
    double cosB=Math.Cos(latitude1);
    NN=longRadius/Math.Sqrt(1.0-e2*sinB*sinB);
    T=tanB*tanB;
    C=ee*cosB*cosB;
    A=(longitude1-longitude0)*cosB;
    double a0=1-e2/4-3*e2*e2/64-5*e2*e2*e2/256;
    double a2=3*e2/8+3*e2*e2/32+45*e2*e2*e2/1024;
    double a4=15*e2*e2/256+45*e2*e2*e2/1024;
    double a6=35*e2*e2*e2/3072;
    M=longRadius*(a0*latitude1-a2*Math.Sin(2*latitude1)+a4*Math.Sin
       (4*latitude1)-a6*Math.Sin(6*latitude1));
    xval=NN*(A+(1-T+C)*A*A*A/6+(5-18*T+T*T+72*C-58*ee)*A*A*A*A*A/
       120);
    yval=M+NN*Math.Tan(latitude1)*(A*A/2+(5-T+9*C+4*C*C)*A*A*A*A/24+
       (61-58*T+T*T+600*C-330*ee)*A*A*A*A*A*A/720);
    X0=0;
    Y0=1000000*ProjNo+500000L;
    xval=xval+X0;
    yval=yval+Y0;
    pnt.X=xval;
    pnt.Y=yval;
    return pnt;
}
```

图 1-16 为从 Google Earth 获取的原始 DEM 数据示例（WGS84 坐标系）。图 1-17 为转换到 CGCS2000 坐标系后的地形数据。图 1-18 为提取的地形数据三维模型。

图 1-16　WGS84 坐标系下 DEM 数据

图 1-17　转换为 CGCS2000 坐标系下 DEM 数据

5. GE 卫星影像提取

卫星影像是线路三维设计和仿真的重要地理数据之一。GE 卫星影像提取从实现方法上可分为程序自动提取和利用已有软件提取两种方式。其中程序自动提取有利于系统的集成，不受第三方软件限制；而利用已有软件提取则简单、方便，但受到第三方软件的限制。

图 1-18　提取的地形数据三维模型

1）程序提取方法

GE 客户端可以任意显示地球表面影像，并且可以无限制地下载图像数据。但 GE 影像是通过模拟相机对地表拍照而获得的透视图，这与工程应用要求的高斯投影正射影像图有很大的区别。为了将 GE 影像应用于工程，通过分析 GE 影像显示的机理，实现利用 GE 客户端自动下载高清晰、大幅面正射影像的方法，生成的正射影像可以作为铁路线路三维设计可行性研究或初步设计资料的背景图。

具体过程如下。

（1）建立有效区域与渲染窗口的对应关系。

GE 每次产生下载任务都是因为渲染窗口缺乏清晰的图像，当渲染窗口的影像渲染完成以后本次下载过程也就停止，如果窗口发生变化有可能再次引起下载[5]。由于渲染窗口中存在指北针、版权标志、网站标志等，窗口内只有部分区域才能用于生成正射影像，这部分区域称为有效区域。

有效区域用于将目标正射影像区域分块，渲染窗口四角坐标用于设置相机的位置，使每块正射影像区域都能被重采样。

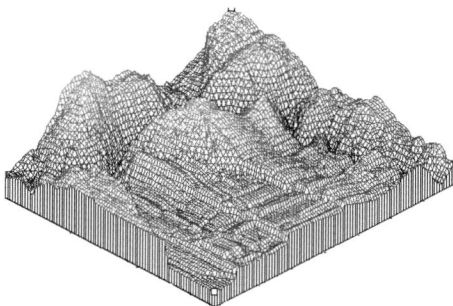

（2）正射影像分块下载。

既要保证正射影像的分辨率，又要获取较大面积的正射影像，可采用分块下载方法。在投影坐标系中，每块正射影像区域的大小与有效区域大小是一致的，可以根据有效区域长宽将正射影像分成若干行列，见图 1-19。

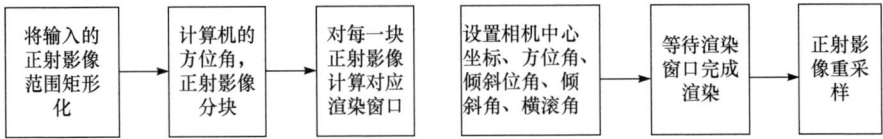

图 1-19　分块下载流程

其主要代码如下：

```
IntPtr hRenderWnd;//定义 Google Earth 客户端视图窗口句柄
//获取客户端视图窗口句柄(Google Earth 的视图窗口)
hRenderWnd= (IntPtr)GeApp.GetRenderHwnd();
RECT rcDIB;//定义视图窗口的区域
GetWindowRect(hRenderWnd,out rcDIB);//获取视图窗口的区域
int Width=rcDIB.right-rcDIB.left;//获取视图窗口的宽度
int Height=rcDIB.bottom-rcDIB.top;//获取视图窗口的高度
SaveScreen(hRenderWnd,Width,Height);//保存视图窗口到文件(bmp)
```

其中，SaveScreen 为所创建的 StartGEC 类的方法。StartGEC 类是用于提取欲建模区域内的空间地理坐标和正射影像图的类，该类包含了 Google Earth"相机"的定点定向移动方法、控制 Google Earth 的启动和关闭等方法，这些方法的组合应用可批量获取欲建模区域内的坐标信息和影像信息。

SaveScreen 函数的主要伪代码如下：

```
public bool SaveScreen(IntPtr hRenderWnd,int Width,int Height)
{
    IntPtr dc=GetDC(hRenderWnd);//获取 Google Earth 视图窗口的设备上下文
    //由 Google Earth 视图窗口的句柄创建一个新的 Graphics 对象
    Graphics g=Graphics.FromHdc(dc);
    //新建 Bitmap 对象,其长、宽为 Google Earth 视图窗口的长度和宽度
    Bitmap MyImage=new Bitmap(w,h,g);
    //根据屏幕大小创建一个与之相同大小的 Bitmap 对象
    Graphics g2=Graphics.FromImage(MyImage);
    IntPtr dc3=g1.GetHdc();//获得屏幕的句柄
    IntPtr dc2=g2.GetHdc();//获得位图的句柄
```

```
//把当前 Google Earth 视图窗口内的图像捕获到位图对象中
BitBlt(dc2,0,0,w,h,dc3,0,0,13369376);
MyImage.Save("file.bmp",ImageFormat.Bmp);//把位图对象保存到文件
};
```

正射影像获取和拼接应用效果如图 1-20 所示。

图 1-20　提取的正射影像图

对提取的图像数据及坐标数据进行处理,将图像进行拼接,拼接之后的效果如图 1-21 所示。

图 1-21　拼接后的正射影像图

2) 利用成熟的 GE 图片提取软件

利用 GetScreen、SGGS 等成熟的 GE 图片提取软件,可以快速简便地从 GE 中提取高清晰影像图并进行无缝拼接,可保存为 .JPG、.BMP 等 AutoCAD 支持的格式。SGGS 是一款基于 Google 服务器的多线程卫星地图浏览下载软件。该软件可以高速下载所指定的任意经纬度范围的卫星地图,并可将所下载的卫星地图进行无缝拼接。就提取精度的拼接精度方面,SGGS 要比 GetScreen 软件高,而不受 GE 版本限制,而 GetScreen 只对 GE4.2 和 4.3 版本支持较好。GetScreen 和 SGGS 对 GE 截图性能及原因分析见表 1-3。

表 1-3　GetScreen 和 SGGS 对 GE 截图性能及原因分析

	GetScreen	SGGS
是否影响其他软件的使用	是,该软件运行时系统是单用户单任务的,用户使用其他软件时基本上就会导致截图、拼图的失败	否
截图拼图效果	差 该软件的截图实际上对 GE 上加载的图像在浏览器屏幕上的截图,根据三维显示控件视图的显示范围进行基于显示器屏幕坐标上的截图,凡是落在该范围内的任何图形,如忘记关闭照片图层、对话框、其他软件界面压盖等,都将被记录下来生成图片,然后简单根据每个图片的四角确定单个小图片的摆放位置进行拼接。精度由距地面高度保证	非常好 该软件拼接的数据是 Google 发布的地图切片,精度由切片级数保证
是否依赖 GE	是,且只对 4.2 和 4.3 版本有很好支持	否
截图、拼图效率	低 (1) 截图,从 Google 服务器调取地图数据并在屏幕上显示,且只有在屏幕上显示的图像清晰稳定后才能进行截图操作。依靠距地面高度来保证图像分辨率,如果该分辨率恰好不是切片的等级,需要该分辨率所处两等级之间较小的那个等级的切片作放大显示操作,画质中会有明显的马赛克出现,耗费时间 (2) 拼图,map 文件记录每个截图的四个坐标,通过该坐标信息才能拼图	高 (1) 截图,直接调用 Google 的地图 API 下载切片,无需花费时间于软件界面上 (2) 拼图,地图切片的文件名上就记录上每个切片的地理位置
是否需要安装	否	否

　　(1) GetScreen 提取影像时,根据所需要的清晰度和精度,设置好提取范围、提取视角高度,提取前先关闭 GE 的 Terrain 选项,GetScreen 会自动计算所需图幅数量并逐幅提取。提取结束后,GetScreen 软件将所提取的分幅图片自动拼接,最后得到一幅完整无缝的测区影像,如图 1-22 所示。

　　(2) SGGS 提取影像时,图 1-23 在目标区域拉框选择下载区范围,双击后出现"新建任务"对话框,下载区范围的左上角和右下角的地理坐标自动显示在相应文本框内(图 1-24)。选定存储路径和下载切片级数后点确定即可将影像下载到本地磁盘。在任务列表中选择该任务,在"导出/拼接"选项卡下的"导出/拼接图片"按钮,在新弹出的对话框中可以设置"导出单张大图"、"导出多张大图"、"标准行列式瓦片"、"金字塔式瓦片"等。当选择"导出单张大图"选项时,SGGS 将所提取的分幅图片自动拼接,最后得到一幅完整无缝的测区影像。

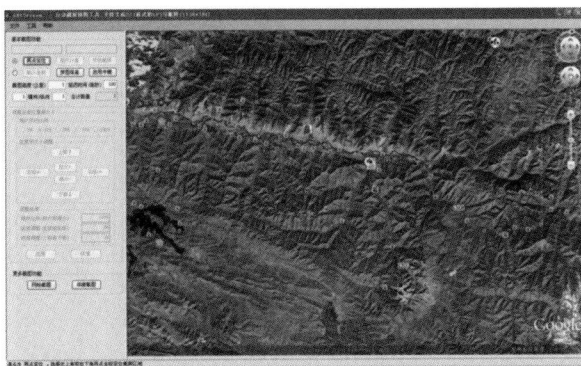

图 1-22　GetScreen 软件提取影像界面

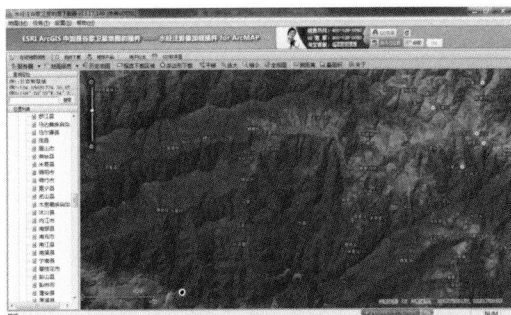

图 1-23　SGGS 软件提取影像界面

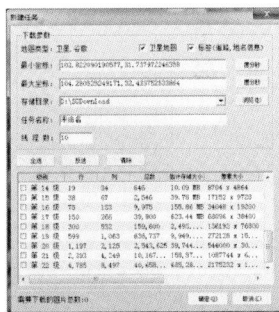

图 1-24　设置 SGGS 软件
提取影像参数

3）影像比例尺纠正

将提取的 GE 影像照片导入 AutoCAD 中，进行影像比例尺纠正。GE 采用的是 WGS84 协议地球坐标系，而 AutoCAD 一般采用平面直角坐标系。为使得 GE 图片导入 AutoCAD 后仍与实地尺寸一致，可事先提取图片前在 GE 中标记一条位于测区范围内的路径，这样通过该路径在 GE 中的实地长度和导入 AutoCAD 后的实地长度，进行缩放等简单操作即可进行比例尺纠正，如图 1-25 所示。也可经过对照地形图上明显地物的位置、尺寸对图片进行校正、缩放、旋转、裁切等，将处理过的 GE 影像图片作为地形图的底图或背景，对地形图进行修测，特别是铁路、公路、建筑、河流等可能对线路方案产生影响的新增地物。

这样，利用导入 AutoCAD 的 GE 的卫星影像，设计人员可以非常直观地掌握区域的交通、路网、河流、城镇、建筑等大量资料，能够有效地减少外业调查的工作量，可以高效且大范围地选择一条占用农田少、拆迁量小、桥梁少、桥跨小、隧道少和工程量小的线路，并能够较为直观地大致判别线路方案的优劣。图 1-26 显示了在 AutoCAD 中导入 GE 影像放大后的效果图。

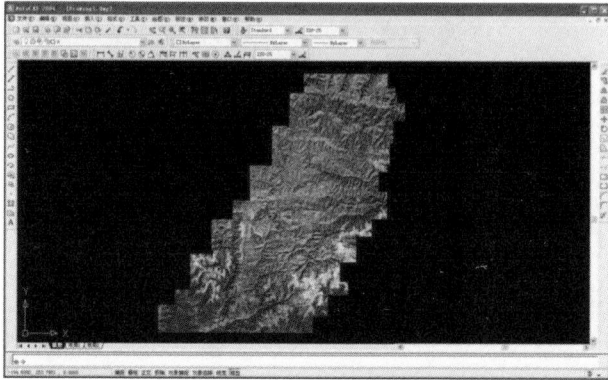

图 1-25　AutoCAD 中导入 GE 影像（纠正后）

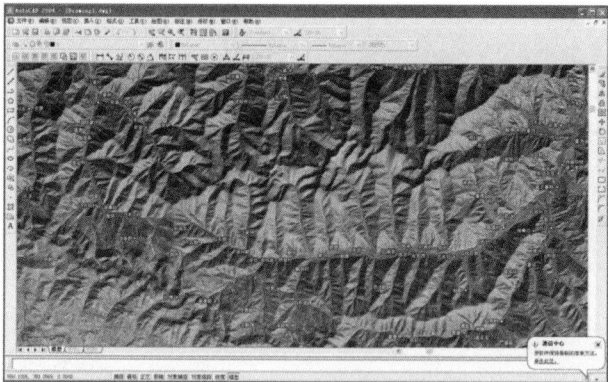

图 1-26　AutoCAD 中导入 GE 影像（纠正后，放大）

基于 GE 的线路三维设计实现。

4）线路方案在 Google Earth 中集成实现

线路方案在 Google Earth 中集成实现利用到 Google Earth 的 kml 文件。kml 全称是 keyhole markup language，是一个基于 XML 语法和文件格式的文件，用来描述和保存地理信息如点、线、图片、折线并在 Google Earth 客户端中显示。

实现过程如下。

（1）利用线路的曲线要素，计算逐桩坐标数据。根据需要，选择里程间距，使线路在 Google Earth 平顺显示，并且数据量合理。

（2）利用已知点，通过坐标转换软件，将逐桩坐标值换算为 Google Earth 经纬度坐标。

（3）利用免费的 Pathedit1.1 软件，根据换算后的 Google Earth 经纬度坐标，生成 Google Earth 的路径 kml 文件，这样就可以在 Google Earth 浏览所选的线路方案。

5) 线路三维方案漫游

对线路设计人员来说,不仅要设计出好的线路方案,还要有一个好的方案演示。根据需要,方案演示通常是通过平面示意图、三维效果图、三维动画演示等手段。无论要达到初级还是高级的演示效果,GE 都能提供出色的应用[17]。

(1) 线路方案平面示意图制作与漫游。

提取 GE 影像图片并导入 AutoCAD 作为底图,加载各种大型构造物、控制点、规划图及必要的文字说明等,修饰与完善后即可得到一张清晰、美观、实用的包含路线概况的设计方案示意图。同时利用 Google Earth API 中的 IApplicationGE 类和 IPointOnTerrainGE 类可以实现高程经纬度的实时获取[20]。再利用 C++的一些显示函数或是制图函数对这些数据进行调用,即可显示并画出经纬度对应高程数据,再加上定时器函数 OnTimer(),即可在漫游时获取铁路沿线的高程、经纬度信息。实现效果如图 1-27 所示。

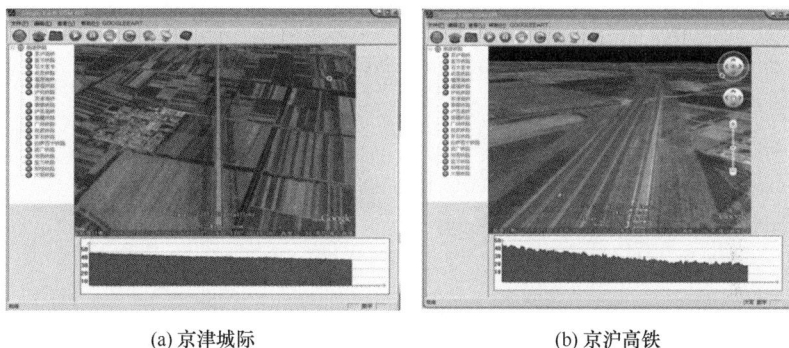

(a) 京津城际　　　　　　　　　　　　(b) 京沪高铁

图 1-27　GE 中线路方案平面示意图

(2) 线路方案三维漫游。

对设计完成的线路方案实现基于 Google Earth 的三维漫游,用于观察线路设计方案效果和方案比选评价。实现方法采用三维单元建模和拼接自动化技术实现,并应用 C++编程实现模型的拼接,进而实现线路三维建模。

① 基于 GS 三维模型的建立。

可直接在 GS(Google sketchup)环境中建立线路方案的三维模型,或者借助于常用的建模工具(AutoCAD、3Ds Max 等),将模型完成后保存为 3Ds 格式将模型导入 GS 中,也可以直接把线路的 AutoCAD 图形导入 GS,并在此基础上建模。还可在打开 GS 建模软件中的同时打开 GE,在 GE 里把需要放置模型的位置调整好后,利用 GS 里的"取得当前视图"工具自动导入 GE 三维地形到 GS 进行建模。

在 GS 中制作的三维线路方案模型及对 GS 窗口进行的各种操作,最终都能准确地反映到 GE 里面。这样用 GS 来制作的线路三维模型不仅可以和 GE 中当地卫星图片和实际地形地貌精确地结合以方便汇报演示,而且还可以把经常遇到的桥型、建筑模型和立交模型事先制作成模版以备不时之需,稍作修改就可以使用。

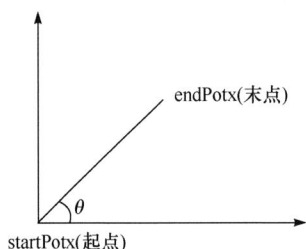

图 1-28　模型准确摆放示意图

② 直线段模型添加。

以 200m 为标准,分别制作了 200m 长度的路堤、路堑、隧道、斜坡、桥梁。利用铁路路段拼接的铁路模型基本实现了无接缝、平整拼接,部分多余长度段通过重叠实现。

③ 关于模型准确摆放与拼接。

摆放问题:kml 文件中有一参数 heading 值确定模型准确的摆放方向,可以用一连串点坐标中的 2 个点确定准确转角大小,进而确定 heading 值大小,如图 1-28 所示。

实现代码如下:

```
double bujinx,bujiny,heading,headingche,headinglu;
bujinx=0;
bujiny=0;
bujinx+=(endPotx-startPotx);
bujiny+=(endPoty-startPoty);
//末点在起点东北方向
if((bujinx> = 0)&&(bujiny> = 0))
{
      heading=pi/2-atan(bujiny/bujinx);
      heading=180*heading/pi;
      headinglu=heading;
      headingche=heading-90;
}
//末点在起点东南方向
if((bujinx<=0)&&(bujiny>=0))
{
      double s=atan(bujiny/bujinx);
      heading=pi/2-s;
      heading=180*heading/pi;
      headinglu=heading;
      headingche=heading-90;
```

```
}
//末点在起点西南方向
if((bujinx<=0)&&(bujiny<=0))
{
        heading=pi/2-atan(bujiny/bujinx);
        heading=180*heading/pi;
        headinglu=heading;
        headingche=heading-90;
}
//末点在起点西北方向
if((bujinx>=0)&&(bujiny<=0))
{
        double s=atan(bujiny/bujinx);
        heading=pi/2-s;
        heading=180*heading/pi;
        headinglu=heading;
        headingche=heading-90;
}
```

说明：因 X 轴方向与 heading 值默认方向（向北）差值为 $90°$，故求出的数据还需转换。

④ 曲线段模型添加。

制作曲线模型库，根据铁路线路规范，分别制作一系列曲线半径（$600\sim 3000m$，步长为 $5m$）的线路曲线模型，并存储在模型库统一管理。添加线路曲线三维模型时，根据曲线半径调用模型库模型进行自动拼接，生成线路完整的三维模型。

⑤ 拼接问题。

根据线路曲线的起止点判断导入直线模型或是曲线模型。一连串坐标中的相邻两点经纬度相减得到差值 X，X 再除以一个合理的数值 Y 以确定步长。然后再用减数循环加上步长以确定模型的摆放点，循环次数为 Y。示意图如图 1-29 所示。

⑥ 列车三维模型建模。

为了能更有效、更逼真地进行列车运动仿真，根据列车特点引入单元模型化的概念，采用单元建模的方法解决该问题。即将整列列车模型拆分成多个单元模型，在运动过程中再实时对各单元模型进行组装成整列列车模型，而运动控制则由各单元模型独立控制自己的运动。为简化说明，以 4 辆编组为例，建立列车三维模型，如图 1-30 所示。

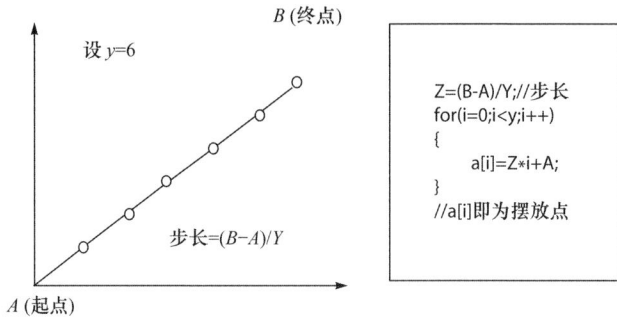

图 1-29 拼接示意图

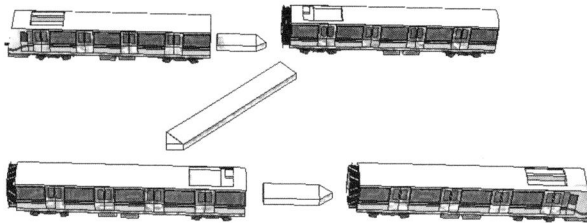

图 1-30 列车单元模型分解示意图

最终完成整体列车模型效果如图 1-31 所示。

图 1-31 整体列车模型效果

⑦ 列车三维运动仿真实现。

列车三维运动仿真主要利用 kml 中的时间轴动画功能实现。

kml 语法中有控制动画播放的相应方法——时间轴动画,其中<model></model>部分就是关于模型的,<Link><href></href></Link>为模型调用部分,<TimeSpan></TimeSpan> 部分控制时间轴部分,<end></end>控制其中一部分起止时间,<Scale></Scale>控制模型大小,控制转角,相应实例代码如下:

```
<Placemark>
    <MultiGeometry>
    <Model>
    <altitudeMode>relativeToGround</altitudeMode>
    <Location>
    <longitude>% f</longitude>
    <latitude>% f</latitude>
    <altitude>0</altitude>
    </Location>
    <Orientation>
    <heading>% f</heading>
    <tilt>0</tilt>
    <roll>0</roll>
    </Orientation>
    <Scale>
    <x>20</x><y>20</y><z>8</z>
    </Scale>
    <Link><href>E:/tiegui.dae</href></Link>
    </Model>
    </MultiGeometry>
    </Placemark>
    <Placemark>
    <TimeSpan>
    <begin>% d</begin>
    <end>% d</end>
    </TimeSpan>
    <MultiGeometry>
    <Model>
    <altitudeMode>relativeToGround</altitudeMode>
    <Location>
    <longitude>% f</longitude>
    <latitude>% f</latitude>
    <altitude>5. 4</altitude>
    </Location>
    <Orientation>
    <heading>% f</heading>
    <tilt>0</tilt>
```

```
    <roll>0</roll>
    </Orientation>
    <Scale>
    <x>2</x><y>8</y><z>8</z>
    </Scale>
    <Link><href>E:/huoche.dae</href></Link>
    </Model>
    </MultiGeometry>
  </Placemark>
```

可以用Ｃ＋＋编程实现该部分代码批量生成,只是相应改变坐标值与转角以及起止时间值即可生成标准模型移动的 kml 动画。仿真效果如图 1-32 和图 1-33 所示。

图 1-32　线路三维漫游与列车运动仿真效果图(一)

图 1-33　线路三维漫游与列车运动仿真效果图(二)

随着ＧＥ对高分辨率卫星影像数据的不断积累,建模技术的进一步成熟,其相关软件功能的不断完善、加强及在各领域的广泛使用,使得建立实时的 GIS 系统和构建任一地区的地面高程模型的技术更为强大和实用。这将深刻影响工程应用行业的勘测设计过程和作业模式,有力地推动在三维数字地形模型(DTM)中直接进行线路设计的发展[17]。充分利用 Google Earth 资源,将其积极应用于铁路规划设计中,可有效解决当前存在的问题,显著提高铁路选线设计技术水平。帮助设计人员实现二维选线向三维选线转变,大大提高了铁路设计效率,其应用有着广泛的前景。

第2章 海量三维地理信息获取方法

用于铁路三维设计所需的地理信息包括数字高程模型、数字正射影像图(digital orthophoto map,DOM)、数字地质信息等,其主要来源于遥感影像。数字正射影像图与数字高程模型叠加,可以建立逼真显示的地形环境,因此如何快速高效地获取设计区域的DOM和DEM是建立三维地形环境的前提和基础;而如何通过遥感影像快速获取整个区域的地质信息,是建立三维地质环境和实现遥感地质选线的前提和基础。

2.1 铁路三维设计的影像主要类型

目前用于获取线路设计地理信息的影像主要有航空影像和卫星影像两种类型,均属于遥感影像。遥感影像的宏观、逼真、多光谱特征,能够清晰直观地显示铁路设计方案的走向和地形地貌、地质构造之间的关系,十分有助于设计方案的论证与表达。遥感技术在宏观定性分析上可对线路方案设计中特大桥、超长隧道等控制性工程的地质进行分析研究。通过对高分辨率、多光谱卫星遥感影像的研判,可以对这些控制性工程的水文地质情况、地质构造情况、地质灾害情况等进行前瞻性的评估,从宏观上优化线路设计方案,规避线路方案设计风险及日后的铁路运营风险。

2.1.1 航空遥感影像

航空遥感一般是指以高度在80km以下的中低空遥感平台为基础进行摄影(或扫描)成像的遥感方式,主要包括飞机和气球两种。航空遥感是遥感技术的重要组成部分,获得的影像称为航空像片,一般分辨率较高,影像清晰而且细致,反映的地物也较丰富,比较容易判读,可以应用于铁路建设中的地质勘测、铁路沿线环境的监测。利用高光谱数据与专题图结合,可以全面对感兴趣区域的地质进行研究并进行细分,判释区域内地层、岩性、地质构造、不良地质等,给线路设计提供可靠的依据[21]。

1. 航空遥感的特点

(1)航空遥感空间分辨率高、信息容量大。利用航空像片,可以取得较精确的位置、方位、距离、面积、高度、体积和坡度等数据。

(2)航空遥感灵活,适用于一些专题遥感研究。可以根据需求,灵活选择具有特定空间分辨率、波谱分辨率、时间分辨率的传感器,设计航空测量飞行的方案和路线等。

（3）信息获取方便。航天遥感需要卫星,因此受到时间和空间限制,不能随时对感兴趣的目标进行观测。而航空摄影的平台主要是飞机,受到的限制少,可以随时随地对需要侦察或普查的地区进行遥感。

（4）与其他遥感技术系统一样,航空遥感也有其固有的弱点,主要表现在:航空遥感受天气等条件限制大、观测范围受到限制、数据的周期性和连续性不如航天遥感。

2. 航空像片分类

航空像片又称航摄像片,泛指用航空摄影装置拍摄的各类遥感像片,种类很多。其中按感光胶片的感光特性,分为全色、彩色、全色红外、彩色红外和多波段航空像片。

（1）全色、全色红外、单波段和多波段均为黑白航空像片,具有几何形变小、像片倾斜角小、空间分辨率高以及可进行立体观察等特点,应用广泛。图 2-1 为镶嵌好的黑白航空影像图。

图 2-1　镶嵌好的黑白航空影像

（2）彩色航空像片有天然色（图 2-2）和由多波段合成的近似天然色两种（图 2-3）;彩色红外和由多波段片假彩色合成的均是假彩色像片。就用途而言,画幅式测量摄影机摄取的全色黑白航空像片,主要用于地形测图,其他各类航空像片多用于各种专题判读与制图。

图 2-2　彩色航空像片（天然色）

图 2-3　彩色航空像片（假彩色）

2.1.2 卫星遥感影像

随着信息技术和传感器技术的飞速发展,卫星遥感影像分辨率有了很大提高,包括空间分辨率、光谱分辨率和时间分辨率。空间分辨率已从 30m、10m 提高到今天的 2m、1m,军用甚至达到 0.1m。光谱分辨率已达到 5～6nm,包括高光谱在内已超过 400 个波段,时间分辨率即重访周期也在不断缩短。每天都有数量庞大的不同分辨率的遥感信息,从各种传感器上接收下来。目前高分辨率卫星主要有 SPOT5、IKONOS、QUICKBIRD、GeoEye-1、WorldView 等。

高分辨率的卫星影像数据提供了充分、丰富、精确的信息,能清楚地反映出大的地貌单元、区域构造行迹、水系分布及某些大型物理地质现象等,大大拓宽了遥感应用的范围,保证了进行科学合理的铁路选线设计工作,也可应用于铁路发展规划与决策支持。

1. IKONOS 卫星影像

IKONOS 是美国空间成像公司(Space Imaging)为满足高解析度和高精度空间信息获取而设计制造的。IKONOS 卫星具有较高的精度:全色分辨率达 1m,多光谱 4m,完全能够满足 1∶10000 比例尺测图精度要求,幅宽 11km,是全球首颗高分辨率商业遥感卫星,也是全球第一颗民用 1m 级高分辨率的卫星遥感图像。IKONOS 卫星图像与航空像片相类似,直接进行目视解读即可获得丰富的信息,清晰度可以和航空摄影照片媲美,使得高清晰度遥感解译成为可能。图 2-4 和图 2-5 分别为上海浦东和多哈的 IKONOS 卫星影像。

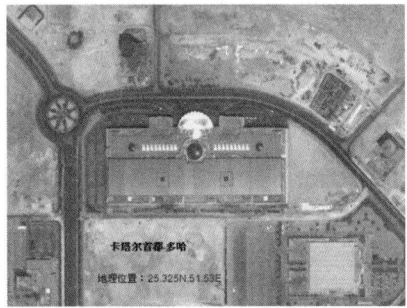

图 2-4　上海浦东 IKONOS 影像　　图 2-5　卡塔尔首都多哈 IKONOS 影像

2. Quick Bird 卫星影像

快鸟(Quick Bird)卫星于 2001 年 10 月 18 日由美国 DigitalGlobe 公司在美国范登堡空军基地发射,是目前世界上最先提供亚米级分辨率的商业卫星,卫星影像分辨率为 0.61m,幅宽为 16.5km。可应用于制图、城市详细规划、环境管理等。

Quick Bird 遥感卫星数据提供立体像对,能生成数字高程模型和数字正射影像图。图 2-6 和图 2-7 展示了 Quick Bird 卫星影像。

图 2-6　Quick Bird 影像　　　　图 2-7　美国五角大楼 Quick Bird 影像

3. GeoEye-1 卫星影像

GeoEye-1 卫星是由美国 GeoEye 公司于 2008 年 9 月 6 日发射的一颗迄今技术最先进、分辨率最高的商业对地成像卫星,幅宽 15km。该卫星能提供全色 0.41m 分辨率和多谱段 1.65m 分辨率的超高分辨率影像,而且还能以 3m 的定位精度(无控制点)精确确定目标的位置,如图 2-8 和图 2-9 所示。

图 2-8　东京迪士尼乐园(0.5m)　　　图 2-9　伦敦奥运会场所(0.5m)

4. WorldView 卫星影像

WorldView 卫星是 Digitalglobe 公司的下一代商业成像卫星系统。它由两颗 (WorldView-I 和 WorldView-II)卫星组成。WorldView-II 能够提供 0.5m 全色图像和 1.8m 分辨率的多光谱图像,幅宽 15km,是全球第一个具有高光谱的亚米级遥感民用卫星,成图比例尺 1∶2000。根据相关文献的研究,分辨率为 0.5m 的 WorldView-II 卫星影像为铁路勘测设计中的摄影测量制图提供了新的数据源。试验结果表明,配合 RPC 参数,WorldView-I 高分辨率卫星立体像对在无定向外控点情况下,平面定向精度可以达到 2～3m,高程精度在 2m 左右;只需少量定向外控点就可以满足铁路勘测设计 1∶2000 测图的精度要求,可以应用在铁路 1∶2000 测图中。图 2-10 展示了 30.5m 分辨率的 WordView-Ⅱ卫星影像。

图 2-10　WorldView-Ⅱ卫星影像(0.5m)

2.2　建模信息获取

2.2.1　数据获取方法

铁路线路设计里程一般较长,为保证地表重建和工程设计的精度,要求采集足够的数据点,同时为了有效地进行方案比选,需要获取大范围的 DEM 和 DOM 数据。全数字摄影测量系统以遥感影像为基础,通过计算机进行影像匹配,自动相关运算识别同名像点得其像点坐标,再运用解析摄影测量的方法内定向、相对定向、绝对定向及运用核线重排技术,可以测定所拍摄物体的空间三维坐标,获得 DEM 数据,具有自动大规模生产 DEM 数据等功能。同时,全数字摄影测量系统可以进行正射影像纠正和镶嵌、影像修补、任意影像的无缝镶嵌,是生成正射影像图的一种快速而有效的方法。因此利用全数字摄影测量系统,通过遥感影像来获取海量 DEM 和 DOM 数据成为目前主要的方法。

2.2.2　数字地形模型获取

铁路是一个带状结构物,进行线路设计仅需要铁路中线两侧一定宽度内的地形数据。地形提取模块提供了矩形、多边形、直线、曲线等接边线功能,可以非常方便地设置所提取 DTM 的边界范围。图 2-11 所示为不规则带状和台阶形带状提取 DEM 的边界范围。因此,利用 Helava、JX-4 等全数字摄影测量系统能够非常方便地获取适合线路设计所需的地形数据和影像数据。

利用数字摄影工作站自动地形采集模块可自动提取数字地形模型数据(digital terrain model,DTM)。地形自动提取是个不断迭代的反复过程,首先使用较小比例尺图像和较大计算间距计算,然后逐步加密计算点并采用更大比例尺图像,一

(a) 不规则带状

(b) 台阶形带状

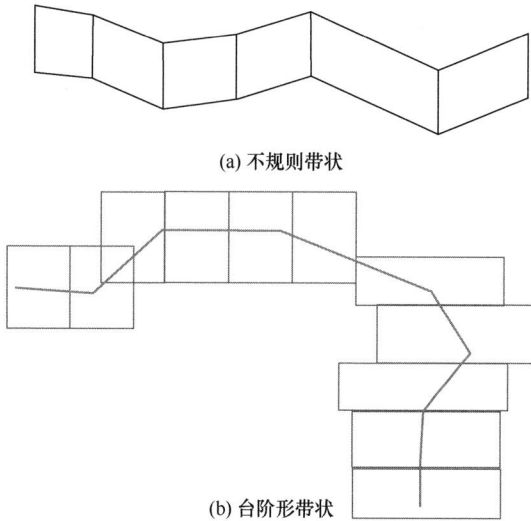

图 2-11 提取 DEM 的边界范围示意图

直处理到 1∶1 图像。如果在地形起伏不太大时,生成 DTM 文件时点空间间距一般选在 20～50m(缺省值为 30m),不能太小,否则房子(特别是高大建筑物)会生成梯形,甚至错位。在地形起伏比较大的地区,生成 DTM 时,点空间间距一般不超过 10m,以保证 DTM 文件能正确表达地形起伏细节。图 2-12 所示为 DTM 地形自动提取(Helava 工作站 SOCET SET 应用软件)。图 2-13 所示为生成的三角网 DTM 数据。

三角网 DTM 数据示例如下,每一行表示 DTM 的三维坐标点坐标(x, y, z):

$$563261.018653, 3293278.934033, 146.147147$$
$$563299.169012, 3293300.021933, 144.563147$$
$$563308.349876, 3293275.029238, 141.359147$$
$$563326.425787, 3293333.767932, 145.283147$$
$$563265.232615, 3293333.713235, 145.319147$$
$$563228.829400, 3293334.265988, 151.079147$$
$$563181.358684, 3293331.108515, 146.723147$$
$$563205.695228, 3293381.354059, 144.923147$$
$$563255.852816, 3293397.395435, 149.783147$$
$$563293.787734, 3293385.016408, 143.807147$$
$$563322.304164, 3293403.346139, 144.707147$$
$$563375.766035, 3293414.768717, 140.459147$$
$$563350.332584, 3293436.146217, 143.110243$$

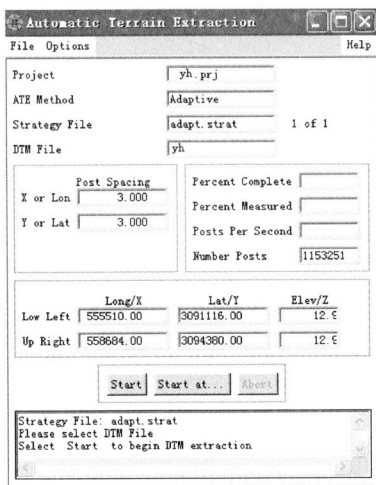

图 2-12　DTM 自动提取

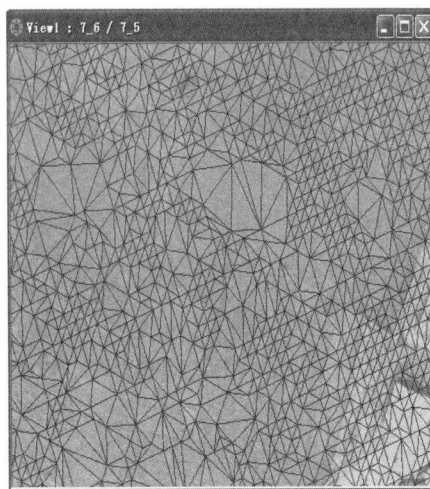

图 2-13　提取的三角网格式 DTM

2.2.3　正射影像图获取

　　获取遥感影像时,由于搭载平台、传感器、地球曲率和地形起伏等影响,往往会造成影像的几何畸变。为了修正这些几何畸变,同时也把遥感影像纳入制图坐标系中(如北京-54 或西安-80 坐标系),就需要对影像进行几何纠正。正射影像就是对原始像片进行相机倾斜、地形阻挡等引起的变形改正以后,采用正射投影获得的图像,正射影像、原始像片与 DTM 的关系见图 2-14。正射影像图是经过正射校正的两张或多张正射影像组成的影像。

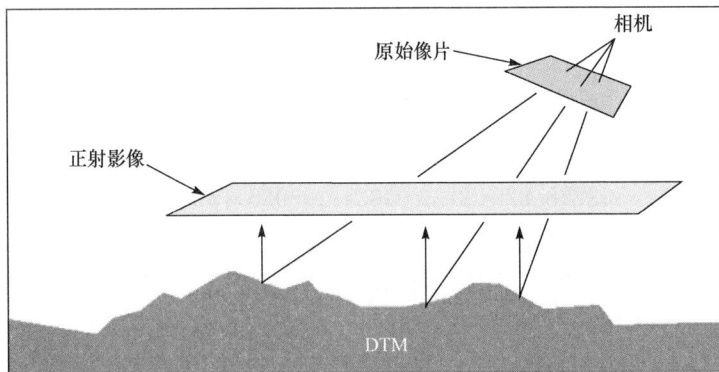

图 2-14　正射影像示意图

正射影像图的制作包括数字微分纠正和影像镶嵌两个过程。其中,数字微分纠正是建立在严格的数学基础上,通过构像方程[指地物点的图像坐标(x,y)和地面坐标(x,y,z)之间的数学关系],建立纠正变换函数,利用控制点数据求取纠正变换函数的系数,实现原始影像与正射影像之间的透视几何变换,达到纠正的目的。其流程如图 2-15 所示。

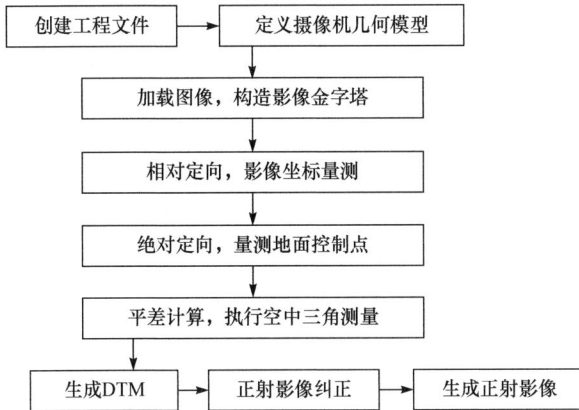

图 2-15　正射影像制作流程图

图 2-15 中的加载图像是指加载扫描后的遥感影像(图 2-16);相对定向是利用像对的共面条件方程解算相对定向元素,建立相对定向模型(图 2-17);绝对定向是要确定所有像片的全部外方位元素,建立像点与地面点的立体模型相似变换关系(图 2-18)。

图 2-16　加载影像

需要指出的是[22]:对于每一景卫星遥感影像的几何纠正中,地面控制点要保证一定数量,每景影像以不少于 20~25 个地面控制点为宜。此外,还需一定数量

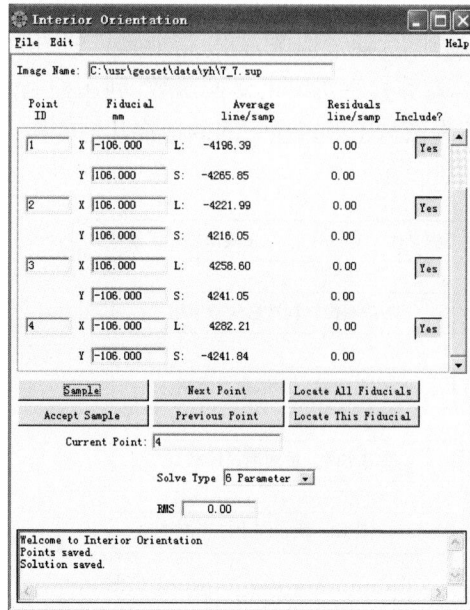

图 2-17　相对定向

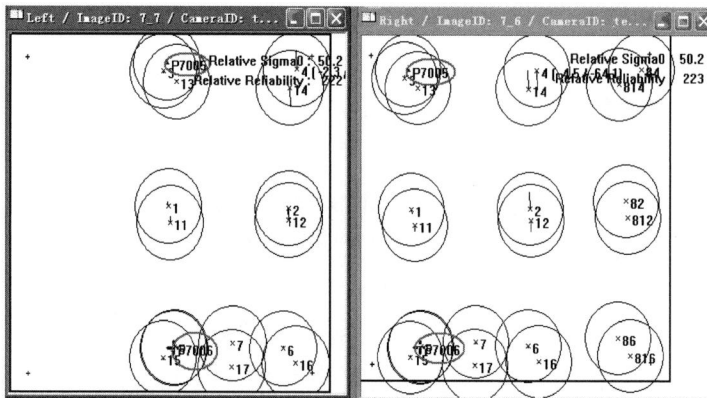

图 2-18　绝对定向

的检查点,以检核卫星遥感影像纠正的精度是否满足要求。地面控制点的误差应小于1像素的精度,在影像中的分布应比较均匀,以保证几何纠正的精度。

　　经过数字微分纠正后所生成的正射影像还需要运用影像镶嵌技术来生成覆盖更大区域的正射影像图,影像镶嵌不仅要相邻影像之间高精度地几何配准,而且必须使得镶嵌后所生成的影像在总体色调上保持一致,通过几何羽化去除两幅正射影像图像接边处的缝隙线;辐射量羽化消除一亮一暗两张图像接边时的较强明暗,还可对最终生成的正射影像图采用 Photoshop 等图像处理软件进行处理。数字正射影像图的制作流程见图 2-19。

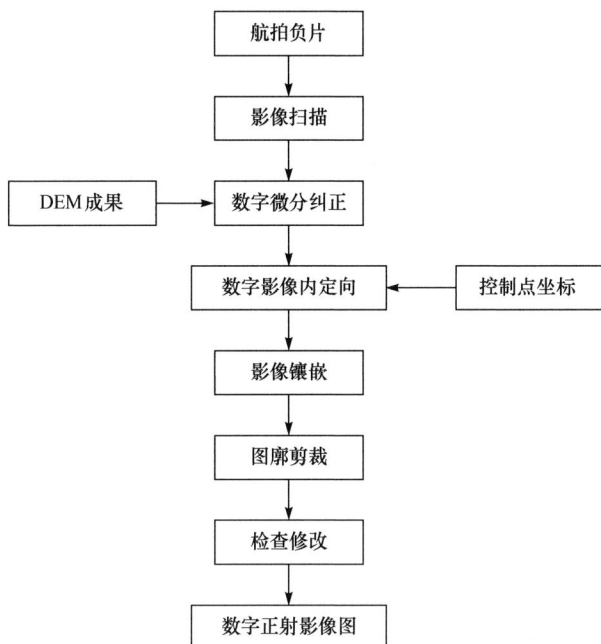

```
         ┌──────────┐
         │  航拍负片  │
         └────┬─────┘
              ↓
         ┌──────────┐
         │  影像扫描  │
         └────┬─────┘
              ↓
┌────────┐  ┌──────────┐
│ DEM 成果 │→│ 数字微分纠正 │
└────────┘  └────┬─────┘
              ↓
         ┌──────────┐  ┌──────────┐
         │ 数字影像内定向 │←│ 控制点坐标 │
         └────┬─────┘  └──────────┘
              ↓
         ┌──────────┐
         │  影像镶嵌  │
         └────┬─────┘
              ↓
         ┌──────────┐
         │  图廓剪裁  │
         └────┬─────┘
              ↓
         ┌──────────┐
         │  检查修改  │
         └────┬─────┘
              ↓
         ┌──────────┐
         │ 数字正射影像图 │
         └──────────┘
```

图 2-19　数字正射影像图的制作流程

数字摄影测量工作站都提供了全面的影像镶嵌功能,镶嵌不会出现影像重影、模糊现象,只要接边多边形能避开建筑物,选用的 DTM 合理,不出现明显接缝,就能得到高质量的正射影像图。图 2-20 和图 2-21 所示为镶嵌完成的正射影像图。

图 2-20　镶嵌好的正射影像图(黑白航空影像)

图 2-21　镶嵌好的正射影像图（彩色航空影像）

2.3　数字化地质信息获取与建模

　　遥感影像是获取线路工程地质信息的主要信息源，可通过对遥感影像的解译判释来获取线路工程地质信息。

2.3.1　矢量化遥感地质信息获取

　　数字化地质信息即为地质信息的数字化表示，线路设计的三维地理环境中的数字化地质信息主要来源于遥感地质解译。在获取遥感地质解译成果后，通过数据库接口存储到数据库中，实现解译成果的数字化表示和存储。

　　由于计算机只能识别矢量化的图像信息，因此地质对象空间分布范围是实现数字地质技术的基础。只有得到其矢量的空间范围坐标数据，才能在三维环境中对地质对象进行表达、定位和集成，同时才能让计算机识别各地质对象，进而通过数据库获取地质对象的其他属性信息，实现地质对象的空间位置属性和其他属性集成，这是建立三维地质环境和进行地质分析的前提和基础[23]。

　　目前应用的主要遥感软件 ERDAS IMAGE、ER MAPPER、ENVI、PCI 等都提供了相应模块来实现对解译对象空间位置属性的提取。图 2-22 所示为利用

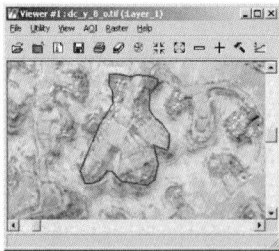

(a) 通过AOI圈定范围　　　　　(b) 数字化信息获取　　　　　(c) 绘制不良地质对象

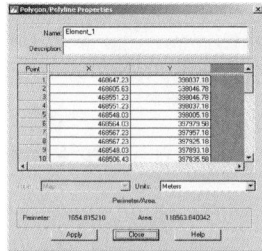

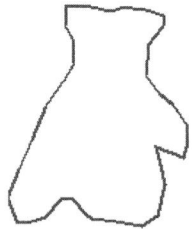

图 2-22　通过 AOI 功能获取数字化地质对象区域边界信息

ERDAS IMAGE 的 AOI(area of interest)功能模块提取解译地质对象空间位置属
性的流程,其过程如下:①打开经过几何较正的正射影像;②新建 AOI 区域;③以
折线、多边形等图形工具圈定不良地质的范围;④保存输出矢量分布范围、面积、周
长,根据分布范围数据在对应的位置上绘出各种不良地质对象的范围。

2.3.2　栅格遥感解译影像的获取

矢量化遥感地质信息主要是文本格式的信息,只以矢量化数据对地质对象在
三维环境中进行表达还不够直观,如果能够将遥感解译影像也同时显示在三维环
境中,实现地质对象在三维环境中的矢量化和栅格影像的联合表达模式,为工程师
提供了更为直观、有效的表达和识别模式,更有助于选线工程师在三维环境中进行
选线设计[23]。因此,必须解决地质对象遥感解译影像的获取。

可利用遥感软件对遥感图像进行数字化处理(如空间卷积、比值增强、IHS 变
换等)来获取遥感解译图像,然后可利用遥感软件的 AOI 等功能模块实现对地质对
象空间位置的定位,利用解译模块的影像剪裁(image crisp)就可以实现 AOI 的影像
提取,实现地质对象的栅格遥感解译影像的获取,并同时以大对象(binary large ob-
ject,BLOB)格式存储到数据库中。图 2-23 和图 2-24 给出了示意图。

图 2-23　基于 AOI 确定不良地质区域　　　　图 2-24　不良地质对象的遥感解译图像

通过遥感软件进行人机交互解译,能够获取所解译的地质对象的矢量化解译
数据和栅格解译影像,这些信息共同构成了地质对象的数字化信息,其构成模式统
一表示为地质对象的空间位置属性、属性数据和解译影像组成[23],即数字化遥感
地质信息的数据模型(图 2-25),并通过数据库存储和调用(图 2-26)。

图 2-25　数字化遥感地质信息的数据模型图

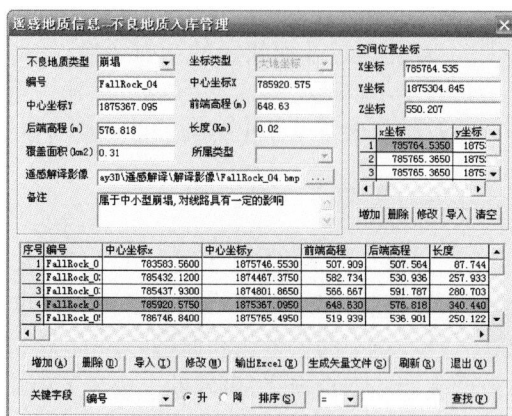

图 2-26　遥感地质信息数据库入库接口

2.3.3　数字化非遥感地质信息获取

非遥感地质信息主要是指在线路研究区域内,通过传统方法已获取的以纸质、图形和文档等格式保存的地质信息。这些地质信息还不能够在三维地理环境中直接使用,必须通过数据接口转换为数字化地质信息,与数字化遥感地质信息一同存储在数据库中,作为遥感地质信息的补充,共同构成三维地质环境的数字化地质信息。

1. 数字化岩层信息获取

工程钻探法是获取地下三维空间信息的重要方法,通过钻孔采样可以直接获取详细的岩层分布状况,如岩层岩性、断层特征、土质等。这些特征反映了岩层的原始状况,或者说天然状况,是进行岩层可视化、模拟分析、三维地质体建模的主要数据源。此外地质剖面图、勘探剖面图等相关图形资料也都在一定程度上可解译成基本钻孔数据,因此,在研究区域内若存在这些纸质或图形资料,统一解译成基本钻孔数据,存储到钻孔数据库中,实现数字化岩层信息的获取,设计的钻孔和地层数据库结构见表 2-1 和表 2-2。

表 2-1　钻孔结构表

序号	字段名称	数据类型	序号	字段名称	数据类型
1	钻孔编号	字符型	5	钻孔类型	字符型
2	孔口坐标 x	数值型	6	钻孔角度	数值型
3	孔口坐标 y	数值型	7	岩土层数	数值型
4	孔口高程	数值型	—	—	—

表 2-2　地层结构表

序号	字段名称	数据类型
1	钻孔编号	字符型
2	地层序号	数值型
3	地层厚度	数值型
4	地层代码	字符型

2. 区域性地质信息获取

包括研究区域的气候、地震带等信息，在分布特征上属于无规则多边形分布。在大范围内的研究区域内，很可能会存在多个不同的气候区域、地震带区域等。但通过遥感解译软件同解译不良地质一样，确定其空间区域范围，得到其区域边界数据，连同已有属性信息一起存储到数据库中，在三维地理环境中按面状地质对象进行表达和空间定位。设计的区域性地质信息结构如表 2-3 所示。

表 2-3　区域性地质信息结构表

序号	字段名称	数据类型
1	编号	字符型
2	属性信息	字符型
3	空间坐标	数值型
4	解译影像	二进制型

2.3.4　数字地质对象建模方法

数字地质（digital geology，DG）是地质信息的数字化表现形式，地质对象的信息能够以数字化表现和存储，此时的地质对象就称为数字地质对象。既可以根据地质属性进行组织，也可以根据研究区域的地理范围进行组织或两者结合进行组织。数字化地质对象构成了数字化地质环境（digital geologic environment，DGE），其定义如下：

$$\text{DGE} = \{O_i, A_{ij}\}, \quad i = 1, 2, \cdots, n; j = 1, 2, \cdots, m \tag{2-1}$$

式中，O_i 为地质空间对象集合；A_{ij} 为地质空间对象 O_i 的描述数据集合。

数字化地质环境中可以有 n 个地质空间对象，对于一个给定的地质空间对象可以有 1 个或 j 个描述数据，但都具有空间位置这一描述数据，这也是实现数字地质对象的空间定位和表达的基础。为了能更有效地管理，这里将数字地质对象按空间形态分为线状（如断层、断裂、小的河流水体等）和面状（如滑坡、泥石流、不良岩土、大的河流水体等）两种，而点状（如很小的塌陷）作为面状的一种特殊形式。

线状和面状地质对象示意图如图 2-27 所示。

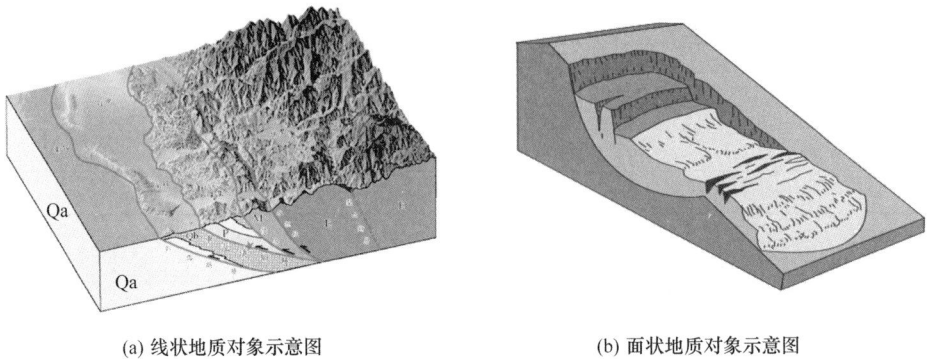

<table>
<tr><td>(a) 线状地质对象示意图</td><td>(b) 面状地质对象示意图</td></tr>
</table>

图 2-27　地质对象分类示意图

空间数据库为数字地质信息的存储提供了良好的解决方案,通过空间数据库可以对数字地质信息有效的存储、传输的利用,也能够保证信息安全性。另外,线路设计区域通常为大范围的带状区域,数字地质对象的数量大,分布范围广,存储方案的优劣直接关系到数据地质对象的检索、查询和分析利用。因此必须设计良好的存储方案,这也是数字地质对象数据建模的基本要求。这里采用分层、分块技术相结合的存储方案。

1. 分层存储

分层存储即根据地质对象的类型,将不同类型的地质对象作为一个独立的图层,同时根据空间范围坐标可以建立矢量化图层(ERSI Shape、DXF 等矢量格式),在三维环境中可以任意显示或关闭各类型的地质对象,以更好地分析选线区域内不同类型地质对象的空间分布状态和特征,其结构图为树形结构图,如图 2-28 所示。

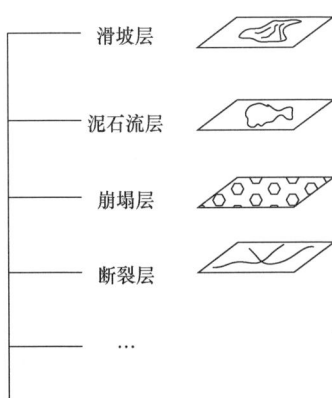

图 2-28　数字地质对象
分层存储示意图

2. 分块存储

分块存储即首先对选线区域进行网格单元划分,网格单元间距可根据实际情况而定,对划分的网格单元予以编号,根据编号确定每个网格单元的边界坐标,如图 2-29 所示。根据获取的数字地质对象的范围坐标,计算所属的网格编号,并在网格数据表内存储对应的地质对象的 ID。

1)确定规则

只要地质对象穿越网格单元即认为网格单

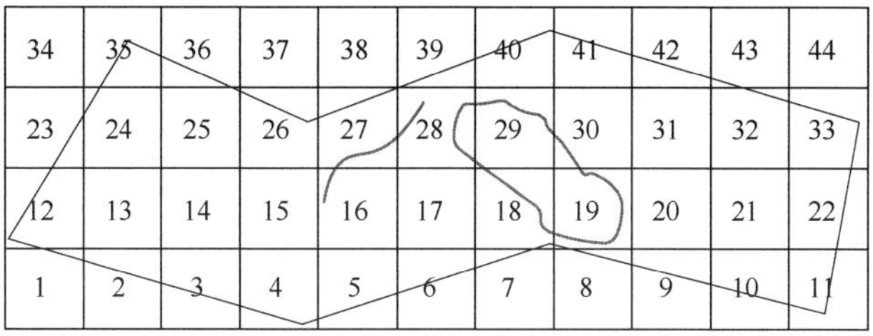

图 2-29　数字地质对象分块存储示意图

元包含该地质对象,因此网格单元间距大小影响着所包含的地质对象数量。如果间距小,包含的地质对象数量少,这样在查询检索的时间短,有较高的查询检索效率;而如果间距大,包含的地质对象数量多,查询检索的时间就会长一些。但网格单元间距如果过于小,就会造成多个地质对象穿越,这样网格单元包含的地质对象数量将增多,反而会降低查询检索效率。因此,网格单元间距不能过小,一般以不低于 1 公里为宜。

2) 计算方法

分别计算组成地质对象边界的控制点所处的网格单元,这些网格单元集合即为该地质对象的分块网格单元。计算方法如下。

设网格左下角坐标为 (x_0, y_0),网格单元间距为 L,划分网格为 $M \times N$(M 行 N 列)。设地质对象的边界由 n 个坐标点组成 $P_i(x_i, y_i)$($i=1,2,\cdots,n$),则点 $P_i(x_i, y_i)$ 所处的网格单元按如下公式计算:

$$\mathrm{Cols} = \frac{x_i - x_0}{L} + 1, \quad \text{所处的列}$$

$$\mathrm{Rows} = \frac{y_i - y_0}{L} + 1, \quad \text{所处的行}$$

$$\mathrm{CellID} = \mathrm{Rows} \times N + \mathrm{Cols} \tag{2-2}$$

式中,CellID 即为该控制点所处的网格单元号。所有边界控制点的网格单元号集合即为该地质对象所分布的网格单元。图 2-29 表示了网格中包含有 2 个不良地质对象 A(线状)和 B(面状),设其 ID 号分别为 P0001 和 P0002,则网格表中存储数据如表 2-4 所示。则在检索时根据鼠标转换后的实际地理坐标判断鼠标所处的网格,只对该网格内的地质对象进行检索判断,可有效节省检索时间。

表 2-4　网格表中存储的对应数据

网格编号	地质对象 ID 号	左下角 x 坐标	左下角 y 坐标	右上角 x 坐标	右上角 y 坐标
…	…	…	…	…	…
16	P0001	…	…	…	…
17	—	—	—	—	—

网格编号	地质对象 ID 号	左下角 x 坐标	左下角 y 坐标	右上角 x 坐标	右上角 y 坐标
18	P0002	⋯	⋯	⋯	⋯
19	P0002	⋯	⋯	⋯	⋯
⋯	⋯	⋯	⋯	⋯	⋯
27	P0001	⋯	⋯	⋯	⋯
28	P0001，P0002	⋯	⋯	⋯	⋯
29	P0002	⋯	⋯	⋯	⋯
30	P0002	⋯	⋯	⋯	⋯
⋯	⋯	⋯	⋯	⋯	⋯

第 3 章　三维地形环境建模

虚拟现实技术的引入和数字摄影测量技术的广泛应用,使得基于虚拟的三维地理环境的数字铁路线路设计成为可能。而准确地模拟和再现三维地形场景,以一种直接的、易于理解的形式来表示三维地形信息,并能够以稳定而且很高的帧速率按照用户的交互指令动态显示,是在虚拟的三维环境中进行铁路线路设计的重要前提工作。地形场景的三维可视化就是将数字正射影像准确地贴在数字高程模型数据建立的三维地形上面,其中最关键的是实现地形场景的实时生成与显示。

3.1　离散点数据集 Delaunay 三角剖分算法

3.1.1　数字地形模型

数字地形模型是三维地形建模的关键,而目前用于铁路线路设计的数字地形模型主要形式包括方格网式、三角网式、离散型、分块离散型和鱼骨式数字地形模型[23]。其中方格网式和三角网式数字地形模型在实际应用中应用更为广泛。

(1) 方格网数字地形模型是只需存储格网点的高程值,数据简单,适应于规则分布的数据,如图 3-1 所示。格网 DEM 便于存储、分割、合并和内插高程等操作,是铁路线路计算机辅助设计中用得较早,也是比较成功的一种模型,在线路设计领域的许多研究者曾将其成功地用于窄带线路优化设计中。但是格网 DEM 数据的分辨率单一,不能精确地表示复杂的地形表面,如果增大格网 DEM 数据的分辨率来表示复杂的地形,就会相应增加 DEM 的数据量,造成数据冗余。

(2) 三角网数字地形数据点的布设形式属于离散型,既适用于规则分布的数据,也适用于不规则分布的数据。由所有三角形顶点的三维坐标组成,接成三角形网络,它具有保形、易于处理地形特征等特点,如图 3-2 所示。不规则的三角网就是利用分布不规则的数据生成连续的三角面来逼近地形表面。与格网数据模型相比,三角网模型在某一特定的分辨率下能用更少的数据来精确地表示复杂的地形表面,特别当地形包含有大量地形特征线(如断裂线、构造线)时,三角网模型能更好地顾及这些特征,从而能更精确合理地表达地表形态,使所建立的三维地形环境更为精确。因此,三维地形环境建模选用三角网格式 DEM 数据。

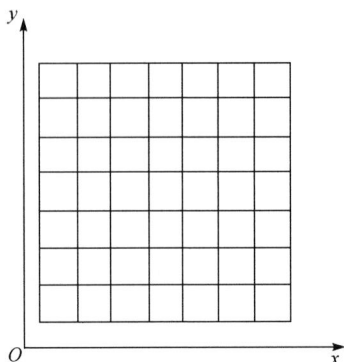

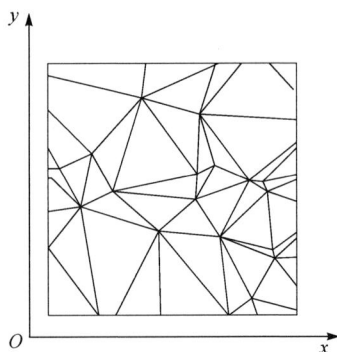

图 3-1　格网模式　　　　　　　　　　图 3-2　三角网模式

三维地形建模系统所要求的三角网数模数据格式第一行为地形数据点总数 N，从第二行开始为地形数据点三维坐标 (x, y, z)，数据格式要求见表 3-1。

表 3-1　系统要求的三角网数据文件格式说明

序号	行号	第一列	第二列	第三列
1	第一行	数据点总数 N	—	—
2	第二行	x 坐标	y 坐标	z 坐标
⋮	⋮	⋮	⋮	⋮
N	第 N 行	x 坐标	y 坐标	z 坐标

按照表 3-1 的格式要求，示例数据如下：

121050

561223.740,2947569.653,2555.791

560441.997,2949685.449,2555.971

560702.412,2948877.303,2556.510

561730.740,2940850.414,2556.692

560606.755,2950443.539,2556.739

560076.103,2946891.622,2558.186

……

根据离散三角网数字高程模型，如何把一个散点集合剖分成不均匀的三角形网格，即散点集的三角剖分问题，是建立三维地形环境的关键。这里将地形块内的地形数据散点集合剖分成不均匀的三角形网格，来实现地形的绘制。在实际中运用的最多的三角剖分是 Delaunay 三角剖分，是一种特殊的三角剖分。

3.1.2　Delaunay 三角剖分

1. Delaunay 三角部分两个重要准则

要满足 Delaunay 三角剖分的定义,必须符合以下两个重要的准则。

1) 空外接圆特性

Delaunay 三角网是唯一的(任意四点不能共圆),在 Delaunay 三角形网中任一三角形的外接圆范围内不会有其他点存在,如图 3-3 所示。

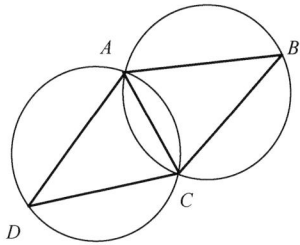

2) 最大化最小角特性

在散点集可能形成的三角剖分中,Delaunay 三角剖分所形成的三角形的最小角最大,是"最接近于规则化的"的三角网,在两个相邻的三角形构成凸四边形的对角线,在相互交换后,六个内角的最小角不再增大,如图 3-4 所示。

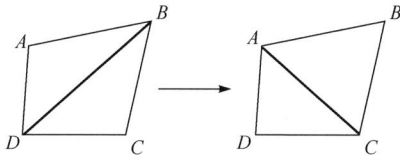

图 3-3　Delaunay 三角网空圆特性示意图

图 3-4　Delaunay 三角网最大化最小角特性示意图

2. Delaunay 三角剖分的特性

最接近:以最近邻的三点形成三角形,且各线段(三角形的边)皆不相交。

唯一性:无论从区域何处开始构建,最终都将得到一致的结果。

最优性:如果任意两个相邻三角形形成的凸四边形的对角线可以互换,那么两个三角形六个内角中最小的角度不会变大。

最规则:如果将三角网中的每个三角形的最小角进行升序排列,则 Delaunay 三角网的排列得到的数值最大。

区域性:新增、删除、移动某一个顶点时只会影响邻近的三角形。

具有凸多边形的外壳:三角网最外层的边界形成一个凸多边形的外壳。

3. 局部最优化处理

理论上为了构造 Delaunay 三角网,Lawson 提出了局部优化过程(local optimization procedure,LOP),一般三角网经过 LOP 处理,即可确保成为 Delaunay 三角网,其基本做法如下。

将两个具有共同边的三角形合成一个多边形。以最大空圆准则作检查,看其第四个顶点是否在三角形的外接圆之内。如果在,修正对角线即将对角线对调,即完成局部优化过程的处理。LOP 处理过程如图 3-5 所示。

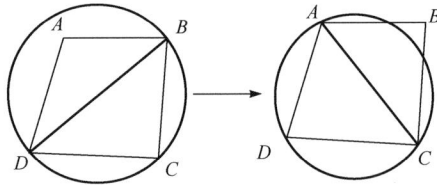

图 3-5　Delaunay 三角网局部最优化处理

3.1.3　格网划分的分割-合并算法

Delaunay 剖分是一种三角剖分的标准,目前有不少成熟的算法。基本算法为分割-合并算法、逐点插入法及三角网生长法等。其中,三角网生长算法由于算法效率较低,目前较少采用;逐点插入法虽然实现较简单,占用内存较小,但它的时间复杂度差,效率较低;分割-合并算法最为高效,但相对复杂度,由于其深度递归,对内存要求较高。为充分实现 Delaunay 三角网的快速、高效生成,在常规分割-合并算法的基础上,根据地形建模在特点需要,采用格网划分方法分割点集构建 Delaunay 三角网,结每个地形块单独实现 Delaunay 三角剖分,并较好地实现了对地性线和平三角形的处理,具有较高的算法执行效率。

分割-合并算法的基本步骤是首先将点集数据进行排序、分割,递归地把点集划分为足够小、互不相交的子集,在每一个子集内构建 Delaunay 子三角网,然后逐步合并相邻子集,最终形成整个点集的 Delaunay 三角网。由于用于线路设计的数字地形模型具有海量数据的特点,对点集进行分割既要考虑 Delaunay 三角网构网的速度,又要考虑三维地形绘制的速度要求。因此,采用地形固定大小分块方法,依据每个地块左下角和左上角坐标,基于双准则,确定落入每个地块的数据点,然后对每个地形块内的数据点进行单独构网。

其中,最重要的一点就是凡是落入地形块边界上的点,都属于该地形块。这虽然增加了一些数据点,但在地形合并进行 LOP 处理时,将大大减少交换边的概率,提高地形的绘制效率。示意图如图 3-6 所示。

3.1.4　关键问题

1. Delaunay 子三角网间的合并[24]

在对分块内的三角网构网后,需要对各分块的三角网子集进行合并。各块之

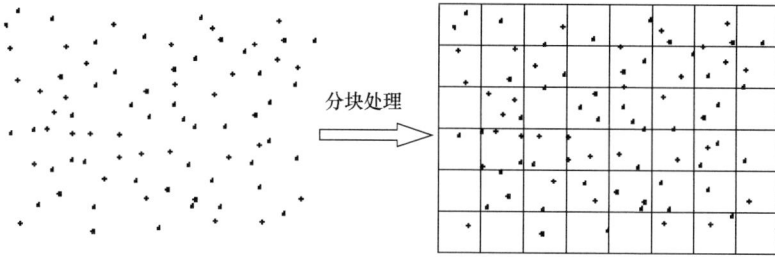

图 3-6　格网划分的分割-合并算法流程

间相邻 Delaunay 子三角网合并是从两个子三角网的合并起始线开始至终止线结束,伴随着三角形删除、生成的过程。相邻 Delaunay 子三角网合并由于位置的不同分为左右和上下合并两种情况,原理相同。下面以左右 Delaunay 子三角网的合并为例进行介绍。

1) 寻找两 Delaunay 子三角网合并的起始、终止线

找出左 Delaunay 子三角网边界点(V_1、V_2、V_3、V_4、V_5),逆时针方向,程序以边进行组织,y 值最大的点 $V_{max}=V_1$ 与最小的点 $V_{min}=V_4$,如图 3-7(a)所示。起始线寻找过程如下。

(1) 如果右边界点(V_8、V_9、V_{10}、V_{11}、V_{12} 不是全部在 V_{min} 前一点到 V_{min} 方向矢量的左方,则 V_{min} 回退到后一点(即 $V_{min}=V_3$)进行检验,如果不满足则继续后退,直到满足条件为止,如图 3-7(a)中 $V_{min}=V_4$ 所示。

(2) 如果右边界点中没有点在 V_{min} 到 V_{min} 后一点的方向矢量的右方,则 V_{min} 前进一点(即 $V_{min}=V_5$)进行检验,如果不满足则继续前进,直到满足条件为止,找到左起始点 V_{min},如图 3-7(a)中 V_4 所示。

(3) 找出所有右边界点中在 V_{min} 到 V_{min} 后一点的方向矢量的右边并且角度最大的点为右起始点,如图 3-7(a)中 V_{10} 所示,则 V_{min} 与该点构成合并起始线,如图 3-7(a)中 V_4V_{10} 所示。类似方法可以找出左终止点 V_1、右终止点 V_8,构成合并终止线,如图 3-7(a)中 V_1V_8 所示 。

2) 删除非 Delaunay 三角形

在 Delaunay 子三角网合并过程中,在边界处的三角形由于受相邻子三角网边界点的影响而不符合 Delaunay 法则,需要删除,如图 3-7(b)所示。删除三角形伴随着对其相邻三角形拓扑关系的调整。假设当前边为 V_4V_{10},对以左当前点(V_4)为顶点按逆时针方向的一系列三角形($V_4V_5V_7$、$V_4V_7V_3$)检查右当前点(V_{10})是否在其外接圆内,如果是,首先对该三角形的邻接三角形($V_5V_6V_7$、$V_4V_7V_3$)的拓扑关系进行调整,然后删除该三角形,并且对子三角网的边界点进行改动,在左当前点后插入三角形的另一点 V_7,左子三角网边界点改动为 V_1、V_2、V_3、V_4、V_7、V_5。

类似方法删除右边三角形 $V_9V_{10}V_{13}$，右边界点改动为 V_8、V_9、V_{13}、V_{10}、V_{11}、V_{12}。

3) 生成三角形

以当前边的两点(V_4、V_{10})和左当前点的后一点(V_7)为测试三角形，如果右当前点的前一点(V_{13})在测试三角形内，则当前边与右当前点的前一点生成新三角形($V_4V_{10}V_{13}$)，否则与左当前点的后一点生成新三角形($V_4V_{10}V_7$)。如图 3-7(c)所示，则生成新三角形 $V_4V_{10}V_7$，当前边调整为 V_7V_{10}，重复步骤 2)，直到合并终止线结束。如果此 4 点构成凹四边形，则需要对生成三角形的原则进行控制，使新生成的三角形与原三角形不能相交。

4) 重构合并后 Delaunay 子三角网边界点

合并后的 Delaunay 子三角网的边界点需要改动，为后续的 Delaunay 子三角网的合并使用。边界点改动为左终止点～左起始点＋右起始点～右终止点，即删除左起始点至左终止点、右终止点至右起始点之间的点，把剩余的点合并。如图 3-7(c)所示，边界点调整为 $V_1V_2V_3V_4V_{10}V_{11}V_{12}V_8$。

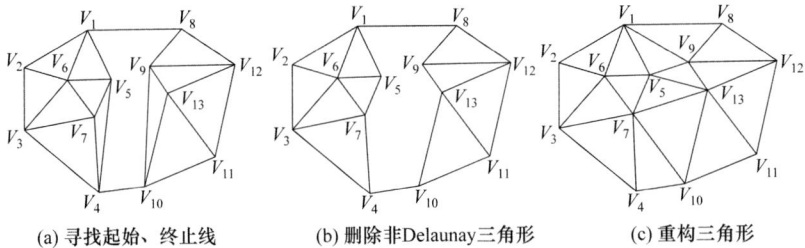

(a) 寻找起始、终止线　　　　　(b) 删除非Delaunay三角形　　　　　(c) 重构三角形

图 3-7　Delaunay 子三角网合并示意图

2. 地形特征线的处理

构建 Delaunay 三角网后，可能会有跨越地形特征线的非法三角形，必须对这些三角形进行处理，使地形特征线的每一条边成为最终三角网中三角形的边。由于地形特征线上的点已经作为基本点用于构建 Delaunay 三角网，因此地性线的处理过程就是删除与地性线相交的三角形，并对新形成的多边形进行重新构建 Delaunay 三角网的过程。其具体步骤如下。

首先搜索出与地性线的一条线段(特征边)相交的三角形集合，这个三角形集合的外轮廓构成一个多边形(特征多边形)，特征边把该特征多边形分割成两个子特征多边形。从三角形链表中删除特征多边形内的三角形，然后对两个子特征多边形分别局部构建 Delaunay 三角网，把生成的新三角形放入三角形链表中，并对其拓扑关系进行调整。地性线的处理如图 3-8 所示。图 3-8(a)为处理前的情况，图 3-8(b)为处理后的结果。V_1V_6 为地形特征线中的一条线段，按拓扑关系搜索到三角形 $V_1V_3V_2$、$V_2V_3V_4$、$V_3V_5V_4$、$V_4V_5V_6$ 共 4 个三角形与它相交，把这 4 个三角形删除,则 $V_1V_3V_5V_6V_4V_2$ 构成特征多边形,$V_1V_3V_5V_6$、$V_1V_6V_4V_2$ 为子特征多边形,$V_1V_3V_6$、$V_3V_5V_6$、$V_1V_4V_2$、$V_1V_6V_4$ 为新增加的三角形,这些三角形在特征多边形内仍然保持 Delaunay 特性。

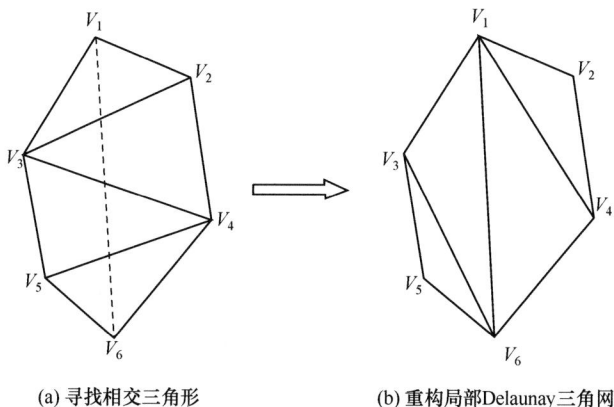

(a) 寻找相交三角形　　　　　　　　(b) 重构局部Delaunay三角网

图 3-8　地形特征线处理示意图

按照上述算法生成的三角网地形建模效果如图 3-9 所示。

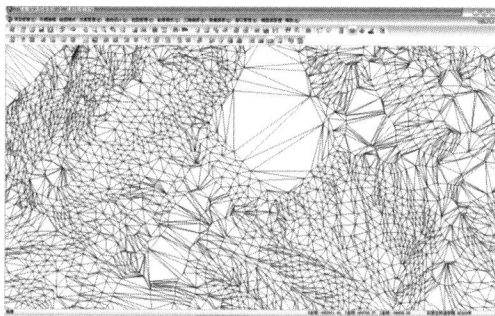

图 3-9　三角网地形建模效果图

3.2　三维地形环境建模优化

长大线路的地形数据量极其庞大,甚至可以说是无限的,远远超出了一般图形系统的实时渲染和内存管理能力,但是又要使三维地形场景达到一个较好的立体可视化效果,这就需要对三维地形场景建模和实时显示提出较高的要求。计算机的图形硬件性能对虚拟地形场景的实时显示无疑起着关键作用,但无限的数据量和有限的硬件水平所能接受的数据量间经常会产生矛盾,有时甚至是几个数量级的差别,有限的计算机硬件水平难以处理这种海量数据。在计算机的硬件水平达到一定程度的时候,要进一步提高视景图形的显示速度,就必须对模型和数据结构进行优化组织[23]。因此,必须研究优化的实时显示算法来处理这种海量数据和高质量的显示效果。虚拟现实技术与数据库应用技术的有机结合是处理海量的数字高程模型和数字正射影像数据的有效办法,能从根本上解决长大线路的立体影像显示与立体地形场景漫游,从而实现三维地形环境中进行铁路选线设计。

3.2.1　地形数据组织与调度

长大线路的地形场景覆盖的面积将是几百甚至上千、上万平方千米甚至更多,地形数据十分庞大,可能多达几十甚至几百千兆字节,无法全部载入内存,所以需要研究高效的场景数据外存和内存组织模型以及内外存动态调度方式[23]。有效的数据组织模型不仅可以使地形数据在外存的访问更快,而且可以高命中率的预先载入地形数据至内存。从而避免载入无效数据,并降低绘制过程中对外存数据的访问频率。

场景分块技术与层次细节模型技术是实现组织方式的两种有效技术。场景进行分块包括数字高程模型和数字正射影像的分块。实时显示时,只对可见范围的地形场景进行显示,这样可大大提高显示速度。层次细节模型采用瓦片金字塔方式对地形数据进行 LOD 管理和存储。

1. 影像分块

影像的分块要考虑到在进行纹理映射时纹理的长和宽必须都是 2 的指数幂,因此,在进行影像分块时影像就要被分为长和宽都是 2 的指数幂的一系列小块影像,然后对每一小块影像建立索引机制,使系统能快速地调出影像。根据实验结果,影像分块大小一般是 512×512、256×256 两种分块模式。系统调用时,每一时刻只有一部分影像可见。这样在每帧显示时,系统只把可见区域的影像读入内存进行处理,节省计算机系统资源,提高显示速度。通过对分块影像的实时调用,系统将可进行任意大小区域的地形场景建模。

2. 地形分块

地形数据分块大小关系到数据调度平衡,十分重要,从理论上讲,地形的分块大小可以不受限制,但是,如果分块太大超过计算机的处理能力,会影响系统的性能,如果过小则增加数据调度的次数,所以必须合理地选择块的大小。地形分块后应建立影像块索引,提高系统输入、输出调用速度以及建模速度。其要求如下:

(1) 地形分块应在影像分块的基础上进行。

(2) 地形分块大小为 $(2^n+1) \times (2^n+1)$,但一般来讲,要保证地形的分块大小不得大于每块影像对应的地形大小，以利于纹理调度和地形的纹理映射。

图 3-10 所示为地形三角网分块图。

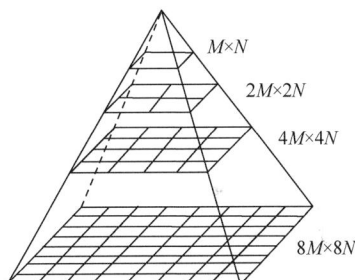

3. 基于金字塔模型的数据组织

细节层次模型(level of detail，LOD)是虚拟现实应用中经常采用的技术。它的思想就是在不同的层次、不同的视觉条件下，采用不同精细程度的模型来表示同一个对象，以提高场景的显示速度。根据三角网地形特点，采用瓦片金字塔组织方式，其核心是对数据进行预处理，采取分层分块策略建立多级地形和纹理数据，如图 3-11 所示。层次最高为 1 级，即为金字塔的底部，此时影像和地形数据的分辨率最高；层次越高，数据分辨率越低。在每一层数据内部，依据一定规则进行数据分块处理。绘制数据时则根据视点与地面的距离来选择不同的数据层。当视点距离地面较远时，用底层金字塔数据进行显示；视点距离地面较近时，采用高层金字塔数据进行显示。

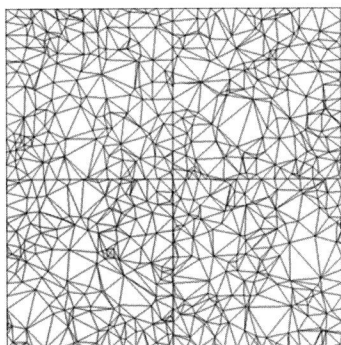

图 3-10　地形三角网分块图　　　　图 3-11　金字塔模型

金字塔模型中每层数据为一个文件，分为文件头信息、块索引区和块数据区。文件头信息包含文件中数据块的行数和列数。块索引区指明该块数据在块数据区的起始位置和长度，长度为 0 表示该块数据为空，块索引区按照编号排列。块数据区则保存分块后的地形数据。

文件头信息的结构：

```
struct DemHeaderInfo
{
    int mBlockkRowNums;  //行方向分块数目
    int mBlockkColNums;  //列方向分块数目
}
```

块索引信息的结构：

```
struct DemBlockIndexInfo
{
      UINT nPos;      //块的起始位置
      int mLength;    //块的长度
     bool mIsFull;    //块是否完整(True:完整  False:不完整,有空数据填充)
}
```

　块数据分为三部分,分别是元数据信息、地形信息和纹理信息,其结构分别如下:

//地形元数据信息:

```
struct DemBlockMetaDataInfo
{
      int mLOD;           //块的金字塔级别
      int mID;            //块的编号
      double dbMinRow;    //块纵向最小值
      double dbMinCol;    //块横向最小值
      double dbMaxRow;    //块纵向最大值
      double dbMaxCol;    //块横向最大值
}
```

//地形信息

```
struct DemBlockInfo
{
      int mID;            //DEM 块的 ID 号
      float fMaxH;        //最大高度
      float fMinH;        //最小高度
      int mWidth;         //DEM 宽度
}
```

4. DEM/DOM 空间数据库的一体化管理与集成[23]

　　Oracle 数据库在数据的管理和数据查找中,引擎效率比较高。对 DEM 和 DOM 均采用金字塔模型的数据组织,为了充分发挥数据存取的优势,将金字塔结构中每一层 DEM 数据以一个数据表存储,并以二进制大对象作为 DEM 数据存储的数据类型。当 DEM 数据在数据库中存储时,将每一层的 DEM 数据子块,组织成二进制的数据流,以二进制格式进行存储,并根据数据库原点和块的大小创建其索引。因此将分块后的影像数据和地形数据建立相应的索引机制,并存储到 Oracle 数据库中,由 Oracle 数据库来进行统一管理。为此,在 Oracle 数据库中专门创建了数据表。利用 Oracle 接口调用(Oracle call interface,OCI)进行数据和存储和调度,图 3-12 所示为基于 Oracle 的海量 DEM/DOP 数据管理的体系结构。

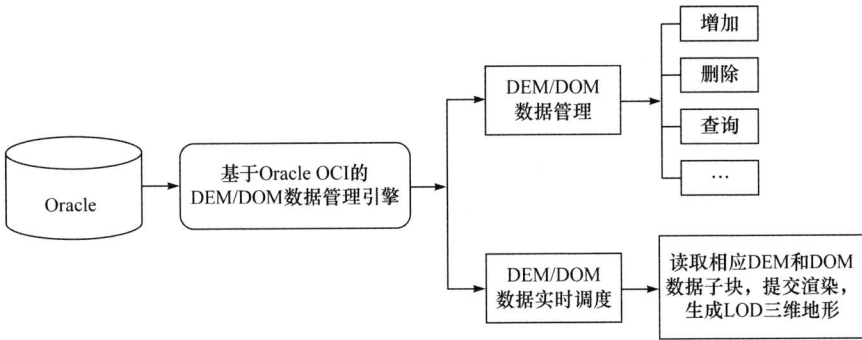

图 3-12 基于 Oracle OCI 的 DEM/DOM 数据管理

3.2.2 多分辨率纹理模型构造与实现

地形的真实性是地形可视化的重要部分,在实现地形的可视化过程中,使用高分辨率的数字正射影像是提高地形真实性的最常用的有效方法。但高分辨率的影像将占用大量的内存,耗费系统资源。事实上,在观察大范围的场景时,不必观察地形表面细节,此时并不需要高分辨率影像;而在放大观察地形表面细节时,必须以高分辨率的影像显示。因此,对同一个地形场景可以采用不同分辨率的影像表达,也就是在多分辨率的地形模型中加入多分辨率的纹理影像,使用多分辨率纹理映射技术来减少纹理渲染量,并根据视点的变化选择不同分辨率的纹理影像。这一处理方法称为金字塔影像技术。金字塔影像从最高分辨率的原始影像

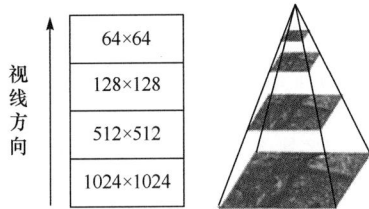

图 3-13 多分辨率纹理金字塔示意图

开始分级,按 2^n 划分,分级数按高分辨率的原始影像文件大小确定。图 3-13 所示为金字塔影像技术示意图。

1. 影像模型的数据结构

对于分块后的影像纹理,为了便于以后的纹理映射和保证三维交互显示时纹理数据调度的高效性,设计了如下数据结构用于管理纹理数据,如表 3-2 所示。

表 3-2 多分辨率纹理模型的数据结构

序号	行号	列号	影像大小宽×高	LOD 级别	空间位置	影像数据
1	R_1	C_1	$W_1 \times H_1$	1	X_L, Y_L, Y_R, Y_R	0011⋯
2	R_2	C_2	$W_2 \times H_2$	2	X_L, Y_L, Y_R, Y_R	0011⋯
⋮	⋮	⋮	⋮	⋮	⋮	⋮
n	R_n	C_n	$W_n \times H_n$	5	X_L, Y_L, Y_R, Y_R	0011⋯

行号和列号是确定当前分辨率影像块的唯一标识,空间位置表示该影像被映射的区域范围,影像的分辨率级别表示纹理子块对应的分辨率级别,影像数据用于存储该子块影像数据,以 BLOB 数据类型存储在 Oracle 数据库中。空间位置所对应的 (X_L, Y_L) 是纹理块几何空间区域的左下角空间坐标; (X_R, Y_R) 是右上角的空间坐标,在纹理映射和计算纹理坐标将时使用。纹理坐标计算如下:

```
void SetTextureCoord(float x,float z)
{
    float X=x*mCell_xwidth;      //网格点的实际 x 坐标
    float Y=-z*mCell_ywidth;      //网格点的实际 y 坐标
    float u=(X)/(X_R-X_L);
    float v=-(Y)/(Y_R-Y_L);
    glMultiTexCoord2fARB(GL_TEXTURE0_ARB,u,v);      //设置纹理坐标
}
```

2. 纹理影像金字塔建立

建立影像纹理金字塔是多分辨率影像模型的基础,需要对每个影像子块建立多级分辨率的纹理子块。利用数字摄影测量系统,在提取 DEM 的同时,直接建立各级纹理影像,然后对各级原始影像进行等量分块,建立每一纹理影像块的影像金子塔,即影像纹理的 LOD 层次模型,如图 3-14 所示。

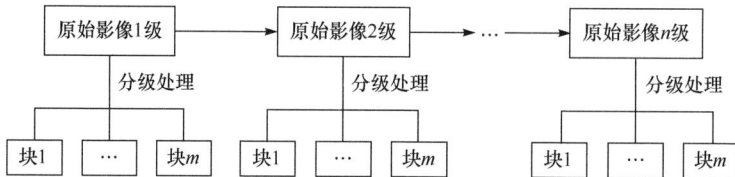

图 3-14　由各级纹理影像分块直接建立每个影像块的金字塔

3. 多分辨率纹理模型的生成算法

根据纹理影像金字塔的建立方法,对各级原始影像纹理直接分块就可以建立每个子块区域的多级分辨率纹理模型,其步骤如下:

(1)读入各级原始影像,并判断原始影像的大小(宽度和高度),然后根据地形范围,按照纹理影像分块方法对各级原始影像进行预处理。

(2)根据各级原始影像的分辨率,计算各自分块大小和被分割块数,假定最后分割的结果为 $m \times n$ 块。

(3)根据各级原始影像及其所对应的 DEM 子块的表面范围来确定每一子块

区域的映射范围(X_L, Y_L, Y_R, Y_R)。

（4）依次对各级原始影像进行分块处理，建立每一个图像子块的金字塔模型。

（5）逐个把建立完毕的图像子块按照设计的数据结构存储在数据库中，系统在调入影像纹理时直接读取左、右影像序列的各级原始影像，如图 3-15 所示。

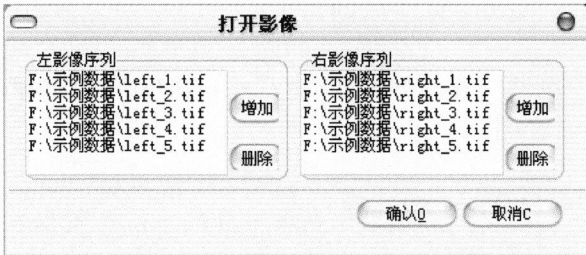

图 3-15　各级纹理影像分块入库处理

其中，left_1, …, left_5 和 right_1, …, right_5 分别左、右影像 1～5 级原始纹理影像，根据上述影像分块算法，分别对各级影像进行分块处理，图 3-16 为纹理影像块存储到 Oracle 数据库中的结果。

图 3-16　纹理影像分块存储到 Oracle 数据库中

4. 多分辨率纹理 LOD 确定

利用分割算法只是把原始的影像进行了分割和建立了不同影像区域的索引，但是在交互三维显示时，如何确定不同区域的合理分辨率影像，并对其进行纹理映射，以取得较好的显示效果和较快的渲染速度是至关重要的。各因子计算如下。

1）距离标准 d_t

采用视点到纹理中心的距离

$$d_t = \sqrt{(v_x - t_x)^2 + (v_y - t_y)^2 + (v_z - t_z)^2} \tag{3-1}$$

式中，(v_x, v_y, v_z) 为视点坐标；(t_x, t_y, t_z) 为纹理中心坐标。

2）平均坡度指标 S

对于起伏不同的地形，起伏大地形块的纹理一般具有明显的边缘，而不同的图像对人眼产生的视觉刺激不同，同样人眼对其细节要求程度也不同。起伏大的地形块通常要比起伏小需要更高的分辨率纹理。坡度（slope）作为描述地形特征信息的一个重要指标，是对地面倾斜程度的定量描述，能够间接表示地形的起伏形态和结构。

地表上某点的坡度 S 是地形曲面 $Z=f(x,y)$ 在东西（y 轴）和南北（x 轴）方向上高程变化率的函数，即

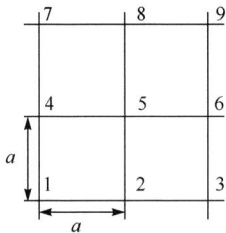

$$S=\arctan\sqrt{f_x^2+f_y^2} \qquad (3\text{-}2)$$

系统采用精度最高的三阶不带权差分算法来计算 DEM 子块的平均坡度，如式（3-3）所示，参数说明如图 3-17 所示。

$$f_x=(z_7-z_1+z_8-z_2+z_9-z_3)/6a$$
$$f_y=(z_3-z_1+z_6-z_4+z_9-z_7)/6a \qquad (3\text{-}3)$$

图 3-17　DEM 3×3
局部移动窗口

关于地形子块的平均坡度可以在数据预处理中完成，块内每个点坡度加权平均作为块的平均坡度值

$$S_{pj}=\frac{1}{n}\sum_i^n slope_i \qquad (3\text{-}4)$$

3）偏心率 ξ

人眼辨识物体的能力具有随着物体逐渐远离视域中心而减弱的特性，即偏心率特性。因此正对视线方向往往比偏离视线方向需要较高分辨的纹理。将视线方向投影在 x-z 平面上（图 3-18），计算纹理中心点与视点构成的向量与视线方向向量间的夹角 α，取偏心率因子

$$\xi=|\sin\alpha| \qquad (3\text{-}5)$$

4）运动速度因子 V

在屏幕上快速运动的物体看起来是模糊的，这些物体只在很短的时间内被看到，因而观察者可能看不清它们，这样就可以用较粗糙的细节层次来表示它们。因此在三维漫游时，不同的漫游速度对纹理 LOD 的选取也有影响。设某一漫游速度不超过 V_0 时，对纹理 LOD 选取没有影响，超过 V_0 时将会产生影响。设漫游速度为 V，定义漫游速度影响因子 V，其模型如下：

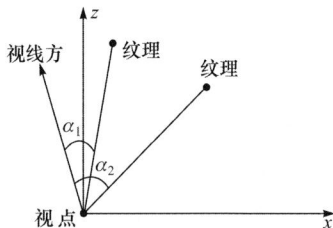

图 3-18　纹理中心与视点
间夹角计算

$$\begin{cases} V=0, & v \leqslant v_0 \\ V=(v-v_0)/v_0, & v > v_0 \end{cases} \tag{3-6}$$

综合上述多个指标,纹理中心点到视点最终距离 D_e 的计算公式为

$$D_e = d_t(1+\xi)(1+V)/S_{pj} \tag{3-7}$$

最终纹理 LOD 判定伪代码如下:

```
If(De<=D₁)        //1 级纹理
    m_TextureLod=1
else If(De<=D₂)   //2 级纹理
    m_TextureLod=2
else If(De<=D₃)   //3 级纹理
    m_TextureLod=3
else If(De<=D₄)   //4 级纹理
    m_TexturLod=4
else              //5 级纹理
    m_TextureLod=5
```

其中,D_1、D_2、D_3 和 D_4 为初始设定设阈值。

3.2.3　关键技术

1. 可见性剔除技术

为了进一步简化大规模地形场景,除了上述层次细节技术外,可见性剔除技术也是有效方法之一。可见性剔除技术的目的是避免将不可见的地形数据送入图形流水线并予以绘制。可见剔除技术包括视域剔除(view-frustum culling)、背面剔除(back-face culling)和遮挡剔除(occlusion culling),如图 3-19 所示。对于地形场景而言,它们分别剔除了视域体外、背面和被遮挡的地形区域。

1) 视域剔除

视域通常表示为一个世界坐标系中的截锥体(图 3-20),可以用六个形如 $Ax+By+Cz+D=0$ 的方程组

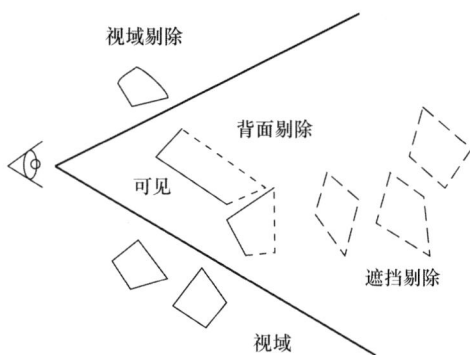

图 3-19　可见性剔除技术

表示。由于在特定视点下,地形大部分区域都位于视锥体之外,不需要绘制,应在预处理阶段剔除掉,因此对视锥体外的数据进行剔除是提高显示效率的关键之一。视域剔除简单、有效,通过对场景进行空间划分和层次组织,避免对场景中每个物

体都进行视域体测试,从而减少测试次数,提高算法效率。为了提高算法运行效率,考虑到地形漫游动画的特殊性,其视域裁剪可以简化成只进行相对于视锥的左右两个侧面和远裁剪面在水平面上的三角形投影的裁剪,首先产生一个较粗的裁剪结果,之后将各个块是否可见进行标记。视锥域裁剪如图 3-21 所示,其中浅色部分为不可见区域。

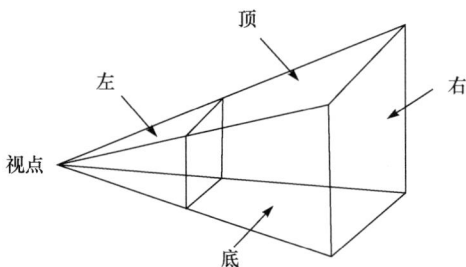

图 3-20　世界坐标系中的截锥体　　　　　图 3-21　视锥域裁剪

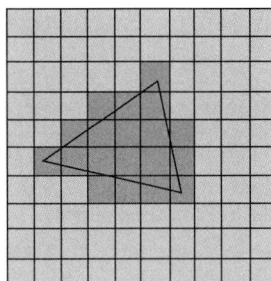

2)背面剔除

背面剔除也可以在地形绘制前,剔除掉与视线方向背离的多边形表面,只绘制面向视点的多边形,从而减少绘制的多边形数目,提高场景的渲染速度。通常方法是通过计算视方向和多边形表面法向量的夹角来删减多边形,当夹角大于90°时,剔除掉该多边形,否则绘制该多边形,如图 3-22 所示。这一点是基于视角不可能大于180°的估计,与视线方向夹角为 $\alpha<90°$(绘制), $\beta>90°$(剔除掉)。视线方向和多边形表面法向量的夹角计算可以转换为向量间夹角的计算。设向量 u 和向量 v 的夹角为 α(较小的那个夹角作为夹角),为此,构造角 α 的对边向量 $u-v$(向量的箭头指向 u,起始位置为向量 v 的终点),从而 u、v 和 $u-v$ 向量构成了一个三角形,如图 3-23 所示。

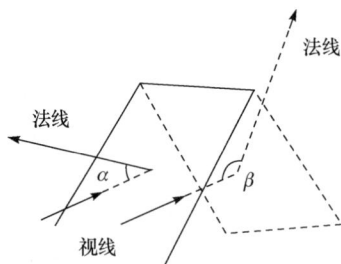

图 3-22　背面裁剪示意图　　　　　图 3-23　计算向量的夹角

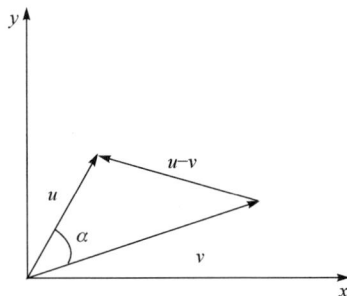

假设 $u=(u_x,u_y,u_z)$, $v=(v_x,v_y,v_z)$,从三角形的边角关系可以推导出

$$\cos\alpha=\frac{u_xv_x+u_yv_y+u_zv_z}{||u||\,||v||}\tag{3-8}$$

这样就可以根据出向量 u 和 v 的坐标值计算出它们的夹角。

引入向量 u 和 v 的点积运算 $u \cdot v = u_x v_x + u_y v_y + u_z v_z$，则式(3-8)可简写为

$$\cos\alpha = \frac{u \cdot v}{||u|| ||v||} \tag{3-9}$$

可见，当 $u \cdot v = 0$ 时，向量 u 和 v 垂直($u \perp v$)；当 $u \cdot v > 0$ 时，u 和 v 的夹角为锐角(不剔除)；$u \cdot v < 0$ 时，向量 u 和 v 的夹角为钝角(剔除)。

2. 纹理数据的压缩解压

OpenGL 支持两种纹理压缩技术：ARB 纹理压缩扩展和 S3 纹理压缩扩展 (S3TC)，这里采用 ARB 纹理压缩扩展技术。ARB 纹理压缩扩展的压缩格式与原始纹理格式的对照见表 3-3。

表 3-3　ARB 纹理压缩扩展的压缩格式与原始纹理格式对照表

常规压缩内部格式	基本内部格式
GL_COMPRESSED_RGB_ARB	RGB
GL_COMPRESSED_RGBA_ARB	RGBA
GL_COMPRESSED_ALPHA_ARB	ALPHA
GL_COMPRESSED_LUMINANCE_ARB	LUMINANCE
GL_COMPRESSED_LUMINANCE_ALPHA_ARB	LUMINANCE_ALPHA
GL_COMPRESSED_INTENSITY_ARB	INTENSITY

在纹理数据的压缩过程中，采用 OpenGL 提供的 GL_RGBA 纹理压缩方式进行纹理压缩，通常压缩比能达到 6。并且利用 GPU 能够快速实现纹理数据的解压缩，在一定的程度上减少了系统主存和纹理缓存之间的数据传输量，并且增加了单位纹理缓存的利用率。通过 OpenGL 库函数中的 glTexlmage2D 把纹理数据从主存送到显存，每次传送纹理数据块的大小为 64MB，由于目前主存和显存之间的总线带宽已经达到 80GB/s，一次传送的时间约为 0.78ms，此时，纹理数据的传送不再是影响纹理映射效率的瓶颈。

3. 大规模场景多线程并行绘制

在大范围的地形场景交互漫游中，在计算机屏幕上能看到的范围只是场景的一部分，只需将当前视点可见的场景数据动态地调入内存，然后按照适当的层次细节进行绘制。当视点变化时，需要进行数据调度，读入新的数据并释放旧数据占用的内存空间。在三维地形环境中，为保持场景漫游的连贯性，不被数据调度过程中断，系统采用多线程并行机制。前台线程显示当前影像，后台线程实时装载将显示下一帧影像，这样在地形场景漫游中能很好地做到无缝拼接漫游。

系统设置两类线程：绘制线程(rendering)和预取线程(caching)。其中，绘制线程

根据当前视点的位置,根据视域裁减和误差控制选择适当的地形数据块进行绘制,并将缓冲池中可绘制地形数据块更新需求发送给预取线程;预取线程对视点运动进行预测,并根据优先级策略预取新的节点,当其接收到绘制线程发送的更新信息后,预取线程则将预取地形数据块发送至缓冲池。多线程工作模式如图 3-24 所示。

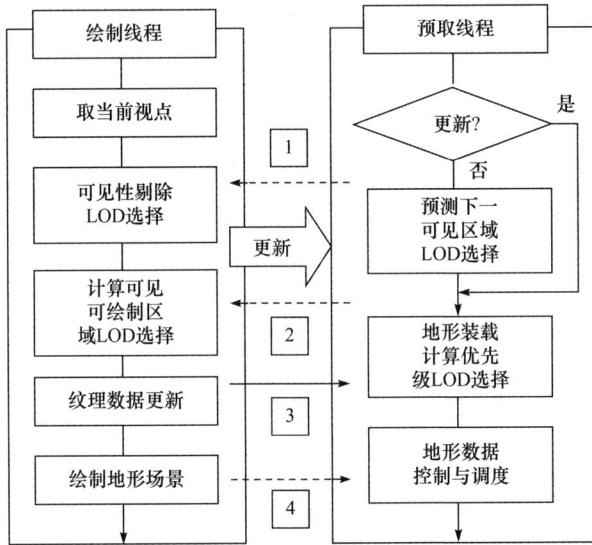

图 3-24　多线程并行调度

图 3-24 中的 1、2、3、4 是绘制线程、预取线程中交换的数据信息,分别代表批三角形、可见网格、纹理数据和地形数据。

针对大规模三维场景可视化问题,以数据分割、金字塔模型、Oracle 数据库分块存储、动态调度和多线程并行处理为主要思想的地形场景实时漫游技术。该方法在大规模场景交互漫游中,能够流畅地输出三维地形场景,漫游时屏幕刷新频率达到 25～40 帧,数据调度显示时无明显的停顿,充分发挥了 CPU、GPU、I/O 三者的效率,大大提高了系统的绘制效率。图 3-25 为三维地形环境建模的最终效果图。

图 3-25　三维地形建模效果

3.3　三维立体显示技术

在虚拟现实计算机系统中,立体显示技术是非常关键的技术之一,没有深度的立体视觉效果就没有虚拟现实的沉浸感。立体显示的基本原理就是仿真人类观看事物的生理过程,人类在观察真实世界时,实际看到的是两幅不同的图像,分别进入左右眼后,在大脑中就会产生出有空间感的立体视觉效果,这也就是双眼视差产生的原理。

3.3.1　立体视觉原理

人双眼的平均瞳距约为 65mm,基本保持平行。当两眼从稍有不同的两个角度去观察客观三维世界的景物时,由于几何光学的投影,离观察者不同距离的像点在左右两眼视网膜上就不在相同的位置上。这种两眼视网膜上位置的差就称为双眼视差,它反映了客观景物的深度。人眼的深度感即立体感就是因为有了这个视差,再经大脑加工而形成的。因此,输出的图像分别放置入左右眼缓冲区,经透视投影,将产生一个无论在几何外观上还是感觉上都非常好的立体效果。一个高质量的立体图像,都包括两个立体部分,这两部分都是透视投影,且它们的投影中心(摄像机)在位置上平行对称,如图 3-26 所示。

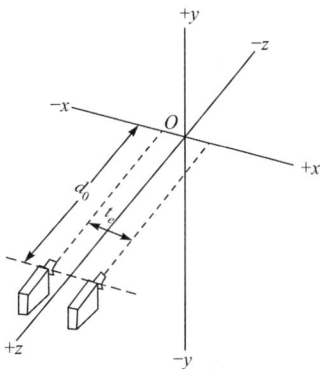

图 3-26　立体图像的基本几何模型

假设摄像机位于 z 轴的正半轴上的点$(0,0,$ $d_0)$处,d_0 表示摄像机距 x-y 平面的距离,点(x,y,z)投影到 x-y 平面的位置用如下计算。

对左眼,用下式计算:

$$\left[\frac{(x+t_c/2)d_0}{d_0-z}-\frac{t_c}{2}\quad\frac{yd_0}{d_0-z}\right] \tag{3-10}$$

对右眼,用下式计算:

$$\left[\frac{(x-t_c/2)d_0}{d_0-z}+\frac{t_c}{2}\quad\frac{yd_0}{d_0-z}\right] \tag{3-11}$$

设有一点$(8,-5,-3)$,摄像机距 x-y 平面的距离 $d_0=9(0,0,9)$,也就是摄像机 z 坐标的绝对值,经左摄像机投影到点$(5.875,-3.75)$,经右摄像机投影到点$(6.125,-3.75)$,z 值都为-3,该点被移到了正视差区,看上去好像出现在显示器表面后部。

利用式(3-10)和式(3-11)计算出来一对立体投影时,所有可能的三维点将投影到正视差区,左、右摄像机的透视投影能很好地平衡视差效果,使合成结果更添立体感。

3.3.2 立体显示的主要方式

立体显示是虚拟现实的一个实现方式。立体显示主要有以下几种方式:主动立体显示、被动立体显示、立体显示器、头盔显示器等。

1. 主动立体显示

这种模式下,驱动程序将交替的渲染左右眼的图像,观测者使用快门眼镜,通过有线或无线的方式与显卡和显示器同步。当显示器上显示左或右眼图像时,眼镜也只打开左或右镜片的快门。这种方法将降低图像的一半的亮度,并且要求显示器和眼镜快门的刷新速度都达到一定的频率,否则也会造成观看者的不适。

2. 被动立体显示/同步的立体投影设备

这种模式下,驱动程序将同时渲染左右眼的图像,并通过特殊的硬件输出和同步。一般是使用具有双头输出的显卡。输出的左右眼图像将分别使用两台投影机投射,在投射左眼的投影机前加上偏正镜,然后在投射右眼图像的投影机前也加偏正镜但角度旋转 90°,观测者佩戴偏振眼镜,左右眼的偏振镜也实现作了相应的旋转。根据偏振原理,左右眼都只能看见各自的图像。这是最佳的模式,有单通道、多通道等显示方式,但显卡和投影机硬件上的成本较高。

3. 立体显示器

立体显示器通过在液晶中精确配置用来遮挡光线行进的"视差屏障"(barrier),准确控制每一个像素遮住透过液晶的光线,只让右眼或左眼看到。由于右眼和左眼观看液晶的角度不同,利用这一角度差遮住光线就可将图像分配给右眼或左眼。这样无需戴上专用的眼镜便可以看到立体图像。但目前技术还不成熟,观看的距离和角度也有严格的要求。

4. 头盔显示器

头盔显示器是更高级的一种显示方式,左右和右眼的图像将直接由很近的距离的显示屏分别显示在眼睛前,或直接把图像投射到视网膜上。可以获得很大的视角覆盖范围,同时可以追踪并把视角和头部运动同步。

3.3.3　OpenGL 立体显示技术

OpenGL 立体显示技术多用于三维图形的显示,它提供两个附加的颜色缓冲区来生成左右屏幕图像,通过正确选择每只眼睛的观察位置就可以生成真实的三维图像。眼睛的观察位置对应于 OpenGL 中的投影矩阵,可以先选取一个初始的投影位置(一般选取在两眼间连线的中点位置),然后再通过分别进行正向和负向的平移而产生左右眼位置的投影矩阵。

1. 立体显示

立体显示的步骤如下:①先确认显示卡支持立体显示模式,然后在初始化每个显示窗口时加载立体缓存支持(两个前台缓存和两个后台缓存);②分别设置左右眼的投影矩阵,并在后台缓存中绘制场景;③将后台与前台缓存互换,这样后台缓存上的图像就被显示出来,而原来的前台缓存变为后台缓存用于新的绘图。整个绘图过程就是这样的循环往复过程。

2. 主要程序代码

1) 初始化窗口以支持立体格式

为了初始化程序以支持立体缓冲,图像窗口必须调用 Windows API 函数 SetPixelFormat():要注明 PFD_STEREO 属性。如果图形卡不支持立体缓冲或者尚未设置好,则调用函数 SetPixelFormat()设定的 PFD_STEREO 属性无效。

```
PIXELFORMATDESCRIPTOR pfd;
memset(&pfd,0,sizeof(PIXELFORMATDESCRIPTOR));
pfd.nSize=sizeof(PIXELFORMATDESCRIPTOR);
pfd.nVersion=1;
pfd.dwFlags= PFD_DRAW_TO_WINDOW|PFD_SUPPORT_GDI|PFD_DOUBLEBUFFER| PFD_
SUPPORT_OPENGL | PFD_STEREO;
int iPixelFormat=ChoosePixelFormat(hdc,&pfd);
BOOL bSuccess=SetPixelFormat(hdc,iPixelFormat,&pfd);
```

2) 写入各个缓冲区

OpenGL 中的 glDrawBuffer()函数允许规定缓冲区的结果并且可以直接赋值。当不支持双缓冲区时,可以调后缓冲区(glDrawBuffer(GL_BACK)和交换缓冲区(wglSwapLayerBuffers(hdc,WGL_SWA_MAIN_PLANE),可以将后缓冲区和前缓冲区互换,这样就可以产生立体视觉效果。以下是把左右眼的图像分别写入左右缓冲区中的伪代码:

```
//清空后台缓冲区
glDrawBuffer(GL_BACK);
glClearColor(0.2f,0.2f,0.2f,0.0f);
glClear(GL_COLOR_BUFFER_BIT|GL_DEPTH_BUFFER_BIT);
//显示左眼图像,即准备向左后缓冲区写入场景内容
glDrawBuffer(GL_BACK_LEFT);
DrawSecne(…);//画场景
glClear(GL_COLOR_BUFFER_BIT|GL_DEPTH_BUFFER_BIT);
//显示右眼图像,即准备向右后缓冲区写入场景内容
glDrawBuffer(GL_BACK_RIGHT);
DrawSecne(…);//画场景
glFlush();
BOOL bSuccess==SwapBuffers(hdc);
```

从上面的代码可以看出使用 glDrawBuffer(GL_ BACK),立刻调出左后和右后缓冲区,也可以使用 glDrawBuffer()直接写入左前和右前缓冲区(GL_FRONT_LEFT 和 GL_FRONT_RIGHT)。

立体显示效果如图 3-27 所示。

图 3-27　三维地形立体显示效果

3.3.4　OSG 立体显示技术

OSG 图形库支持立体显示技术的开发,它提供了两个附加的颜色缓冲区来生成左右屏幕图像,通过正确选择每只眼睛的观察位置就可以生成真实的立体图像。立体显示的所有信息主要通过 osg::DisplaySettings 类进行设置,针对不同的显示平台,需要进行不同的立体设置。基于微机平台下的立体设置代码如下:

```
osg::DisplaySettings::instance()-> setStereo(true);//启用立体功能
osg::DisplaySettings::instance()-> setEyeSeparation(0.05);//设置双眼之
间的距离
osg::DisplaySettings::instance()-> setScreenDistance(0.5);//设置人眼到
屏幕的距离
```

```
//选择立体显示模式为四缓冲立体
osg::DisplaySettings::instance()->setStereoMode(osg::DisplaySet-
tings::StereoMode::QUAD_BUFFER);
//选择显示器类型为虚拟实境中心
osg::DisplaySettings::instance()->setDisplayType(osg::DisplaySet-
tings::DisplayType::REALITY_CENTER);
```

立体显示的硬件配置根据微机平台和大屏幕投影平台的不同可采用以下两种。

（1）基于微机平台的立体显示配置。图形工作站或商用机，支持四缓冲立体的 NVIDIA Quadro 显卡，刷新频率 120Hz 及以上的显示器，英伟达 3D Vision Pro 发射器和眼镜。

（2）基于大屏幕投影的立体显示配置。图形工作站或商用机，支持四缓冲立体的 NVIDIA Quadro 显卡，主动式单机（或被动式双机）立体投影机；背投硬幕；主动式液晶快门眼镜（或被动式偏振光眼镜）。

立体渲染参数设置如图 3-28 所示，立体显示效果如图 3-29 所示。

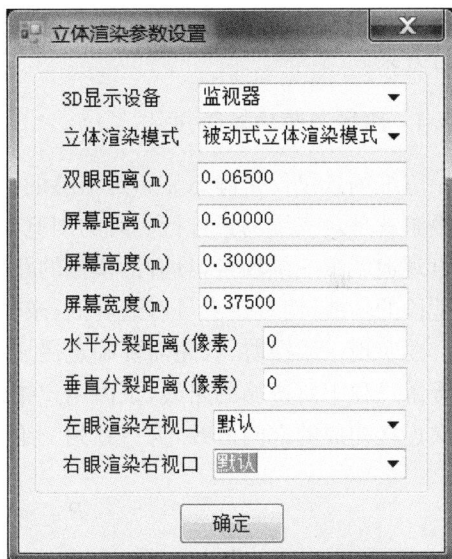

图 3-28　立体渲染参数设置

图 3-29　动车组列车的立体显示

3.4　三维路径漫游功能的开发

三维漫游能够从多个角度更直观、更方便、更有效地去观察和浏览三维场景，已成为三维可视化系统必不可少的功能。为了实现三维漫游，需要确定漫游路径，这其中包括路径的选择、插值算法等。不同高度的漫游能够满足不同漫游需要。当设计好线路方案后，需要沿着线路方案线进行三维漫游，以更好地观察线路三维设计效果。

3.4.1　路径漫游功能简介

三维场景仅仅是静态显示是不够的，还需要能够交互式地实时动态显示。三维漫游就是对三维场景进行实时的浏览，能够交互式地从各个不同的角度更形象更直观地展示三维场景，具有沿模拟的路线从空中或地面动态地、多方位地观感兴趣地段的功能，使观察者具有逼真的、亲临其境的感觉，具有很大的实用价值。

要实现三维漫游，首先需要确定漫游路径。漫游路径，又称飞行路线，即在三维漫游过程中所遵循的路线，是由用户指定的一系列地表采样点按照地形的起伏依次连接构成的空间曲线，为一系列三维坐标点的集合

$$P_{\text{ath}} = \sum_{i=1}^{N} p_i \tag{3-12}$$

为此首先需要在三维地形上选取路径上的采样点，然后才能在采样点之间经过插值产生反映地形起伏的漫游路径。

3.4.2　漫游路径设置方法

确定漫游路径设置方法是设置漫游路径的前提。在漫游路径的选取或编辑时，目前的三维地形显示系统多数是在二维平面图上预先选择漫游路径上的一些采样点，然后根据采样点的平面位置从数字地形图中插值确定漫游路径上其他点的平面坐标和高程值。

1. 自定义方法

根据三维环境中三维地面坐标的获取方法，在正射投影模式或透视投影模式下直接通过鼠标在三维地形上选取一系列地面点，连接这些三维地面点并经过内插后即构成飞行漫游路径。

2. 线路方案路径法

设计好一条线路方案后,建立线路方案的三维模型,线路方案的中心线即构成三维漫游路径,沿此漫游路径可直接观察设计好的线路方案三维效果和线路周围的地形地貌和地理环境。

以下程序完成任务了漫游路径选择的功能:

```
if(m_QueryType = =SELECTFLYPATH)   //如果是设置漫游路径
{
    PCordinate ppt=new Cordinate;
    if(m_ViewType = =GIS_VIEW_ORTHO)     //如果是正射投影模式
    {
        double mx=wx+m_ortho_CordinateOriginX;   //计算 x 坐标
        double my=wy+m_ortho_CordinateOriginY;   //计算 y 坐标
        //转换为大地坐标
        mx=theApp.m_DemLeftDown_x+mx*(theApp.m_DemRightUp_x-
            theApp.m_DemLeftDown_x);
        my=theApp.m_DemLeftDown_y+my*(theApp.m_DemRightUp_y-
            theApp.m_DemLeftDown_y)/m_ortho_CordinateXYScale;
        wz=m_demInsert.GetHeightValue(mx,my,2);//从 DEM 中内插高程
        mx- =theApp.m_DemLeftDown_x;   //x 坐标变换为绘图坐标
        my- =theApp.m_DemLeftDown_y;//y 坐标变换为绘图坐标
        ppt-> x=mx;ppt-> y=wz;ppt-> z=- my;//记录漫游路径三维坐标
    }
    else if(m_ViewType = =GIS_VIEW_PERSPECTIVE)//如果是透视投影模式
    {
        ppt-> x=wx;ppt-> y=wy;ppt-> z=wz;//记录漫游路径的三维坐标
    }
    m_FlayPath.Add(ppt);   //将漫游路径的三维坐标存储到数组 m_FlayPath
    OnDraw(GetDC());        //刷新三维场景,用来显示绘制的漫游路径
}
}
```

图 3-30 给出了在正射投影模式下和透视模式下漫游路径设置的实现。

3.4.3　曲线生成插值算法

所选择的漫游路径点相连接为折线段,直接按折线段进行漫游时,在曲线处会出现的停顿和突变,为了保证漫游时的平滑圆顺,需要对漫游路径进行曲线平滑处

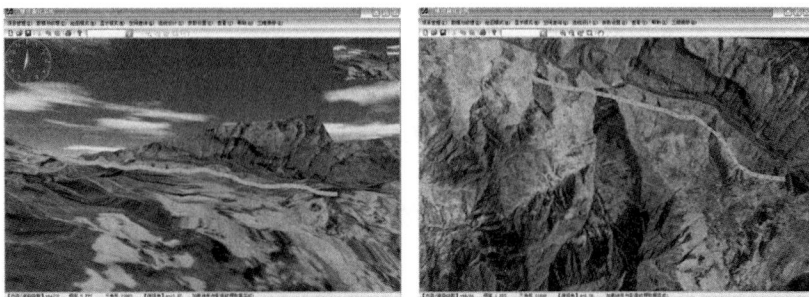

(a) 透视投影模式　　　　　　　　　(b) 正射投影模式

图 3-30　漫游路径设置效果图

理,即将折线段的路径生成曲线的漫游路径,同时使曲线通过选择的路径点。三次 B 样条曲线在连接处达到二阶连续,曲线不受控制点限制,具有很好的平滑性,因此,采用三次等距节点 B 样条曲线进行漫游路径的曲线平滑处理。通过给定漫游路径数据点列,反求 B 样条曲线的理论控制顶点和节点向量,产生的曲线通过控制点且保留 B 样条的性质,实现曲线通过实际控制点。

三次等距节点 B 样条曲线基函数为

$$N_{i,3}(t)=\begin{cases} 0, & x\notin(x_i,x_{i+4}) \\ \dfrac{1}{6}t^3, & x\in[x_i,x_{i+1}] \\ \dfrac{1}{6}(1+3t+3t^2-3t^3), & x\in[x_{i+1},x_{i+2}] \\ \dfrac{1}{6}(4-6t^2+3t^3), & x\in[x_{i+2},x_{i+3}] \\ \dfrac{1}{3}(1-t)^3, & x\in[x_{i+3},x_{i+4}] \end{cases} \tag{3-13}$$

式中,$t=x-x_j,t\in[0,1],j=(i,i+1,i+2,i+3);x_{i+1}-x_i=1$。

根据 B 样条基函数,B 样条曲线方程可写为

$$p(t)=\sum_{i=0}^{n}d_iN_{i,k}(t) \tag{3-14}$$

式中,$d_i(i=0,1,\cdots,n)$为控制顶点。为了能够使曲线通过实际控制点,将理论控制点直接用实际控制点表示,用于插值 $n+1$ 个数据点 $p_i(i=0,1,\cdots,n+3)$ 的三次均匀 B 样条可写成[25]

$$S_i(t)=\frac{1}{6}(1-3t+3t^2-t^3)d_i+\frac{1}{6}(4-6t^2+3t^3)d_{i+1}$$

$$+\frac{1}{6}(1+3t+3t^2-3t^3)d_{i+2}+\frac{1}{6}t^3d_{i+3} \tag{3-15}$$

并让其满足 $S_i(0)=p_i(i=0,1,\cdots,n)$ 代入后，得

$$\frac{1}{6}d_0+\frac{4}{6}d_1+\frac{1}{6}d_2=p_0$$

$$\frac{1}{6}d_1+\frac{4}{6}d_2+\frac{1}{6}d_3=p_1 \tag{3-16}$$

$$\vdots$$

$$\frac{1}{6}d_{n-3}+\frac{4}{6}d_{n-2}+\frac{1}{6}d_{n-1}=p_{n-3}$$

式中，d_i 是理论控制点；p_i 是实际控制点。这有 $n-2$ 个方程，n 个未知数，需添加两个边界条件：给定切矢 $S_0'(0)=q_0$，$S_{n-3}'(0)=q_{n-3}$，即

$$\frac{1}{2}(-d_0+3d_2)=q_0, \quad \frac{1}{2}(-d_{n-3}+3d_{n-1})=q_{n-3}$$

则方程为

$$\frac{1}{2}(-d_0+3d_2)=q_0$$

$$\frac{1}{6}d_0+\frac{4}{6}d_1+\frac{1}{6}d_2=p_0$$

$$\frac{1}{6}d_1+\frac{4}{6}d_2+\frac{1}{6}d_3=p_1 \tag{3-17}$$

$$\vdots$$

$$\frac{1}{6}d_{n-3}+\frac{4}{6}d_{n-2}+\frac{1}{6}d_{n-1}=p_{n-3}$$

$$\frac{1}{2}(-d_{n-3}+3d_{n-1})=q_{n-3}$$

解式(3-17)可按文献[25]的方法，计算出 $d_i(i=0,1,\cdots,n)$，从而实现三次等距节点 B 样条曲线漫游路径的绘制。主要程序代码如下：

```
/*
    PathPoint    漫游路径点的数组
    linePoint    计算后拟合曲线上的点，以这些点来绘制曲线
    controlPoint 计算后得到的理论控制点数组
*/
void B3Line (vector< POINT> & PathPoint,vector< POINT> & linePoint,vector
<POINT>& controlPoint)
{
    const int nPointCount=20;//在每一段曲线上要拟合出的点数
    const int nMaxmousePtCount=20000;//能够处理的漫游路径点数为这个变量值减 1
```

```
const int nMaxSiShu=nMaxmousePtCount+5;
double d[nMaxSiShu]={ 0 };
double sishu[nMaxSiShu][nMaxSiShu]={ 0 };    //保存方程系数和对应行的右值
double x[nMaxSiShu]={ 0 };//用来保存漫游路径点的 x 坐标
double y[nMaxSiShu]={ 0 };//保存漫游路径点的 y 坐标
double q0x=0.0,q0y=0.0,qnx=0.0,qny=0.0;
int nCtrlPtCount=PathPoint.size();//实际控制点数
q0x=PathPoint[0].x;q0y=PathPoint[0].y;
qnx=PathPoint.back().x;qny=PathPoint.back().y;
int nPt=nCtrlPtCount+2;//理论控制点数
if(nCtrlPtCount>nMaxmousePtCount)
     return;
POINT pt=PathPoint[0];
x[0]=pt.x;y[0]=pt.y;
for(int k=1;k<nCtrlPtCount;k++)
{
     POINT pt=PathPoint[k-1];
     x[k]=pt.x;y[k]=pt.y;
}
//初始化矩阵
sishu[0][0]=-0.5;sishu[0][1]=0.0;sishu[0][2]=3.0/2;
sishu[1][0]=0.0;sishu[1][1]=4.0/6;sishu[1][2]=4.0/6;
for(int i=2;i<=nPt-1-2;i++)
{
     sishu[i][i-1]=1.0/ 6;sishu[i][i]=4.0/6;sishu[i][i+ 1]=1.0/6;
}
sishu[nPt-2][nPt-2-1 ]=2.0/ 9;sishu[nPt-2][nPt-2 ]=4.0/ 6;
sishu[nPt-2][nPt-2+1]=0;sishu[nPt-1][nPt-2-1 ]=- 0.5;
sishu[nPt-1][nPt-2 ]=0.0;sishu[nPt-1][nPt-2+1 ]=3.0/2;
sishu[0][nPt]=q0x;sishu[0][nPt+ 1]=q0y;
sishu[1][nPt]=x[0]+1.0/ 3*q0x;sishu[1][nPt+1 ]=y[0]+1.0/ 3*q0y;
for(i=2;i<=nPt-1-2;i++)
{
    sishu[i][nPt]=x[ i-1 ];sishu[i][nPt+1]=y[ i-1 ];
}
sishu[nPt-2][nPt]=x[nPt-3]-1.0/9* qnx;
sishu[nPt-2][nPt+1]=y[nPt-3 ]-1.0 /9* qny;
sishu[nPt-1][nPt]=qnx;
```

```
sishu[nPt-1][nPt+1]=qny;
//完成矩阵的初始化,进行方程组求解
for(i=0;i<nPt;i++)
{    int k=i;//找出列主元
     double max=fabs(sishu[i][k]);
     for(int j=i;j < nPt;j++)
     {    if(max< fabs(sishu[j][i]))
              k=j;
     }
     if(k!=i)
     {   //进行含主元行的交换,第 k 行和第 i 行交换
         for(int n=0;n <=nPt+1;n++)
         {
              double t=sishu[i][n];  sishu[i][n]=sishu[k][n];  sishu[k]
              [n]=t;
         }
     }
     double temp=sishu[i][i];//将主元化为 1
     for(k=i;k <=nPt+1;k++)
         sishu[i][k]=sishu[i][k]/temp;
     for(int nn=0;nn<nPt;nn++)
     {    if(nn!=i)
          {    double tt=-1.0*sishu[nn][i];
               for(int mm=0;mm <=nPt+1;mm++)
               {
                    sishu[nn][mm] + =sishu[i][mm]*tt;
               }
          }
     }
}
//完成方程组的求解,取出解得的值,理论控制点
controlPoint.clear();
for(i=0;i<nPt;i++)
{    x[i]=sishu[i][nPt];    y[i]=sishu[i][nPt+1];
     POINT pt;    pt.x=x[i];    pt.y=y[i];
     controlPoint.push_back(pt);
}
//根据计算出来的理论控制点,进行三次 B 样条计算
```

```
linePoint.clear();
for(i=2;i <=nPt-3;i++)
{    for(int j=0;j <=nPointCount;j++)
    {    double t=1.0*j/nPointCount;
        double t2=t*t;
        double t3=t*t*t;
        doublexPt= 1.0/6*(1-3*t+3*t2-t3)*x[i-1]+1.0/6*(4-6*t2+3*t3)
        *x[i]+1.0/6*(1+3*t+3*t2-3*t3)*x[i+1]+1.0/6*t3*x[i+2];
        doubleyPt= 1.0/6*(1-3*t+ 3*t2-t3)*y[i-1]+1.0/6*(4-6*t2+3*t3)
        *y[i]+1.0/6*(1+3*t+3*t2-3*t3)*y[i+1]+1.0/6*t3*y[i+2];
        POINT pt;
        pt.x=xPt;pt.y=yPt;
        linePoint.push_back(pt);
    }
}
}
```

路径绘制效果如图 3-31 所示。

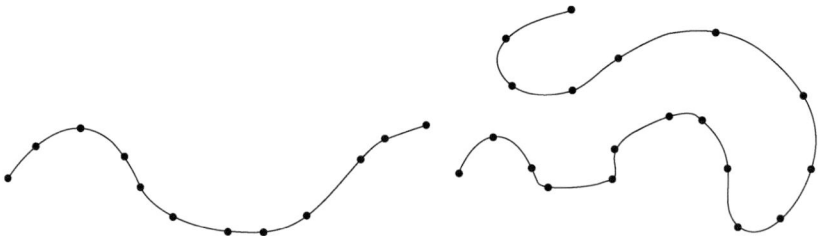

图 3-31　保形插值 B 样条曲线

图 3-32 和图 3-33 给出了曲线平滑处理后的漫游效果图(正射和透视模式)。

图 3-32　漫游效果图(正射)　　　　　图 3-33　漫游效果图(透视)

在曲线平滑处理漫游路径后,可保存漫游路径,图 3-34 给出了用记事本打开保存的漫游路径文件的结果。

3.4.4　漫游实现

在曲线平滑处理漫游路径之后,就可以沿着所设置的漫游路径进行三维漫游,实时动态三维漫游通常有以下两种方式[26]。

（1）视点固定目标移动显示方式。这种显示方式实现起来比较容易,只要实时改变三维场景在世界坐标系的位置或在自身坐标系中的空间状态,即通过实时改变其基本模型的变换矩阵(如平移、旋转、缩放等)相应参数即可得到实时动态显示效果。

（2）目标固定视点移动显示方式。视点沿着预先设定的路径移动,并采取透视投影,这样观察固定目标即会产生飞行效果。这就是沿漫游路径漫游的实现,其基本流程如图 3-35 所示。

图 3-34　漫游路径数据文件

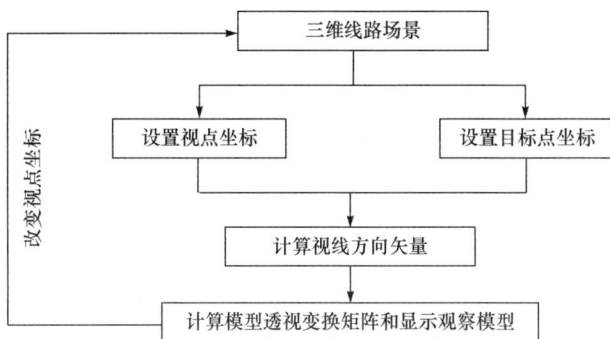

图 3-35　目标固定视点移动方式

在这种浏览方式,可细分为以下两种方式:固定高度漫游和固定高差漫游。

1. 沿固定高度漫游实现

沿固定高度漫游是通过视点,即观察者的眼坐标(eye_x,eye_y,eye_z)的 y 坐标 eye_y 在浏览过程中保持不变,始终为漫游之前所设置的高度值,这样可以保持恒定的高度对三维场景进行浏览,可在高空总体上查看三维场景,如图 3-36 所示。

在该方式下，需要在漫游之前设置高程值。

图 3-37 给出了程序运行效果图。

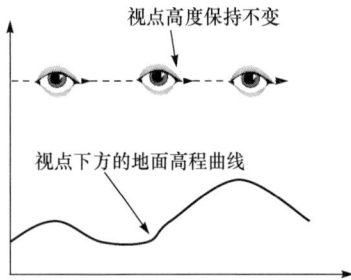

图 3-36　沿固定高度漫游实现示意图

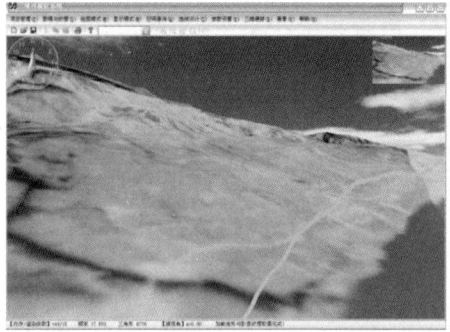

图 3-37　按固定高度方式漫游效果图

2. 沿相对高度漫游实现

沿相对高度漫游，即视点的 y 坐标 eye_y 在浏览过程中不断的改变，始终保持

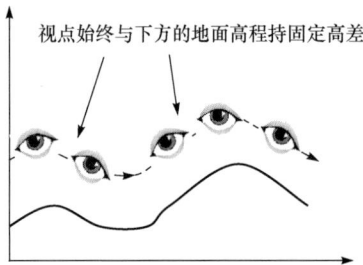

图 3-38　沿相对高度漫游实现示意图

与地面点固定的高度差，如图 3-38 所示。这就需要对三维漫游路径进行插值处理。设某一时刻视点下方的地面高程值为 H，固定高差为 Δh，则 $eye_y = H + \Delta h$。在该方式下，需要在浏览之前设置高差。如果高差为 0 时，则相当驾驶模拟，即达到人或车贴在地面上行走的效果。

三维坐标计算相机观察点和视点参数的值，主要程序如下：

```
//按相对高度(即沿路径)漫游时,需计算一个基本高度
void  GetCameraCorrd(double x1, double y1, double z1, double x2, double y2,
double z2)
{
    //根据漫游路径相邻坐标点计算相机各参数
    if(m_FlyHeightType = =GIS_FLY_PATHHEIGHT)
    {   m_vView.x=x2;                  //观察点 x 坐标
        m_vView.y=y2+m_StaticHeight;   //观察点坐标 y
        m_vView.z=z2;                  //观察点 z 坐标
        float distance=sqrt((x2- x1)*(x2- x1)+(z2- z1)*(z2- z1));//计算二点
                                                              之间距离
```

```
    float dh=distance*tan(m_ViewUpDown*4PAI_D180);//根据倾角计算高度差
    m_vPosition.x=x1;              //视点 x 坐标
    m_vPosition.y=m_vView.y+dh;    //视点 y 坐标=观察点 y 坐标+高差
    m_vPosition.z=z1;              //视点 z 坐标
    }
}
```

图 3-39 给出了程序运行效果图。

3.4.5　漫游相关计算

在三维漫游过程中,除了要对其进行控制和相应参数的实时调整,还需要在漫游过程中实时计算相应的数据,如漫游速度。三维漫游的相关计算主要包括三维漫游帧频、漫游速度、漫游里程等的计算。

1. 三维漫游帧频的计算

三维漫游的帧频指的是在三维漫游过程中每秒传输帧数(frames per second,FPS),更确切的解释,就是"每秒中填充图像的帧数(帧/秒)",也可以理解为常说的"刷新率(Hz)"。OpenGL 每执行一次渲染函数就为一帧。三维漫游时的每一帧都是一幅静止画面,而 FPS 值越高也就是"刷新率"越高,每秒填充的帧数

图 3-39　按相对固定高度方式漫游效果图

就越多,那么漫游时画面就越流畅,反之有可能导致画面不连贯,影响三维漫游效果。

```
void CalcFPS()//计算帧率
{
    static DWORD dwStart=0;static nCount=0;nCount ++;
    DWORD dwNow=::GetTickCount();//返回从程序启动到现在所经过的毫秒数
    if(dwNow-dwStart>=1000) //每 1 秒计算一次 FPS 值(1000 毫秒=1 秒)
    {
        CMainFrame*pMainFrame=(CMainFrame*)AfxGetApp()->m_pMainWnd;
        CString strText;
        strText.Format("频率 % d FPS ",nCount,0);
        pMainFrame->Set_BarText(1,strText,0);//在状态栏上指示器是显示帧率值
        dwStart=dwNow;
```

```
        nCount=0;
    }
}
```

CalcFPS()函数实现在三维漫游时,实时计算漫游帧率的功能。图 3-40 给出了在状态栏显示漫游速度的效果图。

【内存/渲染块数】=44/10　频率 29 FPS　三角形14961

图 3-40　在状态栏显示漫游帧率

2. 三维漫游速度的计算

三维漫游速度的计算是指在三维漫游过程中的漫游速度。计算方法是在一定的时间内,计算沿漫游路径移动的距离(当沿线路方案线漫游时则移动的里程)。其计算公式可表示为

$$V=\frac{L}{\Delta T} \tag{3-18}$$

式中,V 表示漫游速度(m/s 或 km/h);L 表示移动的距离或里程;ΔT 表示移动 L 所用的时间。

```
void CRailway3DView::CalZoomSpeed(float mCurZooomLC)
{
    static DWORD dwStart=0;
    DWORD dwNow=::GetTickCount();
    if(dwNow- dwStart>=100)        //0.1秒
    {
        long fgf=dwNow-dwStart;    //时间差值
        CMainFrame*pMainFrame=(CMainFrame*)AfxGetApp()-> m_pMainWnd;
        CString strText;
        strText.Format("漫游速度=%.3f 米/秒 ",(mCurZooomLC-m_PreZooomLC)/
                    (((dwNow-dwStart)/1000.0)),0);
        pMainFrame->Set_BarText(4,strText,0);   //在状态栏上显示漫游速度
        dwStart=dwNow;
        m_PreZooomLC=mCurZooomLC;   //前一里程等于当前里程
    }
}
```

CalZoomSpeed()函数实现在沿线路方案三维漫游时,实时计算漫游速度的功能。图 3-41 给出了在状态栏显示漫游速度的效果图。

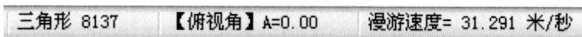

三角形 8137　【俯视角】A=0.00　漫游速度= 31.291 米/秒

图 3-41　在状态栏显示漫游速度

3.5　三维地形的投影模式

3.5.1　正射投影模式

在正射投影(orthogonal projection)中，屏幕上绘制的所有多边形都按照指定的相对大小出现。直线或多边形使用平行线直接映射到二维屏幕上。这意味着无论物体有多远，它仍按照相同的大小绘制，平面的出现在屏幕上。当物体经过正射投影后，会保持它们的实际大小和它们之间的比例。正射投影的可视空间是一个平行的长方体，如图 3-42 所示。

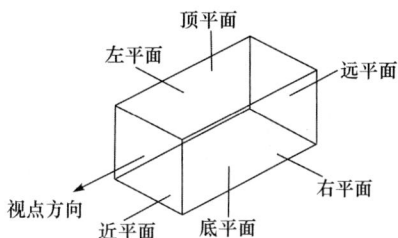

图 3-42　正射投影视景体

正射投影模式下，三维地形被垂直投影到一个二维平面上，由于消除了高度差，因此此时所看到的三维地形在视觉上不再是三维立体，而是平面的影像地图。因此，不需要对地形块内的地形数据点绘制，只要确定左下和右上坐标就可以定位该地形块，然后以矩形方式绘制地形块四个角点，并设置角点纹理坐标，将对应的纹理子块叠加到地形子块上，即可实现绘制，如图 3-43 所示。

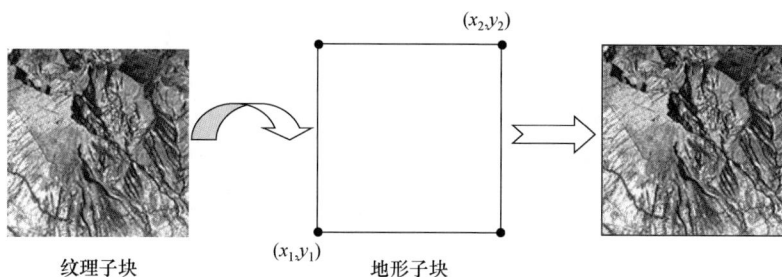

图 3-43　正射投影模式下地形子块绘制过程

图 3-44 所示为经过正射投影后的三维地形。

3.5.2　透视投影模式

透视投影(perspective projection)是用中心投影法将形体投射到投影面上，从而获得的一种较为接近视觉效果的单面投影图。它具有消失感、距离感、相同大小的形体呈现出有规律的变化等一系列的透视特性，能逼真地反映形体的空间形象。透视投影符合人们心理习惯，所显示的场景更为真实，其标志性特点就是透视缩放（foreshortening），即离视点近的物体大，离视点远的物体小，远到极点就会消失，成为灭点。它的视景体类似于一个顶部和底部都被切除掉的棱锥，也就是棱台，如图 3-45 所示。

图 3-44　正射投影后的三维地形

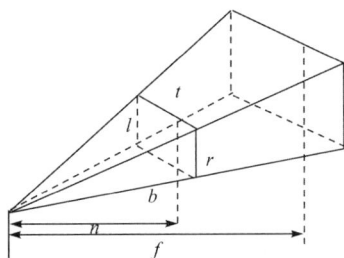

图 3-45　透射投影视景体

透视投影通常用于动画、视觉仿真以及其他许多具有真实性反映的方面，在绝对多数情况下，三维图形所使用的都是透视投影。因此，在显示真实的、符合人们心理习惯的三维地形时，就应该采用透视投影，这样才会产生三维立体效果，图 3-46 所示为经过透视投影后的三维地形。

图 3-46　透视投影后的三维地形

第4章 线路三维设计关键技术

三维可视化设计是铁路设计领域的新技术,其主要意义在于对线路这一空间带状三维实体的描述,除了采用传统的二维图形(平、纵、横断面图)的表现方式以外,更进一步采用计算机辅助的三维立体表现方式,使得决策者、设计师对线路设计成果有直观的三维立体印象,从而对路线的几何线形,平、纵、横的整体协调以及景观协调等作出更科学的评判。

4.1 三维线路模型建模方法

4.1.1 设计线的三维自动化建模

设计线三维自动化建模的目的,是在线路方案设计过程中,能够立即以较真实的展现出线路的三维设计效果,为在三维环境下对设计结果进行分析,然后对设计结果进行编辑和修改,其过程仍属于交互设计过程。因此,这就需要其建模方法简单、计算量小并具有一定的精度。由于三角网曲面模型具有简单、易建等特点,已经被广泛用来模拟自然表面或人工表面,因此,设计线的三维自动化建模选用三角网曲面模型[23]。

设计线部分是线路的主要组成,在铁路中包括路轨枕、道床、道床边坡、路肩、边沟、护坡以及各种平台,通过若干有边界多边形的三角网曲面对象来表达。横断面数据经过线路中心点的平移改正后归化到大地坐标系下,得到其三维大地坐标,形成线路的断面特征点数据,这些特征点可用以下结构表达:

```
struct  SectionPoint
{
    double m_x;
    double m_y;           // m_x, m_y,m_z 记录断面上特征点的三维空间位置
    double m_z;
    int m_pointType;      // 断面上特征点的类型,具体类型见表 4-1。
}
```

表 4-1　特征点类型编码

类型编号	分类说明
00	线路中心
01	轨枕
02	道床
03	道床边坡
04	路肩
05	边沟
06	边沟平台
07	边坡
08	边坡平台
09	边坡外的地面线

以线路中心线为分界点,将线路分为左右两部分,一个完整的断面由左右两个断面构成,其断面特征点的类型完全相同。这样在建模时,可以对线路左右两侧独立建模,尤其是线路左右两同侧为不同填挖类型或相邻前后两断面为不同填挖类型时,左右单独建模更为方便,可用以下结构表达:

```
struct SectionLine
{
    int m_PointNums;   //记录线路三维特征点的个数
    SectionPoint *m_pTransectPoints; //记录一条横断面上包含的断面特征点序列
    //断面类型:1:路堤 -1:路堑 0:填挖平衡 2:桥梁 3:隧道 4:涵洞 5:其他
    int m_sectionType;
};
struct Section
{
    SectionLine *m_Lsection;//左侧断面
    SectionLine *m_Rsection;//右侧断面
    SectionPoint m_ptCenter; //横断面中心点三维坐标
    double m_LC;             //横断面的里程
}
```

该结构中记录断面的三维断面(左、右侧)特征点序列数据和里程值,特征点序列按照到线路中心点的距离从小到大排序,以利于后续的三角网构网和断面的查询分析。

设计线的三维自动化建模的关键在于相邻横断面上断面特征点断面之间的空间进行自动三角剖分,为了更形象和真实地表达三维线路模型,线路不同的组成部分(如道床、路肩、平台等)需要采用不同的纹理。因此,就需要根据两个横断面上各个特征点的类型编码构建多个三角网曲面对象,如图 4-1 所示,这样就可以在绘制过程中分别调入相应的纹理,实现三维线路的逼真表示。

这样,按照横断面的顺序,对所有断面根据其特征点进行三角网曲面构建,即可构成设计线三角网模型,就可以完成线路的自动化建模,图 4-2 所示为对线路进行自动化三角网曲面构建结果(俯视)。

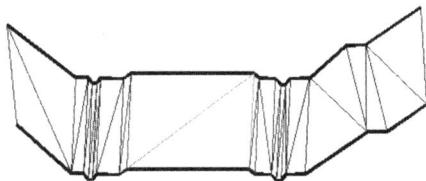

图 4-1 相邻断面之间的三角剖分

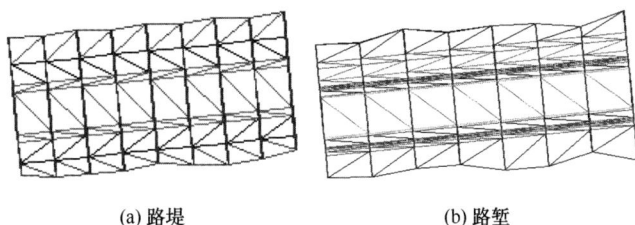

(a) 路堤　　　　　　　　　　(b) 路堑

图 4-2 线路的三角网模型(俯视)

4.1.2 三维线路曲面模型

当一个设计方案最终设计完成后,需要在透视投影模式下浏览三维线路更为真实的设计效果时,此时追求的是三维效果的真实性和良好的视觉效果,采用三角网曲面模型就不能够很好地满足要求。其主要原因是三角网曲面模型是将设计曲面描述为线路中线、道床面边缘线、路肩边缘线等多串设计特征线,与边界点串共同构成线框模型;其最大优点就是实现简单,但对于交叉部位,联网较繁,且在曲线段是用适当密度的折线(直线)代替曲线,这种近似处理对于精度要求不高时尚可,但随着精度的提高,密度太小,不能很好地描述曲线,因而要加密曲线段点的密度,这造成了存储空间的增大与搜索速度的降低[23]。Coons 曲面模型、Bezier 曲面模型和 B 样条曲面模型等,在表达曲面时具有很好的效果。由于设计线路表面的特殊性,在这几种曲面中,Coons 曲面比较适合于表达像线路表面这样的设计对象曲面,已经在线路表面模型[27~29]和道路平面交叉口设计[30~32]中得到了应用。因此要求更高真实度的三维设计效果时,选用 Coons 曲面模型来描述线路的设计表面,实现在对线路的更为真实的三维可视化表达,用于线路方案的三维漫游。

1. Coons 曲面模型的基本原理

1964 年,美国麻省理工学院的 Coons 提出了应用曲面片拼合技术构造复杂曲面[33],其中关键问题是如何构造出各种类型的曲面片,使之便于拼合,让曲面设计变得简单易行。它的独特之处就在于构造组成复杂组合曲面的曲面片上,与其他曲面构造方法不同的是,Coons 直接采用可以是任意类型参数曲线的四条边界曲线来构造曲面,插值出的曲面通过这四条边界,在相邻曲面片的交线处保持一定的光滑度。Coons 继承了拉格朗日(Lagrange)和埃尔米特(Hermite)插值的思路,并发展了这些方法,形成了独树一帜的 Coons 曲面法[34]。Coons 提出的自由型曲面设计方法已被广泛地应用于 CAGD 及 CAD/CAM 中。

2. Coons 曲面模型的构造方法

Coons 曲面是一种自由曲面。因为它提供了一种可控曲面,使得设计者可以改变边界条件从而改变整个设计曲面的形状。为了使曲面设计变得简单易行,使输入尽可能少的信息就可确定一张曲面,Coons 提出了一种曲面分片,拼合造型的思想。其中双线性 Coons 曲面是 Coons 曲面中最简单的曲面。

1) 双线性 Coons 曲面的构造

已知四条边界曲线为 $p(u,0), p(u,1), p(0,v), p(1,v)$,当 $P(u,v)$ 是 u,v 的线性函数时,插值该四条边界的双线性 Coons 曲面形成过程为:首先,在 u 向进行线性插值,可以得到以 $p(0,v)$ 和 $p(1,v)$ 为边界的直纹面 $p_1(u,v)$,如图 4-3(a)所示,再在 v 向进行线性插值,可以得到以 $p(u,0)$ 和 $p(u,1)$ 为边界的直纹 $p_2(u,v)$,如图 4-3(b)所示。

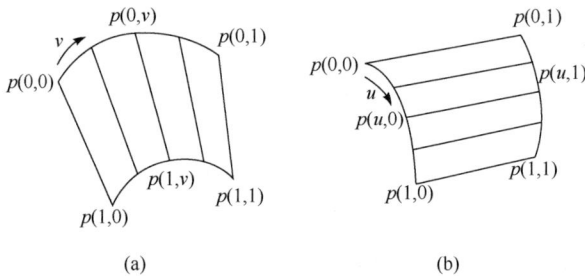

图 4-3　双线性 Coons 曲面插值

$$P_1(u,v)=(1-u)P(0,v)+uP(1,v), \quad u,v\in[0,1] \qquad (4-1)$$

$$P_2(u,v)=(1-v)P(u,0)+vP(u,1), \quad u,v\in[0,1] \qquad (4-2)$$

但 $P_1(u,v)$ 和 $p_2(u,v)$ 两者的简单叠加并不能构成插值于四条边界的曲面

片。容易验证,当 $v=0$ 和 $v=1$ 时, $P_1(u,v)+p_2(u,v)$ 所形成的边界分别是

$$P_1(u,0)+P_2(u,0)=P(u,0)+P(0,0)(1-u)+P(1,0)u \tag{4-3}$$

$$P_1(u,1)+P_2(u,1)=P(u,1)+P(0,1)(1-u)+P(1,1)u \tag{4-4}$$

两者并非所要求的边界 $p(u,0)$ 和 $p(u,1)$。这是由于 $P_1(u,v)$ 和 $p_2(u,v)$ 的叠加重复应用了四个角点的点矢。因此,需要构造另一曲面片 $P_3(u,v)$,即构造分别过端点 $p(0,0)$、$p(0,1)$ 和 $p(1,0)$、$p(1,1)$ 的双线性曲面,以消除重复应用四个角点的情况:

$$P_3(u,v)=(1-u)[(1-v)P(0,0)+vP(0,1)]+u[(1-v)P(1,0)+vP(1,1)]$$

$$=[1-u \quad u]\begin{bmatrix} P(0,0) & P(0,1) \\ P(1,0) & P(1,1) \end{bmatrix}\begin{bmatrix} 1-v \\ v \end{bmatrix}, \quad u,v\in[0,1] \tag{4-5}$$

因此

$$P(u,v)=P_1(u,v)+P_2(u,v)-P_3(u,v), \quad u,v\in[0,1] \tag{4-6}$$

即为具有四条给定边界的曲面片。

为使表达式更为简练、更便于推广至一般形式,将式(4-6)改写为矩阵形式为

$$P(u,v)=-[-1 \quad 1-u \quad u]\begin{bmatrix} 0 & P(u,0) & P(u,1) \\ P(0,v) & P(0,0) & P(0,1) \\ P(1,v) & P(1,0) & P(1,1) \end{bmatrix}\begin{bmatrix} -1 \\ 1-v \\ v \end{bmatrix}, \quad u,v\in[0,1]$$

$$\tag{4-7}$$

式(4-7)右端的三阶方阵中,第一行和第一列的元素包含了曲面片的四条边界曲线;右下角二阶子方阵中的元素是曲面片四个角点的点矢。可见,该三阶方阵包含了曲面片的全部原始信息,故称为曲面片的边界信息矩阵。其左侧的行阵和右侧的列阵由混合函数构成,右端行阵中一对以 u 为变量的线性函数 $F_0(u)=1-u$ 和 $F_1(u)=u$ 称为混合函数;右端列阵中一对以 v 为变量的线性函数 $F_0(v)=1-v$ 和 $F_1(v)=v$ 是另一对混合函数,即双线性 Coons 曲面片的混合函数为线性函数,它们必须满足下述条件:

$$F_i(j)=\begin{cases} 1, & i=j, \\ 0, & i\neq j \end{cases}, \quad i=0,1;j=0,1 \tag{4-8}$$

但无论采用何种混合函数,曲面片只能插值于四条边界,而其跨界切矢则是曲面片所固有的。因此,双线性 Coons 曲面片通常也称为第一类 Coons 曲面片。

2) 双三次混合 Coons 曲面片

双线性 Coons 曲面能够自动保证各曲面片边界位置连续,而跨界切矢是曲面片所固有的,一般不能够实现光滑拼接,即斜率不连续。若要求满足斜率连续,除给定边界外,还必须给定跨界切矢。即曲面片必须具有给定的四条边界 $P(u,j)$ 和 $P(i,v)$ 及其跨界切矢 $P_v(u,j)$ 和 $P_u(i,v)$,其中 $i,j=0,1$,如图 4-4 所示。

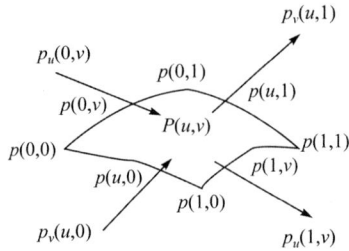

图 4-4　曲面片的角点信息、边界和跨界切矢[28]

双三次混合 Coons 曲面片是较好的选择,采用的是三次 Hermite 插值函数,能够实现 C^1 光滑连接。

采用三次 Hermite 插值函数来构造双三次混合 Coons 曲面片步骤如下。

首先,根据边界曲线 $p(0,v)$ 和 $p(1,v)$ 及其跨界切矢 $p_u(0,v)$ 和 $p_u(1,v)$ 沿参数 u 方向构造曲面片

$$P_1(u,v) = \begin{bmatrix} F_0(u) & F_1(u) & G_0(u) & G_1(u) \end{bmatrix} \begin{bmatrix} P(0,v) \\ P(1,v) \\ P_u(0,v) \\ P_u(1,v) \end{bmatrix} \qquad (4\text{-}9)$$

式中

$$\begin{cases} F_0(u) = 2u^3 - 3u^2 + 1 \\ F_1(u) = -u^3 + 3u^2 \end{cases} \begin{cases} G_0(u) = u(u-1)^2 \\ G_1(u) = u^2(u-1) \end{cases} \text{为三次 Hermite 基}。$$

类似地,可根据边界曲线 $p(u,0)$ 和 $p(u,1)$ 及其跨界切矢 $p_v(u,0)$ 和 $p_v(u,1)$ 沿 v 方向构造曲面片

$$P_2(u,v) = \begin{bmatrix} P(u,0) & P(u,1) & P_v(u,0) & P_v(u,1) \end{bmatrix} \begin{bmatrix} F_0(v) \\ F_1(v) \\ G_0(v) \\ G_1(v) \end{bmatrix} \qquad (4\text{-}10)$$

但 $P_1(u,v)$ 和 $P_2(u,v)$ 的简单叠加并不能得到所要求的曲面片,因为两者简单叠加时重复应用了四个角点处的点矢、切矢和混合偏导矢。例如,切矢 $p_u(0,0)$ 既隐含于 $p(u,0)$ 也隐含于 $p_u(0,v)$ 中,混合偏导矢 $p_{uv}(0,0)$ 既包含在 $p_u(0,v)$ 也包含在 $p_v(u,0)$ 中等。因此,必须从 $P_1(u,v) + P_2(u,v)$ 中减去某些多余项 $P_3(u,v)$,才能得到插值于给定边界和跨界切矢的双三次混合 Coons 曲面片 $P(u,v)$。

$$P(u,v) = P_1(u,v) + P_2(u,v) - P_3(u,v), \quad u,v \in [0,1] \qquad (4\text{-}11)$$

式中

$$P_3(u,v) = \begin{bmatrix} F_0(u) & F_1(u) & G_0(u) & G_1(u) \end{bmatrix}$$

$$\begin{bmatrix} P(0,0) & P(0,1) & P_v(0,0) & P_v(0,1) \\ P(1,0) & P(1,1) & P_v(1,0) & P_v(1,1) \\ P_u(0,0) & P_u(0,1) & P_{uv}(0,0) & P_{uv}(0,1) \\ P_u(1,0) & P_u(1,1) & P_{uv}(1,0) & P_{uv}(1,1) \end{bmatrix} \begin{bmatrix} F_0(v) \\ F_1(v) \\ G_0(v) \\ G_1(v) \end{bmatrix} \quad (4\text{-}12)$$

将式(4-11)改写成矩阵形式为

$$P(u,v) = -\begin{bmatrix} -1 & F_0(u) & F_1(u) & G_0(u) & G_1(u) \end{bmatrix} \times$$

$$\begin{bmatrix} 0 & P(u,0) & P(u,1) & P_v(u,0) & P_v(u,1) \\ P(0,v) & P(0,0) & P(0,1) & P_v(0,0) & P_v(0,1) \\ P(1,v) & P(1,0) & P(1,1) & P_v(1,0) & P_v(1,1) \\ P_u(0,v) & P_u(0,0) & P_u(0,1) & P_{uv}(0,0) & P_{uv}(0,1) \\ P_u(1,v) & P_u(1,0) & P_u(1,1) & P_{uv}(1,0) & P_{uv}(1,1) \end{bmatrix} \begin{bmatrix} -1 \\ F_0(v) \\ F_1(v) \\ G_0(v) \\ G_1(v) \end{bmatrix}, \ u,v \in [0,1]$$

$$(4\text{-}13)$$

式(4-13)中除了提供 4 条边界曲线外,还要提供四边界的跨界切矢及四角点扭矢。其中四角点扭矢比较合理的是采用 Adini 扭矢[35],它以插值四条边界的双线性混合 Coons 曲面片的扭矢为扭矢,其形式为

$$P_{uv}(u,v) = P_{vu}(u,v) = -P_v(0,v) + P_v(1,v) - P_u(u,0) + P_u(u,1) + c \quad (4\text{-}14)$$

式中,$c = P(0,0) - P(0,1) - P(1,0) + P(1,1)$。分别用 $u, v = 0, 1$ 代入式(4-14)即可获得四角点的扭矢。

跨界切矢可以采用 Farin 提出的方法确定[36],即先计算出四个角点的跨界切矢,根据前述确定的扭矢估计值,利用三次 Hermite 插值,生成每条边的跨界切矢。这样将不存在扭矢不相容的问题,对于交织成网的两组 C^1 连续曲线,可以保证获得 C^1 连续分片双三次混合 Coons 曲面片[18]。

3) 设计线 Coons 曲面模型

综上所述,Coons 曲面模型实际上是双参数曲面模型,以矢量形式表示为 $P(u,v) = [x(u,v), y(u,v), z(u,v)]$,它由四条边界曲线 $p(u,0)$、$p(u,1)$、$p(0,v)$、$p(1,v)$ 构成。从构造过程来看,首先沿 u 方向,然后再由 v 方向或者先沿 v 方向,然后再由 u 方向构造自由曲线来形成自由曲面,两者得到的曲面完全相同。构造过程所采用的函数不同,则构造出的 Coons 曲面也不同,曲面间的连接和光滑性也不同。实际上,Coons 曲面是由 u 方向的单线性曲面和 v 方向的单线性曲面及基于四个角点的双线性曲面"叠加"而成,采用三次 Hermite 基作为混合函数来构造双三次混合 Coons 曲面,能够实现 C^1 光滑连接[37]。鉴于上述优点,本书选择双三次混合 Coons 曲面作为线路设计面的描述模型。

通过计算线路横断面各角点的坐标,相邻横断面对应角点两两相连形成了一

个曲边四边形网格,整条路线设计表面就被这些网格所组成,每一个网格由双三次混合 Coons 曲面片来构造,如图 4-5 所示。图 4-6 所示为选取图 4-5 中的一个网格单元研究。

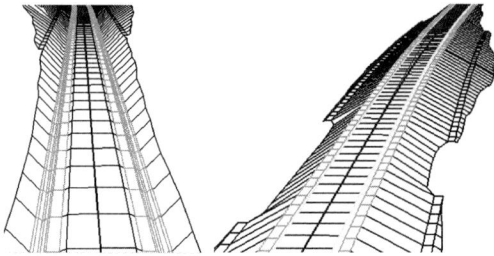

图 4-5　线路三维表面模型

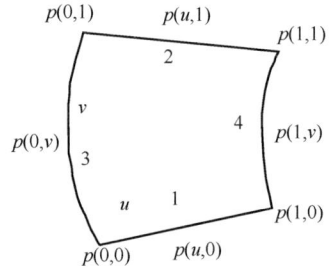

图 4-6　双三次混合 Coons 曲面片

(1) 1,2 边对应的路线法线方向,平面、立面均为直线。

(2) 3,4 边对应路线前进方向,其中平面可以是直线、圆弧或缓和曲线;立面可以是直线、圆弧或其他空间曲线(平曲线与竖曲线的组合可采用三次样条函数拟合)。

依据上述分析结果可以列出四条边界的曲线方程,再求出四个角点的 Adini 扭矢,然后按 Farin 方法求出四边界的跨界切矢,最后按式(4-14)可构造出双三次混合 Coons 曲面片。

4.2　隧道三维建模方法

隧道是线路的主要构造物之一,因此,三维线路建模自然也包括隧道三维建模。隧道三维建模包括隧道内部和洞门两部分,共同构成隧道的整体三维模型。

4.2.1　隧道横断面形式的确定

在设计隧道断面时通常采用圆弧拱、圆形、马蹄形、三心拱等基本形状。这里以圆弧拱和圆形为例说明隧道的三维建模,其他断面可类比进行建模。图 4-7 为圆弧拱形隧道的断面[3],利用圆弧拱宽度 W 和腰高 h 就可以确定断面的形状,以宽度的一半为圆弧半径 R。为了在三维环境下表达隧道断面,可将拱顶的圆弧部分用线段逼近的方法表达[26]。

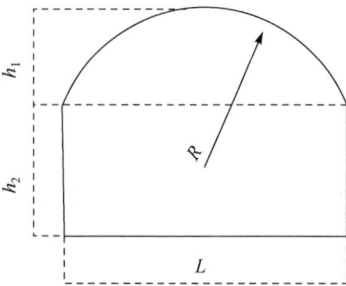

图 4-7　隧道起始位置横断面

图 4-7 中参数说明如下[3]:h_1 为隧道圆弧的顶端高度($\geqslant 0$);h_2 为隧道立面高度($\geqslant 0$);L 为隧道宽度(>0)。

圆弧半径的计算公式为

$$R^2 = \left(\frac{L}{2}\right)^2 + (R-h_1)^2$$

解得

$$R = \frac{L^2}{8h_1} + \frac{h_1}{2}$$

当圆弧高度大于圆弧半径时如图 4-8(a)所示,设计竖墙并不合理,取消断面竖墙,横断面直接设计成圆形断面,隧道采用圆形断面形式,如图 4-8(b)所示。

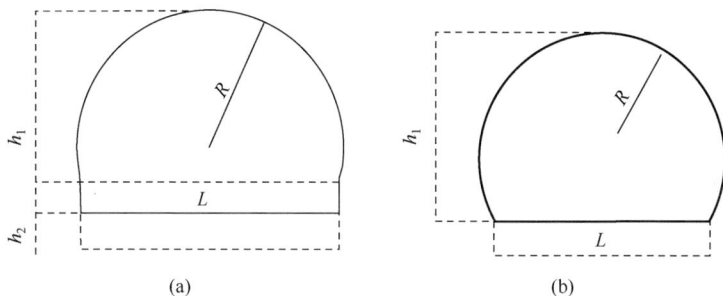

图 4-8　隧道起始位置横断面——圆形

此时圆弧半径计算公式为

$$R^2 = \left(\frac{L}{2}\right)^2 + (h_1-R)^2$$

解得

$$R = \frac{L^2}{8h_1} + \frac{h_1}{2}$$

圆弧半径 R 只与圆弧高度 h_1 有关。通过 h_1 与 R 之间的关系,确定隧道横断面的形式。

（1）$h_1 \leqslant R$ 时,绘制断面立墙,隧道断面为圆弧＋立墙断面形式,如图 4-8(a)所示。

（2）$h_1 > R$ 时,不绘制断面立墙,隧道断面为圆形断面形式,如图 4-8(b)所示。

4.2.2　圆弧拱断面形式计算

隧道顶端圆弧实现的方法是[26]:以隧道圆弧高度为椭圆短轴,隧道宽度为椭圆长轴,采用椭圆方程,根据隧道圆弧分段数量计算组成顶端圆弧各内插点的三维坐标,将内插点连接起来,构成隧道顶端圆弧。

在绘制隧道内部时,分以下三部分。

（1）通过相邻隧道两断面的坐标数据,以矩形式绘制左侧立墙面,如图 4-9所示。

（2）通过相邻隧道两断面的坐标数据，以矩形绘制右侧立墙面，如图 4-10 所示。

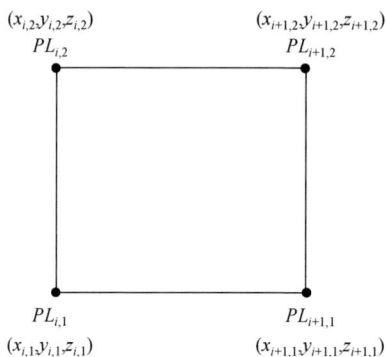

$(x_{i,2},y_{i,2},z_{i,2})$ $(x_{i+1,2},y_{i+1,2},z_{i+1,2})$ $(x_{i,2},y_{i,2},z_{i,2})$ $(x_{i+1,2},y_{i+1,2},z_{i+1,2})$

$PL_{i,2}$ $PL_{i+1,2}$ $PR_{i,2}$ $PR_{i+1,2}$

$PL_{i,1}$ $PL_{i+1,1}$ $PR_{i,1}$ $PR_{i+1,1}$

$(x_{i,1},y_{i,1},z_{i,1})$ $(x_{i+1,1},y_{i+1,1},z_{i+1,1})$ $(x_{i,1},y_{i,1},z_{i,1})$ $(x_{i+1,1},y_{i+1,1},z_{i+1,1})$

图 4-9　隧道左侧立墙数据点示意图　　图 4-10　隧道右侧立墙数据点示意图

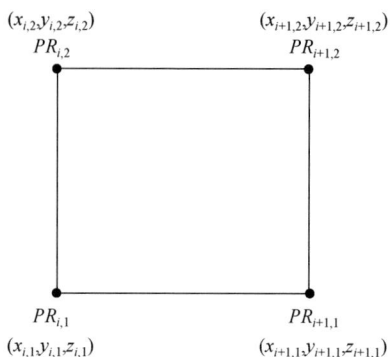

（3）通过相邻隧道两断面的圆弧数据两两连接，以多边形方式绘制，如图 4-11 所示。

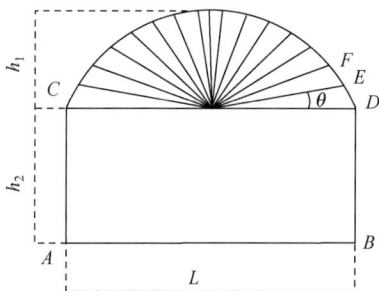

图 4-11　圆弧拱断面坐标计算图

椭圆参数计算公式如下。

A 点和 B 点坐标即为线路断面边界点坐标，可由线路设计结果数据获得。设 A 点和 B 点坐标分为 (X_A,Y_A,Z_A) 和 (X_B,Y_B,Z_B)。则 C、D 点计算坐标如下：

$$\begin{cases} X_C=X_A \\ Y_C=Y_A+h_2 \\ Z_C=Z_A \end{cases}, \qquad \begin{cases} X_D=X_B \\ Y_D=Y_B+h_2 \\ Z_D=Z_B \end{cases}$$

椭圆参数计算如下。

椭圆长轴

$$a=L/2$$

椭圆短轴

$$b=h_1/2$$

椭圆圆心坐标 (x_0,y_0,z_0)

$$\begin{cases} X_0=\dfrac{(X_C+X_D)}{2} \\[2mm] Y_C=\dfrac{(Y_C+Y_D)}{2} \\[2mm] Z_C=\dfrac{(Z_C+Z_D)}{2} \end{cases} \qquad (4\text{-}15)$$

则椭圆方程为

$$\frac{(x-X_0)^2}{a^2}+\frac{(y-Y_0)^2}{b^2}=1 \tag{4-16}$$

椭圆可以参数化表达为

$$\begin{cases} x=X_0+a\cos t \\ y=Y_0+b\sin t \end{cases}, \quad -\pi \leqslant t \leqslant \pi \tag{4-17}$$

将上部椭圆分割为 n 等份,分割点坐标计算公式如下。

以 E 点为例,其三维坐标计算如下:

$$\begin{cases} X_E=X_0+a\cos\theta\cos\beta \\ Y_E=Y_0+b\sin\theta \\ Z_E=Z_0-a\cos\theta\sin\beta \end{cases} \tag{4-18}$$

F 点坐标计算如下:

$$\begin{cases} X_F=X_0+a\cos2\theta\cos\beta \\ Y_F=Y_0+b\sin2\theta \\ Z_F=Z_0-a\cos2\theta\sin\beta \end{cases} \tag{4-19}$$

其他分割点坐标可参照依次计算。其中,β 为隧道横断面与 X 轴的交角,表示断面与 X 轴的逆时针方向旋转角度,如图 4-12 所示。

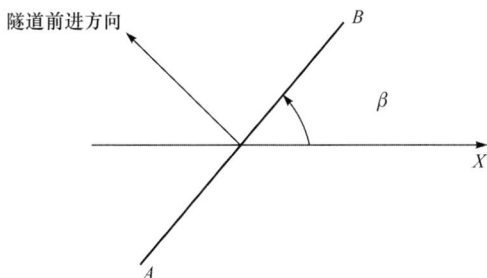

图 4-12　隧道横断面与 X 轴的相交示意图

这样,相邻两断面连接构成隧道三维断面,隧道顶端圆弧连接示意图如图 4-13 所示,平面展开图如图 4-14 所示。

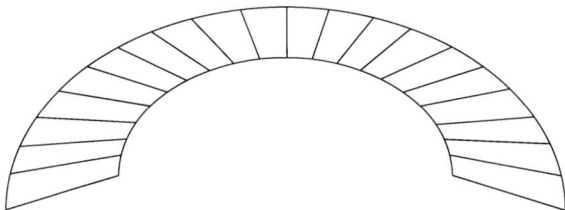

图 4-13　隧道顶端圆弧连接示意图

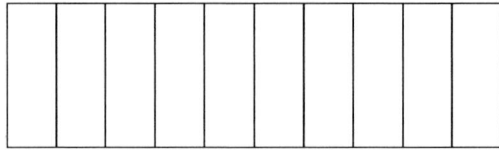

图 4-14　隧道顶端圆弧平铺示意图

按照上述方法建立的隧道三维建模效果如图 4-15 所示。

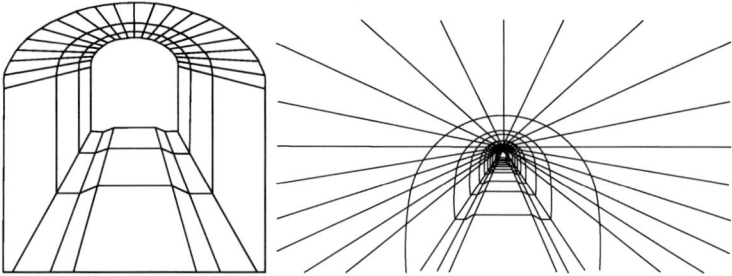

图 4-15　隧道三维建模效果图

计算隧道顶端圆弧的坐标点代码如下：

```
/*
TotalHeight:隧道总高度      Archeight:隧道圆弧高度
WallHeight:隧道立墙高度    Width:隧道宽度
ArcSegmentNumber:隧道圆弧分段数    mAngle:返回隧道洞门的角度
(x1,y1,z1):隧道左侧立墙底坐标   (x2,y2,z2):隧道右侧立墙底坐标
*/
void CDesingScheme::GetTunnelArcCordinate(float TotalHeight,float Ar-
cheight,float WallHeight,float Width,int ArcSegmentNumber,double x1,
double y1,double z1,double x2,double y2,double z2,float *mAngle)
{
    //《确定椭圆参数》
    //mAngle:隧道洞门的角度
float a=Width;//椭圆长轴
float b=Archeight; //椭圆短轴
double x0,y0,z0;
//椭圆弧圆心坐标
x0=(x1+x2)/2;      y0=(y1+y2)/2;      z0=(z1+z2)/2;
//《计算椭圆在三维空间的走向角度》
//求出 P2(x2,y2,z2)与 P1(x1,y1,z1)组成直线的角度 Peita;
float dx=x2-x1;float dz=z2-z1;float Peita;
if(fabs(dx)<=0.000001)
```

```
        Peita=0;
else
{    if (dx>=0 && dz<=0)   //1象限
            Peita=mangle;
     else if(dx<=0 && dz<=0) //2象限
            Peita=PAI-mangle;
     else if(dx<=0 && dz>=0) //3象限
            Peita=PAI+mangle;
            else if (dx>=0 && dz>=0) //4象限
            Peita=2*PAI-mangle;
}
*mAngle=Peita;
//《根据椭圆坐标计算公式,计算各圆弧点坐标》
PCordinate pt;
float mangleDerta=PAI/ArcSegmentNumber;
float Alfa;
for(int i=0;i<=ArcSegmentNumber;i++)
{    Alfa=i*mangleDerta;
     pt=new Cordinate;
     if(i==0) //如果是起点
     {
         pt->x=x2;    pt->y=y2;    pt->z=z2;
     }
     else if(i==ArcSegmentNumber)//如果是终点
     {
         pt->x=x1;    pt->y=y1;    pt->z=z1;
     }
     else //其他中间部分的点
     {
         //根据椭圆 x 坐标计算公式,计算加圆弧内插点 x 坐标
         pt->x=x0+a*cos(Alfa)*cos(Peita);
         pt->y=y0+fabs(b*sin(Alfa));
         if(fabs(x2-x1)<=0.00001)//表示隧道断面与 X 轴垂直
             pt->z=z1+(ArcSegmentNumber-i)*(z2-z1)/ArcSegmentNumber*
                 sin(Alfa);
         else
             pt->z=z1+(pt->x-x1)/(x2-x1)*(z2-z1);
     }
```

```
//存储计算的隧道断面圆弧内插点的坐标
    PtS_Tunnel3D[m_currentSchemeIndexs].GetAt ( PtS_Tunnel3D
[m_currentSchemeIndexs].GetSize ( )-1 )->tunnelArc.Add(pt);
    }
}
```

4.2.3　圆形断面形式计算

圆形断面计算图如图 4-16 所示，将圆弧分割为 n 等份。

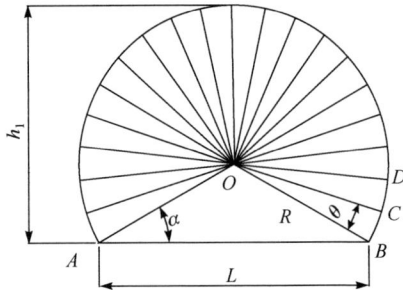

图 4-16　圆形断面等分示意图

设圆心坐标为 (X_0, Y_0, Z_0)，则点 A 的坐标计算如下：

$$\begin{cases} X_A = X_0 - R\cos\alpha\cos\beta \\ Y_A = Y_0 - R\sin\alpha \\ Z_A = Z_0 + R\cos\alpha\sin\beta \end{cases} \quad (4\text{-}20)$$

点 B 的坐标计算如下：

$$\begin{cases} X_B = X_0 + R\cos\alpha\cos\beta \\ Y_B = Y_0 - R\sin\alpha \\ Z_B = Z_0 - R\cos\alpha\sin\beta \end{cases} \quad (4\text{-}21)$$

式中，X 坐标表示水平方向；Y 坐标表示向中的高度；Z 坐标表示垂直屏幕向外的值，α 为圆形隧道底面与水平两个角点的夹角，$\cos\alpha = \dfrac{L/2}{R}$；$\beta$ 为隧道横断面与 X 轴的夹角，表示断面与 x 轴的逆时针方向旋转角度，示意图如图 4-12 所示；R 为圆半径；θ 为对整个圆弧进行等分后，每一等份对应的圆心角值，用于计算各等分点 C、D、…的三维坐标。三维坐标系如图 4-17 所示。

以 C 点为例，计算其三维坐标公式如下：

$$\begin{cases} X_C = X_0 + R\cos(90 - \alpha + \theta)\cos\beta \\ Y_C = Y_0 - R\sin(90 - \alpha + \theta) \\ Z_C = Z_0 + R\sin(90 - \alpha + \theta)\sin\beta \end{cases} \quad (4\text{-}22)$$

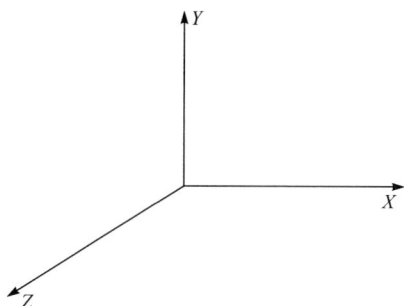

图 4-17 三维坐标系示意图

D 点三维坐标公式如下：

$$\begin{cases} X_D = X_0 + R\cos(90-\alpha+2\theta)\cos\beta \\ Y_D = Y_0 - R\sin(90-\alpha+2\theta) \\ Z_D = Z_0 + R\sin(90-\alpha+2\theta)\sin\beta \end{cases} \quad (4\text{-}23)$$

以上所求的各点坐标即为第一个断面上平行线的起始点坐标。可以看出，对圆弧等分份数越多，θ 越小，隧道表面等分越细，拟合的圆弧越精细，隧道在直观上就越接近真实情况，但计算量也随之越大。其他圆弧分割点三维坐标可依次计算。

这样相邻隧道圆弧横断面分割点连接起来，就构成了一系列隧道断面，如图 4-18所示。

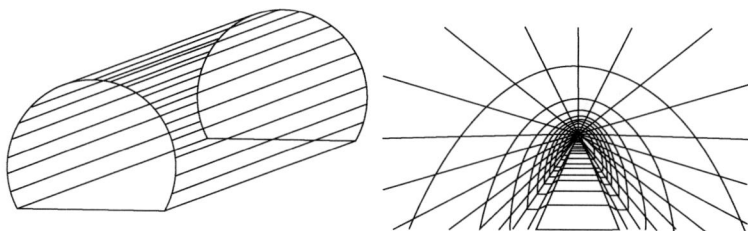

图 4-18 圆形隧道三维断面示意图

定义如下数据结构来表示隧道结构参数：

```
typedefstruct
{
    double H;                    //隧道总高度 (顶端圆弧+ 侧面立墙)
    double H1;                   //隧道顶端圆弧的高度
    double H2;                   //隧道侧面立墙的高度
    double W;                    //隧道总宽度
    int ArcNumber;               //隧道圆弧分段的数量,越大,隧道圆弧越光滑
    double x1,y1,z1;             //隧道左侧立墙底面的三维坐标
    double x2,y2,z2;             //隧道右左侧立墙底面的三维坐标
    float angle;                 //隧道洞门的旋转角度
```

```
    int  style;                        //类型;1:圆弧拱断面形式 2:圆形断面形式
}Tunnel3DModel;
```

4.2.4　隧道曲线处平滑处理

在隧道的二维平面图中,通常用剖面图来表示一段隧道。当连接处中心线夹角为 θ 时,断面共需要旋转的角度为 $\pi-\theta$。为了达到平滑过渡的效果,在连接处的起始和结束断面间插入一组断面来减少每两个断面所需要偏转的角度[38]。

如图 4-19 所示,中间点划线表示隧道的中心线,直线 $P_1T_1, P_2T_2, \cdots, P_nT_n$ 表示在二维平面中平滑处理时插入的 n 个断面,O 为曲线处圆心。

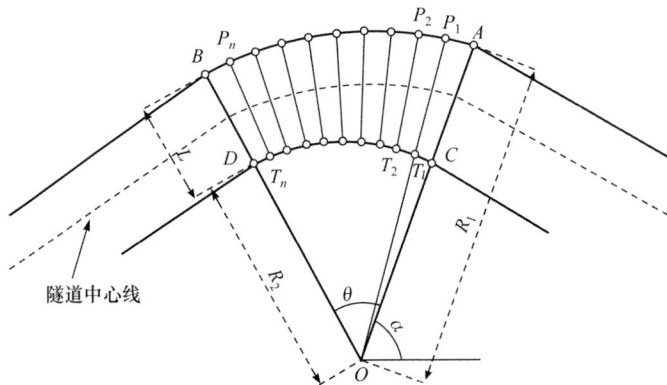

图 4-19　隧道曲线处平滑处理二维剖面

设隧道曲线处圆心 O 坐标为 (x_O, y_O, z_O),外侧圆半径为 R_1,外侧圆半径为 R_2,隧道线路宽度为 L:

$$R_2 = R_1 - L$$

则 $P_1, P_2, \cdots, P_n$ 三维坐标计算如下:

$$\begin{cases} P_i x = x_0 + R_1 \cos\left(\alpha + \dfrac{i}{n}\theta\right)\cos\left(\alpha + \dfrac{i}{n}\theta\right) \\[2mm] P_i y = y_0 - R_1 \sin\left(\alpha + \dfrac{i}{n}\theta\right) \\[2mm] P_i z = z_0 - R_1 \cos s\left(\alpha + \dfrac{i}{n}\theta\right)\sin\left(\alpha + \dfrac{i}{n}\theta\right) \end{cases} \tag{4-24}$$

$T_1, T_2, \cdots, T_n$ 三维坐标计算如下:

$$\begin{cases} T_i x = x_0 + R_2 \cos\left(\alpha + \dfrac{i}{n}\theta\right)\cos\left(\alpha + \dfrac{i}{n}\theta\right) \\[2mm] T_i y = y_0 - R_2 \sin\left(\alpha + \dfrac{i}{n}\theta\right) \\[2mm] T_i z = z_0 - R_2 \cos s\left(\alpha + \dfrac{i}{n}\theta\right)\sin\left(\alpha + \dfrac{i}{n}\theta\right) \end{cases} \tag{4-25}$$

这样，$P_1T_1, P_2T_2, \cdots, P_nT_n$ 在曲线处为隧道添加了 n 个断面，每个断面的三维坐标计算公式与隧道断面形式有关，圆弧拱形隧道采用式(4-24)计算，圆形断面计算采用式(4-25)计算。通过加密隧道断面实现在隧道曲线处的平滑处理。

最后将连接处的断面与对应平行线求交，与直隧道建模方法类似，连接断面上对应的交点，即实现连接处隧道的建模(图 4-20 和图 4-21)。插入的断面数越多，平滑效果越好。

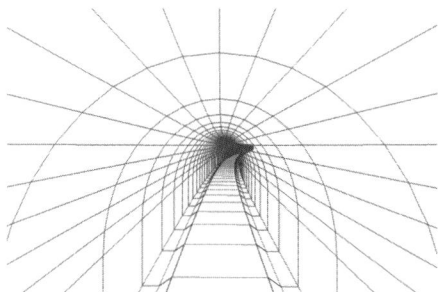

图 4-20 圆弧拱断面形式的曲线效果图

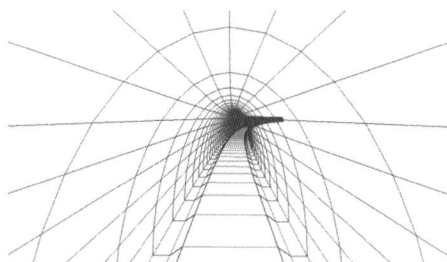

图 4-21 圆形断面形式的曲线效果图

4.2.5 隧道参数设置实现

通过设置隧道的立墙高度、圆弧高度、隧道宽度、圆弧分段数、隧道顶端两侧延伸宽度等参数，实现不同参数下的隧道三维建模效果[39]。参数设置如图 4-22 所示，隧道三维效果如图 4-23 所示。

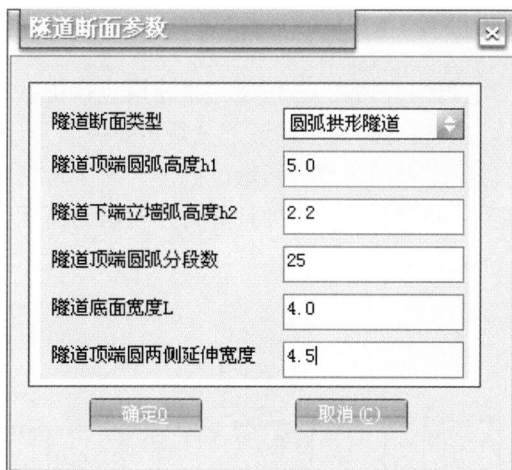

图 4-22 隧道参数设置

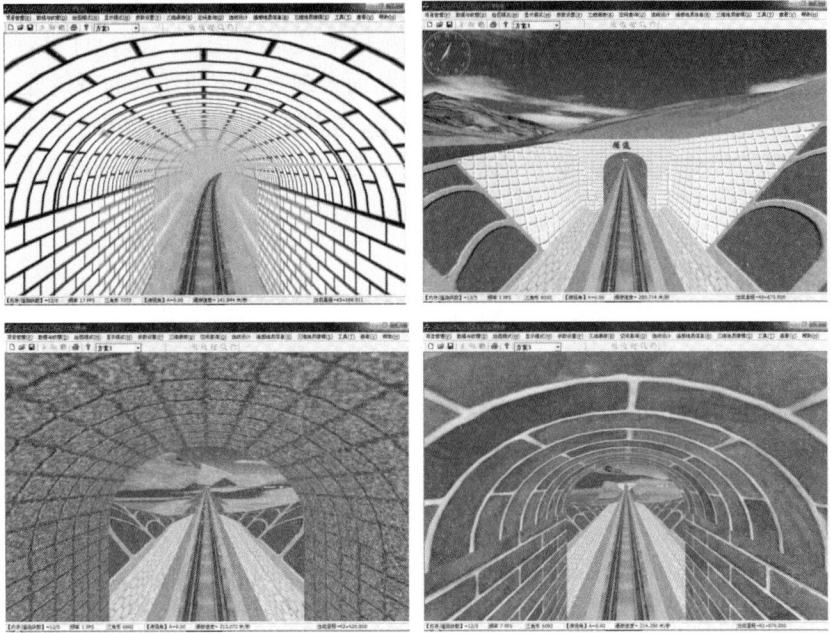

图 4-23　隧道绘制三维效果图

4.3　桥梁三维建模方法

4.3.1　桥梁三维建模

桥梁作为线路的主要构造物之一,桥梁三维建模包括桥墩和桥梁栏杆两部分,共同构成桥梁的整体三维模型。其中桥墩部分最重要一点是计算桥墩正下方地面的高程,桥面与该高程值之差即为该处桥墩的高度。对于每一座桥梁来说,每个桥墩和高度基本上都是不一样的,这就需要计算每个桥墩的高度,然后按计算的高度绘制桥墩,如图 4-24 所示。

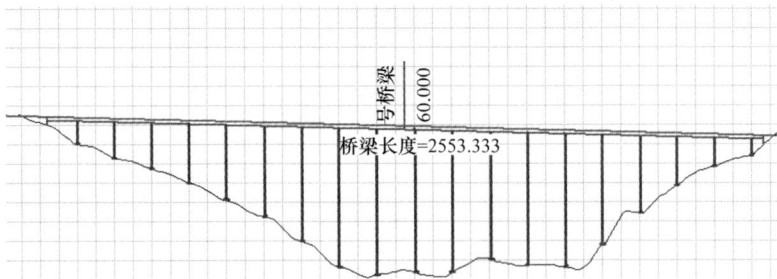

图 4-24　桥梁桥墩设置示意图

桥梁栏杆比较简单,根据设置的桥梁栏杆间距,依次在桥面上绘制栏杆即可。栏杆由圆柱组成,栏杆之间通过直线上下连接,如图 4-25 所示。

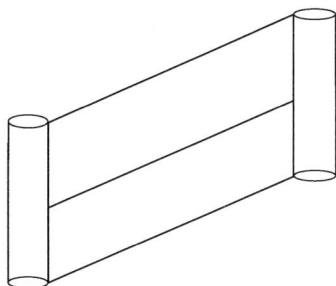

图 4-25　桥梁栏杆组成示意图

图 4-26 所示为桥梁三维建模效果图。

图 4-26　桥梁三维模型绘制效果

4.3.2　桥梁参数设置实现

通过调整桥梁的各参数,如桥墩间距、桥梁栏杆间距、桥梁栏杆颜色等参数,达到调整桥梁模型的目的,实现不同参数下的桥梁三维建模,如图 4-27 所示。

图 4-27　桥梁参数设计

4.3.3　桥梁绘制实现

在桥梁三维建模和桥梁参数设置的基础上,就可以进行桥梁的绘制,即完成桥梁栏杆、桥墩和桥头护坡面的绘制。同时为了增加绘制真实效果,对于桥墩、桥面等可加载外部三维模型,实现更高真实度的绘制效果。可通过程序直接读取 3DS 模型,进行相应的比例缩放、旋转、移动等控制,将其放置到对应的位置上实现应用。

桥墩 3DS 模型在线路三维场景中的应用步骤如下:

(1) 读取 3DS 模型。

(2) 构建桥墩模型的显示列表。

(3) 根据 3DS 模型的最小和最大 x、y 坐标和桥墩应具有的宽度和高度计算其缩放比例,对模型进行缩放。

(4) 根据桥墩前后线路中点构成直线的角度,计算桥墩旋转角度,对模型进行旋转。

(5) 根据桥墩应放置的位置,计算桥墩在 x、y、z 方向的平移量,将桥墩平移。

(6) 实现桥墩按对应大小、方向、位置的放置,调用显示列表,完成模型绘制。

通过选择不同的桥墩三维模型,实现不同的桥梁绘制效果。图 4-28 显示了桥墩模型在三维线路场景中的应用效果。

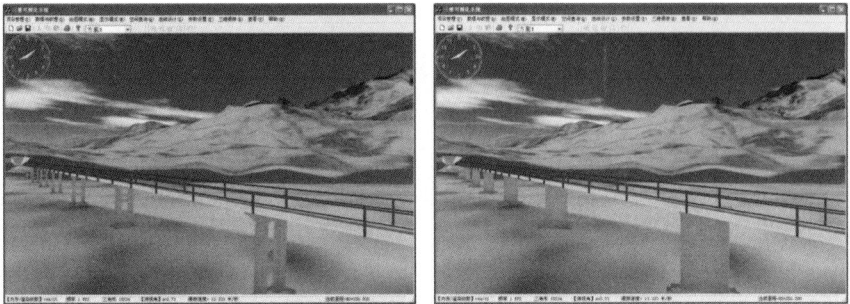

图 4-28　3DS 桥墩模型在三维线路场景中应用效果图

4.4　线路整体三维建模

线路整体三维建模是实现三维可视化设计的重要要求,要求三维地形与三维线路模型要组成一个统一的整体。在约束 Delaunay 三角网(constrained Delaunay triangulation,CDT)理论的基础上,采用一种将道路设计面模型与地形表面模型融为一体的整体模型构建方法,该方法将道路设计面的一般路基面和地形表面作为一个整体构建 CDT,使得设计面模型和地表模型不仅表面上是整合在一起的,而且其内部关系也是统一的。

4.4.1　建立 CDT 相关理论

设 CDT $T_C(V,S)$,V 为点集,S 为约束边的集合。Delaunay 三角网中每个三角形的外接圆内不包含点集中的其他点,同时 Delaunay 三角网中三角形的最小角是最大的。CDT 在引入约束边后的空外接圆性质和最大最小角性质可表述如下。

(1) 空外接圆性质。T_C 中任何一个三角形 t 的外接圆均不包含该点集的其他任意点,如图 4-29 所示。

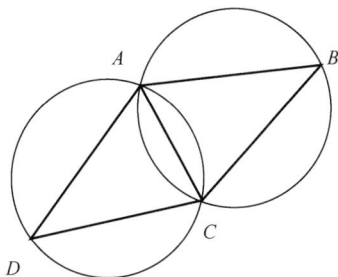

(2) 最大最小角性质。设 t_1 和 t_2 为 T 中具有公共边 e 的三角形,如果 t_1 和 t_2 构成一个凸四边形并且 $e \notin S$,则交换凸四边形的对角线,t_1 和 t_2 的最小内角不会增大,如图 4-30 所示。

图 4-29　CDT 中空外接圆性质　　　　图 4-30　CDT 最大化最小角特性示意图

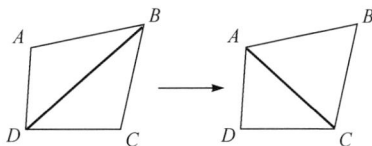

(3) 在 CDT 中插入约束边理论。设 CDT $T_C(V,S)$,当前需在 CDT 中嵌入约束边 s,$s = P_iP_j(P_i,P_j \in V)$ 与约束边 s 相交的三角形所构成的区域称为约束边 s 的影响域。区域的边界所构成的多边形称为影响多边形 Q。s 将 Q 分成两部分 Q_u 和 Q_d,如图 4-31 所示。

设 $T'_C = (V,S')$ 为 CDT $T_C(V,S)$ 嵌入约束边后调整获得,$S' = S \cup \{s\}$,则只有约束边 s 影响域内的三角形需要调整。证明:约束边 s 必须为 T'_C 内的一条边,则与 s 相交的所有三角形必须被删除。s 影响域外的三角形不会被调整,因为没有插入新点到 V 中,这些三角形满足 T_C 中的空圆特性,则必定满足 T'_C 中的空圆特性。因此只有影响域内的三角形需作调整。

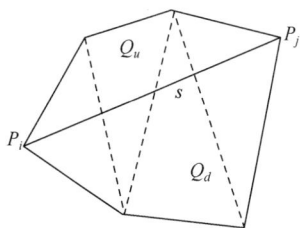

图 4-31　约束边 s 的影响域

4.4.2　线路封闭区域确定与分割算法

在分别建立线路设计表面模型和地表面模型以后,接下来所需处理的是两个模型的拼合计算问题,这也是线路三维建模的难点。因为,设计表面与地表面均是空间三维曲面,若直接将上述两种曲面进行空间求交运算,势必带来繁杂的计算量及交线的有效性判别问题,但若利用横断面设计成果构造出拼合交线,根据交线调整原 Delaunay 三角网,使两个模型在交线处密贴,就可避免上述复杂的求交运算,并且使计算过程大为简化,易于理解和实现[26]。基于上述思想,首先将线路横断面的坡脚(顶)点首尾相连,并在路线及桥隧起终断面处作封闭处理,构造出闭合的拼合交线,形成线路封闭区域,作为拼合交线。

线路封闭区域是指从线路起点到线路终点左右两侧边坡的坡脚点之间的连线,构成一个封闭的区域,但桥梁和隧道的存在打破了这统一的封闭区域,使线路封闭区域由多个封闭区域段组成,其中又含有不封闭区域。

(1)桥梁下方,除桥头下方护坡与地形有交点外,桥墩对地形的整体性不构成破坏。

(2)隧道处,除隧道洞门处与地形有交点外,隧道内部与地形没有交点,对地形的整体性不构成破坏。

基于上述两点,组成线路封闭区域段确定方法如下。

从线路起点出发,会有以下三种情况。

(1)桥梁:线路的起始端是桥梁,则继续前进,直到桥梁终点。

(2)隧道:即线路的起始端是隧道,则继续前进,直到隧道终点(出口端)。

(3)路基边坡(路堤/路堑):记录路基边坡脚点(即路基边坡与地面的交点)作为封闭区域的数据点,然后前进,会遇到以下情况。

(1)桥梁:与桥梁起点处下方的护坡线构成一封闭区域,结束当前封闭区域的记录。

(2)隧道:与隧道进口洞门构成一封闭区域,结束当前封闭区域的记录。

(3)边坡:记录该路基边坡左右两侧的边坡脚点作为当前封闭区域的数据点,继续前进。

这样,一条线路将由多个封闭子区域构成,位于封闭区域内的地形数据点不参与构网。同时,封闭区域与三角形相交的数据点则作为拼合交线的附加数据点参与地形三角网的绘制。图 4-32 给出了线路封闭区域分割示意图。

图 4-33 所示为拼合交线与地形三角形相交示意图。需要计算出与相交的各三角形交点(O、b、c、d、e、f、g、h、A)。

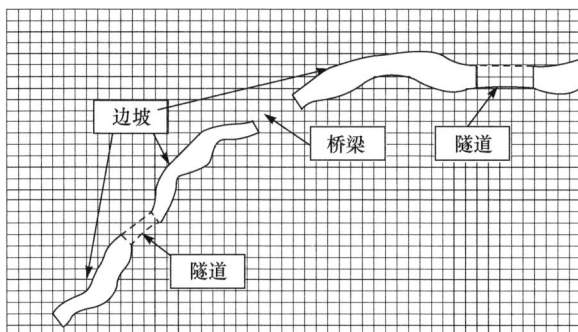

图 4-32　线路封闭区域分割示意图

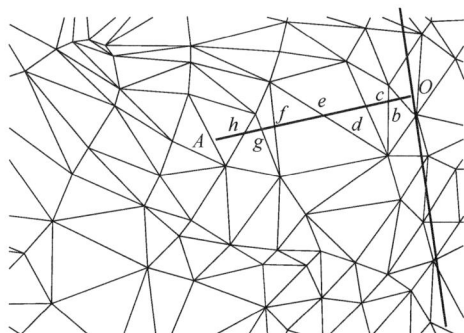

图 4-33　拼合交线与地形三角形相交示意图

在上述计算过程中,将频繁用到搜索点所处三角形、搜索边所穿越三角形等的操作,这些操作的执行效率直接影响着整个拼合计算,而三角形的快速定位与三角网的有效组织和管理密不可分。为此,采用网格管理的方法,将整个三角网区域划分成一个个正方形网格,将三角形依据其重心坐标"投"入相应网格中,并建立网格索引,存储落在该网格内的首三角形号。在定位计算时,先计算出点所处的网格,从该网格中提出首三角形,利用该三角形的邻接信息采用有向查找技术,迅速找到包含给定点的三角形,具体做法是定义两个数组:

```
//一维动态数组
struct Triangle
{
    int v1,v2,v3;            //三角形三个顶点点号
    double Xg ,Yg;           //三角形重心坐标
    int ajt12,ajt23,ajt31;   //邻接三角形编号
}* Tarray
//作用:存储三角形信息。
```

```
int * * iarray;//二维动态数组
```
//作用:三角形网格索引,当没有三角形落在网格内时,该网格为空,否则指向落在其中的首三角形号

//设 GridWide 为网格宽度,根据三角形 Tarray[k]的重心坐标,由判断公式

```
        i= int((Tarray[k].Xg- Xmin)/GridWide)+ 1;
        j= int((Tarray[k].Yg- Ymin)/GridWide)+ 1;
```

判断出 Tarray[k]所处的网格,若该网格为空,则 iarray[i][j]=k。

任意给定三角网区域内的一点 P,依据 P 的坐标按判断公式先计算出 P 所处的网格,然后从该网格记录的首三角形开始采用有向查找快速搜索出 P 所处的三角形,如图 4-34 所示。

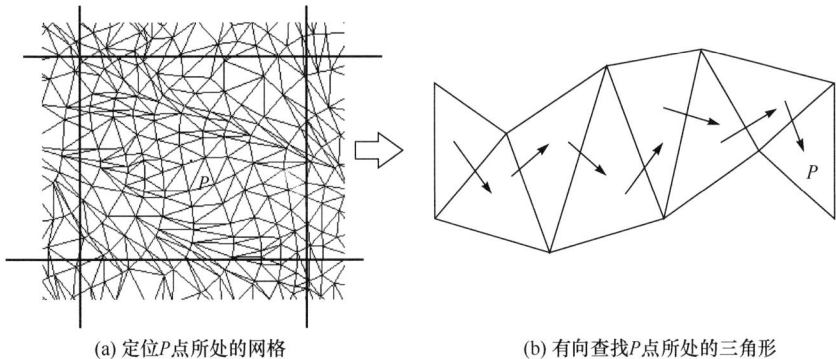

(a) 定位 P 点所处的网格　　　　　　(b) 有向查找 P 点所处的三角形

图 4-34　三角形快速定位

4.4.3　基于 CDT 理论的整体模型构建法

构建整体模型的难点是,在设计面区域内,存在有地形数据点。建立整体模型时,处于设计面区域内的地形数据点不可以参与构网。设计面区域是多个复杂的不规则区域,如果用点在多边形区域内的判断方法对每个地形点进行判断,会耗费大量时间。利用 CDT 的理论,对拼合交线点先进行建网,将拼合交线作为约束边嵌入到三角网内,并且把拼合交线区域内的三角形标识为"设计面"属性,拼合交线区域外的三角形赋予"地表面"属性,在插入其他点时,数据点落在属性为"设计面"的三角形内,如果数据点的属性为"设计点",则将该点插入到三角网内。如果数据点的属性为"地面点",则不插入该点。通过这种方法,既可以有效地去除落在设计面区域中的地形点,又具有极快的速度。

由 CDT 内插入点和约束边的理论,逐点插入算法建立整体模型的基本步骤可归纳如下。

（1）建立初始三角网。如图 4-35 所示,求出给定点集的包容盒 $BOX(X_{min},Y_{min},X_{max},Y_{max})$,将包容盒沿对角线剖分为两个初始三角形 A_1,A_2。

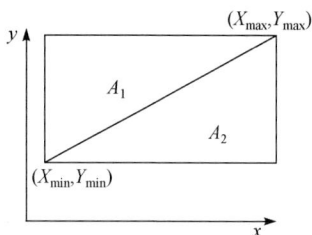

（2）将拼合交线嵌入到初始三角网内,依此将拼合交线点插入到初始三角网内,同时嵌入拼合交线,如图 4-36 所示。

（3）逐点插入其他数据点。依次插入其他数据点,当点落在拼合交线区域内并且数据点属性为"地面点"时,则不能插入该数据点。数据点全部插入完毕后的三角网如图 4-37 所示。

图 4-35　初始三角形式的生成

图 4-36　拼合交线嵌入到初始三角网内

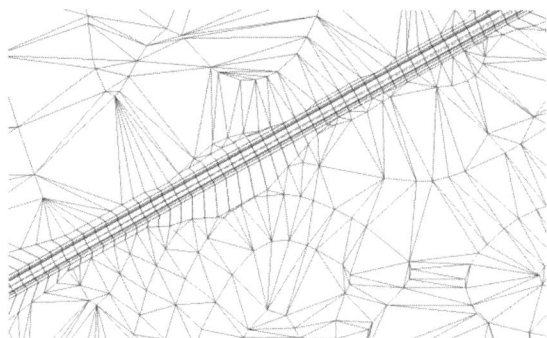

图 4-37　线路整体模型的构建

（4）删除包容盒四角点相连的三角形。包容盒的四个角点是建网的辅助点,不是真正的数据点,所以要将与四个角点相连的三角形删除。图 4-38 所示为道路整体模型的效果图。

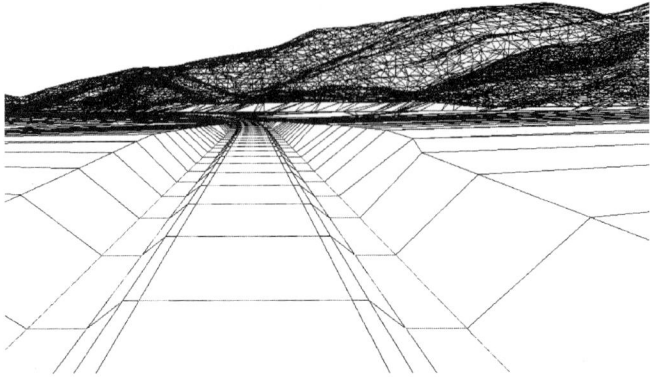

图 4-38　道路整体模型透视图

应用线路整体模型可以实现线路景观的三维漫游,评价三维立体线形以及与周围地形、景观的配合情况,以便对线形设计作出必要的修改和调整。

4.4.4　基于 OpenGL 实现真实感图形绘制

OpenGL 作为一种强大的三维图形开发工具,通过便捷的编程接口提供了处理光照和物体材质、颜色属性、纹理映射等通用功能,基本涵盖了开发二维和三维图形程序所需的各个方面,大大方便了软件编程。利用 OpenGL 可以设置光源的位置、强度、模型表面的材质属性以及光照模型参数,OpenGL 自己完成光照计算,设定各个像素的光亮度。OpenG 的光照模型把光分成三种独立的成分:环境光、散射光、镜面光。这三种成分都可以单独进行计算,并叠加在一起[26]。

(1)环境光:环境光来自某个光源,但光线在场景中四处反射,没有方向性可言。由环境光照射的物体在所有方向上的所有表面都是均匀照亮的。

(2)散射光:散射光来自于一个特定的方向,但它均匀地在一个表面反射开来,它直射的物体表面比从某个角度照射过来时要亮。荧光或正午时照在窗户一侧的日光都是很好的散射光例子。

(3)镜面光:同散射光一样有方向性,但它的反射角度很锐利,只是沿一个特定的方向。高强度的镜面光趋向于在它所照射的表面形成称为亮斑的亮点。聚光灯和太阳都是镜面光的例子。

没有一种光源纯粹是由上面所述的任何一种类型的光组成的,而是由各种强度不同的光组成的。因此,从某种意义上说,场景中的一种光源是由环境光、散射光和镜面光这三种光照成分组成的。

调用 glEnable(GL_LIGHTING)函数让 OpenGL 启动光照,准备执行光照计算。该函数告诉 OpenGL 可以利用材质属性和光照参数来决定场景中每个顶点的颜色。通过 glLightModel 函数设置光照模型。如光照模型参数 GL_LIGHT_

MODEL_AMBIENT 用来设置场景中默认的环境光。至少可以在场景中包含多达 8 个不同的光源,不同光源的光可以独立的打开或关闭,每个光源可以是不同的颜色,可以放置在场景中的任意位置。

对于现实世界的光照,随着光源距离的增加,光的强度也随之衰减。方向性光源(环境光)位于无限远处,因此这个原则不适合用于方向性光源,但是适合位置性光源(散射光和镜面光),可以把位置性光源所发出的光进行衰减。OpenGL 光源的强度乘以衰减因子,对它实行衰减,公式如下:

$$f = \frac{1}{k_c + k_l d + k_q d^2} \tag{4-26}$$

式中,f 为衰减因子;d 为光源和顶点之间的距离

$$k_c = \text{GL\_CONSTANT\_ATTENUATION}$$
$$k_l = \text{GL\_LINEAR\_ATTENUATION}$$
$$k_q = \text{GL\_QUADRATIC\_ATTENUATION}$$

在默认情况下,k_c 为 1.0,k_l 和 k_q 都为 0,可以向这些参数传递不同的值以得到不同的衰减因子 f,如下代码定义了一个白色的衰减聚光灯:

```
GLfloat light1_ambient[]={0.2,0.2,0.2,1.0};
GLfloat light1_diffuse[]={1.0, 1.0, 1.0,1.0};
GLfloat light1_specular[]={1.0,1.0, 1.0,1.0};
GLfloat light1_position[]={-2.0, 2.0, 1.0,1.0};
GLfloat spot_direction[]={-1.0, -1.0, 0.0};
glLightfv(GL_LIGHT1,      GL_AMBIENT, light1_ambient);
glLightfv(GL_LIGHT1,      GL_DIFFUSE, light1_ diffuse);
glLightfv(GL_LIGHT1,      GL_SPECULAR, light1_ specular);
glLightfv(GL_LIGHT1,      GL_POSITION, light1_ position);
glLightfv(GL_LIGHT1,      GL_AMBIENT, light1_ambient);
glLightf(GL_LIGHT1,      GL_CONSTANT_ATTENUATION,1.5);
glLightf(GL_LIGHT1,      GL_LINEAR_ATTENUATION,0.5);
glLightf(GL_LIGHT1,      GL_QUADRATIC_ATTENUATION,0.2);
glLightfv(GL_LIGHT1,      GL_SPOT_CUTOFF,45.0);
glLightfv(GL_LIGHT1,      GL_SPOT_DIRECTION, light1_ direction);
glLightfv(GL_LIGHT1,      GL_SPOT_EXPONENT,2.0);
glEnable(GL_LIGHT1)
```

OpenGL 提供了纹理图像贴图函数,可以在物体表面形成真实的色彩花纹,增强视觉的真实感。OpenGL 中绘制纹理的步骤:①指定纹理;②指定纹理应用方式;③激活纹理绘制;④指定纹理坐标和景物的几何坐标,绘制场景。

OpenGL 对于不同的渲染类型定义三种纹理模式。①GL_MODULATE:默

认模式,在绘制到帧缓存区之前,纹理图像与帧缓存区复合。调整当前亮度和元素信息,使之适应纹理图像。②GL_DECAL:纹理图像直接绘制到帧缓存区。③GL_BLEND:在绘使用 glTexEnv( )函数设置纹理模式的举例 glTexEnvi(GL_TEXTURE_ENV,GL_TEXTURE_ENV_MODE,GL_DECAL);纹理多边形可以通过各种光源的光照效果产生更加真实感的显示效果。只有在 GL_MODULATE 或者 GL_BLEND 模式中才可以使用纹理加光照效果,在 GL_DECAL 模式中不能使用。

综上所述,在 OpenGL 中进行真实感图形绘制的基本步骤如下。

(1)建模。根据基本几何图元(点、线、多边形等)建立景物模型,并根据具体位置及形态对所建立的模型进行数学描述。

(2)设置场景。把模型放置在三维空间的适当位置,并设置视点以观察感兴趣的景观。

(3)效果处理。计算并设置模型的视觉特征,包括颜色、光照条件以及纹理映射等,并在场景中加入光照、雾化、融合等处理,使场景更具有真实感。

(4)光栅化。把模型的数学描述及其色彩信息转换为可以在计算机屏幕上显示的像素信息,实现模型的渲染。

在 VC++集成开发环境下,基于 OpenGL 技术绘制三维真实感图形的基本框架如图 4-39 所示。

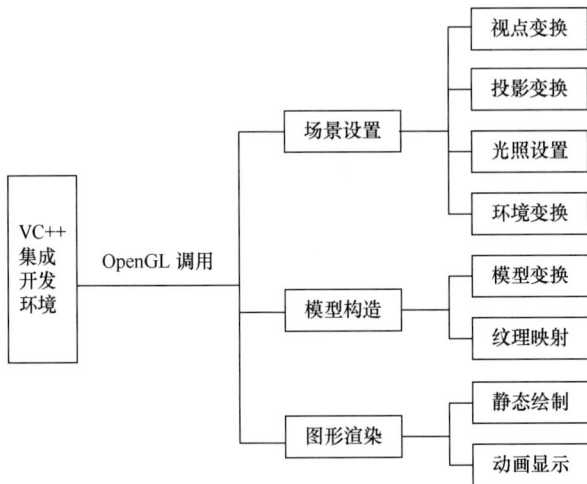

图 4-39 基于 OpenGL 的真实感图形绘制

基于 OpenGL 技术绘制的系统三维场景中的真实感效果图如图 4-40 所示。

图 4-40　线路三维场景真实感觉图形绘制

4.5　三维地面坐标的获取

无论正射投影模式,还是透视投影模式,都是基于遥感正射影像图建立的逼真的三维地形环境。正射影像图同时具有地形图特性和影像特性,能够表达丰富的信息,传统的等高线地形图无法与其相比。利用逼真显示的三维地形模型,能使基于屏幕的地形分析达到比等高线地形图好得多和真实得多的效果。利用三维交互设计方法,在三维环境中获取三维地面坐标,可直接在三维环境下进行线路设计,设计人员只需要在屏幕前完成下列简单操作:

(1)分析三维地形地貌。

(2)基于正射投影或透视投影模式用鼠标直接在三维环境中选择线路的地面交点位置,作为折线转折点的坐标。

(3)基于折线转折点的坐标,计算对应的曲线要素;

(4)保存线路方案设计结果。

(5)建立线路三维模型,得到三维可视化线路设计效果。在透视投影模式下进行三维漫游和空中飞行察看,对线路设计方案的三维效果和行经区域的地形地貌进行浏览和评价。

而三维地面坐标的获取是实现在三维环境中交互线路设计的前提,对于三维线路环境的正射投影和正射投影两种投影方式,获取方法不同,下面分别予以说明。

4.5.1 正射投影模式下的获取

具有一定地面分辨率的正射影像图是将原始影像经过正射纠正处理,将每个像元都已准确地投影到一定的坐标系统内的最详细的"地理信息最直观的表达",是地表面的垂直投影影像,平面坐标是一致的,正射影像图精确的映射在数字高程模型(DEM)上,如图 4-41 所示。

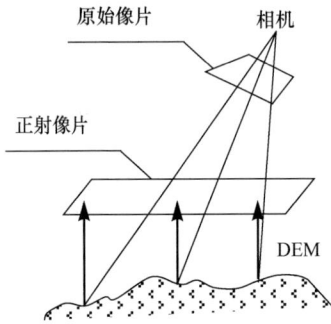

图 4-41　正射影像与 DEM 映射图

因此加上 DEM,就能十分方便地确定影像图上每个点(像元)的地面坐标(X,Y,Z),计算过程如下。

(1) 设所获取的正射影像图上任意一点 P 的坐标为(X',Y'),根据正射影像图左下角点图廓点的坐标(X_0,Y_0)与正射影像图比例尺分母 M 计算 P 点的二维地面坐标(X,Y):

$$\begin{cases} X=X_0+MX' \\ Y=Y_0+MY' \end{cases} \tag{4-27}$$

(2) 由 DEM 根据 P 点地面坐标(X,Y)内插出 P 点处的高程 Z,最终得到 P 点的三维地面坐标(X,Y,Z):

```
if(m_ViewType==GIS_VIEW_ORTHO) //如果是正射投影模式
{
    double mx=wx+m_ortho_CordinateOriginX; //计算 x 坐标
    double my=wy+m_ortho_CordinateOriginY; //计算 y 坐标
    //转换为大地坐标
    mx=theApp.m_DemLeftDown_x+mx*(theApp.m_DemRightUp_x-
    theApp.m_DemLeftDown_x);
    //转换为大地坐标
    my=theApp.m_DemLeftDown_y+my*(theApp.m_DemRightUp_y-
    theApp.m_DemLeftDown_y)/m_ortho_CordinateXYScale;
    wz=m_demInsert.GetHeightValue(mx,my,2);//从 DEM 中内插出高程
    tt.Format("当前坐标(x,y,z)=(%.3f,%.3f,%.3f)",mx,wz,my);
}
```

图 4-42 和图 4-43 分别所示为正射投影模式下查询三维坐标和距离结果。

图 4-42　三维地面坐标获取　　　　　　　　图 4-43　三维距离计算

4.5.2　透视投影模式下的获取

在透视投影方式下,线路环境为三维立体环境,多了第三维的信息也就是深度信息,反映到坐标上就是多了 z 方向的坐标值,这就相当于屏幕坐标到世界坐标的转换,如图 4-44 所示。通过鼠标点选屏幕得到的信息只具有 x 和 y 方向的二维信息,并不能够直接得到 z 坐标。运用鼠标得到三维地形的坐标时,返回的仅是一个二维坐标(win_x,win_y),是鼠标在屏幕中的位置。

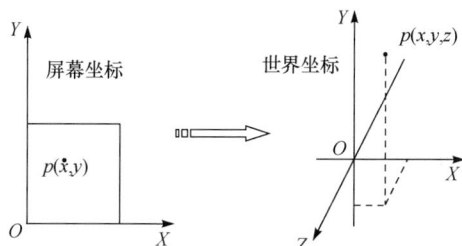

图 4-44　屏幕坐标转换世界坐标

通常由屏幕坐标获取三维坐标主要有逐步细分法[40]、正解法和反解法[41~43]、基于 OpenGL 拾取机制方法[44],但普遍存在计算复杂、计算速度慢、计算精度低等不足,都不适合三维环境下交互线路设计的要求。基于 OpenGL 的深度缓存技术的反向坐标变换法,则能够快速、准确地获取三维地面坐标,方法如下。

OpenGL 深度缓存的工作基础是:将距离观察面的深度和窗口中的每一个像素联系起来,在深度缓存激活的情况下,在绘制每个像素之前要首先对那些已经存储在像素中的深度信息进行比较。如果新的像素位置更近或更靠前,新的像素的颜色和深度值会代替那些已经写入像素的当前值。如果新的像素的深度比当前的像素深度值大,那么就会遮掩住新的像素,从而取消引入像素的颜色和深度信息。根据这一特点就可以进行从屏幕坐标到世界坐标的变换,从而获取三维地面坐标。

将屏幕坐标变换到世界坐标的过程就是上述过程的一个求逆过程,即用模型变换 M 和投影变换 P 的逆矩阵乘以当前的归一化设备坐标系:

$$\begin{bmatrix} \text{Obj}_X \\ \text{Obj}_Y \\ \text{Obj}_Z \\ W \end{bmatrix} = \text{INV}(PM) \begin{bmatrix} \dfrac{2(\text{win}_X - \text{view}[0])}{\text{view}[2]} - 1 \\ \dfrac{2(\text{win}_Y - \text{view}[1])}{\text{view}[3]} - 1 \\ 2(\text{win}_Z) - 1 \\ 1 \end{bmatrix} \tag{4-28}$$

式中,INV()表示矩阵的逆;W 是一个不用的变量,这里只是用作相容矩阵符号;win_X、win_Y 为屏幕二维坐标;win_Z 是通过读取 win_X、win_Y 所在位置的像素的深度信息得到的,范围为 0~1。

要想利用像素的深度信息来得到 win_Z 参数的值,首先必须激活深度缓存(glEnable(GL_DEPTH_TEST)),而且必须一次操作完成,然后在场景中以任意的顺序绘制物体。可以通过读取帧缓冲区中屏幕任一位置像素的屏幕坐标,从而得到该像素的深度信息。可以利用 OpenGL 中 GLReadPixels 函数来实现该功能:

```
void glReadPixels(GLint x,GLint y, GLsizei width,GLsizei height,GLenum
format, GLenum type,Lvoid *pixels);
```

该函数的作用是从帧缓冲区中左下角 (X,Y) 的像素矩阵中读出像素数据,并把读出的值存入客户端内存的 pixels 起始位置。有了屏幕上任一位置的深度信息,即可进行屏幕坐标系到世界坐标系的相互变换。有了这个变换的基础,利用 OpenGL 提供的 gluUnProject 函数将 windows 屏幕坐标转换为场景中的三维世界坐标。gluUnProject 函数定义如下:

```
int gluUnProject(GLdouble winx, GLdouble winy, GLdouble winz, const GL-
double modelMatrix[16],const GLdouble projMatrix[16],const GLint view-
port[4],GLdouble *objx, GLdouble *objy,GLdouble * objz);
```

其中,前三个值表示窗口坐标,中间三个分别为模型视图矩,投影矩阵和视口,最后三个参数为输出的世界坐标值。

下面给出利用 OpenGL 提供的 gluUnProject 函数进行反向坐标变换获取三维坐标的完整子程序:

```
void ScreenToGL(CPoint point)
{
    GLdouble projMatrix[16];        //投影矩阵
    GLdoubleposX, posY,posZ;        //存储三维坐标的变量
```

```
int mouse_x= point.x;
int mouse_y= point.y;
GLint viewport[4];              //视口
GLdoublemodelMatrix[16];        //模型矩阵
glPushMatrix();                 //保存当前矩阵
glGetDoublev(GL_MODELVIEW_MATRIX,modelMatrix);//得到模型矩阵
glGetDoublev(GL_PROJECTION_MATRIX,projMatrix); //得到视图矩阵
glGetIntegerv(GL_VIEWPORT,viewport);           //得到视口信息
glPopMatrix();//恢复原矩阵
winX= (float)mouse_x;
winY= (float)viewport[3]- (float)mouse_y- 1;//转换为 OpenGL 坐标系下
                                            的坐标
glReadPixels(mouse_x,int(winY),1,1,GL_DEPTH_COMPONENT,GL_FLOAT,
&winZ);
gluUnProject((GLdouble)winX,(GLdouble)winY,(GLdouble)winZ,mode-
lMatrix,projMatrix,viewport,& posX,& posy,& posZ);}
```

(posX,posy,posZ)即为求得的三维坐标值。

利用 OpenGL 的深度缓存技术和反向坐标变换法,实现屏幕坐标系与世界坐标系间的变换算法,不需要对整个三维地形划分和图元重复渲染;也不需要迭代计算;因此,计算量小、速度快、效率高、精度高是一种行之有效的获取三维地面坐标方法。图 4-45 和图 4-46 即为查询三维地面坐标和空间距离结果。

图 4-45 空间三维坐标查询结果

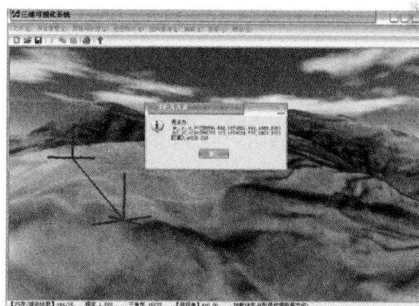

图 4-46 空间三维距离查询结果

4.6 三维线路数据结构设计

数据结构是计算机存储、组织数据的方式,是指相互之间存在一种或多种特定关系的数据元素的集合。通常情况下,精心选择的数据结构可以带来更高的运行或者存储效率的算法。数据结构往往同高效的检索算法和索引技术有关。

线路是由桥梁、隧道等多个构造物组成的。为了能够更好地表达三维线路整体模型，将线路拆分为路基、桥梁、隧道、水沟等部分，并定义各部分的数据结构，存储各部分的设计数据，最终构成三维整体线路模型[26]。以单线铁路为例说明路基、桥梁等各部分的数据结构。

4.6.1　路基数据结构

在线路的路堤和路堑处，需要采用一定的边坡来实现。将路堤和路堑统一称为路基。每一侧的路基可以有多级护坡组成，每一阶护坡由三个点构成。图 4-47 给出了路堤和路堑边坡示意图。

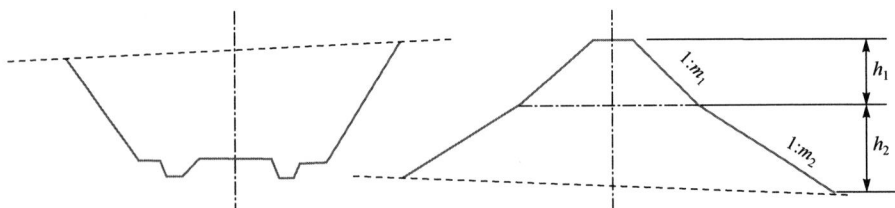

图 4-47　路堤和路堑边坡示意图

```
//① 三维点坐标结构
typedef struct
{
    double x;        //x 坐标
    double y;        //y 坐标
    double z;        //z 坐标
}Cordinate3D, *PCordinate3D;
//②护坡数据结构
typedef struct
{
    Cordinate3D Hp[3];        //每一个护坡由 3 个点组成,对应的三维坐标
    float h;                  //护坡高度
    float m;                  //护坡坡率
    float b;                  //护坡宽度
    int style;                //护坡类型
}HuPo, *PHuPo;

//③路基数据结构
typedef struct
```

```
    {
        HuPo HuPo_L[3];        //左侧护坡结构
        int Huponums_L;        //左侧护坡级数
        HuPo HuPo_R[3];        //右侧护坡结构
        int Huponums_R;        //右侧护坡级数
        int TW_left;           //TW_left=-1:路堑  0:填挖平衡  1:路堤 99:桥隧
                                 中间点
        int TW_right;          //TW_right=-1:路堑  0:填挖平衡  1:路堤  99:
                                 桥隧中间点
        double Lc;             //里程
        CString strJDStyle;    //点类型
    }LuQianHuPo,*PLuQianHuPo;
```

4.6.2　桥梁数据结构

　　桥梁数据结构包括桥梁结构、桥梁模型结构和桥梁信息结构。定义的桥梁数据结构如下：

```
//①桥梁数据结构
typedef struct
{
    double x1;          //桥梁起点 x 坐标
    double y1;          //桥梁起点 y 坐标
    double z1;          //桥梁起点 z 坐标
    double Lc1;         //桥梁起点里程
    double x2;          //桥梁终点 x 坐标
    double y2;          //桥梁终点 y 坐标
    double z2;          //桥梁终点 z 坐标
    double Lc2;         //桥梁终点里程
    CString name;       //桥梁名称
}CordinateBridge,*PCordinateBridge;
//②桥梁模型结构
typedef struct
{
    floatm_Bridge_HLSpace;        //桥梁栏杆间距
    floatm_Bridge_HLWidth;        //桥梁栏杆宽度
    floatm_Bridge_HLHeight;       //桥梁栏杆高度
    floatm_Bridge_QDSpace;        //桥墩间距
    intm_Bridge_HPangle;          //桥头护坡倾角
```

```
}Bridge;
//③隧道、桥梁信息结构
typedef struct
{
    double StartLC;                    //隧道、桥梁的起始里程
    double EndLC;                      //隧道、桥梁的终点里程
    float mStartangle;                 //隧道、桥梁进口端角度
    float mEndAngle;                   //隧道、桥梁出口端角度
    int startIndex;                    //进口端索引号
    int endIndex;                      //出口端端索引号
    Cordinate StartLeftXYZ;            //进口端左侧边点的 x,y,z 坐标
    Cordinate StartRightXYZ;           //进口端右侧边点的 x,y,z 坐标
    Cordinate EndLeftXYZ;              //出口端左侧边点的 x,y,z 坐标
    Cordinate EndRightXYZ;             //出口端右侧边点的 x,y,z 坐标
            CArray<PCordinate,PCordinate>m_ReginPt_Start;//隧道/桥梁封闭
                                                         区域边界线路
                                                         点(隧道进口)
        CArray<PCordinate,PCordinate> m_ReginPt_End;//隧道/桥梁封闭区域边界
                                                     线路点(隧道出口)
}TunnnelBridgeInformation,*PTunnnelBridgeInfor;
```

4.6.3　隧道数据结构

隧道数据结构包括隧道整体结构、隧道断面结构和隧道信息结构。定义的隧道数据结构如下：

```
//①隧道整体结构
typedef struct
{
    double x1;        //隧道左侧边点的 x 坐标
    double y1;        //隧道左侧边点的 y 坐标
    double z1;        //隧道左侧边点的 z 坐标
    double x2;        //隧道右侧边点的 x 坐标
    double y2;        //隧道右侧边点的 y 坐标
    double z2;        //隧道右侧边点的 z 坐标
    int Tunnnelindex; //隧道在总线路隧道中的索引号
    CString name;     //隧道名称
```

```
        CArray<PCordinate,PCordinate>tunnelArc;        //隧道内顶面圆弧点结构
}Railway3DTunnnel,*PRailway3Dtunnnel
//②隧道断面结构
typedef struct
{
        floatheight;                    //隧道高度
        floatArcheight;                 //隧道圆弧高度
        floatWallHeight;                //隧道立墙高度
        floatArcSegmentNumber;          //隧道圆弧分段数
        floatwidth;                     //隧道宽度
        floatH;                         //隧道圆弧顶端再向上的高度
        floatL;                         //隧道洞门顶端左右两侧延伸的宽度
}Tunnel;
```

4.6.4　边沟数据结构

　　边沟数据结构包括三维点坐标结构和水沟总结构。图 4-48 给出了边沟示意图。

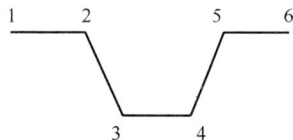

```
//边沟数据结构
typedef struct
{
        Cordinate3D SuiGouL[6];    //左侧边沟结构
        Cordinate3D SuiGouR[6];    //左侧边沟结构
        BOOL bhaveSuiGou_L;        //记录左侧是否有边沟
        BOOL bhaveSuiGou_R;        //记录右侧是否有边沟
}PaiSuiGou,*PPaiSuiGou;
```

图 4-48　边沟结构示意图

4.6.5　线路数据结构

　　线路数据结构包括线路轨道结构、线路三维点结构和路基断面结构,定义如下:

```
//①线路轨道结构
typedef struct
{
        double x1;//左侧轨道点坐标
        double y1;
```

```
        double z1;
        double x2;          //右侧轨道点坐标
        double y2;
        double z2;
        int TW_left;        //左侧填挖类型
        int TW_right;       //左侧填挖类型
        float mAngle;       //当前旋转角度
        float QDHeight;     //桥墩高度
}Railway3DCordinate,*PRailway3DCordinate;
//②线路三维点结构
typedef struct
{
        double x;               //x坐标
        double y;               //y坐标
        double z;               //z坐标
        CString strJDStyle;     //点类型
        float dmh;              //地面高程
        float Derh;             //高差
        double Lc;              //里程
}Cordinate,* PCordinate;
//③路基断面结构
typedef struct
{
        float m_Railway_width;              //路基断面总宽度
        floatm_Lj_width;                    //路肩宽度
        floatm_Lj_Dh;                       //碴肩至碴脚的高度
        floatm_GuiMianToLujianWidth;        //钢轨到碴肩的距离
        floatm_TieGui_width;                //钢轨间距
}Railway;
//④线路设计交点数据结构
typedef struct
{
        CString  ID;            //交点ID号
        double   JDLC;          //交点里程
        float Alfa;             //曲线转角
```

```
    float fwj;              //方位角 1
    float fwj2;             //方位角 2
    float T;                //切线长
    int L0;                 //缓和曲线长
    float L;                //曲线长
    float Ly;               //圆曲线长
    float Jzxc;             //夹直线长
    double HZ;              //缓直点里程
    double ZH;              //直缓点里程
    double HY;              //缓圆点里程
    double YH;              //圆缓点里程
    long R;                 //曲线半径
    float E;                //外矢距
    float Dist;             //交点距离
    int  RoateStyle;        //旋转类型(左转或右转)
    double x;               //交点 x 坐标
    double y;               //交点 y 坐标
    double z;               //交点 z 坐标
    PCordinate ZH_xy;       //直缓点坐标
    PCordinate HZ_xy;       //缓直点坐标
    PCordinate YH_xy;       //圆缓点坐标
    PCordinate HY_xy;       //缓圆点坐标
    double Cneterx;         //曲线圆心 x 坐标
    double Cnetery;         //曲线圆心 y 坐标
}LineCurve,*PLineCurve;
```

最终线路定义的全局变量如下:

```
#define MAXPLANNUMS 100   //最多 100 个设计方案
SchemeData SchemeDatass[MAXPLANNUMS];
CArray<PLineCurve,PLineCurve>JDCurveElementss[MAXPLANNUMS];
CArray<PCordinate,PCordinate>PtS_JD;
CArray<PCordinate, PCordinate> PtS_3DLineZX[MAXPLANNUMS];//线路中心线三维
                                                         坐标
CArray< PRailway3DCordinate, PRailway3DCordinate > PtS_Railway3D[MAXPLAN-
NUMS];
CArray< PRailway3DCordinate, PRailway3DCordinate > PtS_RailwayLj3D[MAXPLAN-
NUMS];
```

```
CArray< PRailway3DCordinate, PRailway3DCordinate > PtS _ RailwayLjBP3D [MAX-
PLANNUMS];
CArray< PRailway3DCordinate, PRailway3DCordinate> PtS_RailwayBP3D [MAXPLAN-
NUMS];
CArray< PRailway3DCordinate, PRailway3DCordinate > PtS_BridgeLG3D [MAXPLAN-
NUMS];
CArray< PRailway3DCordinate, PRailway3DCordinate > PtS_BridgeQD3D [MAXPLAN-
NUMS];
CArray<PRailway3DTunnnel,PRailway3DTunnnel>PtS_Tunnel3D[MAXPLANNUMS];
CArray<PTunnnelBridgeInfor,PTunnnelBridgeInfor>TunnelInfor [MAXPLANNUMS];
CArray<PTunnnelBridgeInfor,PTunnnelBridgeInfor>BridgeInfor [MAXPLANNUMS];
CArray< PRailway3DCordinate, PRailway3DCordinate > PtS _ RailwayTieGui [MAX-
PLANNUMS];
CArray<PPaiSuiGou,PPaiSuiGou>PtS_PaiSuiGou[MAXPLANNUMS];//水沟
CArray<PLuQianHuPo,PLuQianHuPo>PtS_HuPo[MAXPLANNUMS];//护坡
CArray<PLuQianHuPoTemp,PLuQianHuPoTemp>PtSHuPoTemp;
```

4.6.6 边坡模型生成算法

边坡即线路路基的路堤和路堑,需要根据线路路基的横断面组成和设计规范、原则要求,确定线路路堤和路堑组成,其中路堑还需要设置水沟。将求得边坡脚线与地面线的交点,通过连接每个横断面,共同组成线路整体模型。这里以单线铁路直线地段标准路基面为例说明[26]。

1. 标准路基的组成

当线路设计中线在三维空间位置确定后,根据铁路线路的组成,设置道床顶面宽度、碴肩至碴脚的水平距离、路肩宽度后,根据预先设定的横断面内插间距,自动从线路方案的起始里程到终点里程内插出所有横断面,计算出每个横断面的各组成部分的左右侧三维坐标后,则线路横断面即可确定。下面以单线铁路直线地段标准路基面为例加以说明(图 4-49)。

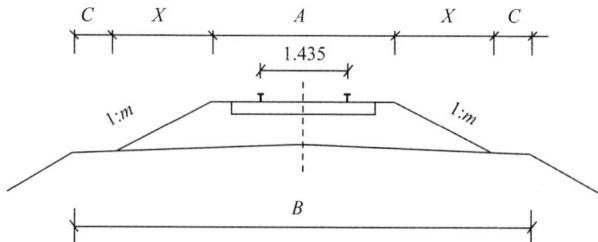

图 4-49 单线铁路直线地段标准路基面

图 4-49 中,A 为单线地段道床顶面宽度(m);m 为道床边坡坡率,轻型轨道为 1 : 1.5,其余为 1 : 1.75;h 为道床厚度(m);C 为路肩宽度(m),路堤 0.8m,路堑 0.6m;X 为碴肩至碴脚的水平距离;B 为路基面宽度,$B=A+2X+2C$。

根据以上要求计算确定的路基面最小宽度为:单线铁路不小于 6.7m;双线铁路 160km/h 不小于 11.9m(其他不小于 11.7m)。图 4-50 给出了线路路基本横断面坐标点示意图。

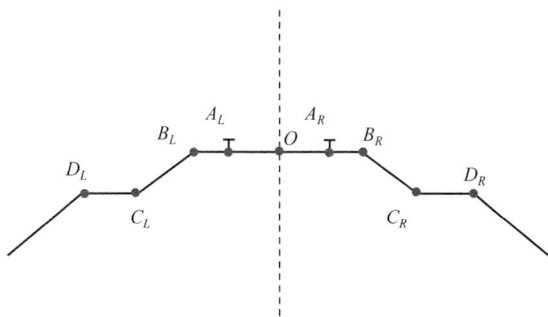

图 4-50　线路路基横断面坐标点示意图

2. 边坡模型的建立

图 4-50 中左右侧的 P_1 和 P_2 点即为路基左右侧的边缘点,通过比较路基边缘点的高程与垂直方向地面的高程来确定路基两侧是填方、挖方或填挖平衡。

以路基左侧 P_1 点为例,设其高程为 Z_{P_1},通过内插其正下方地面点的高程为 Z_m。分为以下三种情况:

(1) $Z_{P_1}<Z_m$,为挖方,即为路堑或隧道。

(2) $Z_{P_1}>Z_m$,为填方,即为路堤、桥梁或涵洞。

(3) $Z_{P_1}=Z_m$,此时线路边缘点刚好与地面相交,即边线在与地表曲面三角片内(重合),可能是挖方,也可能是填方。需要作倾斜角为 α 的向上的平面与邻近的三角片相交,和作倾斜角为 β 的向下的平面与邻近的三角片相交,决定是挖方或填方,α、β 为挖方和填方的边坡角度。

按上述方法计算出路基边缘坐标点和确定挖方和填方后,按如下规则建立边坡模型:

(1) 确定标准的填方边坡、挖方边坡形式。

(2) 依据标准边坡的形式,逐点进行放坡,直到得到与地面相交为止。

这里采用迭代方法计算各边坡点与地面交点坐标,方法如下。

以填方边坡 AB 段为例,若 B 点数模内插值 $Z_m<Z_B$,则按设定的坡率和取定的间距的向下累计,并逐点内插相应位置的高程值 Z_m,直到 $|Z_m-Z_B|\leqslant\varepsilon$,$\varepsilon$ 为设

定的阈值。地面的高程都以米为单位,如当 $\varepsilon=0.0001$ 时,即认为 $|Z_m-Z_B|$ 相差 0.1mm,可认为已找到边坡线与地面交点。这样计算出来与地面的交点坐标的精确度是比较高的。

1) 路堑设置规则

(1) 先计算 1 级边坡(1:1),最大高度为 8m,计算对应点的地面高程。若刚好相交于地面,表明只需要设置一级边坡,边坡高度 $h_{lq}=8m$;若高程超过地面高程,说明该断面的路堑边坡 $h_{lq}<8m$,直接按迭代计算与地面交点坐标,否则转入(2)。

(2) 在计算 8m 后,仍低于地面高程,说明需要设置二级边坡(1:1.5),按最大高度 12m 计算,若刚好相交于地面或高程已经超过地面高程,说明该断面的路堑二级边坡 $h_{lq}<12m$,直接迭代计算与地面交点坐标,否则转入(3)。

(3) 在设置二级边坡 12m 后,还未与地面相交,则取消边坡,直接设置护墙 (1:0.3),按如下规则进行:设护墙允许的最小、最大高度为 h_{minhq}、h_{maxhq},先计算护墙高度为 h_{maxhq} 时,对应的地面高程 H 和地面高程 h_{dm}。

① 当 $H \geqslant h_{dm}$ 时,说明设置护墙高度在 $h_{minhq} \sim h_{maxhq}$ 内,则从 $h=h_{minhq}$ 开始,迭代计算与地面交点坐标,直到与在地面高程差小于设置的阈值 ε 时,说明护墙此时的高度 h' 为所求高度,然后在护墙上设置一级边坡(1:1.5)即可。

② 若 $H<h_{dm}$,则护墙直接按最大高度 h_{maxhq} 设置,然后设置一级边坡(1:1.5),设允许的最小、最大高度为 h_{minbp}、h_{maxbp},当按 h_{minbp} 高度设置边坡时,边坡点的高程高于地面高程,说明在护墙上只需要设置一级边坡即可,从最小边坡高度 h_{minbp} 开始,迭代计算与地面交点坐标;若低于地面高程,则设置二级边坡(1:1.25),计算与地面交点坐标方法同一级边坡。

2) 路堤设置规则

先计算 1 级边坡(1:1.5),设最大高度为 h_{maxLT_1},按 h_{maxLT_1} 高度计算对应边坡点高程 h_{LT} 和地面点的高程 h_{dm}:

(1) 若 $h_{LT} \leqslant h_{dm}$,说明只需要设置一级边坡即可,则从边坡高度由 0 开始,逐步按步长增加,迭代计算与地面交点坐标。

(2) 若 $h_{LT}>h_{dm}$,说明需要设置二级边坡(1:1.75),设二级边坡允许的最小、最大高度为 h_{minLT_2}、h_{maxLT_2},先按 h_{maxLT_2} 高度设置边坡,计算对应的边坡点高程 H 和地面点高程 h_{dm}。

① 当 $H \leqslant h_{dm}$ 时,说明只需要设置二级边坡即可,从最小边坡高度 h_{minbp} 开始,迭代计算与地面交点坐标;若高于地面高程,则设置二级边坡(1:1.25),计算与地面交点坐标方法同一级边坡。

② 当 $H \leqslant h_{dm}$ 时,由二级边坡点还未与在地面相交,需要设置挡墙(1:0.25),按如下规则进行:设挡墙允许的最小、最大高度为 h_{mindq}、h_{maxdq},当按 h_{maxdq} 高度设置挡墙时,能够与地面点相交,则取消二级边坡,直接在一级边坡下设置挡墙;否则保

留二级边坡,在二级边坡下设置挡墙。具体挡墙设置方法与路堑的护墙方法相同,不再叙述。

4.6.7　路基三维模型组成

线路三维模型的建立主要包括路基、桥梁及隧道地段三维模型的建立。根据边坡模型的生成的算法,就可以实现线路路基三维建模。当线路中心线确定后,按一定间隔的断面就可以构建线路路基的三维模型(填方路堤和挖方路堑)。图 4-51 给出了线路路基三维模型组成示意图。

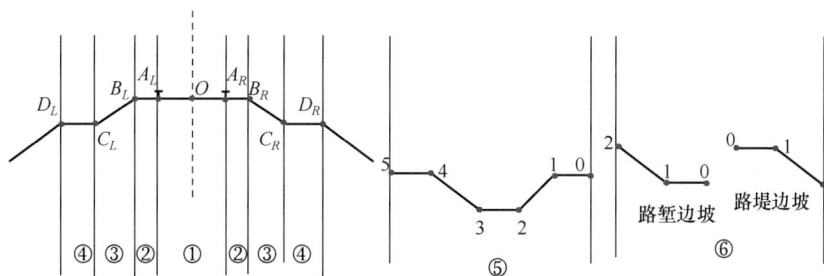

图 4-51　线路路基三维模型组成示意图
①轨道;②钢轨与道床部分;③道床边坡;④路肩;⑤水沟(路堑有,路堤无);⑥边坡

从图 4-51 中可以看出,路基由两部分组成。

(1) 基本组成部分:①、②、③、④、⑥。其中每一级边坡由 3 个特征点组成,第⑥部分给出了路堤和路堑边坡的特征点排列序号。

(2) 可选组成部分:⑤。对于路堤形式的路基则没有水沟部分,而路堑则有水沟。这里将水沟由 6 个特征点构成,第⑤部分给出了特征点排列序号。

路基的三维建模就要确定组成路基各部分的特征点的三维坐标,通过连接各个组成部分构成路基三维模型。

第5章 线路三维景观建模

铁路线路三维可视化设计对于方便铁路设计方案的审查、提高设计质量有重要作用,而建立铁路线路三维景观模型是实现铁路线路三维可视化设计的重要组成部分。通过虚拟现实中的各种景观核型,如地形、地物、线路构造物等,使设计人员以非常直观的形式看到自己的各种设计方案,辅助设计者进行分析、评价、规划或决策,以得到设计方案最优解,从而提高设计速度和设计质量。铁路线路是由诸多构造物组成(如桥梁、隧道、涵洞及其他附属设施等),线路三维景观建模其实质是线路各构造物景观建模。

5.1 铁路线路构造物三维模型建模理论和方法

5.1.1 面向对象的图形辅助仿真建模

面向对象的建模把系统看做由相互作用的对象组成,它能够以使人易于理解的形式构造现实系统的仿真模型,并使人在一个具有实际含义的层次上观察模型的行为,有利于提高模型的安全性及复用性。

1. 建模思路

面向对象图形辅助建模的基础是系统的可分性,即认为系统是由子系统组成的,而子系统又可分解成更原始的子系统。对于铁路线路三维仿真系统而言,按系统的层次性,可将其分解为相对简单和独立的子系统,而子系统间的相互联系和影响,可在子系统模型间设置相应的耦合接口而加以协调,这样可将各个子模型拼接起来而构成整体模型。铁路线路三维仿真模型中,是通过地形地貌模型、线路实体模型和景物模型三个子模型来体现。

2. 模型层次的划分

作为构成三维实物模型的最基本单元,元件的作用至关重要。常见的三维编程环境并不提供复杂模型及建立复杂模型的手段,仅提供绘制复杂几何物体本身的机制而非描述复杂模型本身的方法。分割一个宏观的模型,需要将模型人为地细化,这就涉及模型层次的划分。从建模角度出发,模型层次划分主要是面向实际系统的物理构成及仿真目的。模块应具有层次结构,组成系统最基本的模块称为基本模型(或元件),用来描述组成复杂系统的不能再分解的一个子系统。上层模块称为拼合模块(或成分),它可由基本模块或比它低的下层模块组成,最上层的模块称为系统模块。因此,在对一个实际系统进行模块划分时,要认真地对系统进行分解并充分考虑模块之间的组成关系与可连接性。在模型层次的划分上,即基本模型单元细分到什么程度是必须要考虑的问题。基于面向对象的实体建模思想和铁路线路构造物的不同类型、功能和属性,划分原则如下:

(1) 划分到单元模型为独立对象。

(2) 单元模型能够很方便地拼接成整体模型。

(3) 相同类型的模型单元能够互换,以生成新的整体模型。

下面以桥梁为例来说明:

桥墩＋支梁＋桥面 ＝桥梁

即桥墩、支梁、桥面为桥梁划分的基本单元模型,不再向下细分,示意图如图 5-1 所示。

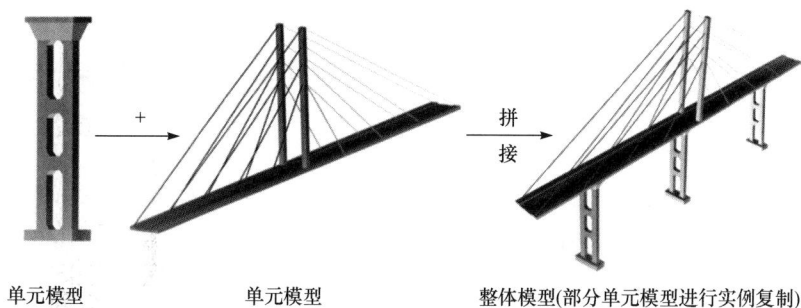

图 5-1　由单元模型生成整体模型

采用面向对象的单元模型建模方法,通过单元的组合可以生成新的整体模型,能够有效地减少模型的建模数量和工作量,如图 5-2 和图 5-3 所示。同时,基于单元模型对象,使生成新的整体模型更直接、形象和快捷,提高三维模型建模效率。

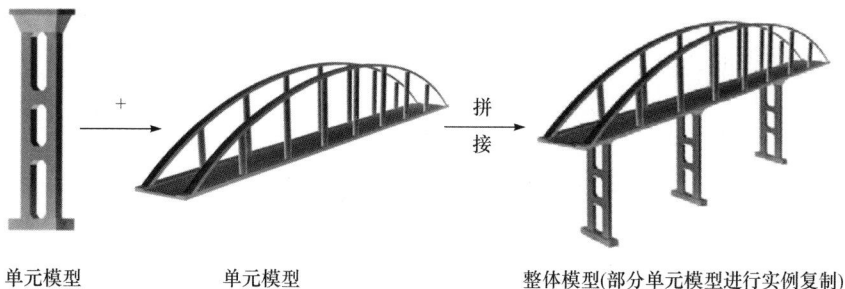

图 5-2　变换部分单元模型生成新的整体模型一

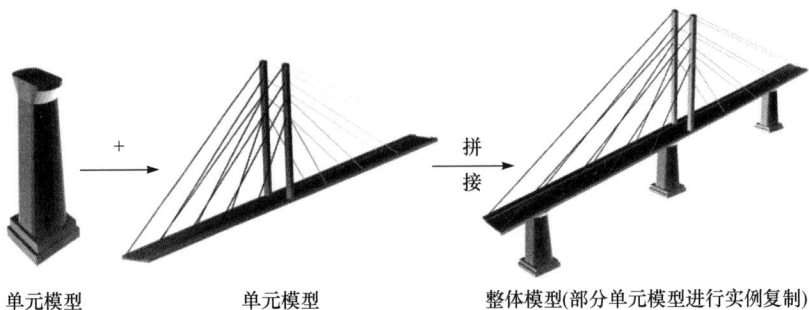

单元模型　　　　　　　单元模型　　　　　　整体模型(部分单元模型进行实例复制)

图 5-3　变换部分单元模型生成新的整体模型二

建模过程的数学逻辑表达式如下：

$$\mathrm{NewEntireModel} = \begin{array}{l} \{\mathrm{AcellModel}_1 \wedge \mathrm{AcellModel}_2 \wedge \cdots \wedge \mathrm{AcellModel}_m\} \mathrm{U} \\ \{\mathrm{BcellModel}_1 \wedge \mathrm{BcellModel}_2 \wedge \cdots \wedge \mathrm{BcellModel}_n\} \mathrm{U} \cdots \end{array}$$

5.1.2　铁路构造物分类

　　铁路构造物的类型众多、结构复杂,若在三维环境中直接根据基础数据建模,则需要过多的参数控制,耗费过多的精力,仍然不能达到要求,因此以往大都采用简单的形状代替,如桥墩就用圆柱体代替。为了提高仿真程度,基于以上建模思路,建立铁路线路构造物三维模型,有效地提高模型的逼真度。根据铁路线路构造物的不同类型、功能和属性将模型分类,如图 5-4 所示。

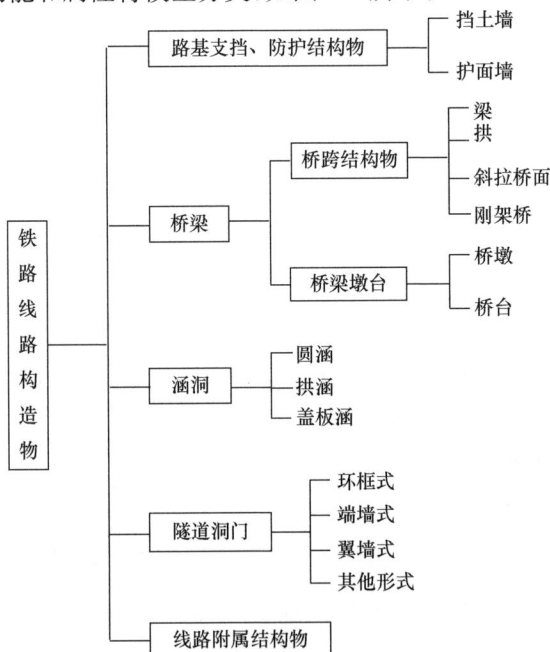

图 5-4　铁路构造物分类

以上分类基本覆盖了全部的铁路构造物,根据上述分类对各种铁路构造物分别进行建模。

5.1.3　建模方法和建模工具的选择

在三维环境中,对于复杂的铁路构造物三维模型,单纯利用 OpenGL 实例库提供的几何体构建非常困难,而且也不可能一次性地在内存中编写绘图语句,其所建立的模型在效率上、逼真度上都较低,因此需要考虑借助其他第三方建模工具建立模型,解决在程序中建立模型的复杂过程,然后将复杂模型导入三维选线环境场景中实现绘制与控制。

利用 AutoCAD 可以得到精确的工程模型,利用 3Ds Max 就可以建立复杂的渲染动画模型。因此,通过对各建模工具的特点比较分析,选择 AutoCAD 和 3Ds Max 相结合来进行建模的方法来建立铁路构造物三维模型。先用 AutoCAD 建立线框模型,再导入 3Ds Max 渲染的方法来建立渲染模型,最后的模型文件为 3ds 文件格式,该方法集合了两个软件的所长,并使建模过程简化,同时模型具有较高的逼真度。最后在 OpenGL 中提取并利用 3Ds Max 中构造的模型,实现对其控制和变换,营造出逼真的三维场景,进而实现与三维环境的无缝集成。

5.2　铁路构造物三维模型库

为了更加有效地对模型进行管理和重用,同时也为了加快建模速度(通过元件的点击拼装组成新的模型),对这些模型、组成模型的元件以及建模所用到的纹理等进行数据库管理是较好的解决方案,并实现三维模型或者元件的标准化。

5.2.1　模型库的概念

构造物的三维模型又是铁路线路三维视景仿真技术的重要组成部分,它们的关系如图 5-5 所示。对于一个铁路线路构造物来说,往往需要多个模型的有机组合来完成。例如,一座桥梁就要由好几部分组成,它涉及桥墩、桥台及桥跨结构等多个模型的有机组合来完成。模型库中的模型是按一定组织结构形式存储起来的,这种组织结构形式便于对模型进行有效的管理和使用,也提高了多模型的组合能力,从而提高了铁路线路三维视景仿真建模的效果。

图 5-5　模型库与虚拟环境的视景仿真的关系示意图

5.2.2 模型库的体系结构

模型库体系结构讨论的是：模型资源及其配套的纹理资源以何种方式组织并存放的问题。其中资源的组织方式必须能够解决模型资源与纹理资源对应的问题，即能够清楚地体现某一模型对应着哪些纹理。本书设计的三维模型库是根据铁路构造物的特殊性，采用树形层次结构分类存储模型单元的系统。模型单元是本书为模型库设计的最基本组织结构，指的是一个包含有模型文件存储目录（Model 目录）、纹理文件存储目录（Texture 目录）和属性文件存储目录（Attribute 目录）三个子目录的目录，如图 5-6 所示。独特的存放方式使得造型与纹理相互对应，模型库中的所有模型及其配套的纹理，都是先以模型单元的形式组织起来再进行分类存储。

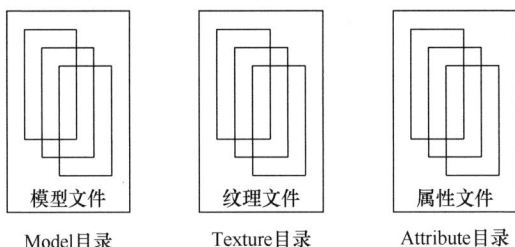

| 模型文件 | 纹理文件 | 属性文件 |
| Model目录 | Texture目录 | Attribute目录 |

图 5-6　模型单元结构

模型库中的所有模型单元，按照各自的属性、功能或用途等方面的不同被分为若干类型，每种类型都是一个独立的存储目录，存放着所有属于该类型的模型单元。最后，所有的类型被包含于模型库根目录下，组成了完整的模型库体系结构。从上面可以看出模型库的本质就是一个树形存储结构，其根节点是模型库目录，枝干节点是模型类型，叶子节点是模型单元，如图 5-7 所示。

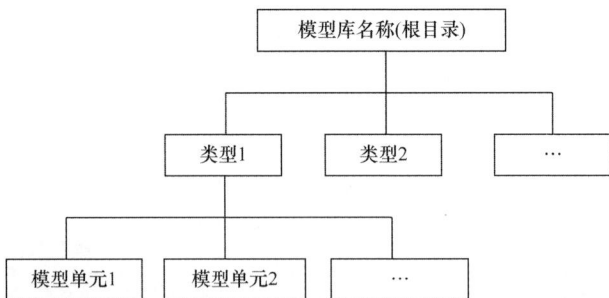

图 5-7　模型库体系结构

5.2.3　模型库的功能设计

基于最基本的管理维护功能和应用功能考虑，应使模型库管理模块具备如下功能：模型预览及属性查询、添加模型单元功能、删除模型单元功能、重命名模型单元功能、搜索模型单元等功能。设计模型库管理模块的基本功能和用户界面，如图 5-8所示。

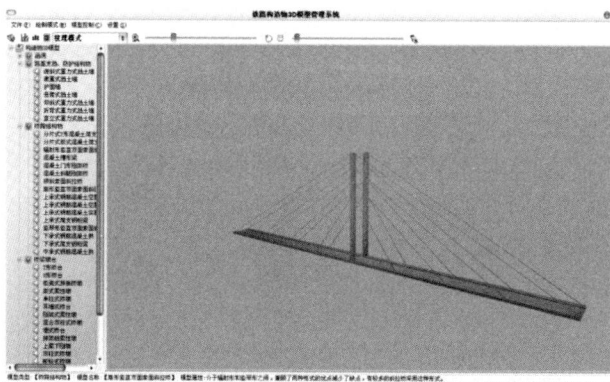

图 5-8　铁路构造物模型库管理模块

5.2.4　模型数据库管理的实现

1. 数据库表结构设计

各种三维模型对应的纹理图像是独立于模型之外的，因此，表中分别设计了模型与纹理的文件名称、二进制大对象的存储字段（BLOB）来分别存储模型数据与纹理数据。同时，为了提高管理和查询、检索的效率，还设计了模型类型和模型名称字段，表结构如表 5-1 所示。

表 5-1　三维模型库表结构

序号	字段名称	字段类型	长度
1	模型类型	VARCHAR2	40
2	模型名称	VARCHAR2	50
3	模型文件	VARCHAR2	250
4	纹理文件	VARCHAR2	250
5	模型图像	BLOB	—
6	纹理图像	BLOB	—
7	模型属性	VARCHAR2	200

2. 数据库管理的实现

OCI(Oracle call interface),即 Oracle 调用接口,是 Oracle 公司提供的由头文件和库函数等组成的一个访问 Oracle 数据库的应用程序编程接口,提供了丰富而高效的函数来操作 BLOB 类型数据,模型与纹理文件的写入与读出就是通过 OCI 函数来实现的。模型数据库管理如图 5-9 所示。

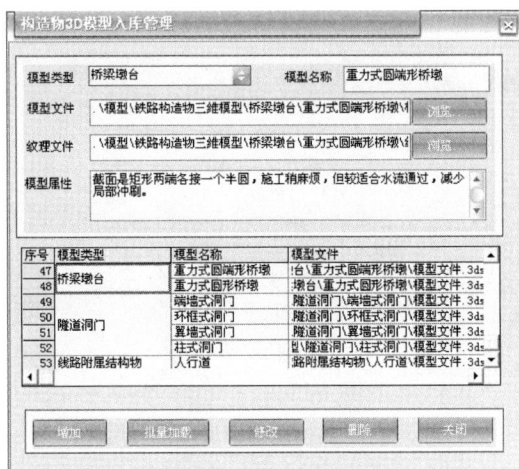

图 5-9　模型入库管理

模型库管理模块各功能的具体任务如下。

(1) 模型预览和属性查询功能。可以通过模型库导航栏中显示的模型库目录树预览模型和查看到模型的属性。

(2) 模型单元的添加功能。可以将模型库不曾包含的模型加入到模型库中。加入的过程包括为新的模型单元命名,选择新模型单元的类型,填写新模型单元的属性描述。在模型库中对应的类型下新建模型单元的目录结构,将新模型单元的资源文件复制到该目录结构中对应的目录下。

(3) 模型单元的删除和修改功能。删除模型库中的模型单元或修改现存的模型单元的名称、模型属性和模型所属类型。

5.3　模型在三维环境中的应用

建立三维模型是前提,管理三维模型是保证,而将三维模型应用到三维场景中则是最终目的。

5.3.1　三维模型与三维场景的匹配

目前在三维建模研究中,主要集中在单个模型的读取显示问题,并不涉及具体的三维场景环境,而三维环境中的模型应用就必须解决与其他三维模型(如路基、三维道路模型等)的匹配问题。主要有以下三个问题必须解决[26]。

(1) 模型位置的匹配。构造物类型的不同,决定了其在三维选线环境中的位置也不同。例如,桥墩应该在桥面的下方并且是应设置桥梁处;隧道门应该在隧道的进口和出口处等。只有模型位置的精确匹配,才是正确的,也是三维景观所要求的,应该是一个整体。

(2) 模型大小的匹配。在建立单元模型时,不可能将单元模型的尺寸刚好设置成与三维场景中对应的大小。以桥墩为例,其宽度是由三维线路模型设置桥梁处的宽度决定。由于地形等因素影响,该宽度是不固定的,也就无法固定单元模型的尺寸。因此,在三维场景中需要对模型大小进行控制,以达到匹配的要求。

(3) 模型方向的匹配。这涉及模型旋转的问题。只有三维模型的方向与其相关联的模型方向一致时,才能实现模型位置的精确匹配。

5.3.2　三维模型匹配方法

为了实现构造物三维模型与整体三维场景的匹配,可通过平移变换、缩放变换、旋转变换解决。其中旋转变换又可分为绕 X 轴、Y 轴、Z 轴三种变换。OpenGL 提供了这三种模型变换方法,下面分别说明。

1. 平移变换

使用 Translate 方法可以移动单元模型。函数定义为
　　　　void glTranslate{fd}{ GLdouble　x,GLdouble y,GLdouble z }
把当前矩阵与一个表示移动物体的矩阵相乘。这个移动矩阵由给定的 x、y 和 z 值指定。当位移为$(t_x、t_y、t_z)$时,平移方程为

$$[x'y'z'1]=[x\,y\,z\,1]\begin{bmatrix}1 & 0 & 0 & 0\\0 & 1 & 0 & 0\\0 & 0 & 1 & 0\\t_x & t_y & t_z & 1\end{bmatrix} \tag{5-1}$$

式中,x、y、z 表示变换前的坐标;x'、y'、z'表示变换后的坐标。

2. 比例变换

使用 Scale 方法可以放大或缩小模型,函数定义为
　　　　void glScale{fd}{GLdouble　x,GLdouble　y,GLdouble　z}
把当前矩阵与一个表示沿各个轴对模型进行拉伸、收缩或反射的矩阵相乘,模型中每个点的 x、y 和 z 坐标与对应的 x、y 和 z 参数相乘。若放大或缩小系数为(s_x,s_y,s_z),则转换方程为

$$[x'y'z'1] = [x\ y\ z\ 1]\begin{bmatrix} s_x & 0 & 0 & 0 \\ 0 & s_y & 0 & 0 \\ 0 & 0 & s_z & 0 \\ 0 & 0 & 0 & 1 \end{bmatrix} \tag{5-2}$$

3. 旋转变换

使用 Rotate 方法可以对模型进行旋转。函数定义为

void glRotate{fd}{ GLdouble　angle,GLdouble　x,GLdouble　y,GLdouble　z}

把当前矩阵与一个表示旋转模型的矩阵相乘,以逆时针方向绕着从原点到(x,y,z)直线进行旋转。参数 angle 指定了旋转的角度。以逆时针方向旋转角度α,绕 X 轴、Y 轴、Z 轴旋转方程分别如下。

（1）X 轴：

$$[x'y'z'1] = [x\ y\ z\ 1]\begin{bmatrix} 1 & 0 & 0 & 0 \\ 0 & \cos\alpha & \sin\alpha & 0 \\ 0 & -\sin\alpha & \cos\alpha & 0 \\ 0 & 0 & 0 & 1 \end{bmatrix} \tag{5-3}$$

（2）Y 轴：

$$[x'y'z'1] = [x\ y\ z\ 1]\begin{bmatrix} \cos\alpha & 0 & -\sin\alpha & 0 \\ 0 & 1 & 0 & 0 \\ \sin\alpha & 0 & \cos\alpha & 0 \\ 0 & 0 & 0 & 1 \end{bmatrix} \tag{5-4}$$

（3）Z 轴：

$$[x'y'z'1] = [x\ y\ z\ 1]\begin{bmatrix} \cos\alpha & \sin\alpha & 0 & 0 \\ -\sin\alpha & \cos\alpha & 0 & 0 \\ 0 & 0 & 1 & 0 \\ 0 & 0 & 0 & 1 \end{bmatrix} \tag{5-5}$$

5.3.3　模型匹配三维场景的实现

为了保证模型精确匹配,必须考虑模型变换的顺序问题,即旋转、缩放、平移三种变换的先后顺序[26]。OpenGL 对于模型矩阵的变换是按照栈式进行存储的,根据栈的原理,后进先出,因此,变换顺序如下：

（1）旋转操作,实现模型方向的匹配。

（2）缩放操作,模型大小的匹配。

（3）平移操作,模型位置的匹配。

下面以桥墩模型为例说明,其核心程序如下：

//参数说明：

m_QD_maxx,m_QD_minx:读取 3DS 模型记录的模型最大最小 X 坐标值

m_QD_maxy,m_QD_miny:读取 3DS 模型记录的模型最大最小 Y 坐标值

//得到三维场景中桥面的宽度,以确定桥墩模型应该具有的宽度

float Xwidth=m_Railway.m_Railway_width+2*m_Railway.m_Lj_width
+2*m_Railway.m_GuiMianToLujianWidth;

float mangle=myDesingScheme.GetAngle(x1,z1,x2,z2);//桥墩旋转角度,为旋转
　　　　　　　　　　　　　　　　　　　　　　　模型作准备

float xscale=Xwidth/(m_QD_maxx-m_QD_minx);　　//X 轴方向的缩放比例

float yscale=QDheight/(m_QD_maxy-m_QD_miny);//Z 轴方向的缩放比例

glPushMatrix();

　　glRotatef(mangle,0,1,0);　　//模型旋转

　　glScalef(xscale,yscale,1);//模型缩放

　　glTranslatef(((x1+x2)/2-(m_QD_maxx+m_QD_minx)/2)/xscale,y2/yscale-m_
　　QD_maxy,(z1+z2)/2);//模型平移

　glCallList(m_QDList);//调用创建好的桥墩显示列表,在三维场景中显示三维模型

glPopMatrix();

　　图 5-10 为桥梁模型的参数设置界面,可以选择不同的桥墩模型、支梁模型、桥
梁桥面模型组合成一个完整的桥梁模型,实现多景观桥梁模型的建立和应用。

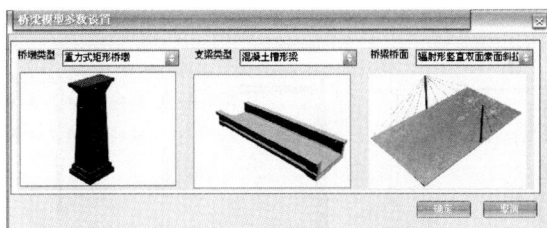

图 5-10　桥梁模型参数设置

实现效果图如图 5-11 和图 5-12 所示。

图 5-11　构造物三维模型应用效果图(一)

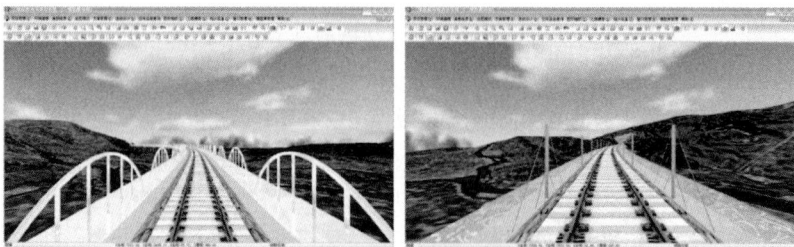

图 5-12　构造物三维模型应用效果图(二)

5.4　铁路线路附属设施三维建模

铁路附属设施以接触网三维建模为例进行说明。其建模工具和方法与构造物相同,就不再详细说明。

5.4.1　接触网模型库模块

为了能够有效地对接触网三维模型进行管理,建立了接触网模型库,实现对所有接触网模型的增加、修改、删除管理。所有模型均存储到 Oracle 数据库中。共建立了 6 种接触网模型,如图 5-13 所示。图 5-14 所示为接触网模型库模块入库界面。

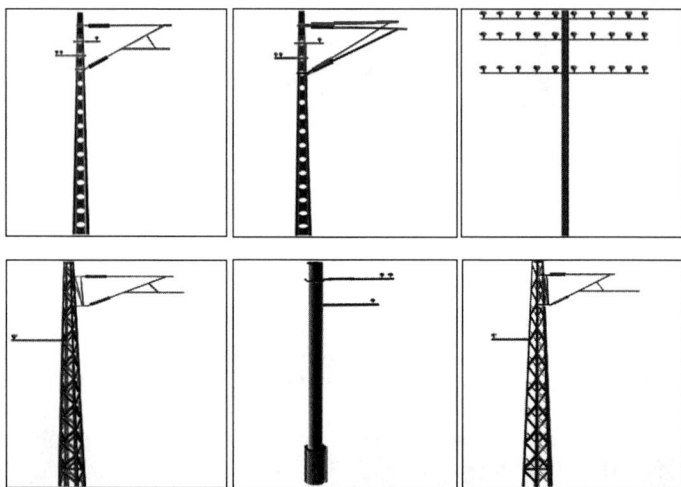

图 5-13　接触网模型例图

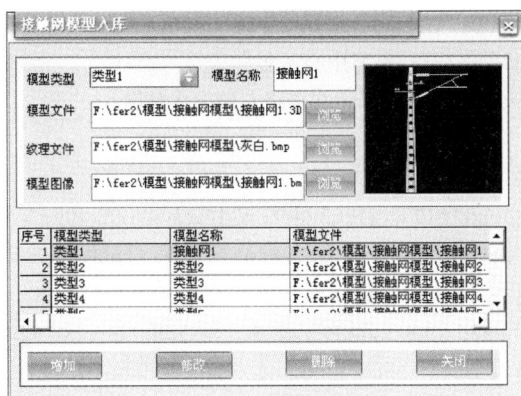

图 5-14　接触网模型入库

5.4.2　接触网模型参数设置

为了能够对不同接触模型进行选择,以建立不同的三维景观,设计了接触网模型参数,实现对接触网模型类型、电线颜色、电线宽度、是否绘制接触网等参数进行设置。如图 5-15 所示。

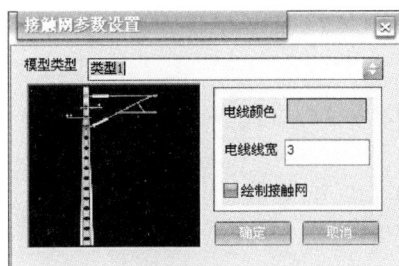

图 5-15　接触网模型参数设置界面

5.4.3　接触网模型实现

通过在路基两侧,计算出左右接触网模型对应的三维坐标位置,读取选择的接触网 3DS 模型,然后通过旋转、缩放和平移操作,将模型在计算出来的位置进行绘制。主要包括绘制接触网模型和电力线模型两部分,实现主要函数如下:

```
//绘制每一个接触网
Void DrawJCWSingle(tagPOINT3D ptL,tagPOINT3D ptR,  BOOL bLeftRight,float p_
dHeightPro,int m_sign,int Index)
{
    tagPOINT3D  pt,pt1,pt2,pt3,pt4,ptNormal;
    pt.x=(ptL.x+ptR.x)/2;//路肩中心 x 坐标
```

```
        pt.y=(ptL.y+ptR.y)/2;//路肩中心 y 坐标
        pt.z=(ptL.z+ptR.z)/2;//路肩中心 z 坐标
        if(bLeftRight==TRUE)//如果是线路路左侧的接触网
        {
            glBegin(GL_QUADS);
                glTexCoord2f(0.0,0);glVertex3d(ptL.x,ptL.y,ptL.z*p_dHeightPro);
                glTexCoord2f(0.75,0);glVertex3d(ptR.x,ptR.y,ptR.z*p_dHeightPro);
                glTexCoord2f(0.75,1);
                glVertex3d(ptR.x,ptR.y,ptR.z*p_dHeightPro+2.1*LujiPara.m_Lu
                jianWidth);
                glTexCoord2f(0.0,1);
                glVertex3d(ptL.x,ptL.y,ptL.z*p_dHeightPro+2.1*LujiPara.m_Lu
                jianWidth);
            glEnd();
        }
        else      //如果是线路路右侧的接触网
        {
                glBegin(GL_QUADS);
                glTexCoord2f(0.0,0);glVertex3d (ptL.x,ptL.y,ptL.z*p_dHeight-
                Pro);
                glTexCoord2f(0.75,0);glVertex3d(ptR.x,ptR.y,ptR.z*p_dHeight-
                Pro);
                glTexCoord2f(0.75,1);
                glVertex3d(ptR.x,ptR.y,ptR.z*p_dHeightPro+2.1*LujiPara.m_Lu
                jianWidth);
                glTexCoord2f(0.0,1);
                glVertex3d(ptL.x,ptL.y,ptL.z*p_dHeightPro+2.1*LujiPara.m_Lu
                jianWidth);
            glEnd();
        }


//绘制每封闭区域内的所有接触网上、下电线
Void DrawJcwLines()
{
    glPushAttrib(GL_ENABLE_BIT|GL_COLOR_BUFFER_BIT|GL_LINE_BIT);
    glDisable(GL_TEXTURE_2D);
    glDisable(GL_ALPHA_TEST);
    glDisable(GL_BLEND);    //启动混合功能
```

```
glColor3f(m_3DModlesPara.m_WireColorR/255.0,m_3DModlesPara.m_WireCol-
orG/255.0,m_3DModlesPara.m_WireColorB/255.0);  //设置接触网电线颜色
glLineWidth(m_3DModlesPara.m_WireWidth);        //设置接触网电线宽度
glBegin(GL_LINE_STRIP);//绘制上面电力线
for(int i=0;i<m_JCWptList.GetSize();i++)
{
glVertex3d(m_JCWptList.GetAt(i).PtUp.x,m_JCWptList.GetAt(i).PtUp.y,m_
JCWptList.GetAt(i).PtUp.z);
}
glEnd();
glBegin(GL_LINE_STRIP);//绘制下面电力线
for(i=0;i<m_JCWptList.GetSize();i++)
{
    glVertex3d(m_JCWptList.GetAt(i).PtDown.x,m_JCWptList.GetAt(i).Pt-
    Down.y,m_JCWptList.GetAt(i).PtDown.z);
}
glEnd();
glPopAttrib();
}
```

通过参数设置和上述主要程序,实现接触网模型景观建模效果如图 5-16 和图 5-17 所示。

图 5-16　接触网模型景观建模效果(一)

图 5-17　接触网模型景观建模效果(二)

5.5　铁路线路树木三维景观建模

树木是自然景物中比较有代表性的植物,生成真实感强的、具有不同结构特征的树木,能极大地提高场景的真实性,给人以身临其境的感觉。

5.5.1　树木三维可视化技术

自然景物的模拟是计算机图形学的一个重要研究内容,其中树木模拟占有相当大的比重。自从美国生物学家 Lindenmayer 于 1968 年提出 L 系统并被 Smith 引入图形学之后,已经出现了许多树木模拟的方法。目前在树木的三维建模方面的研究有了很大的进展,主要包括分形理论方法、粒子系统、几何设计法、特征综合推理法和基于图像的建模方法[23]。

1. 分形理论方法

1973 年,法国数学家 Mandelbrot 创立了分形几何学,分形用来描述那些不规则而欧氏几何又无法描述的几何现象和物体。根据所选择的分形造型的模型不同,产生树木分形图形的方法主要有基于 L 系统的分形图形、迭代函数系统、IFS 方法及粒子系统模型方法。图 5-18 所示为基于 IFS 迭代算法产生分形树叶,图 5-19 所示为基于 L 系统方法生成的三维树。但分形方法模拟速度较慢,不适合大范围三维场景仿真、漫游的要求。

图 5-18　基于 IFS 迭代算法产生分形树叶　　　　图 5-19　基于 L 系统方法生成的树

2. 基于 GIS 的方法

GIS 数据能够准确反映树木生长的空间信息,单木的可视化研究能基本反映树木的生理和形态特点。这两者的有效结合能保证森林景观可视化系统的质量和效率,缓解了在庞大的真实景观可视化系统中数据真实性与系统开销的矛盾。孙敏、赵欣、向南平等学者将树木的可视化问题与 GIS 技术有效地结合在一起进行研究,取得了较好的效果。

3. 基于图像的方法

树木自身结构复杂,应用计算机图形学实现的三维树木普遍存在数据量大的缺点,在大型的视景漫游中大大影响了软件的整体实现效率。从数字图像的角度研究树木可视化模拟,真实感强,易于交互控制。常用的图像绘制技术是公告牌技术(Billboarding),将一个复杂几何模型用一个贴有该模型纹理的平面来代替,这一平面被称为公告牌。然后将该公告牌的朝向始终调整到视点方向,还可结合 alpha 纹理技术,更为逼真地模拟三维场景的特殊效果。公告牌技术利用简单的纹理映射几何绘制手段替代复杂的几何绘图,仅牺牲了少量的模型真实性,却极大地减少了模型建模难度和绘制时间,提高了运行速度和效率。

5.5.2　树木三维建模实现

通过上述对目前树木三维可视化技术的主要方法比较,基于图像的方法更适合虚拟三维铁路设计环境,具体实现如下。

对要建模的树种,拍摄一张真实的树木的照片,处理主要的工作是对图像进行旋转使树木的树干尽量呈垂直方向,另外就是用图像处理软件(如 Photoshop)将图像周围的颜色进行处理,使树木周围的颜色变成单一的颜色如纯黑色或纯白色,处理后的效果如图 5-20 所示。

图 5-20　处理前后的树木图像效果图

系统提供近 30 种树木,如图 5-21 所示。

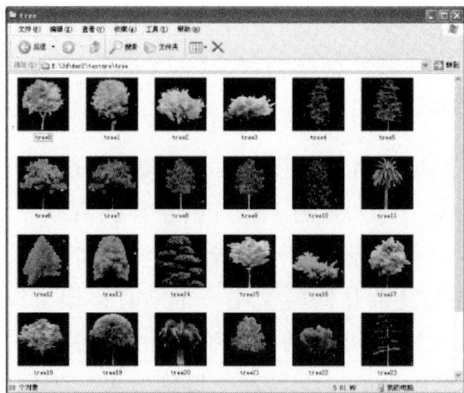

图 5-21　系统树木景观模型库

5.5.3　三维树木景观参数设置

为了更好地对铁路线路树木景观的控制和管理，进行了相应的参数设置（图5-22）。可以设置绘制树木的行数、行间距、不同的树木类型选择、树的高度和宽度、密度、是否绘制等参数。

图 5-22　三维树木景观参数设置

5.5.4　三维树木景观建模实现

1. 纹理实时处理

将获取的真实图像载入应用程序，装载时先将图像的三色（RGB）扩展成四色（RGBA），当判断遇到背景色时，分配其 alpha 值为完全透明，来创建非矩形光栅图像效果，此处理步骤由函数 LoadTreeTextures（）来完成。

```
void LoadTreeTextures(CString m_TreeFileName,int Index) //纹理实时处理
{
    AUX_RGBImageRec *image= NULL;
    unsigned char *myimage;
    GLint m_TreeTexwidth=256,m_TreeTexheight=256;
        image=auxDIBImageLoad(m_TreeFileName);//加载树木纹理
    if(image==NULL)
        return;
    if(image) //如果加载树木纹理成功
    {
        m_TreeTexwidth=image->sizeX;//树木纹理宽度
        m_TreeTexheight=image->sizeY;//树木纹理高度
    }
    myimage=(unsigned char *)malloc(m_TreeTexwidth*m_TreeTexheight*3);
    //根据树高和树宽重新分配内存
    gluScaleImage(GL_RGB,image->sizeX,image->sizeY,GL_UNSIGNED_BYTE,
        image->data,m_TreeTexwidth,m_TreeTexheight,GL_UNSIGNED_BYTE,my-
        image);
    unsigned char *rgba=(unsigned char*)malloc(m_TreeTexwidth*m_TreeTex-
    height*4);
    unsigned char *rgbaptr,*ptr;
    for(int i=m_TreeTexwidth*m_TreeTexheight,rgbaptr=rgba, ptr=myimage;i
>0;i--, rgbaptr+=4, ptr+=3)
    {
        rgbaptr[0]=ptr[0];
        rgbaptr[1]=ptr[1];
        rgbaptr[2]=ptr[2];
        if(rgbaptr[0]==0 && rgbaptr[1]==0 && rgbaptr[2]==0)
            rgbaptr[3]=0;
        else
            rgbaptr[3]=255;
    }
    if(glIsTexture(m_TreeTexture[Index]))//如果纹理已存在,删除
        glDeleteTextures(1,&m_TreeTexture[Index]);//删除纹理
    glGenTextures(1, &m_TreeTexture[Index]);// 创建1个纹理
    glPixelStorei(GL_UNPACK_ALIGNMENT,1);
    //创建最近的纹理
    glBindTexture(GL_TEXTURE_2D, m_TreeTexture[Index]);// 生成1个纹理
```

```
glTexImage2D(GL_TEXTURE_2D, 0, 4, m_TreeTexwidth, m_TreeTexheight, 0,
GL_RGBA,GL_UNSIGNED_BYTE, rgba);
gluBuild2DMipmaps(GL_TEXTURE_2D, 4, m_TreeTexwidth, m_TreeTexheight,
GL_RGBA,
                        GL_UNSIGNED_BYTE, rgba);
if(image)                      // 如果图像存在
{
    if(image->data)        // 如果图像有数据
        free(image->data); // 释放纹理图像内存
    free(image);            // 释放图像
}
}
```

2. 纹理贴图的实现

利用纹理映射、透明混合技术和轴向 Billboarding 技术,将树木的二维影像交叉地贴加到特定位置,取得了逼真的效果。

根据树的坐标位置、树高、树宽、密度、行间距等数据在相应位置建立两个大小相同的交叉多边行,一般来说,是选择最简单的空间四边形来进行建模示。在建立交叉多边形时,根据"贴图法",将处理的纹理映射到多边形中。同时利用 OpenGL 融合函数设置适当的融合参数,并启用融合。纹理贴图通过函数 DrawTreeScene ()来实现。

```
void DrawTreeScene()   //绘制三维树木景观
{
    CString m_treeFile;
    m_treeFile.Format("% s\\Texture\\Tree\\tree% d.bmp", m_csCurDir,m_tex-
    tureSet.m_csRoadTree);
    LoadTreeTextures(m_treeFile,0);        //加载树木纹理影像
    glPushMatrix();
    glEnable(GL_BLEND);                    //启动混合功能
    glEnable(GL_TEXTURE_2D);               //启动纹理功能
    glPixelStorei(GL_UNPACK_ALIGNMENT, 1);           //设置纹理存储模式
    glEnable(GL_LIGHTING);                           //开启光照
    glEnable(GL_LIGHT0);
    glEnable(GL_LIGHT1);
    glEnable(GL_ALPHA_TEST);      //开启 ALPHA 测试
    glBlendFunc(GL_SRC_ALPHA, GL_ONE_MINUS_SRC_ALPHA);
    glAlphaFunc(GL_GREATER ,0.99);//指定 alpha 检验
```

```
glTexParameterf(GL_TEXTURE_2D,GL_TEXTURE_WRAP_T,GL_REPEAT);
glTexParameterf(GL_TEXTURE_2D,GL_TEXTURE_MAG_FILTER,GL_LINEAR);
glTexParameterf(GL_TEXTURE_2D,GL_TEXTURE_MIN_FILTER,GL_LINEAR);
//说明纹理贴图方式,在透明贴图时必须在融合状态下
glTexEnvf(GL_TEXTURE_ENV,GL_TEXTURE_ENV_MODE,GL_MODULATE);
int m_sign=1;
for(i=0;i<m_nPointNum;i+=2)
{
    for(int j=0;j<m_textureSet.m_TreeRows;j++)
    {
        //映射纹理
        glBindTexture( GL_TEXTURE_2D, m_TreeTexture[j]);//绑定纹理
        if(m_pLPoint3d[i].tPoint3d[3].x<m_pRPoint3d[i].tPoint3d[3].x)
            m_sign=1;
        else
            m_sign=-1;
//左侧树木
DrawTree(m_pLPoint3d[i].tPoint3d[3],m_textureSet.m_TreeWidth,m_tex-
tureSet.m_TreeHeight,m_textureSet.m_space,TRUE,m_textureSet.m_TreeR-
owSpace,j+1,p_dHeightPro,m_sign);
//右侧树木
DrawTree(m_pRPoint3d[i].tPoint3d[3],m_textureSet.m_TreeWidth,m_tex-
tureSet.m_TreeHeight,m_textureSet.m_space,FALSE,m_textureSet.m_TreeR-
owSpace,j+1,p_dHeightPro,m_sign);
    }
}
glPopMatrix();
}
```

最终绘制效果如图 5-23～图 5-25 所示。

图 5-23　三维树木景观绘制效果(1 行)

图 5-24　三维树木景观绘制效果（2 行）

图 5-25　三维树木景观绘制效果（3 行）

第6章 三维地质环境建模与线路设计应用

随着虚拟现实技术和空间信息技术的发展和应用,铁路数字化选线技术也日趋成熟。而铁路数字化选线设计达到实用水平的关键是复杂地质区域的数字地质选线技术,其核心技术在于多源地质信息集成、遥感信息提取和三维地理环境建模方法的研究。铁路数字化选线的三维地理环境是由反映实际地形地貌的三维地形环境和反映地质信息的三维地质环境组成的,如何在已建立的三维地形环境中集成和描述地质信息是三维地质环境建模要解决的主要问题,也是实现遥感地质信息在三维可视化线路设计中集成与应用的关键。

6.1 三维地质环境建模

6.1.1 研究现状

目前对于铁路数字化选线的三维地质环境建模,主要是独立于数字选线系统进行的地质专题研究,例如,文献[45]、[46]针对山区铁路地质条件复杂、方案决策难的问题,研究了三维可视化地质选线技术。文献[47]利用 Google Earth 对线路方案沿线的活动断裂等地质灾害进行遥感解译,并进行线路初步比选。文献[48]利用遥感解译数据进行三维建模,对虚拟铁路选线环境下的三维地质建模进行了研究。对于数字选线系统而言,目前文献[49]、[50] 通过超文本方式、热键链接来获取地质信息,实现地质信息在数字选线系统中的应用,但提供给选线设计人员只是文本方式的地质信息,所包含的信息量不丰富、不直观,它需要选线设计人员去想象和较高的选线经验。因此,针对复杂地质区域的数字地质选线要求,提出矢栅一体化的建模方法,将地质影像和数字化信息综合集成,基于遥感地质信息,为数字选线系统建立可视化、数字化的三维地质环境,使所建立的三维地质环境对地质对象的表达和应用更为直观和高效,并能够有效地集成在整个数字选线系统中。

6.1.2 建模基本思路

三维地质环境是由不同的地质对象表达和集成的,采用面向对象表示方法,将每个地质对象作为一个独立的空间实体在三维环境中表达。矢量和栅格数据模型是 GIS 组织和管理空间信息的基本方式,两种数据结构各有所长,相互补充,更加有效地表达了地理空间目标,满足矢栅一体化的需求。因此,如果能够将地质对象的空间分布范围矢量数据和解译信息、遥感解译影像栅格数据投影到三维地形上，实现 DEM 与矢量数据、影像栅格数据的叠加分析，将各种数字化地质信息以适当的形式表达出来，为在三维地形上进一步进行地质分析提供数据，将有助于选线工程师更加直观地进行地质选线。在同一环境中将矢量数据和栅格数据结构结合起来，在这样一个三维环境里，设计人员既能够对地形地貌进行全面察看，又能够对地质信息进行各种空间查询与分析决策，并能够以一种动态的交互式的三维影像形式表现出来。

6.1.3　矢量化建模方法

矢量数据结构是通过记录坐标的方式，尽可能精确地表示点、线、多边形等地理实体。因此，通过遥感解译获取的地质对象空间区域范围数据非常适合用矢量数据结构表达和存储。由于通过计算机遥感解译获取的地质对象空间区域范围只有 (x,y) 二维信息，缺少第三维的高程信息，但可以根据地形在空间上的相关性和连续性，以 DEM 为基础，采用空间插值的方法获取与二维数据相对应的高程数据。点状、线状和面状地质对象二维平面矢量数据生成三维点、多段线、多边形数据方法如下。

1. 三维空间点数据生成

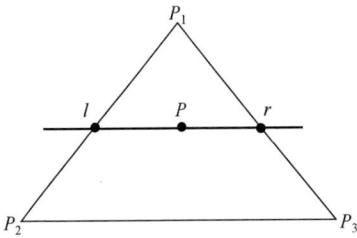

图 6-1　基于三角网双线性插值

点数据是最重要的矢量数据之一，用它可以生成多段线和多边形数据。由于三角网线性插值法是通过建立剖分不规则三角网（TIN）直接内插，适应各种数据分布，并能方便地处理断裂线、构造线、不连续的地表等数据，能够很好地适合用于地质对象内部数据点的 DEM 内插计算，如图 6-1 所示。

计算步骤如下：

（1）计算地质对象内部所有离散数模点，并建立 TIN。

（2）采用三角网双线性插值法计算内插点 $p(x_p,y_p,z_p)$ 高程[51]

$$z_l = z_{p1} + (z_{p2} - z_{p1})(x_l - x_{p1})/(x_{p2} - x_{p1})$$
$$z_r = z_{p1} + (z_{p3} - z_{p1})(x_r - x_{p1})/(x_{p3} - x_{p1}) \tag{6-1}$$
$$z_p = z_l + (z_r - z_l)(x_p - x_l)/(x_r - x_l)$$

其中，点 l、r 分别位于三角形两边 P_1P_2 和 P_1P_3 上，这种方法可以保证稳定可靠的解。

2. 线状地质对象的叠加

线状地质对象可以认为是由一系列三维坐标点组成的曲线段组成。因此，为了更真实地在三维空间中表达具有不同走向或形状的线性地质对象（如断层），采用具有计算简洁性和易用性的 Bézier 曲线。根据线状地质对象具有多个边界特征点，采用插值 n 次 Bézier 曲线，定义如下。

设线状地质对象三维控制点 $Q_i(x_i, y_i, z_i)$ 的有序表（$0 \leqslant i \leqslant n$），取其二维平面坐标集，构造一条插值 n 个顶点的 n 次 Bézier 曲线，实际上反求 n 次 Bézier 曲线的特征顶点 $P_i(i=0,1,\cdots,n)$。

取

$$l_i = |Q_i Q_{i-1}|, \quad i=1,\cdots,n$$

$$L = \sum_{i=1}^{n} l_i, \quad t_i = \frac{\sum\limits_{i=1}^{i} l_i}{L}, \quad i=1,\cdots,n$$

根据 Bézier 曲线的端点性质并可设定[51]

$$P_0 = Q_0$$

$$P(t_i) = \sum_{i=1}^{n} C_n^i (1-t_i)^{n-i} t_i^i P_i \tag{6-2}$$

$$P_n = Q_n$$

通过求解式（6-2），求得 $P_i(i=0,1,\cdots,n)$，连接各 P_i 点，即可获得平面上的插值 n 次 Bézier 曲线，如图 6-2 所示。

然后再按照式（6-1）高程内插求解方法，求得对应的每个特征点 Z 坐标，就可以得到线性地质对象 n 次 Bézier 曲线三维特征点 $P_i(x_i, y_i, z_i)$。连接 P_i 即可实现线状地质对象在三维地形上绘制。

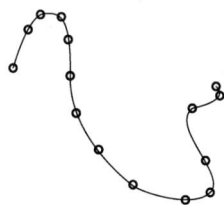

图 6-2　插值 n 次 Bézier 曲线

3. 面状地质对象的叠加

面是由一组有序线段包围所构成的区域，采用一组有序的线段来表示地理实体的边界位置，线段首尾位置必须重合。为了适合面状地质对象特征，采用"点点通过"式累加弦长三次参数样条曲线来描述面状地质对象，构造过程如下。

设有 $p_1, p_2, \cdots, p_n$ 共 n 个空间位置型值点，三次参数样条曲线则由 $n-1$ 个三次参数曲线段连接而成。两相邻型值点之间用一个三次参数曲线段来表示，整条曲线达到 C_2 连续。

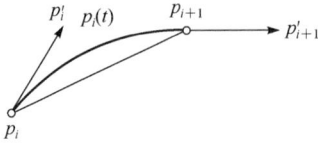

图 6-3　三次参数曲线段

1）三次参数曲线段的矢量方程

已知 p_i、p_{i+1} 为两个相邻的型值点，假设两点处的切矢量 p_i'、p_{i+1}' 也已知，如图 6-3 所示，构造一个三次参数曲线段。

p_i、p_{i+1} 两点构成的三次多项式方程如下[52]：

$$p_i(t) = p_i + p_i't + \left[\frac{3}{t_i^2}(p_{i+1} - p_i) - \frac{1}{t_i}(p_{i+1}' + 2p_i') \right] t^2$$

$$+ \left[\frac{2}{t_i^3}(p_{i+1} - p_i) + \frac{1}{t_i^2}(p_{i+1}' + p_i') \right] t^3, \quad 0 \leqslant t \leqslant t_i \tag{6-3}$$

样条曲线要求两段三次参数曲线在连接处达到 C_2 连续，二阶导矢量连续方程如下：

$$\lambda_i p_{i-1}' + 2p_i' + \mu_i p_{i+1}' = b_i \tag{6-4}$$

式中

$$\lambda_i = t_i / (t_{i-1} + t_i), \quad \mu_i = t_{i-1} / (t_{i-1} + t_i), \quad b_i = \frac{3\mu_i}{t_i}(p_{i+1} - p_i) + \frac{3\lambda_i}{t_{i-1}}(p_i - p_{i-1})$$

根据面状地质对象的封闭特性，补充累加弦长三次曲线边界条件和补充方程。

闭合曲线的起始型值点 p_1 与终止型值点 p_n 重合，且在该点保持 C_1 及 C_2 连续。将 p_{n-1}、p_n 两点构造的曲线段作为第 $n-1$ 段，p_n、p_2 两点构造的曲线段作为第 n 段，这两段在 p_n 点处达到 C_2 连续。$t_n = t_1$，$p_{n+1} = p_2$，$p_1' = p_n'$，建立补充方程如下：

$$2(t_1 + t_{n-1})p_1' + t_{n-1}p_2' + t_1 p_{n-1}' = \frac{3t_{n-1}}{t_1}(p_2 - p_1) + \frac{3t_1}{t_{n-1}}(p_n - p_{n-1}) = b_1$$

$$t_{n-1}p_2' + t_1 p_{n-1}' + 2(t_1 + t_{n-1})p_n' = \frac{3t_{n-1}}{t_1}(p_2 - p_1) + \frac{3t_1}{t_{n-1}}(p_n - p_{n-1}) = b_n$$

2）求切矢量的方程组

将式（6-4）和两个补充方程联立起来，得到一个求切矢量的 n 阶线性方程组如下：

$$\begin{bmatrix} M_{1,1} & M_{1,2} & M_{1,3} & \cdots & M_{1,n-1} & M_{1,n} \\ \lambda_2 & 4 & \mu_2 & & & \\ & \ddots & \ddots & \ddots & & \\ & & & \lambda_{n-1} & 4 & \mu_{n-1} \\ M_{n,1} & M_{n,2} & M_{n,3} & \cdots & M_{n,n-1} & M_{n,n} \end{bmatrix} \begin{bmatrix} P_1' \\ P_2' \\ \vdots \\ P_{n-1}' \\ P_n' \end{bmatrix} = \begin{bmatrix} b_1 \\ b_2 \\ \vdots \\ b_{n-1} \\ b_n \end{bmatrix} \tag{6-5}$$

式中，$M_{1,1}$，$M_{1,2}$，$\cdots$，$M_{1,n}$，$M_{n,1}$，$M_{n,2}$，$\cdots$，$M_{n,n}$ 由补充方程决定。对闭合曲线情况，$M_{1,1} = 4$，$M_{1,2} = 1$，$M_{n,n-1} = 1$，$M_{n,n} = 4$，其他元素都为 0。可采用追赶法求

解上面线性方程组,将方程组中的矢量分别用分量代替,进行求解,最后求出各切矢量。对于 n 个点 $P_i(i=1,2,\cdots,n)$,进行分段拟合,每相邻两点之间使用一个参数方程进行绘制。

绘制思路:将参数 t 的区间 $[0,t_i]$ 划分为 k 等份,每一等份 $dt=t_i/k$,依次取 $t=dt,2dt,3dt,\cdots$,利用方程计算对应各点的坐标,并用直线段依次连接各点。绘制效果如图 6-4 所示。

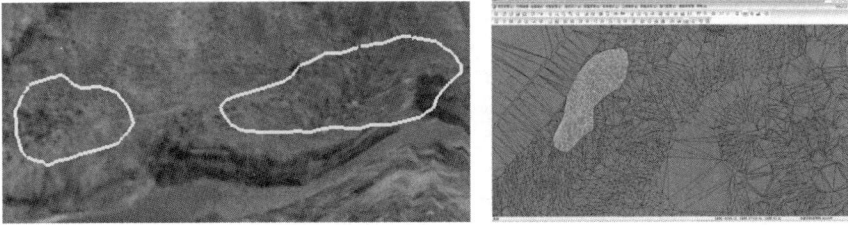

图 6-4 面状地质对象绘制效果图

4. 地质对象文化特征的显示

通过将数字地质对象的空间区域范围数据在三维环境中的描述和显示,实现了地质对象在三维选线环境中的定位,但是有一个问题还没有解决,即类型相同的地质对象如何区别。例如,对于同为面状的滑坡、泥石流在三维环境中均表现为多边形,并不能够有效地加以区别。因此,建立地质对象文化特征概念,用地质对象的名称和 ID 标识号作为其文化特征,并作为地质对象特殊的矢量数据,按照相应的地理位置叠加于地质对象的矢量三维目标上。这样,通过文化特征就能够有效地识别不同类型的地质对象。

面状地质对象三维中心点确定步骤如下。

(1)设 $P_t = \sum_{i=1}^{n} p_i(x_i,y_i,z_i)$ 为面状地质对象边界控制点集,进行二维投影,令 $P_{\min}(x,y)$、$P_{\max}(x,y)$ 为控制点集最小和最大 x、y 坐标点,且为多边形外接矩形左下角和右上角坐标。

$$P_c(x,y)=\frac{1}{2}\big[P_{\min}(x,y)+P_{\max}(x,y)\big]$$

多边形外接矩形的二维中心坐标。

(2)判断点 $P_c(x,y)$ 是否位于多边形内,如果位于多边形内,则不需要重新计算中心点,将点 $P_c(x,y)$ 的近似作为多边形的二维中心点;否则,依次计算 $P_c(x,y)$ 到多边形控制点的距离,取最小距离对应控制点为近似二维中心点 $P_c(x,y)$。计算点 $P_c(x,y)$ 的高程值 z,最终点 $P_c(x,y,z)$ 为多边形的三维近似中心点。图 6-5 所示为在三维环境中集成地质对象文化特征的结果。

图 6-5　地质对象文化特征显示

6.1.4　栅格化建模方法

　　针对地质信息在线路 CAD 中的应用,由于文本方式的地质信息所包含的信息量不丰富、不直观,它需要设计人员去想象和较高的设计经验,因此影响其应用效果。对于设计人员需要的是直观的观察设计区域不良地质分布情况和特征。图像的直观性远非一般文本所能比拟,所表达的信息也远远高于文本。因此,对于三维地质环境建模,同时提供栅格图像模式,图像为遥感地质解译影像,将解译影像同时叠加在三维地形环境中。矢量化和栅格影像的联合表达模式,使所建立的三维地质环境对地质对象的表达和应用更为直观和高效,更有助于工程师在三维环境中进行设计。

　　栅格化建模涉及以下两个方面的问题。

　　(1) 地质对象遥感解译影像的获取。可通过遥感软件构建矢量区域的方式(area of interest,AOI)定义栅格数据操作的研究区域,实现区域影像剪裁,获取地质对象的栅格遥感解译影像。

　　(2) 地质对象遥感解译图像在三维环境中的定位和表达。地质对象的遥感解译图像,在三维选线地理环境中精确定位非常重要,这也关系到整个建模的应用效果,由于解译图像通常具有不规则边界,不同类型地质对象在三维环境中的实现方法如下。

　　1. 面状地质对象

　　(1) 读取地质对象的数字化空间分布区域边界坐标数据。

　　(2) 内插出区域范围内的 DEM 数据,连同边界数据点共同构成离散点数据,以 TIN 方式绘制对应的影像范围(图 6-6),以地质对象的遥感解译图像作为纹理

（图 6-7），实现影像的精确定位和影像叠加显示，其流程如图 6-8 所示。

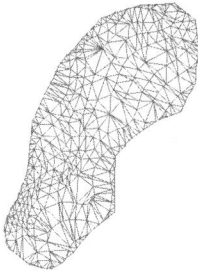

图 6-6　地质对象的 TIN 模型　　　　　图 6-7　遥感解译影像纹理

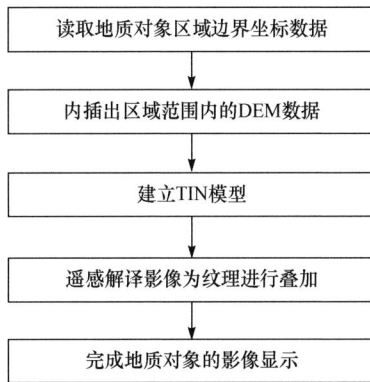

图 6-8　地质对象的影像建模流程

地质对象的遥感解译影像的显示是通过将其作为纹理叠加在 TIN 模型上，因此，纹理坐标的确定是精确定位和显示的关键，下面给出面状地质对象区域范围内任意一点的纹理坐标计算方法。

设面状地质对象遥感解译图像的左下角坐标为 (x_L, y_L)，右上角坐标为 (x_R, y_R)，区域内任意一点坐标为 (x_i, y_i)。

令

$$W = x_R - x_L$$
$$H = y_R - y_L$$

$\qquad\qquad\qquad\qquad\qquad\qquad\qquad\qquad\qquad\qquad$ (6-6)

则点 (x_i, y_i) 对应的纹理坐标 (x_{i_T}, y_{i_T}) 为

$$x_{i\_T} = \frac{(x_i - x_L)}{W}$$

$$y_{i\_T} = \frac{(y_i - y_L)}{H}$$

$\qquad\qquad\qquad\qquad\qquad\qquad\qquad\qquad\qquad\qquad$ (6-7)

图 6-9 所示为通过定位实现的面状地质对象遥感解译影像在三维选线环境的中的叠加显示。

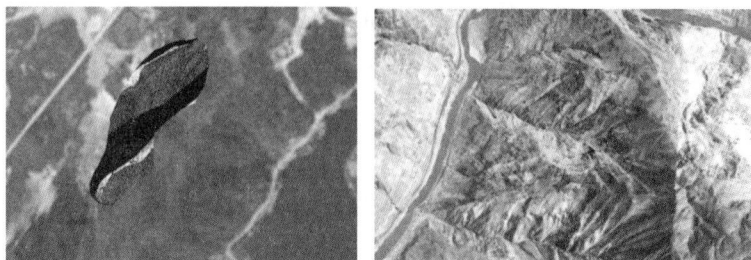

图 6-9　地质对象遥感解译影像在三维环境中表达

2. 线状地质对象

同面状地质对象类似,可在线状地质对象周围确定其一定边界范围(图 6-10),将线状地质对象作为 TIN 模型的特征线,构建约束 TIN 模型(图 6-11),然后按照面状地质对象处理,叠加遥感解译影像(图 6-12)到 TIV 模型。

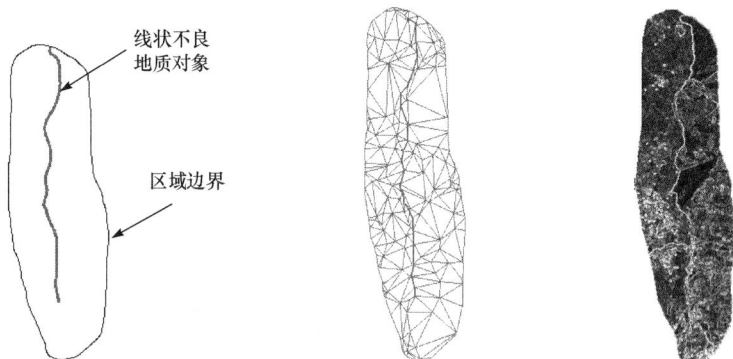

图 6-10　线状地质对象空间　　图 6-11　约束 TIN 模型　　图 6-12　遥感解译影像
　　区域范围示意图

图 6-13 所示为通过定位实现的线状地质对象遥感解译影像在三维选线环境的中的叠加显示。

图 6-13　线状地质对象在三维环境中建模效果

6.1.5 三维空间地质对象冲突检测

如何在线路设计时能够实时、自动获取线路所处的地质条件和地质信息,并进行分析和评价,最大程度上绕避不良地质,这涉及线路与地质对象间空间关系的判断问题。由于三维地质环境中各类地质对象,其封闭的多边形区域并不共面,这大大增加了问题求解难度。鉴于有向包围盒(oriented bounding box,OBB)碰撞检测方法较好的紧密性、较高的实时性和方向自由性[53],这里引入空间冲突概念,采用碰撞算法实现执行各类三维地质体的 OBB 与线路 OBB 的空间分析,OBB 间发生碰撞,视为地质体与线路有空间冲突。

三维场景中的 OBB 被定义为包含某对象且相对于坐标轴方向任意的最小的长方体,通过中心点 b^c、三个相互正交归一化向量 b^u、b^v、b^w 以及半边长 hu^B、hv^B、hw^B 来描述,如图 6-14 所示。OBB 确定的区域为[53]

$$D = \{b^c + ah_u^B b^u + bh_v^B b^v + ch_w^B b^w\}, \quad a,b,c \in (-1,1)$$

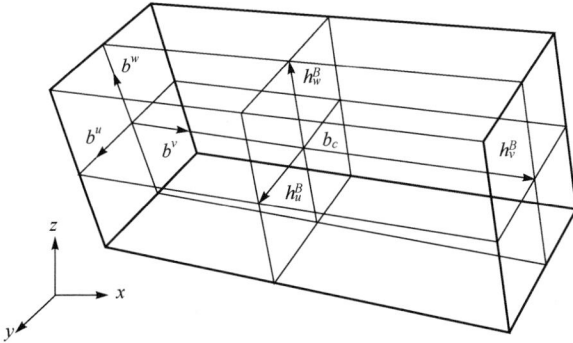

图 6-14 三维 OBB

由于线路对象和地质对象的基本几何元素是三角形,在对 OBB 进行计算时,可利用三角形顶点的均值和协方差矩阵来计算包围盒的位置和方向。设三角形集的第 i 个三角形的顶点矢量为 p^i、q^i、r^i,包围盒包含的三角面片数为 n,则有

$$C = \frac{1}{3} \sum_{i=1}^{n} (p^i + q^i + r^i) \tag{6-8}$$

协方差元素为

$$D_{jk} = \frac{1}{3n} \sum_{i=1}^{n} (p_j^i p_k^i + q_j^i q_k^i + r_j^i r_k^i), \quad 1 \leqslant j;k \leqslant 3 \tag{6-9}$$

式中,n 是三角形数量。协方差矩阵 C 的 3 个特征向量 $p^i = p^i - u, q^i = q^i - u, r^i = r^i - u$ 正交,正规化后可作为一个基底,确定 OBB 的方向,分别计算各个元素的顶点在该基底的 3 个轴向上的最大值和最小值,确定该 OBB 的大小。根据地质对象矢量化建模时已建立好 TIN,在地质环境建模时可同时建立每个地质对象的 OBB,在进行空间冲突检测时就不再需要重新建立 OBB,节省检测时间。

OBB 间相交测试基于分离轴理论：对两个 OBB 的 15 条可能分离轴进行测试，只要找到一条分离轴，就可判定两个 OBB 不相交。从而确定线路与地质对象的空间关系。在进行碰撞检测时，读取该段线路空间链表和所占的空间网格集合，按网格的元素链表提取线路的几何要素，构建当前网格内线路包围盒，然后逐个与已事先建立的位于当前网格内各地质对象 OBB 进行碰撞检测，有空间冲突的地质对象标记出来，实现在线路设计时地质对象的实时检测、判断和展示，如图 6-15所示。

图 6-15　碰撞检测图

6.2　基于 LM 神经网络的工程地质综合评价模型

人工神经网络（artificial neural network，ANN）具有自学习能力，并在数据含有噪声、缺项或缺乏认知时能获得令人满意的结论。特别是它可以从积累的工程实例中学习知识，尽可能多地将各种定性、定量的影响因素作为变量加以输入，建立各影响因素与结论之间的高度非线性映射，采用自适应的模式识别方法完成预测工作[23]。因此，采用改进的 BP 神经网络——Levenberg-Marquardt（LM）神经网络法建立评价预测模型，在遥感地质信息的基础上，实现对工程地质条件和地质灾害危险性的评价和预测，为工程师在选线设计和方案比选中提供决策帮助。

6.2.1　BP 神经网络概述

人工神经网络是一种高度的非线性映射处理系统，具有强大的自组织、自学习、自适应和分类计算能力[54,55]。目前应用的神经网络有多种类型，其中 BP 神经网络（back-propagation neural network）也称误差回传神经网络是迄今为止应用最为广泛的神经网络。BP 神经网络由非线性传递函数神经元构成，是一种无反馈的前向网络，网络中的神经元分层排列。通常由输入层、隐含层（一层或多层）和输出层组成，某一层的神经元输出通过连接权因子的加强和抑制传输到相邻层神经元。

除了输入层神经元外,网络中每一层神经元的输入是前一层神经元输出的加权和。图 6-16 是一个典型的 3 层 BP 神经网络,只有一层隐含层。

设输入为 $x=(x_1,x_2,\cdots,x_n)$,隐含层有 r 个神经元,输出层有 m 个神经元,输出为 $y=(y_1,y_2,\cdots,y_m)$,输入层到隐含层的权为 w_{ij},阈值为 θ_j,隐含层到输出层的权为 w_{jk},阈值为 θ_k。于是

图 6-16 典型的 3 层 BP 神经网络[54]

隐含层各神经元的输出为

$$x'_j = f\left(\sum_{i=1} w_{ij}x_i - \theta_j\right), \quad j=1,2,\cdots,r$$

输出层各神经元的输出为

$$y_k = f\left(\sum_{j=1}^r w_{jk}x'_j - \theta_k\right), \quad k=1,2,\cdots,m$$

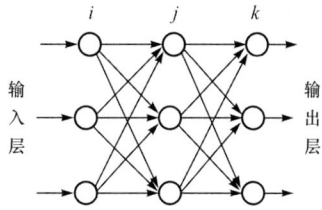

6.2.2 改进 BP 算法-LM 算法

标准的 BP 算法基于梯度下降法,即误差单调减小,只具有下坡而没有上坡能力,通过计算目标函数对网络权值和阈值的梯度进行修正。学习过程是通过调整权重和阈值使期望值和神经网络输出值的均方误差趋于最小实现的,只用到目标函数对权值和阈值的一阶导数信息[56,57]。但是网络输入与输出的非线性关系使网络的误差和性能指标是一个具有多极点的非线性空间,因此这种算法极易引起局部最优;而且梯度下降法往往在开始几步下降速度比较快,当接近极值时,收敛速度就非常慢。为此,许多学者对传统 BP 算法进行了改进。这些改进的方法可以归纳为两类:第一类是基于标准梯度下降的改进,如附加动力量法[58]、弹性 BP 算法[59]、自适应调整参数法[60];第二类是基于标准数值优化的改进方法,如共轭梯度算法、高斯-牛顿算法、Levenberg-Marquardt 算法(简称 LM 算法)等,其中 LM 算法是这些算法中收敛速度最快、鲁棒性最好的[61,62]。因此,综合这两种改进方法,采用步长的自适应调整和 LM 算法相结合对标准 BP 算法进行改进来建立评价模型。

1. 步长的自适应调整

BP 算法的有效性和收敛性在很大程度上取决于学习步长 η 的值[63]。标准 BP 算法的步长 η 是定值,采用一般的固定长梯度下降法求解时,可能导致局部极小解和收敛速度慢。所以一般要求是,当训练到误差曲面的平坦区时,梯度较小,为加快收敛应使 η 增大;当训练到深而窄的误差曲面时,应使 η 减小,以免因步长过大而出现振荡现象。为加快收敛,应使 η 合理化,可采用变步长算法,即在训练过程中,自动调整学习步长。变步长算法的基本思想是,先设一个初始步长 η,若

一次迭代后误差增大,则将步长乘以 $\beta(<1)$,沿原方向重新计算该迭代点;若一次迭代后误差减小,则将步长乘以 $\alpha(>1)$,计算下一个迭代点,以缩短学习时间。式(6-10)给出了一种自适应学习速率的调整公式,当误差减小时步长相应增大,当误差增大时步长相应减小。

$$\eta(k+1)=\begin{cases}(1+\delta)\eta(k), & E_k>E_{k+1} \\ (1-\delta)\eta(k), & E_k\leqslant E_{k+1}\end{cases} \tag{6-10}$$

2. LM 算法

LM算法是 Levenberg 和 Marquardt 提出的一种最优化算法,是高斯-牛顿法的改进形式,LM算法既具有高斯-牛顿法的局部特性又具有梯度法的全局特性,其利用了近似的二阶导数信息,根据迭代结果动态地调整迭代的收敛方向,使每次的迭代误差都有所下降,因此比梯度法收敛速度快,并且算法稳定,能够满足实性的要求。具体描述如下[64,65]。

设给定 N 个样本,$p_1,p_2,\cdots,p_N$,网络的目标输出 $d_1,d_2,\cdots,d_N$,实际输出为 $y_1,y_2,\cdots,y_N$。当输入第 i 个样本时,查得输出 $y_{ji}(j=1,2,\cdots,m)$,其误差为各输出单元误差之和,使用平方型误差指标函数为

$$E_i(x)=\frac{1}{2}e_i^2(x)=\frac{1}{2}\sum_{j=1}^m(d_{ji}-y_{ji})^2 \tag{6-11}$$

式中,$e(x)$ 为误差。其梯度 $\nabla E(x)$ 和 Hessian 矩阵 $\nabla^2 E(x)$ 分别为

$$\nabla E(x)=J^{\mathrm{T}}(x)e(x) \tag{6-12}$$
$$\nabla^2 E(x)=J^{\mathrm{T}}(x)e(x)+S(x) \tag{6-13}$$

式中

$$S(x)=\sum_{i=1}^n e_i(x)\nabla^2 e_i(x) \tag{6-14}$$

J 为 Jacobian 矩阵,即

$$J(x)=\begin{vmatrix}\dfrac{\partial e_1(x)}{\partial x_1} & \dfrac{\partial e_1(x)}{\partial x_2} & \cdots & \dfrac{\partial e_1(x)}{\partial x_n} \\ \dfrac{\partial e_2(x)}{\partial x_1} & \dfrac{\partial e_2(x)}{\partial x_2} & \cdots & \dfrac{\partial e_2(x)}{\partial x_n} \\ \vdots & \vdots & & \vdots \\ \dfrac{\partial e_N(x)}{\partial x_1} & \dfrac{\partial e_N(x)}{\partial x_2} & \cdots & \dfrac{\partial e_N(x)}{\partial x_n}\end{vmatrix} \tag{6-15}$$

设 $x^{(k)}$ 表示第 k 次迭代的权值和阈值所组成的向量,新的权值和阈值组成的向量 $x^{(k+1)}$ 可根据下面的规则求得:

$$x^{(k+1)} = x^{(k)} + \Delta x \tag{6-16}$$

对于牛顿法则有

$$\Delta x = -[\nabla^2 E(x)]^{-1} \nabla E(x) \tag{6-17}$$

式中，$\nabla^2 E(x)$ 为误差指标函数 $E(x)$ 的 Hessian 矩阵；$\nabla E(x)$ 为 $E(x)$ 的梯度。

对于高斯-牛顿法则有

$$\Delta x = -[J^{\mathrm{T}}(x) J(x)]^{-1} J(x) e(x) \tag{6-18}$$

对于 LM 算法有

$$\Delta x = -[J^{\mathrm{T}}(x) J(x) + \mu \mathrm{I}]^{-1} J(x) e(x) \tag{6-19}$$

式中，I 为单位矩阵；μ 为阻尼因子。

LM 算法是改进的高斯-牛顿法，其基本思想是在实际中，为了减轻非最优点的奇异问题，使目标函数在接近最优点时，在极值点附近的特性近似二次性，以加快寻优收敛过程，一般是给搜索方向的系数矩阵 $J^{\mathrm{T}}J$ 的主对角阵中的每个元素都加一个小的正数 μ（由于起阻尼作用，故称阻尼因子）[66]，是自适应调整的。在实际的操作中，μ 是一个试探性的参数，对于给定的 μ，如果求得的 x 能使误差指标函数 $E(x)$ 降低，则 μ 降低；反之，则 μ 增加。

采用上述 LM 算法训练网络的步骤如下：

(1) 将训练样本归一化。

(2) 给出训练误差精度 ε、系数 μ_0、b 以及初始化权值和阈值向量 $x^{(0)}$，令 $k=0$，$\mu=\mu_0$。

(3) 计算网络输出及误差指标函数 $E(x^{(k)})$。

(4) 按式(6-15)计算 Jacobian 矩阵 $J(x)$。

(5) 按式(6-17)计算 Δx。

(6) 若 $E(x^{(k)}) < \varepsilon$，转到步骤(8)；否则，以 $x^{(k+1)}$ 为权值和阈值计算新的误差指标函数 $E(x^{(k+1)}) = x^{(k+1)} E(x^{(k)})$。

(7) 以 $x^{(k+1)}$ 为权值和阈值计算新的误差指标函数 $E(x^{(k+1)})$，若 $E(x^{(k+1)}) < E(x^{(k)})$，则更新权值和阈值，即令 $x^{(k)} = x^{(k+1)}$，$m = m/b$，回到步骤(3)；否则这次不更新权值和阈值，令 $x^{(k+1)} = x^{(k)}$，$m = mb$，并回到步骤(5)。

(8) 计算结束。

6.2.3　LM 神经网络模型建立

1. 网络说明

1989 年 Robert Hecht-Nielson 证明：在一定条件下，对于任意给定的 $\varepsilon > 0$，存在一个 3 层神经网络，它能以 ε 均方误差的精度逼近任意非线性函数。因此采用 3 层的 BP 网络可以完成任意的 n 维特征空间到 m 维特征空间的映射，因此也采用 3 层 BP 神经网络。

2. 参数选取

1）隐含层层数与权值的选取

参数的选取主要包括初始权值的选取、隐含层神经元个数的确定、学习率。初始权值的选取最终会影响到网络的训练速度和是否收敛。初始权值过大，神经元的输入就会落入 S 型激活函数的饱和区。分析 BP 算法可知权值的修正量用到激活函数的导数，在函数饱和区，导数接近于零，权值的修正量非常小，影响到网络的训练速度。国内外的研究表明，初始权值的选取并没有统一的标准，大多是经验法，如大拇指规则、金字塔规则、黄金分割优选方法等[67~70]。

Komogorov 理论证明：一个具有 m 个节点输入层，$2m+1$ 个节点的隐层和 n 个输出节点的输出层的 3 层 BP 网络，可以精确地表达任一个连续函数。目前大量的研究也表明，当输入节点为 m 个时，选择隐层节点为 $2m+1$ 个，所确定的单隐层 BP 网络能准确反映实际的情况，并能保证网络的精度，因此本文选用 $2m+1$ 准则确定隐层层数。

2）激活函数的选择

不同的激活函数，直接影响着神经网络的性能。符合人类信息传输规律的函数主要有 Sigmoid 函数和 tanh 等。

Sigmoid 函数 $y=\dfrac{1}{1+e^{-p}}$，导数形式 $y'=\dfrac{e^p}{(1+e^p)^2}$。由图 6-17 所示的 Sigmoid 曲线可知：$-1<p<1$，y 变化敏感，但一旦接近或者超出区间就失去敏感性，处于饱和状态，影响神经网络预测的精度值。世界上曾有各种提高敏感性的 Sigmoid 函数的修正型，通过 A、B、C 系数来修正 $y=\dfrac{1}{A+Be^{-cp}}$。

tanh 函数（tangents hyperbolicus，双曲正切函数）为 $y=\dfrac{e^p-e^{-p}}{e^p+e^{-p}}$，tanh 函数的导数形式为 $y'=\dfrac{4e^{2p}}{(1+e^{3p})^2}$，tanh 曲线如图 6-18 所示。

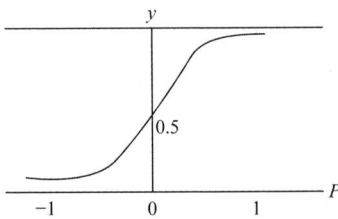

图 6-17　Sigmoid 函数　　　　　　　　图 6-18　tanh 函数

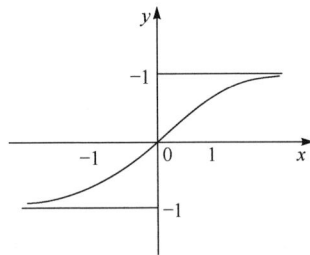

tanh 函数具有以下优点：①输出与输入的关系能保持非线性单调上升和下降

关系;②该函数连续,可以微分求出函数关系,符合 BP 网络的梯度求解;③具有非线性超平面,柔和光滑有利于优化搜索;④对神经网格容错性好;⑤也是有界渐近于 0 与 1,符合人脑神经饱和的规律,但比 Sigmoid 函数延迟了饱和期。鉴于 tanh 函数的优越性,选择 tanh 函数作为激活函数。

3. 评价模型的建立[23]

1) 网络说明

首先确定影响区域地质灾害危险性的因素,危险性状态划分类型。这里取影响因素为 9 个,危险性类型划为分小、中、大三类,评价等级为{Ⅰ,Ⅱ,Ⅲ}。

2) 网络结构的确定

根据上述的设置,危险性状态有 3 种,影响因素有 9 个,因此确定输入层节点个数为 9;输出层节点为 3 个,隐含层节点数为 19。每个节点的输出参数为"0"或"1"通过 3 个节点的组合来分别表示三种危险性状态(表 6-1),模型结构如图 6-19 所示。

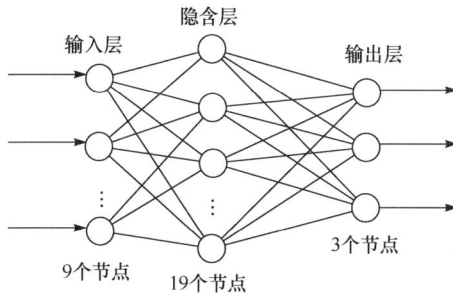

图 6-19　神经网络模型结构

表 6-1　神经元输出与危险性状态对照表

危险性状态	危险性小	危险性中	危险性大
神经元输出	0　0　1	0　1　0	1　0　0

3) 评价单元的划分

评价单元的划分方式通常有三种:一是以区域行政区为评价单元;二是以区域自然地理或地质构造作为评价单元;三是以经纬度或者平面坐标格网为基础,以划分的正方形为评价单元,单元大小可根据实际情况确定,这样同一单元内地质环境具有相对均一性,这里采用第三种方法。

4) 数据的预处理

反映评价方案的指标往往具有不可公度性,即各个评价指标通常具有不同的量纲和数量级。需要对所有指标进行规范化处理,即将评价指标的属性值统一变换到某一范围内,且具有相同的影响趋势。系统的定量指标主要有下列几种类型:效益型(越大越好型)、成本型(越小越好型)、适中型等。设某一指标值的论域 $d_i = [m_i, M_i]$,其中 m_i、M_i 分别表示各方案该指标值的最小值与最大值。令论域

宽度 $L(d_i)=M_i-m_i$，论域中点 $M(d_i)=(M_i+m_i)/2$。则某一指标值 x_{pi} 经规范化后为 u_{pi}，其计算方法如下。

效益型

$$u_{pi}=\frac{x_{pi}-m_i}{L(d_i)}$$

成本型

$$u_{pi}=\frac{M_i-x_{pi}}{L(d_i)}$$

适中型

$$u_{pi}=\begin{cases} 2\dfrac{x_{pi}-m_i}{L(d_i)}, & x_{pi}\in(m_i,M(d_i)) \\ 2\dfrac{M_i-x_{pi}}{L(d_i)}, & x_{pi}\in(M(d_i),M_i) \end{cases}$$

指标值经过上述的规范化后，所有指标值均变化到 $[0,1]$ 范围内，表 6-2 所示为采用成本型(除植被覆盖率采用效益型)规范化指标后的结果。

表 6-2　预处理化后训练样本数据表

样本序号	灾害分布密度	灾害规模	地面坡度	相对高差	地层岩性	断裂构造密度	平均降雨量	地震烈度	植被覆盖率	期望输出		
1	0.027	0.858	0.026	0.000	0.650	0.450	0.460	0.903	0.656	1	0	0
2	0.730	0.513	0.879	0.540	0.574	0.083	0.872	0.681	0.594	1	0	0
3	0.018	0.167	0.487	0.485	1.000	0.483	0.000	0.694	0.719	0	1	0
4	0.982	0.738	0.846	0.727	0.498	1.000	0.885	0.708	0.938	1	0	0
5	0.018	0.159	0.590	0.562	0.792	1.483	0.506	0.667	0.625	0	1	0
6	0.703	0.030	0.000	0.476	0.545	0.033	0.455	0.639	0.969	0	1	0
7	1.000	0.798	0.487	0.517	0.571	0.917	0.957	0.639	0.719	1	0	0
8	0.054	0.094	0.103	0.043	0.921	0.383	0.032	0.667	0.869	0	0	1
9	0.730	0.000	0.104	0.016	0.696	0.883	0.417	1.000	0.906	1	0	0
10	1.000	0.017	0.590	0.503	0.551	0.933	0.826	0.306	0.938	1	0	0
11	0.622	0.281	0.077	0.395	0.238	0.667	0.035	0.000	0.813	0	0	1
12	0.730	0.824	0.949	0.499	0.538	0.950	0.502	0.958	0.625	1	0	0
13	0.063	0.652	0.538	1.000	0.677	0.917	0.817	0.381	0.063	1	0	0
14	0.009	0.781	0.846	0.359	0.076	0.483	0.112	0.681	0.000	0	0	1
15	0.991	0.884	0.051	0.517	0.578	0.517	1.000	0.639	0.719	1	0	0
16	0.730	0.901	0.564	0.540	0.000	0.467	0.038	0.889	0.656	1	0	0
17	0.081	0.923	0.820	0.054	0.063	0.600	0.028	0.903	0.125	0	1	0
18	0.031	0.120	0.538	0.216	0.096	0.483	0.113	0.425	0.031	0	0	1
19	0.964	1.000	0.436	0.641	0.941	0.950	0.877	0.250	0.688	1	0	0
20	0.937	0.773	0.077	0.553	0.036	0.000	0.511	0.972	0.688	1	0	0

5) 网络的学习训练

根据以上的分析,确定出 BP 网络结构为 9-19-3,模型结构如图 6-19 所示。对表 6-2 所示的样本进行学习训练,允许误差 $\varepsilon=1\times10^{-6}$,初始学习步长 $\eta=0.001$,最大训练步数=10000,进行网络训练,共训练 163 步,达到要求,系统最终总误差为 9.987367×10^{-7}。神经网络训练图如图 6-20 所示,全局误差曲线如图 6-21 所示,训练结果如表 6-3 所示,测试样本结果如表 6-4 所示。

图 6-20　神经网络训练、计算界面　　　　　　图 6-21　全局误差曲线图(LM-BP)

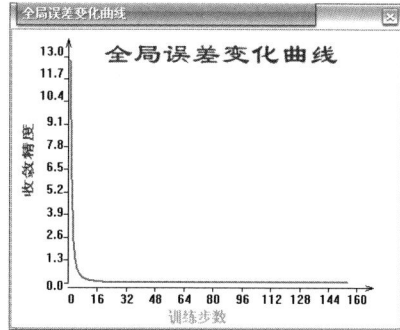

表 6-3　样本训练结果

样本	期望输出			训练输出			训练精度/%
1	0	1	0	0.000342	0.999994	−0.000073	99.986003
2	0	1	0	0.000284	0.999989	−0.000001	99.990133
3	0	0	1	0.000414	0.000034	0.999993	99.984853
4	1	0	0	0.999993	0.001063	−0.000093	99.961233
5	0	1	0	0.000206	0.999997	−0.000181	99.987000
6	0	1	0	0.000145	0.999998	−0.000146	99.990265
7	1	0	0	0.999994	0.001060	−0.000108	99.960856
8	0	0	1	0.000402	0.000032	0.999991	99.985270
9	0	1	0	0.000172	0.999998	−0.000133	99.989756
10	1	0	0	0.999992	0.001031	−0.000046	99.963806
11	0	1	0	0.000657	0.999992	0.000092	99.974731
12	0	1	0	0.000240	0.999993	−0.000190	99.985443
13	1	0	0	0.999996	0.000902	−0.000314	99.959320
14	0	0	1	0.000084	0.000516	0.999993	99.979767
15	1	0	0	0.999995	0.001063	−0.000108	99.960815

续表

样本	期望输出			训练输出			训练精度/%
16	0	1	0	0.000304	0.999992	0.000399	99.976298
17	0	0	1	0.000033	0.000477	0.999995	99.982829
18	0	1	0	0.000367	0.999995	−0.000334	99.976461
19	1	0	0	0.999996	0.000984	−0.000221	99.959696
20	0	1	0	0.000226	0.999999	−0.000126	99.988210

表 6-4　测试样本结果

样本	期望输出			测试输出			测试精度/%
1	0	0	1	0.000254	0.000218	0.999996	99.984151
2	0	1	0	0.000324	0.999995	0.000041	99.987651
3	0	0	1	0.000226	0.000997	0.999988	99.958832

LM 算法比标准 BP 算法有很多优点，其训练时间短、收敛速度快。从图 6-21 中也可以看出，在训练到第 13 步左右误差就已经达到很小，避免了陷入局部极小点，对数据的预测更为准确，平均精度为 99.977103%。

6）LM-神经网络计算

选择满足训练要求的神经网络和仿真数据（这里即所有单元的归一化后组成的数据），就可以用神经网络方法计算各单元的评价等级（等级的划分仍为最大原则）。

按照建立的 LM 神经网络模型，对所有评价单元进行评价，将所有单元评价结果存放在 Oracle 数据库中（图 6-22），并建立 ESRI Shapefile 矢量图层，命名为"地质条件综合评价图"。将此图层和 Oracle 数据库连接，这样每个多边形（评价单元）的属性就可以存储在 Oracle 数据库中。对图层"地质条件综合评价图"按照"等级"字段的值进行渲染着色，属性值相同的评价单元图例相同，这样就得到了设计区域的地质评价区划图，结果见图 6-23。

4. 评价结果的三维可视化

将评价结果集成到三维地理环境中，使工程师能够非常直观地查看和了解线路所经过区域的地质危险性评价结果，这样将更有利于实现地质选线。实现方法如下。

将评价结果均存储到数据库，根据数字高程模型和评价单元大小自动划分三维环境中的评价单元，从数据库中读取对应评价单元的评价等级，设定不同等级的填充颜色，实现评价结果的三维可视化，分为线框和颜色填充两种模式，如图 6-24 所示。

图 6-22　评价结果数据图

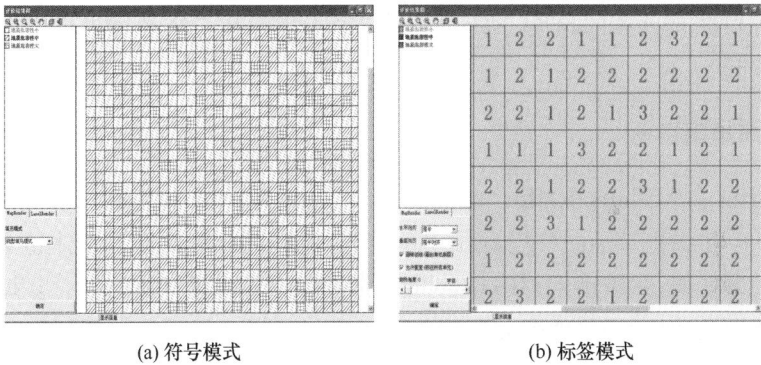

(a) 符号模式

(b) 标签模式

图 6-23　模糊综合评价结果

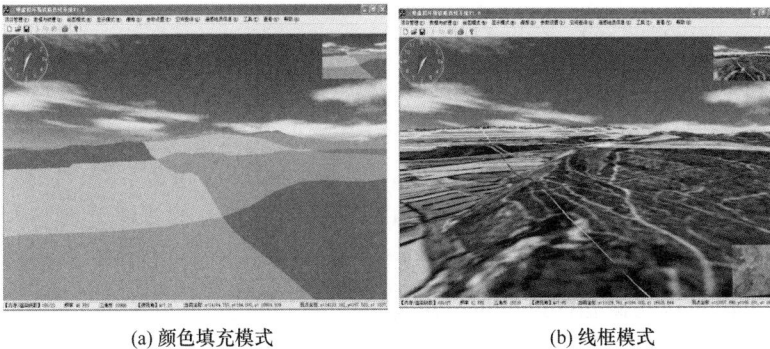

(a) 颜色填充模式

(b) 线框模式

图 6-24　地质评价结果的三维可视化

6.3　基于超地图模型的地质环境识别技术

在三维环境中进行选线设计时,能够为设计人员自动或交互式地提供信息,并将这些信息能够更有效地表达、组织和应用,是三维地质环境建模的一个重要问题[23]。既有研究的超文本方式主要是一种离散的个体信息,并不适合三维环境选线设计的需要。为此,引入超地图概念,因为超地图是具有地理数据获取功能的多媒体超文档,通过地理坐标实现对地理数据的获取,能对与某一地区相关的所有超文档进行浏览,这个区域可以通过点击地图或通过定义查询窗口中的某一对象及范围来表达。所以,超地图不仅能作为专题查询,而且可以作为地图查询。使用超地图概念,为对环境的理解提供了更有效的方法。因此,以遥感正射影像图为基础,将地理、地质、水文信息和地质选线知识融入超地图模型中,在三维地理环境中建立基于地理信息、地质、水文信息、地质知识的选线超地图模型,实现基于超地图模型对这些信息之间关系的非线性存储、组织、管理和浏览,为工程师提供图文并茂的地质、地理环境,辅助工程师在三维环境中更为有效地进行选线设计。

6.3.1　超地图概念

Laurini 和 Milleret-Raffort 借鉴超文本(hypertext)和超媒体(hypermedia)思想,于 1990 年提出超地图(hypermap)的概念,他们把地图作为多媒体超文档的地理位置的参考架,并应用到 GIS 中。"超地图"是地图和超媒体的结合。地图作为超媒体数据的功能界面,地图数据与各种超媒体数据之间的连接既可以通过功能界面,或者通过地图上确定的区域检索多媒体信息,也可以通过检索窗口进行链接,可以让用户通过主题和空间进行多媒体数据的导航。地图和超媒体所表达不同的数据,地图表达的是地学数据,而超媒体表达的是非地学数据的相关信息。地图可以作为超媒体数据的功能界面。可以通过地理坐标的形式在地图上确定的区域为超媒体文档信息,检索的方式可以选取地图上的一个目标或一个区域或定义一个窗口。

超地图理论可通过设置节点与超链,把不同的目标以超文本方式链接起来;通过对节点的定义,以超链来实现地理信息的获取和以目录服务来实现地理信息的组织管理。本书建立的选线超地图模型涉及的概念主要有超地图工作区、超地图节点等,下面对这些概念作进一步的定义。

1．超地图工作区

超地图工作区是一定区域内地物层的集合。就选线设计而言，它是指在三维选线环境中，交互或自动确定的某一区域，该区域内的所有的地理、地质、水文信息以及地质知识等信息的集合。通过将超地图工作区的一定区域或图形对象即可设置为超地图节点，可以建立该超地图节点到其他节点数据库。

2．超地图节点

通过超地图节点可以建立不同媒体间的联系。超地图节点作为一种特殊的对象，它表现为对地图一定区域范围或某个空间对象的链接关系，它的属性包括链接对象的特征、与被链接对象的特征、超链关系等。其类型包括文本、图像、矢量图形、虚拟现实等超媒体介质。对于三维选线环境来说，节点类型主要是与地理信息关系密切的矢量图形超地图节点，在影像地图中定义热区作为节点响应超链的空间范围，对于热区的确定一般有设置矩形区域、设置多边形区域和设置点、线、面等空间对象三种方法，其中数字地质对象的空间区域范围直接就可以作为矢量图形超地图节点。

6.3.2　三维选线环境超地图模型

1．模型的组成

从面向对象的观点看，三维选线环境的超地图模型为空间信息对象（spatial object，O^S）的集合，由一系列的空间信息对象组成，即

$$H = \{O_1^S, O_2^S, \cdots, O_n^S\}, \quad i = 1, 2, \cdots, n \tag{6-20}$$

空间信息对象主要为超地图工作区内的地质对象、对应地质知识、地理、水文信息、三维地质模型等对象。

每一个空间信息对象 O^S 包含四个基本内容：ID^S、H^M、H^G 和 H^L。表示为

$$O^S = \{ID^S, H^M, H^G, H^L\} \tag{6-21}$$

式中，ID^S 是对象的唯一标识；H^M 代表非几何属性，如图形、图像、三维虚拟现实等多媒体信息；H^G 代表几何属性，如空间属性和其他数值型数据，H^M 和 H^G 一起组成 O^S 的内部状态；H^L 为 O^S 的方法集合，定义了 O^S 对象内部之间、对象之间以及超地图内部之间的非顺序连接关系和操作方法集合。

所建立的超地图模型是从面向对象的分析方法出发，将超媒体视为地理信息的属性，即多媒体属性，同时将超图形视为地理信息的空间属性，两者一起形成对象的内部状态。超链接视为对象内部之间、对象之间以及超地图内部之间、超地图之间的非顺序连接关系和操作方法集合。

2. 模型的超目录结构

超地图理论可通过设置节点与超链接,把不同的目标以超文本方式链接起来,来实现信息的转换。但如同超文本一样,由于超链的最终结果将是庞杂无边的网络拓扑结构,在具有信息或跳转次数多的情况下,链接的结构关系复杂,对信息的组织非常不方便,效率也比较低。而建立超地图模型的超目录结构就是对超地图模型中信息的基本组织方式采用目录树结构,并以各类对象类型为基本单元,建立面向对象的综合组织结构形式,将各类对象都纳入同一个概念框架下,由超目录结构统一组织管理,提供快速定位功能的目录索引功能。

根据超地图工作区内各对象的类型,将超地图工作区内的节点按树形目录组织。每类地质对象与其相应的地质知识组成一个类,如图 6-25 所示。

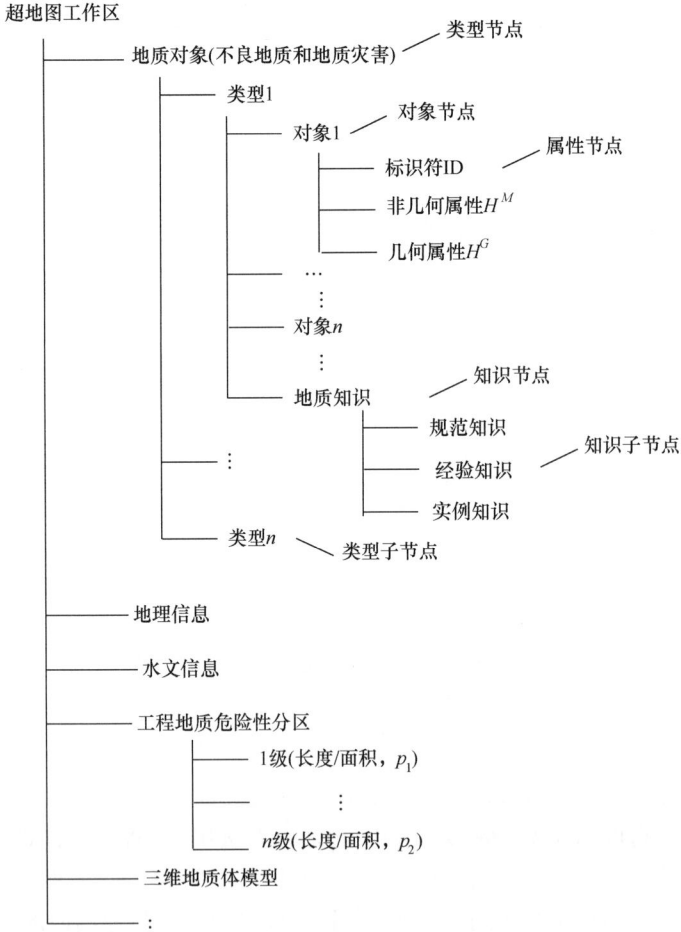

图 6-25　超地图模型的超目录结构

这种超目录结构的特点体现在以下几个方面：

（1）丰富节点与链的类型，进一步发挥超媒体模型的优点，以提供不同节点之间的灵活链接关系。

（2）建立基于对象类型的统一协调机制和结构模型。

（3）支持非地图信息的表达，特别是多媒体信息的表达。

节点类型有以下四种：

（1）类型节点：用来在超地图工作区内不同对象类型间进行链接。

（2）对象节点：实现同一类型下各对象的链接。

（3）属性节点：实现对象内部各属性的链接。

（4）知识节点：实现不同类型地质对象的地质知识的链接。

通过与地形数据库、遥感地质数据库、地质知识库等数据库的连接，检索超地图工作区范围内的所有相关地质、地理、水文、地质知识等信息，然后根据对象的类型，建立超目录结构，以超目录对信息进行组织和管理，从而建立基于影像地图的三维地理环境的超地图模型。能够很好地组织和表达多媒体数据，为工程师提供图文并茂的地质、地理和地质知识环境，在设计过程中，让工程师通过信息与知识的查询对线路所经行地区的地理环境进行分析，发挥想象力，调动工程师的智能，辅助工程师在三维环境中更为有效地进行选线设计。

6.3.3　基于超地图模型的地质环境识别

三维选线环境超地图模型是由超地图工作区来建立，采用超目录结构来对工作区内的所有对象（信息）进行组织和管理。因此，建立选线超地图模型的前提是建立模型的超地图工作区，而建立超地图工作区的前提是确定其区域范围。

1. 建立超地图工作区的三种方式

选线工程师通过鼠标在三维地理环境中交互地确定一封闭区域为超地图工作区的区域范围，然后检索所有位于该区域内的地质对象、相应的地质知识以及地理水文等相关信息，建立超地图模型。并对这些信息分类，建立超目录结构，然后以超目录对这些对象（信息）进行组织和管理。工程师可以对该区域内的地质、地理、水文等信息进行分析和评价。交互式确定超地图工作区的区域范围主要有三种方式：点选、矩形和多边形。图 6-26 给出了示意图。交互式能够获取三维地理环境中任意位置和范围的地质、地理、水文等信息。

| (a) 点选方式 | (b) 矩形方式 | (c) 多边形方式 |

图 6-26　交互式确定超地图工作区

2. 基于超地图模型的地质环境识别

基于超地图模型的地质环境识别即空间地质对象的识别,如何判断位于工作区范围内的地质对象和其他设计相关信息。其中点选方式判断简单,可以转换为点点之间距离的判断问题;交互式的矩形和多边形方式则涉及直线、多边形与多边形空间关系判断问题,下面就以上两种类型分别说明。

1) 点点关系判断

通过判断各地质对象空间边界坐标点与圆心的距离 D,凡是小于等于所设定的半径 R,即可确定该对象位于工作区范围内。其流程可用下面伪代码表示:

```
for(long i=1;i<=M;i++)
{for(long j=1;j<=Conpts(i);j++)
    {d_ij=GetDistance(Pt_i,j,P_center) //求解第 i 个地质对象的第 j 个边界点与圆心的距离
        if(d_ij<=R) //如果小于等于 R
        {
                SaveToArray();//保存该地质对象信息
                break;//退出当前第 i 个地质对象的判断
        }
    }
}
```

2) 直线、多边形与多边形关系判断

本书的算法将直线、多边形与多边形关系判断问题转换为点与多边形空间关系判断问题,即只要地质对象边界上有一点位于工作区多边形范围内或边界上,即可认为该地质对象位于工作区范围内。流程可用下面伪代码表示:

```
for(long i=1;i<=M;i++)
{
```

```
for (long j=1;j<=Conpts(i);j++)
{
    //求解第 i 个地质对象的第 j 个边界点是否位于工作区多边形范围内或边界上
    BOOL m_bIn= PtInRegion(Pt_{i,j},*Pts)
    if(m_bIn==TRUE)        //如果位于内部或边界上
    {
        SaveToArray();     //保存该地质对象信息
        break;             //退出当前第 i 个地质对象的判断
    }
}
}
```

6.3.4　基于超地图模型选线应用

通过超地图模型的地质环境识别技术,工程师就能够交互地对地质环境进行识别,并将识别的地质等信息以超地图模式向工程师提供。图 6-27～图 6-29 所示为点选、矩形和多边形方式的应用实例。图 6-30 所示为基于地质环境识别技术自动建立的超地图模型实例。

图 6-27　超地图模型(点选模式应用)

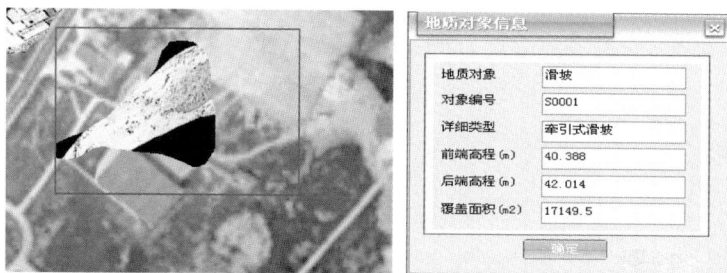

图 6-28　超地图模型(矩形模式应用)

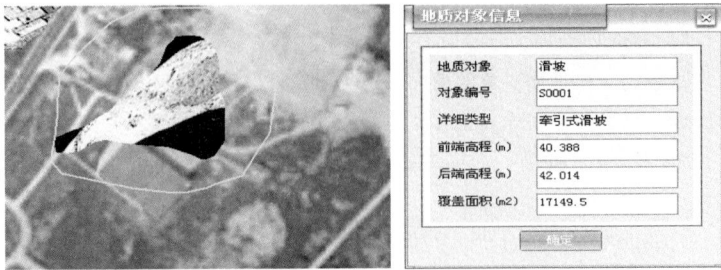

图 6-29　超地图模型（多边形模式应用）

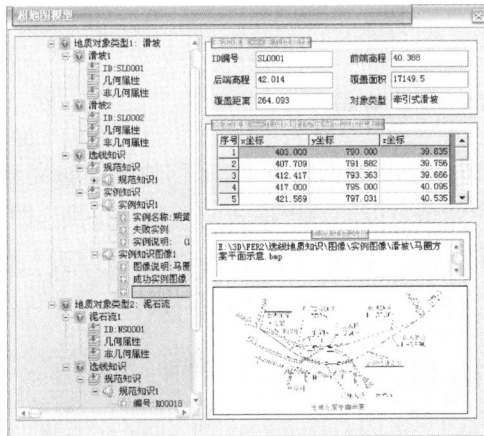

图 6-30　超地图模型的应用实例

第7章　高速列车运动仿真三维建模

从系统工程的角度,采用面向对象的设计方法,通过引入可视化、三维建模技术和三维动画技术,在所建立的动车单元模型的基础上,建立动车单元模型和三维模型之间建立模型解释和映射机制,将动车几何模型之间的几何约束关系、单元模型和三维线路场景之间的相互对应关系,一并装配在集成模型树中,建立虚拟环境列车三维运动仿真系统,实现三维可视化线路设计与动车运动仿真有机结合。

7.1　国内外研究现状

将虚拟仿真技术和高速列车运动结合起来进行研究,在计算机上重建线路设计方案,再现一个真实的铁路运行环境,对评价和优化线路设计结果、高速列车运行的安全性和可靠性、旅客舒适度以及列车运行控制策略等具有重要意义。对此,国内外很多专家学者进行了相关的研究。

7.1.1　国内研究现状

黄友能等和牛清华等采用 MultiGen Creator 三维建模软件构建三维视景模型,采用 Vega 视景仿真软件进行视景驱动,实现了城市轨道交通列车虚拟驾驶仿真[71,72]。刘敏贤等采用 3Ds Max 构建了视景仿真的三维场景,根据高温超导磁悬浮车及其在轨道上的运行情况和运行特点,模拟了高温超导磁悬浮车的运动仿真[73]。刘博等对基于 Creator 的列车运行三维建模技术进行了详细研究,并用＋＋Creator 软件建立了简化的列车、线路及环境模型,但没有对列车运动仿真进行研究[74]。姜璐等以 Creator 建立线路虚拟场景,以 Vega 为软件设计平台,建立了列车驾驶室仿真模型,应用在列车三维驾驶仿真中,而不是整列高速列车模型和运动仿真[75]。丁国富等实现了基于轨道动力学应用的单节车辆运动仿真,但也不是一列完整的列车,其线路场景是较短的虚拟的一段线路三维场景,并不是实际的线路设计方案实景[76,77]。

7.1.2　国外研究现状

在国外,都灵理工大学的 Caneparo 研究了都灵伯塔苏萨高速列车车站的虚拟现实设计与管理[78];韩国铁道研究院的 Jun 研究了在一个交互式虚拟环境下的多列车运行模拟[79]；俄亥俄大学的 Kljuno 等研究了以控制和虚拟现实为基础的车辆仿真系统,实现了车辆的动态模拟[80]；罗马大学的 Bruner 等对列车在铁路轨道动态模拟进行了深入研究[81]。

7.1.3　国内外研究分析

综合目前国内外研究现状,主要集中于采用视景仿真软件和三维建模软件,模拟较短的线路进行列车的运动仿真,与实际的线路有着较大的区别,所建的列车模型也主要是单节车辆模型,仿真控制比较简单。缺少基于线路设计与高速列车运动可视化仿真建模的研究。基于三维线路设计应用的高速列车运动仿真可视化建模的难点在于以下两点。

(1) 整车模型数据量大,不再是单节列车模型,运动过程中要求实时加载和装配模型,对运动仿真计算算法有较高的要求,在保证加载和装配实时性前提下,必须还具备较高的运动仿真速度。

(2) 列车各组成单元模型之间的约束关系以及与线路约束关系复杂,既有整列车的运动与三维线路之间的约束关系,又有各列车各单元之间的约束关系,实时运动过程中坐标计算、控制更复杂。

7.2　基于面向对象方法的系统分析

7.2.1　面向对象方法

面向对象方法认为,对象是一个有局部状态和操作集合的实体,一个对象可以描述为

$$对象（Object）∷＝（ID,MS,DS,MZ）$$

式中:ID 为对象的标识或对象名;MS 为对象状态属性和改变属性的操作集合;DS 为对象的数据结构;MZ 为对象的处理接口(消息集合)。为此,可将系统模型中的对象分成两类:结构型对象和非结构型对象。结构型对象(S-Object)是几何模型的一个构件,在系统中能够有一定的操作性和功能自主性;其他属非结构型对象(NS-Object),如模型树、纹理、颜色、材质、灯光等,用以辅助主对象(结构型对象)完成既定的操作。

一个模型及场景的构成如下:

模型场景(Model Scene)∷＝{S_Object1, S_Object2,…, S_Objectn,
　　　　　　NS_Objrct1, NS_Objrct2,…, NS_Objrctm}

在本系统中,动车组模型场景构成为

动车组模型场景(Model Scene)＝{头车 1,中间车辆 1,中间车辆 2,头车 2,
　　　　　　ID 号,名称,纹理,材质,颜色,模型树,光照,…}

7.2.2　模型的简化及参数确定

由于机车车辆-轨道耦合模型是一个多变量、多自由度的系统,尤其三维线路场景的动仿真中,系统的复杂性大大加强,所以需要将模型进行简化。按照耦合动力学的计算模型,将系统几何模型归结为以下对象的相互作用[82]。

(1) S-Objects:车体,转向架,轮对组成为动车车辆刚体对象,机车车辆对象组成由轮对数、构架形式综合计算。

(2) 离散钢轨、离散轨枕、离散道床、离散路基等统一简化为一个线路刚体对象。线路对象组成主要考虑线路的参数按离散单位计算。

其中动车刚体以轮对和路基对象中的钢轨之间以三个空间方向规定了各对象之间的空间约束关系。以动车中间车辆为例,其在三维场景中与线路的耦合模型对象组成如图 7-1 所示。

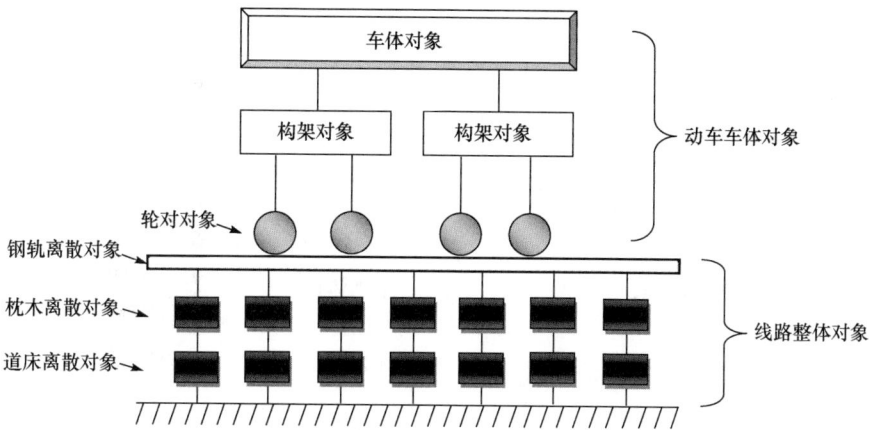

图 7-1　系统模型的面向对象结构

对象之间的继承关系如图 7-2 所示。其中 CRHObject 代表动车车辆刚体对

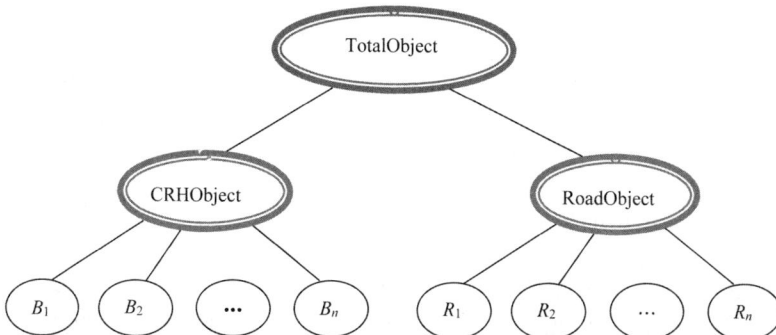

图 7-2　系统模型的对象继承关系图

象，B_1、B_2 等代表派生的动车车辆子对象；RoadObject 代表线路整体对象，R_1、R_2 等代表派生线路子对象。两者共同构成动车车辆运动仿真整体对象。

以中间车辆刚体为例，一个刚体对象的总体伪描述如下：

```
class CRHObject      //动车刚体模型(包括车体、轮对等)
{
public:
    int ID;               //动车刚体编号
    int m_flag;           //动车刚体标识
    CString m_name;       //动车刚体名称
    double m_position_x, m_position_y, m_position_z;//动车刚体在三维空间的位置
    double m_translate_x, m_translate_y, m_translate_z;//动车刚体在三维空间的运动位移
    double m_rotate_x, m_rotate_y m_rotate_z;        //动车刚体在三维空间的旋转位移
    float m_scale_x, m_scale_y, m_scale_z;           //动车刚体在三维空间的缩放比例
    CRHObject();//prototype
    virtual~ CRHObject();//析构函数
protected:
    HTREEITEM  m_node_name;        //动车刚体在模型树中的名称
    HTREEITEM  m_previous_Node;    //动车刚体在模型树中的相邻前一节点
    HTREEITEM  m_next_Node;        //动车刚体在模型树中的相邻下一节点
    int m_NodeTreePos;             //动车刚体在模型树中的空间位置
    BOOL m_btranslate;             //动车刚体是否发生运动
    BOOL m_Scale;                  //动车刚体是否发生缩放
    BOOL m_Rotate;                 //刚体是否发生旋转
private:
    int m_length;                  //动车刚体长度
    int m_width;                   //动车刚体宽度
    int m_height;                  //动车刚体高度
    float m_mass;                  //动车刚体重量
    other modle_GeoMetricAttribute; //动车刚体其他属性
};
```

7.3　机车车辆几何模型的建立及模拟

7.3.1　车辆仿真系统的组成

为了能更有效、更逼真地进行列车运动仿真，根据动车特点和单元模型化的概念，建立的动车组仿真模型由两辆头车和两辆中间车辆组成。示意图如图 7-3 所示。

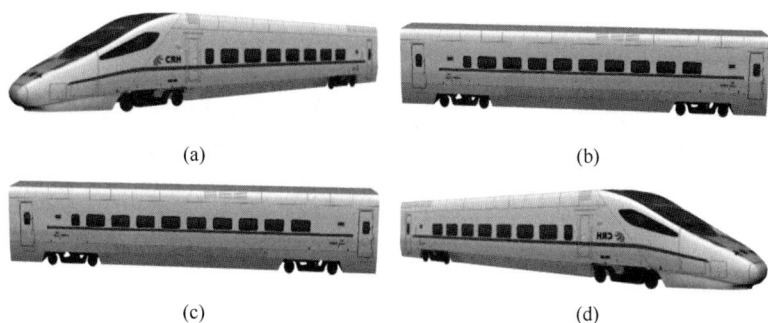

(a)　　　　　　　　　　　　　　　(b)

(c)　　　　　　　　　　　　　　　(d)

图 7-3　机车车辆仿真系统的单元组成

按照图 7-3 的组成方式,则动车整体运动模型如图 7-4 所示。

图 7-4　动车整体运动系统模型

7.3.2　机车车辆运动系统的建立

　　机车车辆的运动由车辆的各构件运动组成,其中刚性构件包括车体、轮对等,每一个可移动的刚性构件有 6 个规定的自由度,即 X、Y、Z 方向的位移和绕 X、Y、Z 方向的旋转角。构件之间的装配关系,参照构件的形状和位置在变化的线路运动位置中实时装配。线路的组成根据动车组运动仿真的需要,在图像显示时考虑为刚性不变体。每个运动体均由标识集标定。整个仿真场景有 1 个全局坐标系,定义在车体质心垂直于轨面的交点处,每 1 个组件有 1 个局部坐标系,位置随车在线路上变化而变化。以中间车辆为例,在 1 个相对静态的时刻,其系统运动坐标系的构成如图 7-5 所示。每个局部坐标系相对位置的变化,严格参照主坐标系的变化而变化。

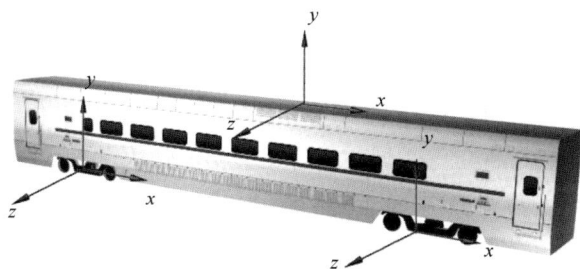

图 7-5　系统的坐标系组成

7.3.3 轨道几何模型的模拟

要实现列车运动的视景仿真,建立逼真的列车运行环境是必不可少的,它不仅包括铁路信号、铁轨、轨枕、接触网等基础设施,以及机车、车辆等信息,还包括周边的地理环境信息共同构成了列车运动仿真的基础。在本书的线路三维设计关键技术,已经为列车运动仿真构建了三维线路场景,这为列车运动仿真提供了线路条件和基础。图 7-6 所示为建立好的轨道三维几何模型。图 7-7 所示为建立好的轨道三维场景。

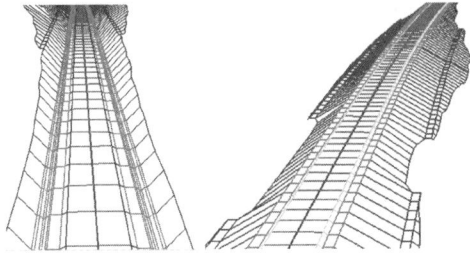

图 7-6　轨道三维几何模型(线框模式)

图 7-7　轨道三维几何模型(纹理模式)

7.3.4 列车单元模型建模方法

建立三维模型的软件有多种,如 AutoCAD、3Ds Max、Maya 等。其中,3Ds Max 是 Autodesk 公司开发的基于 PC 系统的三维动画渲染和制作软件,广泛应用于工业设计、建筑设计、工程可视化等领域。具有建模功能强大、扩展性好、操作简单等特点,因此,采用 3Ds Max 建立动车组三维单元模型。模型最终效果如图 7-8 所示。

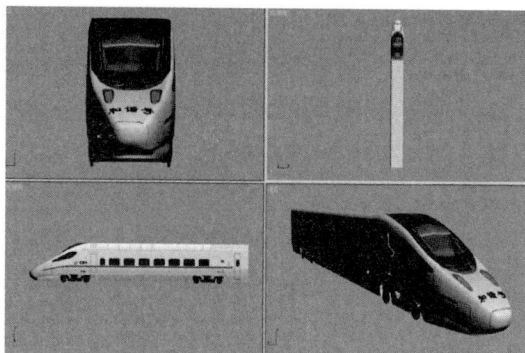

图 7-8　模型最终效果图

7.4　系统动态运动的生成

7.4.1　系统运动数据的生成

为了提高动车组仿真运行和计算速度,在将动车组单元模型存储到数据库时,分别计算不同类型动车组单元模型的几何数据,包括最小最大 x、y、z 坐标,一同存储到模型数据库中。运用建立标识集来识别三维对象模型库里的目标单元对象的方法,在运动开始阶段从数据库中调入动车组单元模型和读取单元模型的几何参数等相关信息。系统根据运行速度、位移、动车组类型等参数,进行动车组三维场景的装配,从而形成三维动车组模型一个确定的运动数据链[82]。其流程如图 7-9 所示。

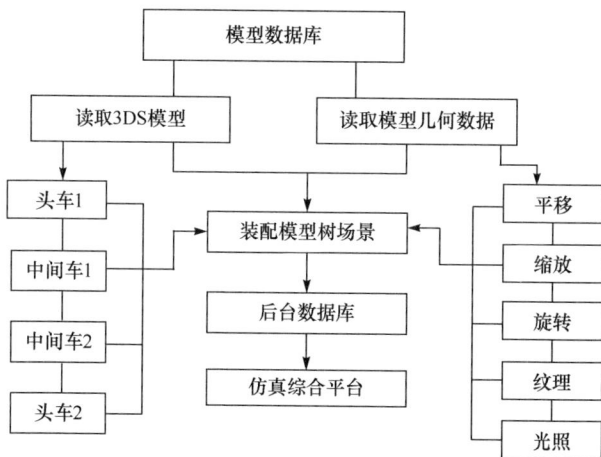

图 7-9　系统运动数据的生成流程

7.4.2　基于线路函数的动画关键帧的生成

针对列车运动是离线计算问题,采用如下解决办法:以线路作为轨迹函数,求出线路与车辆在不同位置的运动系列,然后计算动车组各构件叠加在不同行驶位置的运动上,构成整个耦合系统的运动。由于采用多个车辆共同构成动车组整体模型,因此在运动仿真过程中,既有各组成单元及其构件的运动,同时相邻单元之间又会存在相对运动关系。

在建立轨道三维场景过程中,线路采用的一定间隔的断面系列构成的,为了能够更为精确地确定任一时刻动车单元模型的确切位置,需要对轨道几何模型的断面间进行插值处理。针对运动速度的考虑,这里采用线性插值方法,流程如下:

(1) 根据运动的里程 s,从线路设计数据库中读取轨道组成断面的三维坐标数据,计算当前里程 s 位于轨道的哪两个断面内。

(2) 确定好所处两个断面后,根据两个断面三维坐标插值出单元模型的当前在线路上的空间坐标。线路断面示意图如图 7-10 所示。

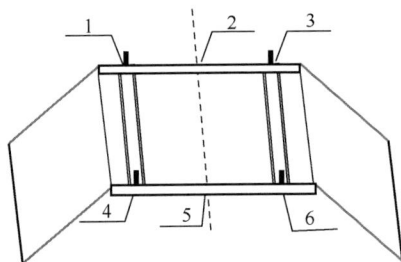

图 7-10　线路断面示意图

两断面的各组成坐标如下:

$$1.(x_{L1},y_{L1},z_{L1}) \quad 2.(x_1,y_1,z_1) \quad 3.(x_{R1},y_{R1},z_{R1})$$
$$4.(x_{L2},y_{L2},z_{L2}) \quad 5.(x_2,y_2,z_2) \quad 6.(x_{R2},y_{R2},z_{R2})$$

式中,(x_1,y_1,z_1) 和 (x_2,y_2,z_2) 是轨道相邻断面中心点三维坐标;(x_{L1},y_{L1},z_{L1})、(x_{R1},y_{R1},z_{R1}) 和 (x_{L2},y_{L2},z_{L2})、(x_{R2},y_{R2},z_{R2}) 是轨道两断面两则钢轨处的三维坐标。断面处里程分别为 l_1 和 l_2,两断面里程间距为 $l=l_2-l_1$。

将机车车辆定义为在线路上行驶的连续运动对象,而线路作为该连续运动的路径函数,线路函数定义为

$$F(s)=\begin{cases} x=x_1+(s-l_1)(x_2-x_1)/l \\ y=y_1+(s-l_1)(y_2-y_1)/l \\ z=z_1+(s-l_1)(z_2-z_1)/l \end{cases} \tag{7-1}$$

然后再将机车车辆各构件模型叠加在不同行驶位置的运动上,构成整个耦合系统的运动。因此,在渲染某一帧图形时,首先要在线路上搜索,机车车辆及构件模型当前行程在轨道某相邻关键节点(断面节点)之间,获得当前帧图像的实际运动位置点[82]。这种插值可以形象地描述为图 7-11。

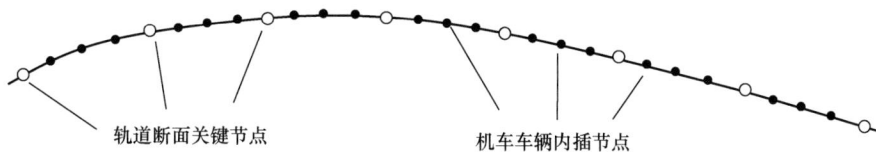

图 7-11 运动轨迹的位置插值

插值后得到的位置序列,实际上是车辆重心在线路上平动的运动序列。机车车辆各构件的质心运动并没有对应在线路上的某个合适的位置,为此,要对车辆构件定义自己的行程,并与线路位置对应。需指出的是,由于线路不一定是直线,而且轮对踏面始终应在钢轨上,这种约束关系确定了必须对每一构件自己的行程位移重新在线路上搜索,得到该构件的位置(可能处于当前行程下某两个关键节点之间),然后重新进行插值,获得每个构件的运动位置序列。其插值计算方法同机车车辆相同,通过选取前后相邻断面上左右钢轨三维坐标(图 7-10 中的 1、3、4、6点),插值计算出两对轮轨的三维位置坐标。每个构件按这种方式重复,便将所有构件在某一行程与线路上的位置唯一确定下来[82]。

当前机车车辆运行里程为 s,前后轮对与机车车辆中心距离为 l_0,则前后轮对当前运行里程分别为 $s_f = s + l_0$ 和 $s_b = s - l_0$,从线路设计数据库中读取轨道组成断面的三维坐标数据,计算当前里程 s_f 和 s_b 位于的轨道的哪两个断面内(轨道断面关键节点)。

以前左轮对为例,其路径函数为

$$F(s) = \begin{cases} x = x_{L1} + (s_f - l_1)(x_{L2} - x_{L1})/l \\ y = y_{L1} + (s_f - l_1)(y_{L2} - y_{L1})/l \\ z = z_{L1} + (s_f - l_1)(z_{L2} - z_{L1})/l \end{cases} \tag{7-2}$$

其中,轮对每一构件当前行驶位置的转角由线路在当前两关键节点之间的转角确定;车体的转角由两轮对(转向架)在线路上的相对位置实时获得。

系统的运动情况可由图 7-12 的流程来抽象描述。每个机车车辆单元模型及其组成的构件(轮对等)在某一时刻的行程数据,必须与其在三维运动模型系统中所处的位置相匹配;同时每个车辆单元模型也必须与其他车辆单元模型相匹配,以减少不必要的误差。

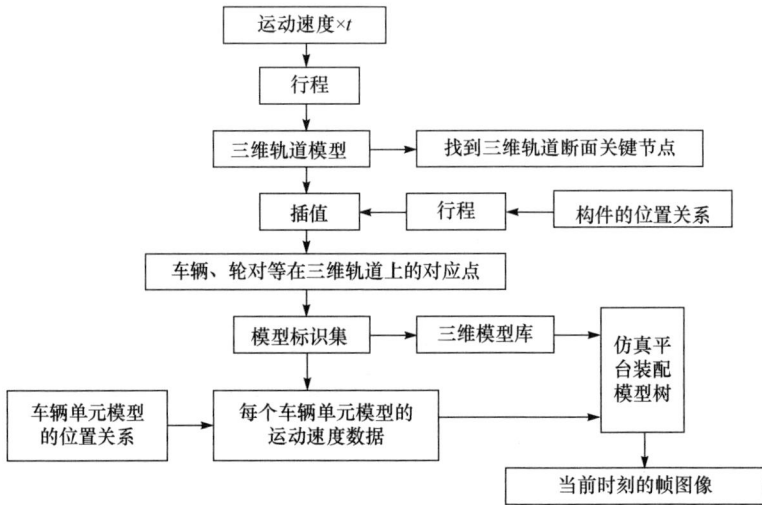

图 7-12　某一时刻图像关键帧数据的生成流程

经过这种处理,将当前行驶位置车辆单元模型及其各构件与当前行驶位移量叠加起来,就得到了动车组整体模型在线路某个时刻的关键帧数据。计算所采用的时间步长越小,获得的关键帧序列在线路上的位置相对较为接近,如果需要将运动图像更进一步平滑,可以考虑第 2 次插值或以更小的时间积分步长,这样图像帧序列将更为密集地排列在线路上。

7.4.3　图像帧的数据结构定义及实现

鉴于处理数据的序列性,将每个图像帧序列有序地存储在一个多重线性链表中,定义一个 Animation 控制集,在该集中存储一个 Framelist 链表,每一个 Framelist 链表又包含两个子链表,用于存储当前帧的车辆刚体集和轮对悬挂集,这个抽象的数据结构可以直观地描述为图 7-13。

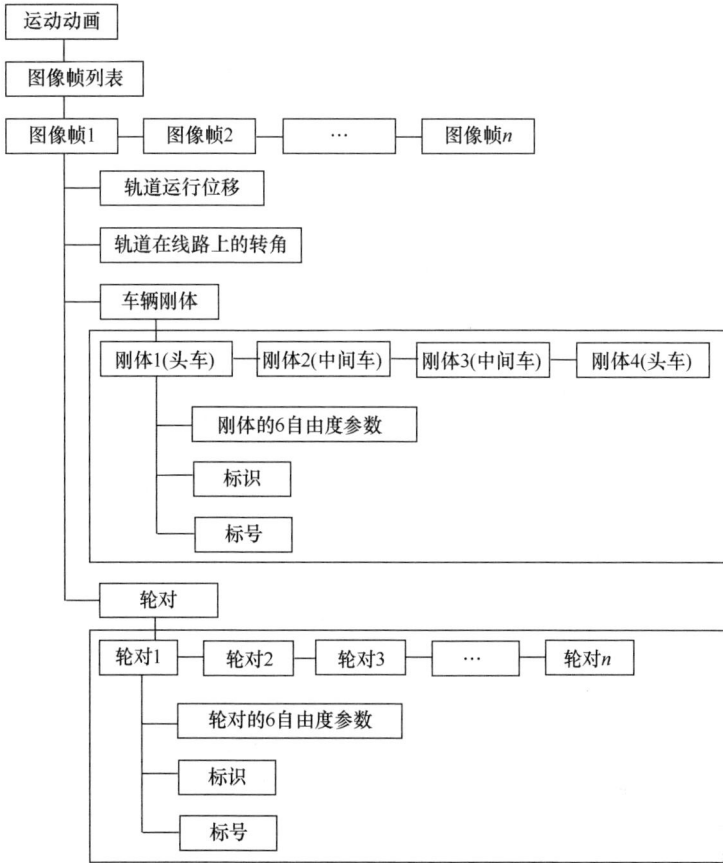

图 7-13　图像帧的数据结构描述

7.5　系统集成框架设计与实现

7.5.1　系统集成框架

综合考虑机车车辆-轨道耦合动力学的模型细节,将系统建立成图 7-14 所示的形式。图 7-14 中,系统设计方法是系统集成的关键和纽带,这里采用面向对象的设计方法。系统的三维几何模型和计算模块相对独立,计算模块联结线路三维模型和动车组模型。面向对象不但规定了动车组各单元模型及其各构件之间的几何约束关系,还规定了几何模型和计算模块间的相互对应关系,形成模型解释机制。模型经相应的解释后,产生了系统模型结构的数据对应表和动车组各单元模型及构件的几何表面模型,这些都一并装配在模型树和三维线路仿真场景中。仿真的相关数据和图形的操作都可以依据场景中的模型构件表示作相应的处理。

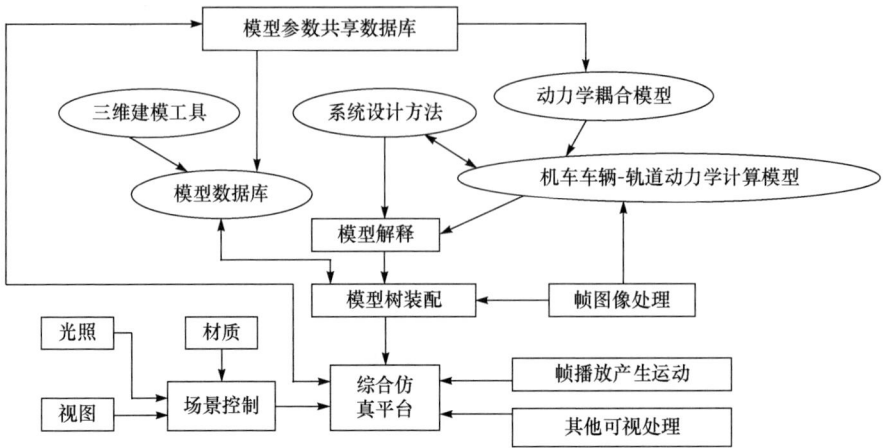

图 7-14　机车车辆-轨道耦合模型的系统结构

7.5.2　机车车辆动态运行场景的参数设置

为了能够对不同类型的动车组进行运动仿真模拟,可通过参数设置模块选取不同类型的动车组模型,如图 7-15 所示。在参数设置模块同时也显示了不同类型动车组模型的长度、高度、宽度等几何参数和模型的最大、最小 x、y、z 坐标。而这些坐标将会用在计算模块中,对动车组各单元模型进行空间定位和运动参数计算。

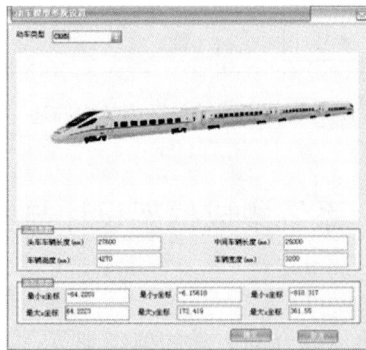

图 7-15　机车车辆动态运行场景的参数设置

7.6　机车车辆动态运行 3D 声音的实现

为了动车组运动仿真过程中,同时实现运动仿真的 3D 声音音效将在很大程度上增强仿真效果。DirectSound 3D 由微软公司所推出,利用声音大小的比例调整与多普勒效应,来达到以软件来模拟 3D 音效的效果,创立了在三维空间定位音效文件的标准方式。DirectSound 为声音实时仿真提供强大的 API,使开发人员绕开具体的硬件规范,并充分利用声音硬件的加速功能,达到最佳性能。任何应用程序透过它和支持 DirectSound 3D 的声卡,便可以获得所需的效果。

7.6.1　DirectSound 的 3D 模拟空间

DirectSound 的 3D 模拟空间类似现实空间,可以用笛卡儿坐标系来描述 DirectSound 的 3D 空间,有 x、y、z 三个坐标轴。在这个模拟空间中 DirectSound 提供了模拟的声源对象和倾听者对象(listener),声源和听者的关系可以通过三个变量来描述:在三维空间的位置、运动的速度以及运动方向。

位置即声源和听者在三维空间的所在位置,随着两者的相对位置不同,则听者便会听到不同的声音效果。

速度为声源和听者在三维空间中的移动速度,此项特性同样会改变两者在空间的坐标,以产生不同的声音效果。

在产生 3D 音效时,主要有如下几种情况:

(1) 声源不动,而听者在模拟的 3D 空间进行运动(图 7-16)。

(2) 听者不动,让声源在模拟的 3D 空间进行运动(图 7-17)。

(3) 听者和声音同时在运动。

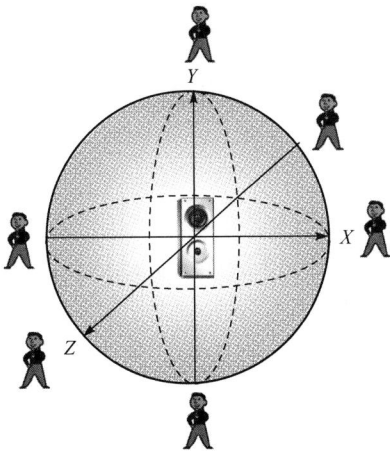

图 7-16　声源不动,听者移动产生 3D 音效　　　图 7-17　听者不动,声源移动产生 3D 音效

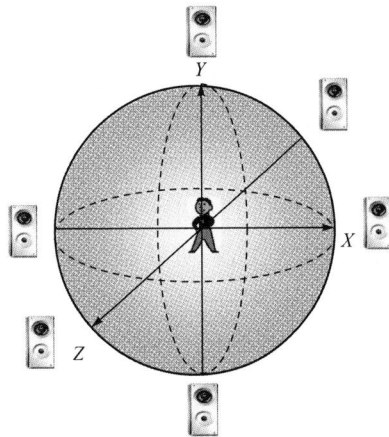

7.6.2　三维环境中 3D 音效产生原理

DirectSound 提供了听者和声源对象的接口,可以通过上面提到的三种方式设置改变声源或者听者的位置,运动速度和方向就可以自动生成多普勒频移效果,形成 3D 音效。在 3D 环境中,通过 IDirectSound3DBuffer8 接口来表述声源,这个接口只有创建时设置 DSBCAPS_CTRL3D 标志的 DirectSound buffer 才支持这个接口,这个接口提供的一些函数用来设置和获取声源的一些属性。在一个虚拟的 3D 环境中,可以通过主缓冲区来获取 IDirectSound3DListener8 接口,通过这个接口可以控制声学环境中的多数参数,如多普勒变换的数量、音量衰减的比率。

1. 最大最小距离

当听者越接近声源,那么听到的声音就越大,距离减少一半,音量会增加一倍。当继续接近到声源,距离缩短到一定距离后,音量就不会持续增加,这就是声源的最小距离,即声音的音量开始随着距离大幅度衰减的起始点。DirectSound 缺省的最小距离 DS3D_DEFAULTMINDISTANCE 定义为 1 个单位,或者是 1m。对于三维运动仿真场景中,要设置一个比较大的最小距离,这样不至于衰减得很快。

最大距离就是声源的音量不再衰减的距离。DirectSound 缺省的最大距离 DS3D_DEFAULTMAXDISTANCE 是 1 billion。即当声音超出听觉范围以外的时候,衰减还是在继续。在 VXD 驱动下,为了避免不必要的计算处理,在创建 buffer 的时候就要设置一个合理的最大距离。

2. 处理模式

DirectSound 有三种处理模式:normal、head-relative 和 disabled。

(1) 在 normal 模式下,声源的位置和方向是真实世界中的绝对值,这种模式适合声源相对于听者不动的情形。

(2) 在 head-reative 模式下,声源的所有 3D 特性都跟听者的当前的位置、速度以及方向有关,当听者移动,或者转动方向时,3D buffer 就会自动的重新调整 world space。

(3) 在 disable 模式下,3D 声音失效,所有的声音听起来好像来自听者的头部。

3. 声音的锥效应

没有方向的声音在各个方向上的振幅都相同,有方向的声音在该方向上的振幅最大,声音的锥效应分为内部的锥效应和外部的锥效应,锥的外部的角度应该大于等于锥的内部角度。在锥的内部,在考虑到 buffer 中的基本的音量,以及距离听者的距离远近和听者的方向,声音的音量就跟没有锥效应一样。在锥的外部,正常的音量被削弱了,从零到负的百分之几分贝。在锥体的内部和外部之间,是一个过渡带,从内部的 volume 到外部的 volume,这个音量的逐渐降低。图 7-18 所示为声音的锥效应。

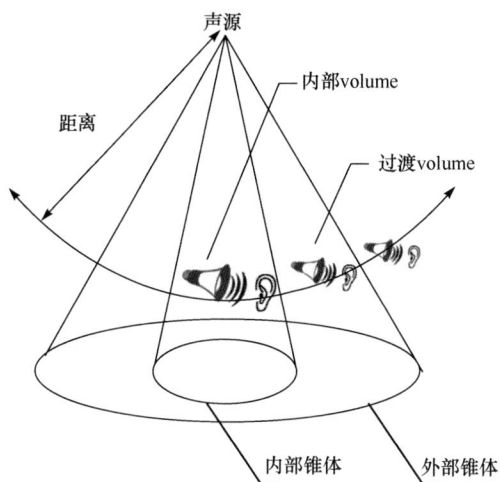

图 7-18　声音锥示意图

7.6.3　基于 DirectSound 声音实时仿真实现

1. 对声音 3D 效果的模拟

声音实时仿真的另一个重要内容是对 3D 空间声音效果的模拟。真实世界是动态的,声音源和观察者处在三维空间中,并处于运动状态,观察者所听到的声音也是动态变化的。声音圆锥特性和多普勒效应是最基本的 3D 效果。虚拟环境中的声音空间效果模拟是一个非常复杂的课题,涉及声学物理等知识。幸运的是,DirectSound 提供了高效的 3D 声音接口(IDirectSound3DBuffer 和 IDirectSound3-Dlistener),通过该接口设置 3D 参数,DirectSound 自动完成对声音的 3D 效果的处理。

2. 获取 IDirectSound3DBuffer 接口并设置参数

要获得 IDirectSound3DBuffer 接口,必须先创建一个二级 3D 声音缓冲区。创建二级 3D 声音缓冲区的方法是:指定 DSBUFFERSC 结构的 dwFlags 成员为 DSBCAPS_CTRL3D,再调用 IDirectSound::CreateSoundBuffer 方法。

对创建的二级 3D 声音缓冲区使用 IDirectSoundBuffer::QueryInterface 方法,获得该缓冲区对应的 IDirectSound3Dbuffer 接口的一个指针。获得 IDirect-

Sound3Dbuffer 接口指针后,可以设置该缓冲区的 3D 参数。

1) 最大距离和最小距离参数

当接近声音源时,听到的声音将逐渐增大。DirectSound 给出了一个最小距离,当越过最小距离接近声音源时音量不再增加。同样 DirectSound 给出了一个最大距离,当过最大距离远离声音源时,音量不再减小。IDirectSound3Dbuffer::SetMinDistance 和 IDirectSound3DBuffer::SetMaxDistance 方法用来设定最大、最小距离参数。

2) 工作模式

声音缓冲区有三种处理模式:普通模式、相对模式和禁止模式。普通模式是缺省的处理模式;在相对模式中,声音参数包括位置、方向和速度;禁止模式中,3D 处理被禁止,任何声音听起来好象来自听者的头部。

(1) IDirectSound3DBuffer::SetMode 方法来用设置声音缓冲区的处理模式。

(2) IDirectSound3DBuffer::SetPosition 方法用来设置声音源在 3D 空间中的位置。

(3) IDirectSound3DBuffer::SetVelocity 方法用来设置声音源的速度。

3) 声音圆锥参数

(1) IDirectSound3DBuffer::SetConAngle 方法用来设置声音圆锥的角度。

(2) IDirectSound3DBuffer::SetConeOritation 方法用来设置声音圆锥的方向。

(3) IDirectSound3DBuffer::SetConeOutsideVolume 方法用来设置声音圆锥外圆锥的音量。

3. 获取 IDirectSound3DListener 接口并设置参数

3D 听众表征了听到三维空间声音的人。IDirectSound3DListener 接口控制三维空间中听众(观察者)所处的位置和速度,也控制影响 DirectSound 行为的环境参数。要获得 IDirectSound3DListener 接口,必须先创建一个 3D 主声音缓冲区。创建 3D 主声音缓冲区的方法是:指定 DSBUFFERSC 结构的 dwFlags 成员为 DSBCAPS CTRL3D | DSBCAPS PRIMARYBUFFER,调用 IDirectSound::CreateSoundBuffer 方法。对创建的 3D 主声音缓冲区使用 IDirectSoundBuffer::QueryInterface 方法,获得该缓冲区对应的 IDirectSound3DListener 接口的一个指针。获得该指针后,可设置该听众对象的 3D 参数。

1) 距离因子

(1) DirectSound 缺省的距离度量单位为米。

(2) IDirectSound3DListener::SetDistanceFactor 方法可以改变距离度量单位。

2）多普勒因子

DirectSound 可以根据听众和声音源的相对位置加上多普勒效果。在程序中，多普勒效果可以忽略不计，也可以与现实世界相同，取决于多普勒因子的设定。多普勒因子为 0，表示不应用多普勒效果，取值 1 表示多普勒效果与现实世界一致，取值 2 表示多普勒效果为现实世界的 2 倍，依次类推。IDirectSound3DListener∷SetDopplerFactor 方法用来设置多普勒因子参数。

3）听众的位置、速度和运动方向

（1）IDirectSound3DListener∷SetPosition 方法用来设置三维空间中听众的位置。

（2）IDirectSound3DListener∷SetVelocity 方法用来设置三维空间中听众的速度。

（3）IDirectSound3DListener∷SetOritation 方法用来设置三维空间中听众的运动方向。

4）Rolloff 因子

（1）Rolloff 因子是根据听众同声音源的距离实现声音逐渐率减的数量。

（2）IDirectSound3DListener∷SetRolloffFactor 方法用来设置三维空间中听众的位置。

根据上述接口和参数要求，参数设置界面如图 7-19 所示。

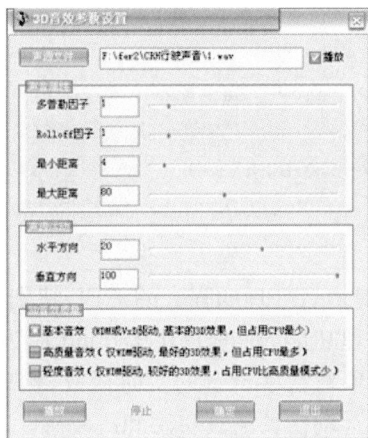

图 7-19　3D音效参数设置

初始化 DirectSound 代码如下：

```
void Play3DSound::InitSound3D(HWND m_hWnd)//初始化 DirectSound
{    HRESULT hr;
```

```
if(FAILED(hr=DirectSoundCreate8(NULL,&g_pDsd,NULL)))
    return;
if(FAILED(hr=g_pDsd->SetCooperativeLevel(m_hWnd,DSSCL_PRIORITY)))
    return;
//初始化 DirectSound 的主缓冲区,并设置格式
LPDIRECTSOUNDBUFFER   pDSBPrimary=NULL;
DSBUFFERDESC    dsbdesc;
ZeroMemory(&dsbdesc,sizeof(DSBUFFERDESC));
dsbdesc.dwSize=sizeof(DSBUFFERDESC);
dsbdesc.dwFlags=DSBCAPS_CTRL3D | DSBCAPS_PRIMARYBUFFER;
if(FAILED(hr=g_pDsd->CreateSoundBuffer(&dsbdesc,&pDSBPrimary,NULL)))
    return;
if(FAILED(hr=pDSBPrimary->QueryInterface(IID_IDirectSound3DListener,(VOID*
*)&g_pDSListener)))   return;
WAVEFORMATEX wfx;
ZeroMemory(&wfx,   sizeof(WAVEFORMATEX) );
wfx.wFormatTag      =(WORD) WAVE_FORMAT_PCM;
wfx.nChannels       =WAVECHANNEL;
wfx.nSamplesPerSec =WAVESAMPLEPERSEC;
wfx.wBitsPerSample =WAVEBITSPERSAMPLE;
wfx.nBlockAlign     =(WORD) (wfx.wBitsPerSample/8 *wfx.nChannels);
wfx.nAvgBytesPerSec=(DWORD) (wfx.nSamplesPerSec *wfx.nBlockAlign);
if(FAILED( hr=pDSBPrimary->SetFormat(&wfx)))
    return;
for(int i=0;i<MAX_AUDIO_BUF;i++)
    g_event[i]=CreateEvent(NULL,FALSE,FALSE,NULL);
}
```

DirectSound 提供了对声音处理的强大的 API,特别是 DirectSound 的声音实时混合功能和 3D 效果处理功能,使得 DirectSound 成为很好的声音实时仿真手段。利用 DirectSound 对象对数字声音的实时播放,实现虚拟环境中列车运动的 3D 声音效果,提高了列车运动仿真的真实感和沉浸感。

7.7　列车动态运行场景的仿真模拟

经过对象的组合、模型的解释和装配以及 3D 音效,系统以一种有序的方式集成在综合仿真平台下,形成了车辆-轨道耦合运动仿真环境。系统以车体重心在轨道平面的投影点作为世界坐标系的原点,轨道沿线路的延伸方向作为行进方向,根

据不同的车辆和线路参数建立不同的动车组模型。图 7-20～图 7-23 为不同类型动车运动仿真结果。

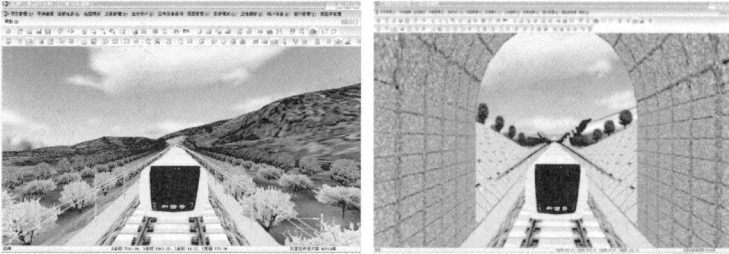

图 7-20　CRH1 动车组运动仿真结果

图 7-21　CRH2 动车组运动仿真结果

图 7-22　CRH3 动车组运动仿真结果

图 7-23　CRH5 动车组运动仿真结果

第8章 三维线路设计实现与系统

将遥感技术、数字摄影测量技术、虚拟现实技术、数字地质技术相集成,利用数字摄影测量技术获取遥感正射影像图、数字高程模型等数字化产品,基于虚拟现实技术、计算机图形学对现实的地形地貌进行数字化、可视化的再现,再集成遥感手段获取的工程地质数据,这种实境虚拟将会以三维立体方式逼真地显示在计算机屏幕上,建立一个能够同时满足地质选线要求和环境选线要求的三维可视化选线地理环境,基于这样的三维可视化环境进行选线设计,将大大开拓勘测设计一体化的视野,并为勘测设计一体化提供一个全新的服务。在前述章节的基础上,开发完成了线路三维设计原型系统。线路三维设计是线路三维可视化系统核心功能,它涉及线路方案参数设计、设计交点信息保存、线路中心线定位、线路三维建模、三维漫游等功能。当线路设计完成后,需要进行边坡模型的生成、线路路基三维建模、桥梁和隧道三维模型的绘制等多个内容,以实现三维线路模型的生成和绘制。

8.1 系 统 概 述

8.1.1 主要特点

系统利用计算机图形学、VR 技术、数字摄影测量、数据库以及软件工程等信息技术开发而成。系统采用 Visual C++开发,采用 Oracle 数据库进行数据管理。利用遥感技术、数字摄影测量技术获取的选线区域数字正射影像、数字地面模型而建立的逼真显示的三维立体设计环境。在该环境中,地理信息、地质信息综合集成,可实时查询地理信息和地质信息,线路设计直接在三维环境中进行。在三维可视化设计方面,可在设计过程中任何时候进行三维建模,采用基于 OpenGL 的实时动态浏览显示,实时查看线路设计的三维效果,对线路进行三维可视化的评估,使三维可视化设计技术贯穿整个设计过程。基于单元模型,实现线路三维景观设计效果。引入三维建模和模型可视化技术,实现了列车可视化建模和设计方案的列车运动仿真。

8.1.2 系统结构

系统体系结构如图 8-1 所示。
系统主界面如图 8-2 所示。

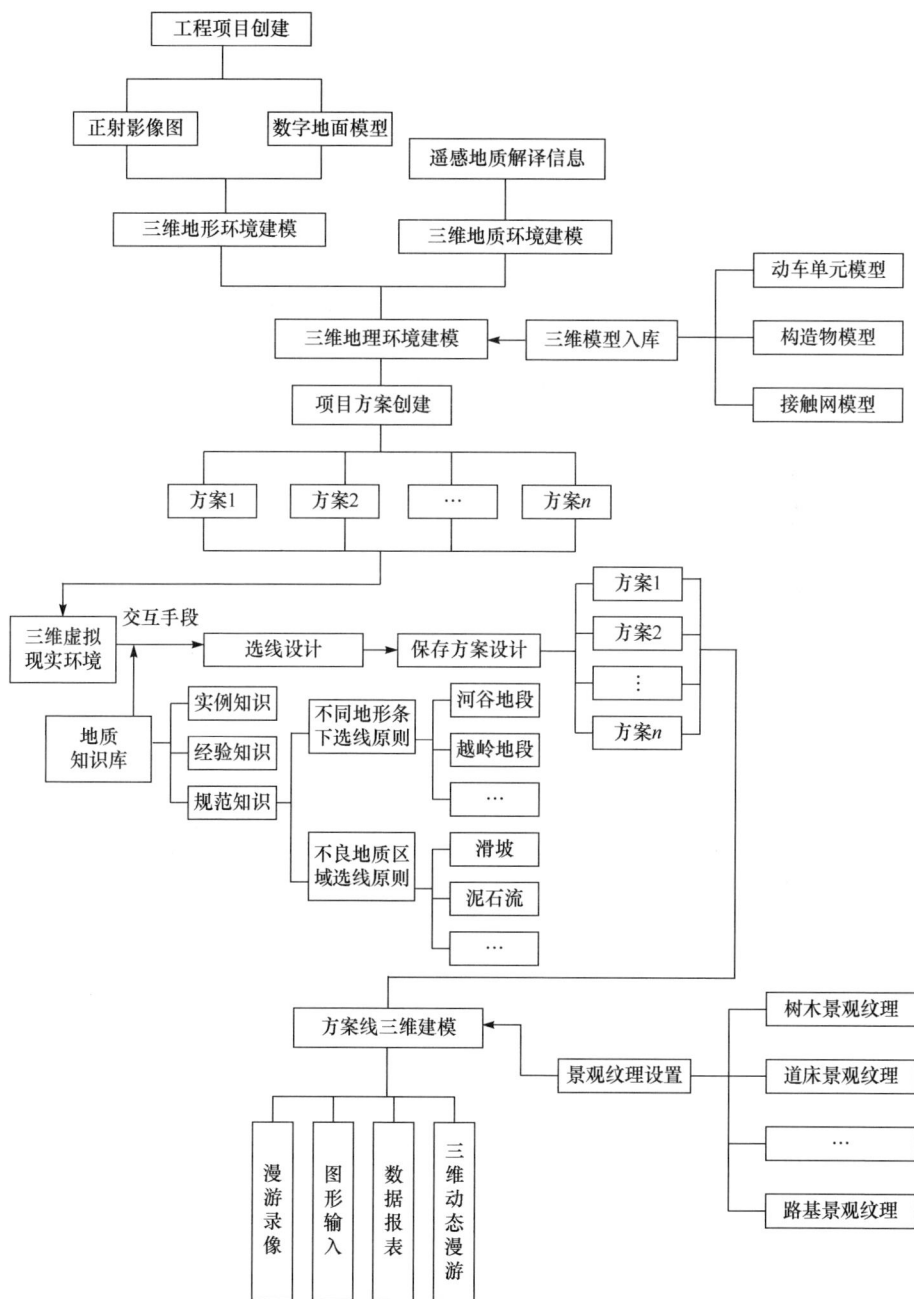

图 8-1　系统体系结构

图 8-2　系统主界面

8.2　项目管理

8.2.1　连接数据库

　　由于系统中所有工程数据都是由 Oracle 数据库来进行管理的,在使用之前,必须与数据库建立连接,如图 8-3 所示。连接成功后,会自动创建具有系统管理员权限的数据库用户名。所有项目信息将存储在创建的 Oracle 数据库用户下。

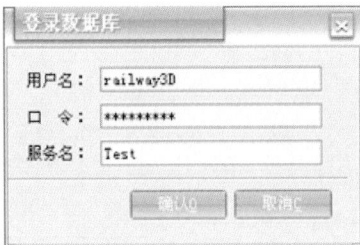

图 8-3　数据库登录

8.2.2　技术标准设置

　　一条铁路线路都具有相应的技术标准,而确定技术标准也是进行线路设计的前提。线路主要技术标准包括对新建线路方案相应参数的确定,如线路等级、最小曲线半径、到发线有效长度、最大坡度、列车类型等参数的确定。客货铁路和客运专线铁路主要技术标准设置如图 8-4 所示。

8.2.3　新建项目

　　新建项目就是确定项目名称、对所获取的左右正射影像图和 TIN 数模进行分块处理,并存入数据库中,如图 8-5～图 8-7 所示。

(a) 客货共线　　　　　　　　　　　　(b) 客运专线

图 8-4　铁路主要技术标准

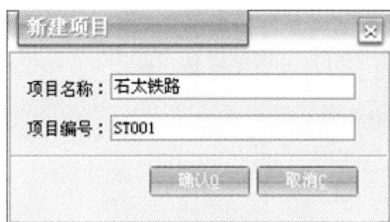

图 8-5　新建项目界面　　　　　　　　　图 8-6　打开项目数模

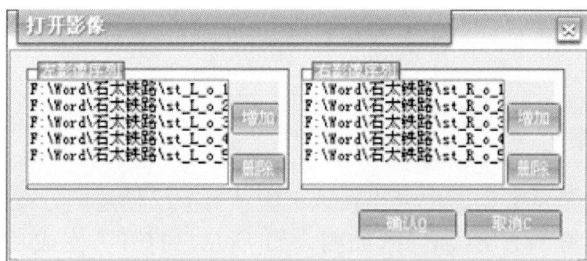

图 8-7　输入项目正射影像

8.2.4　打开项目

打开项目就是从数据库导出已分块的左右正射影像和 TIN 到系统中（图 8-8），从而构建三维地形模型环境，如图 8-9 所示。

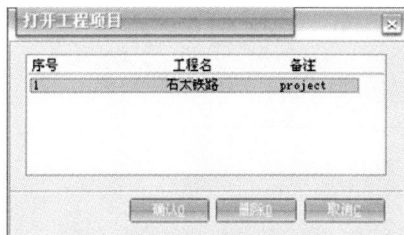

图 8-8　打开项目　　　　　　　　　图 8-9　构建项目三维地形环境

8.3 方 案 管 理

在系统新建项目或打开项目之后，便可在三维环境下进行线路方案设计。主要包括新建方案、打开方案和保存方案。

8.3.1 新建方案

新建方案就是在已打开的项目中创建一条方案线，可以输入方案名称、里程冠号、起始里程、线路宽度、拟合间隔，如图 8-10 所示。

图 8-10 新建方案

8.3.2 打开方案

打开方案就是从数据库中导出在该工程项目下已创建的方案线。在方案线列表中选定所要打开的方案线名称，如图 8-11 所示。打开方案成功后，将在视图中显示三维地形环境，如图 8-12 所示。

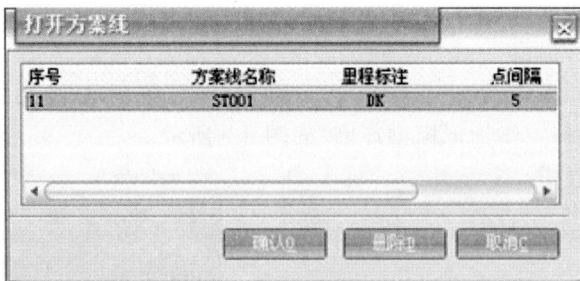

图 8-11 打开方案

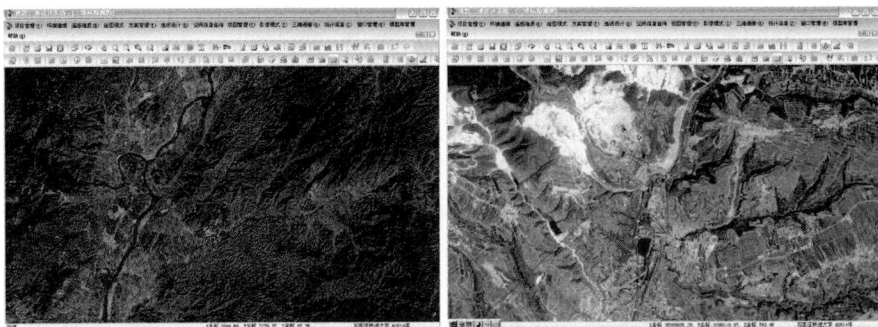

图 8-12　在三维环境中显示打开的方案

8.3.3　保存方案

对于设计好的方案需要保存,保存方案就是对当前工程中正在设计的方案线的数据信息保存到数据库中。设计方案的保存主要实现两部分功能:一是计算各交点的曲线要素;二是将计算好的交点要素存储到数据库中。

1. 线路曲线要素计算[83]

(1) 直线方位角计算。方位角是指从大地坐标正北方向沿顺时针旋转到直线前进方向所转的角度,如图 8-13 所示,程序中以 fwj 表示,$0° \leqslant fwj < 360°$。

为统一编程,约定:线路交点编号从起点开始(图 8-14),依次为 $0,1,2,3,\cdots,n$。线路直线编号依次为 $0,1,2,3,\cdots,n-1$。则第 i 条边的前后交点编号为 $i,i+1$。图 8-14 对应交点为 JD_{i+1},其曲线转角、半径、切线长、曲线长分别为 $\alpha[i+1]$、$R[i+1]$、$I_0[i+1]$、$T[i+1]$、$L[i+1]$。

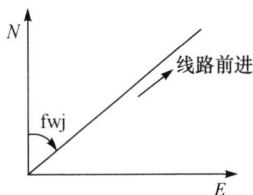

图 8-13　铁路直线边方位角　　　　　图 8-14　铁路曲线要素编号

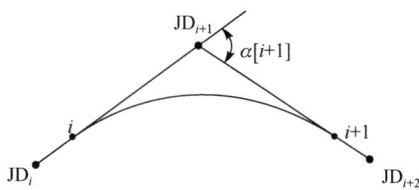

在铁路线路平面中,以直线前后两个交点 $JD_i(E_i,N_i)$、$JD_{i+1}(E_{i+1},N_{i+1})$ 的大地坐标来计算该直线方位角。

$$\Delta E = E[i+1] - E[i]$$
$$\Delta N = N[i+1] - N[i]$$

当 $\Delta E \geqslant 0, \Delta N > 0$ 时 $fwj[i] = \arctan|\Delta E/\Delta N|$，第一象限。

当 $\Delta E \geqslant 0, \Delta N < 0$ 时 $fwj[i] = \pi - \arctan|\Delta E/\Delta N|$，第二象限。

当 $\Delta E < 0, \Delta N < 0$ 时 $fwj[i] = \pi + \arctan|\Delta E/\Delta N|$，第三象限。

当 $\Delta E < 0, \Delta N > 0$ 时 $fwj[i] = 2\pi - \arctan|\Delta E/\Delta N|$，第四象限。

当 $\Delta E > 0, \Delta N = 0$ 时 $fwj[i] = \pi/2$。

当 $\Delta E < 0, \Delta N = 0$ 时 $fwj[i] = 3\pi/2$。

（2）对应第 $i+1$ 个线路交点平面曲线要素计算（包括线路转角 α、切线长 T、曲线长 L、直缓点里程 $ZH[i]$ 和缓直点里程 $HZ[i+1]$ 等）如下：

$$\alpha[i+1] = fwj[i+1] - fwj[i]$$
$$T[i+1] = (R[i+1] + p[i+1])\tan(\alpha[i+1]/2) + l_0[i+1]/2$$
$$L[i+1] = \alpha[i+1]R[i+1] + l_0[i+1]$$
$$ZH[i+1] = Dist[i] - T[i] - T[i+1] + HZ[i]$$
$$HZ[i+1] = ZH[i+1] + L[i+1]$$

式中，内移距 $p[i+1] = 24R[i+1]/l_0[i+1]^2$；交点距离 $Dist[i] = \sqrt[2]{(E[i+1]-E[i])^2 + (N[i+1]-N[i])^2}$

一般地，$\alpha > 0$ 时，线路右转；$\alpha < 0$ 时，线路左转。

当 $i = 0$ 时，$\alpha[0] = R[0] = L[0] = T[0] = 0$，$ZH[0] = HZ[0] =$ 线路起点里程。

当 $i+1 =$ 终点时，$\alpha[i+1] = R[i+1] = Li+1] = T[i+1] = 0$，$ZH[i+1] = HZ[i+1] =$ 线路终点里程。

2. 线路上任意一点里程转大地坐标

在线路平面设计中或在线路放样时，经常是已知线路上任意一点的里程，要求该点对应的大地坐标。由于直线、圆曲线和缓和曲线上的点的里程转坐标方法都不同，因此，程序应首先根据线路上各个曲线上的 ZH、HZ、HY、YH 点里程判断计算点（PT）是处在哪段直线、圆曲线或缓和曲线上，然后分别调用相应程序计算该点大地坐标。下面分别介绍直线、圆曲线和缓和曲线上任意点坐标的计算方法。

第一，任意里程点 PT 在直线段上，如图 8-15 所示。

$l = $ PT 里程 $-$ HZ 点里程 $+ T$（切线长）

$$\begin{cases} PT.x = JD_i.x + l\cos\left(\dfrac{\pi}{2} - fwj[i]\right) \\ PT.y = JD_i.y + l\sin\left(\dfrac{\pi}{2} - fwj[i]\right) \end{cases}$$

第二，任意里程点 PT 在缓和曲线上。

（1）任意里程点 PT 在第一段缓和曲线上，如图 8-16 所示。

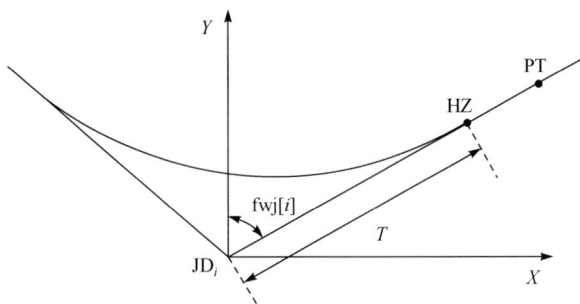

图 8-15　任意里程点 PT 在直线段上

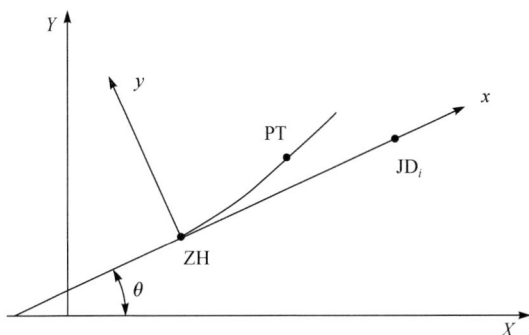

图 8-16　任意里程点 PT 在第一段缓和曲线上

首先,求 PT 在局部坐标系下的 $(\mathrm{PT}_x,\mathrm{PT}_y)$: $l=\mathrm{PT}$ 里程－ZH 点里程

$$\begin{cases} \mathrm{PT}_x = l - \dfrac{l^5}{40R^2 l_0^2} + \dfrac{l^9}{3456R^4 l_0^4} \\ \mathrm{PT}_y = \dfrac{l^3}{6Rl_0}\left(1 - \dfrac{l^4}{56R^2 l_0^2} + \dfrac{l^8}{7040R^4 l_0^4}\right) \end{cases} \tag{8-1}$$

然后,将局部坐标转换为大地坐标 $(\mathrm{PT}_X,\mathrm{PT}_Y)$。

曲线左拐时:

$$\begin{bmatrix} \mathrm{PT}_X \\ \mathrm{PT}_Y \end{bmatrix} = \begin{bmatrix} \cos\theta & -\sin\theta \\ \sin\theta & \cos\theta \end{bmatrix} \cdot \begin{bmatrix} \mathrm{PT}_x \\ \mathrm{PT}_y \end{bmatrix} + \begin{bmatrix} \mathrm{ZH}_X \\ \mathrm{ZH}_Y \end{bmatrix}$$

曲线右拐时:

$$\begin{bmatrix} \mathrm{PT}_X \\ \mathrm{PT}_Y \end{bmatrix} = \begin{bmatrix} \cos\theta & -\sin\theta \\ \sin\theta & \cos\theta \end{bmatrix} \cdot \begin{bmatrix} \mathrm{PT}_x \\ -\mathrm{PT}_y \end{bmatrix} + \begin{bmatrix} \mathrm{ZH}_X \\ \mathrm{ZH}_Y \end{bmatrix}$$

(2) 任意里程点 PT 在第二段缓和曲线上。

曲线左拐时:

$$\begin{bmatrix} \mathrm{PT}_X \\ \mathrm{PT}_Y \end{bmatrix} = \begin{bmatrix} \cos\theta & -\sin\theta \\ \sin\theta & \cos\theta \end{bmatrix} \cdot \begin{bmatrix} \mathrm{PT}_x \\ -\mathrm{PT}_y \end{bmatrix} + \begin{bmatrix} \mathrm{HZ}_X \\ \mathrm{HZ}_Y \end{bmatrix}$$

曲线右拐时：

$$\begin{bmatrix} \mathrm{PT}_X \\ \mathrm{PT}_Y \end{bmatrix} = \begin{bmatrix} \cos\theta & -\sin\theta \\ \sin\theta & \cos\theta \end{bmatrix} \cdot \begin{bmatrix} \mathrm{PT}_x \\ \mathrm{PT}_y \end{bmatrix} + \begin{bmatrix} \mathrm{HZ}_X \\ \mathrm{HZ}_Y \end{bmatrix}$$

注：ZH、HZ 点大地坐标按直线段上任意点方式计算。

第三，任意里程点 PT 在圆曲线上。

这部分分为两个步骤：先计算 PT 所在圆的圆心大地坐标；然后根据圆心坐标求 PT 的大地坐标。详述如下：

$$\begin{cases} \Delta X = \mathrm{YH}_X - \mathrm{HY}_X \\ \Delta Y = \mathrm{YH}_Y - \mathrm{HY}_Y \end{cases}, \quad \gamma = \arctan\frac{\Delta Y}{\Delta X}, \quad \beta = \frac{\pi - |\alpha| + l_0/R}{2}$$

（1）求 PT 所在圆的圆心大地坐标，如图 8-17 所示。

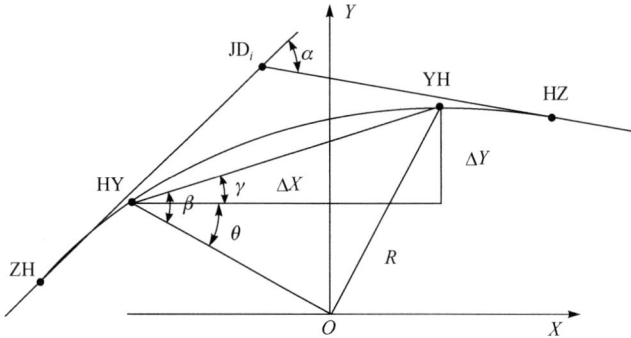

图 8-17　求圆心大地坐标

线路右转，考虑 γ 角正负号，得

$$\Delta X > 0 \text{ 时}, \theta = \beta - \gamma; \quad \Delta X < 0 \text{ 时}, \theta = \beta - \gamma + \pi$$

所以，圆心坐标为

$$\begin{cases} O_X = \mathrm{HY}_X + R\cos\theta \\ O_Y = \mathrm{HY}_Y - R\sin\theta \end{cases}$$

线路左转，考虑 γ 角正负号，得

$$\Delta X > 0 \text{ 时}, \theta = \beta + \gamma; \quad \Delta X < 0 \text{ 时}, \theta = \beta + \gamma + \pi$$

所以，圆心坐标为

$$\begin{cases} O_X = \mathrm{HY}_X + R\cos\theta \\ O_Y = \mathrm{HY}_Y + R\sin\theta \end{cases}$$

（2）根据圆心大地坐标计算 PT 的大地坐标，如图 8-18 所示。

$$\begin{cases} \Delta X = \mathrm{HY}_X - O_X \\ \Delta Y = \mathrm{HY}_Y - O_Y \end{cases}, \quad \beta = \arctan\frac{\Delta Y}{\Delta X}$$

$$l = \mathrm{PT} \text{ 里程} - \mathrm{HY} \text{ 点里程}, \quad \theta = l/R$$

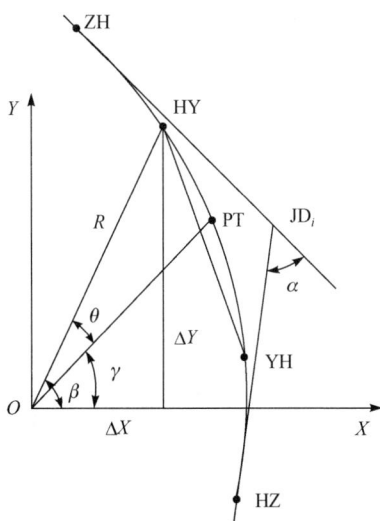

图 8-18　计算圆上 PT 的大地坐标

线路右转,考虑 β 角正负号,得

$$\Delta X > 0 \text{ 时}, \gamma = \beta - \theta; \quad \Delta X < 0 \text{ 时}, \gamma = \beta - \theta + \pi$$

线路左转,考虑 β 角正负号,得

$$\Delta X > 0 \text{ 时}, \gamma = \beta + \theta; \quad \Delta X < 0 \text{ 时}, \gamma = \beta + \theta - \pi$$

所以,PT 的大地坐标为

$$\begin{cases} PT_X = O_X + R\cos\gamma \\ PT_Y = OY_Y + R\sin\gamma \end{cases}$$

8.3.4　平面方案的自动生成

　　三维环境下的线路设计,强调设计的三维可视化、实时化、自动化。在三维环境中,当三维线路空间平面位置确定后,即线路的设计中线确定,根据线路中线的三维坐标,就可以自动生成对应设计方案的平面图,其方法如下。

　　将线路方案设计中线的三维交点坐标投影到二维平面上,该平面即为线路在二维平面上的投影图(图 8-19),计算出平曲线要素及平曲线主点桩号后,自动生成对应的二维平面图,可以在二维环境下观察线路的走向。

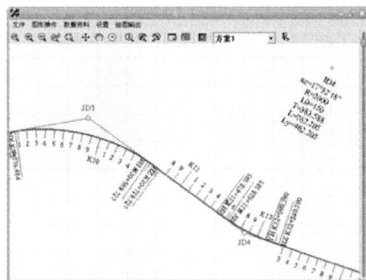

图 8-19　自动生成的方案平面设计图

8.4　环　境　建　模

8.4.1　打开影像环境

打开项目后,从数据库中读取项目的地形、地质等设计信息,在"三维视窗"中显示三维地形环境,如图 8-20 所示。

图 8-20　打开影像环境

8.4.2　纹理导入

在线路方案三维建模时需用到不同的纹理数据,导入纹理即将路堑、路堤、轨道、路肩、道床等三维建模需要的纹理影像(*.bmp)数据导入到数据库保存,如图 8-21所示。

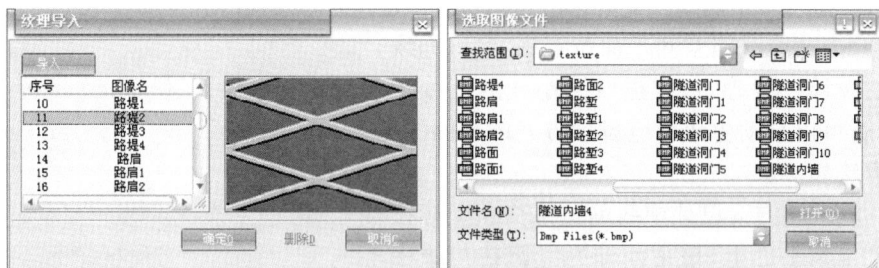

图 8-21　导入纹理

8.4.3　遥感地质数据

输入各类型的遥感地质解译数据到数据库中,如滑坡、泥石流、崩塌等。数据包括前后端高程、覆盖面积、坐标数据、解译影像、类型等信息,将其存储到数据库中,也可对已有信息删除和修改。如图 8-22 所示。

　　选择"绘制地质对象"选项,根据解译数据,在三维环境中绘制,如图 8-23 所示。

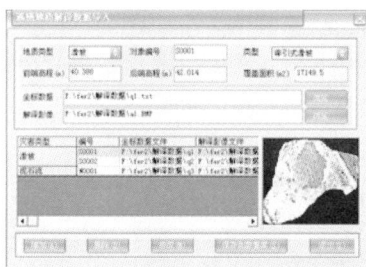

図 8-22　遥感地质解译数据入库

图 8-23　绘制地质对象

　　选择"识别地质对象"选顶,在三维地形环境中,通过鼠标选择地质对象,若选中,则弹出地质对象的信息,如图 8-24 所示。

8.4.4　超地图模型

　　通过超地图模型的地质环境识别技术,能够交互地对地质环境进行识别,并将识别的地质等信息及相关地质知识以超地图模式提供。可选择不同的识别模式,如图 8-25 所示,识别效果如图 8-26 所示。

8.4.5　路基纹理设置

图 8-24　识别地质对象

　　设置路堤、路堑、路面、道床、隧道内墙和隧道洞门的纹理。可选择不同的纹理影像,以实现不同的建模效果,如图 8-27 所示。

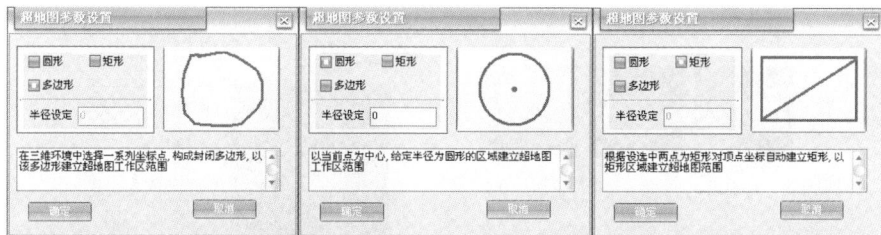

图 8-25　识别模式

图 8-26　识别效果

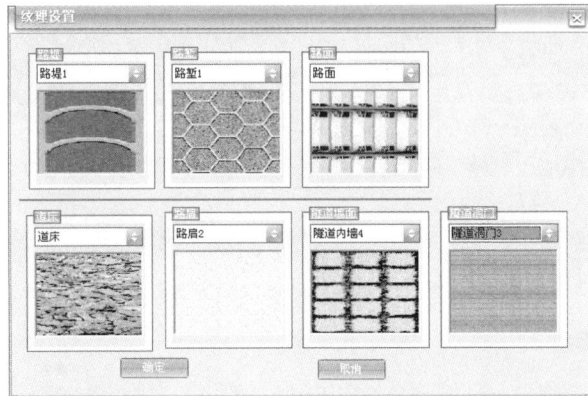

图 8-27　路基纹理设置

8.4.6　树木纹理设置

设置树木的行数、树高、树宽、行间距、密度、是否绘制等参数，对不同行的树木可以选择不同的树木影像纹理，实现不同的三维树木景观。如图 8-28 所示。

8.4.7　接触网参数设置

实现对接触网类型的选择、是否绘制、电力线颜色和宽度参数的设置，建立不同的接触网三维景观，如图 8-29 所示。

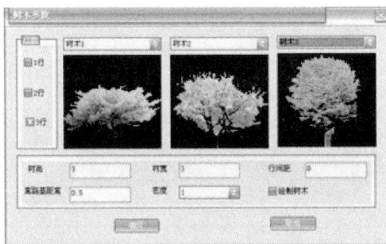

图 8-28　树木纹理及参数设置

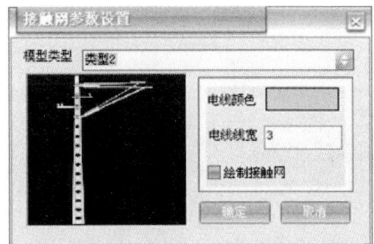

图 8-29　接触网参数设置

8.4.8　桥梁模型设置

实现对桥墩、支梁类型、桥梁桥面 3DS 模型类型的选择和组合,实现不同类型的三维桥梁景观,如图 8-30 所示。

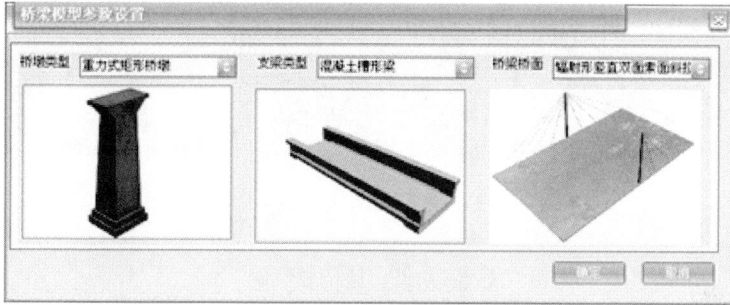

图 8-30　桥梁模型参数设置

8.4.9　动车组模型设置

选择不同类型的动车组类型,实现不同动车组三维运动仿真,如图 8-31 所示。

图 8-31　动车组模型参数设置

设置完成仿真效果如图 8-32 所示。

图 8-32　动车组仿真效果图

8.5　绘图模式

实现线框模式、纹理模式、色彩模式的三维环境建模效果。

8.5.1　线框模式

实现线框模式的图形显示效果,此时,三维地形不叠加影像纹理,如图 8-33 所示。

8.5.2　纹理模式

实现纹理模式的图形显示效果,此时,三维地形叠加影像纹理,如图 8-34 所示。

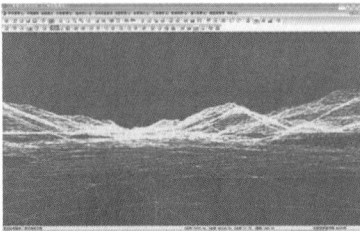

图 8-33　线框绘图模式　　　　　　　　图 8-34　纹理绘图模式

8.5.3　色彩模式

实现色彩模式的图形显示效果,此时,三维地形不叠加影像纹理,但以色彩填充模式绘图,如图 8-35 所示。

图 8-35　色彩绘图模式

8.6　选线设计

8.6.1　输入与导入交点

在交互设计过程中,通过鼠标在三维环境中选取输入设计交点三维坐标,线路就是通过一系列的设计交点来控制其空间走向的。交点的相关信息需要设计人员输入,如曲线半径、第一缓和曲线长和第二缓和曲线长等信息,并根据这些信息计算交点其他曲线要素,如图 8-36 所示。此外,还可以导入外部设计交点文件到三维环境中,如图 8-37 所示。

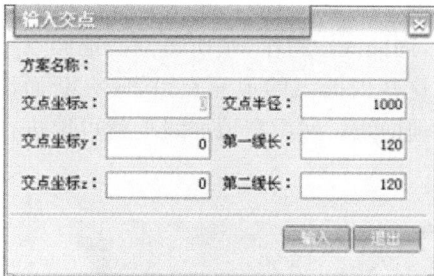

图 8-36　手动输入设计交点

图 8-37　导入交点

8.6.2　三维线路建模

三维线路建模就是对所设计的方案线在当前工程中的三维地形场景下进行模拟建模。对方案线路上的桥梁、隧道、路堤、路堑、道床、路肩坐标点等沿线设施数据进行统计计算后,对各路段上的桥梁、隧道、路堤、路堑、道床、路肩、树木等进行纹理贴图处理以及桥梁 3D 模型(桥墩、支梁和桥面)、接触网模型、动车组模型的三维空间定位,从而模拟出所设计的铁路线路。选定一条方案线,进行三维线路建模,建模完成后,在三维地形场景中便可看到模拟出的铁路线,如图 8-38 所示。

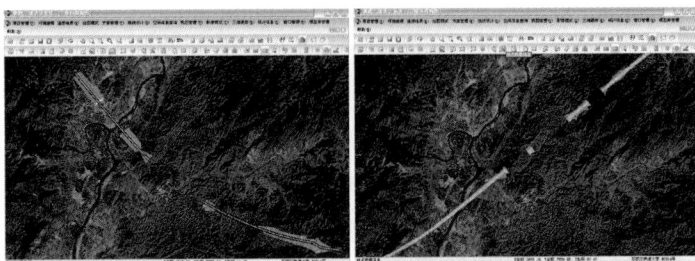

图 8-38　三维线路建模效果图

8.6.3　路基参数设置

对路肩宽度、道床宽度、道床高度、道床坡度进行设置，实现参数化的三维线路模型，如图 8-39 所示。

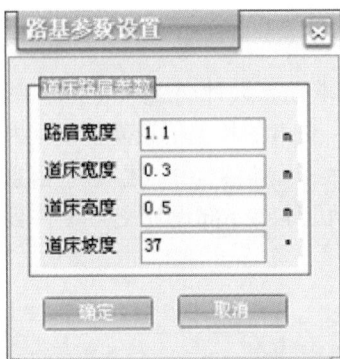

图 8-39　路基参数设置

8.6.4　纵断面设计

线路中心线的定位确定了线路的空间走向，但在高度上还没有真正地确定。要实现线路在三维空间中的定位，就要借助于纵断面拉坡设计，以确定线路的高度和设置桥梁、隧道等线路构造物。

可根据 DEM 内插出线路中心线对应的地面点高程，内插间距越小，则所得到的地面点越密。连接这些内插出的地面点，构成纵断面设计所需的地面线。然后在地面线上就可以进行纵断面的设计。其流程如图 8-40 所示。

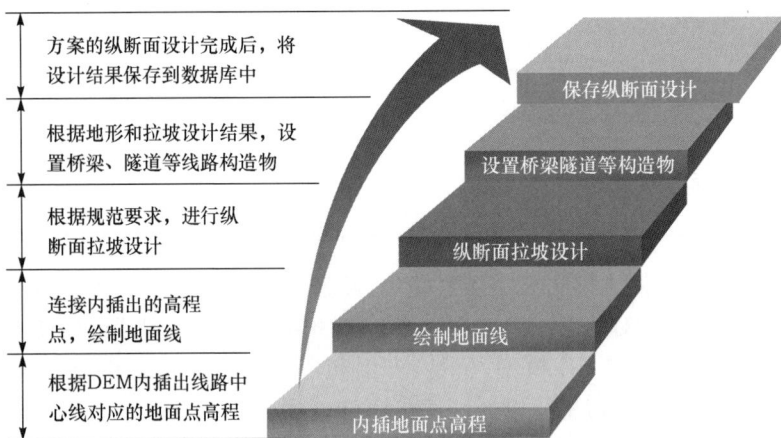

图 8-40　纵断面设计流程

主要数据结构定义如下：

```
typedef struct
{
    double      dThickness;      //桥梁厚度(米)
    double      dHeight;         //桥梁的起见高度
}T_BRIDGE;

typedef struct T_DIQIAN
{
    /* 路堤 坡度比一般是 1:1.5 (1:1.3～1:2.0)* /
    double      dTangent1;       //挡墙或路堑(路堑超过 15 米,修挡墙)
    double      dTangent2;       //路堑
    double      dWallOrDiH;      //挡墙或一级路堤高度(2-12 米)
    double      dFlatWidth;
    double      dCtlHeight;
}T_DIQIAN;
```

纵断面设计界面如图 8-41 所示。

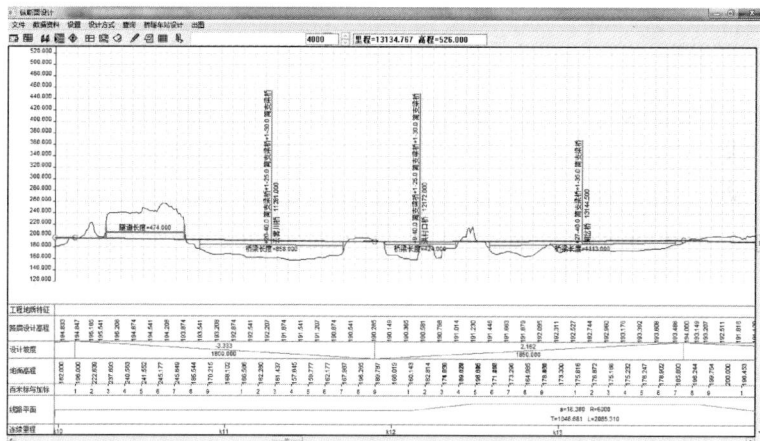

图 8-41 线路纵断面设计界面

8.7 三维漫游

在方案线设计并完成三维建模后,可对在场景下构建的线路设计方案进行三维漫游,漫游包括①自动漫游;②交互漫游;③地面漫游;④录制 AVI 动画;⑤结束录制 AVI 。

8.7.1　自动漫游

沿着线路设计中线作为漫游路径自动进行三维漫游,可以观察设计方案三维效果,如图 8-42 所示。

图 8-42　三维漫游(自动漫游)

8.7.2　交互漫游

通过键盘操作实现对三维地形场景漫游进行控制和对选定的方案线进行交互漫游。在漫游过程中可在任意时刻停下来,进行静态观察三维设计效果,然后通过键盘操作继续漫游。选定一条方案线,在场景视场中进行方案线建模,通过使用键盘即可实现对三维地形场景漫游进行控制,如图 8-43 所示。

8.7.3　高空漫游

按所选定的方案线作为漫游路线,根据给定的视点高程,对三维地形场景进行自动漫游,以观察三维地形为主要目的,如图 8-44 所示。

图 8-43　三维漫游(交互漫游)　　　　图 8-44　三维漫游(高空漫游)

8.7.4　录制 AVI 动画

对线路漫游的过程进行(.avi)文件方式保存，可在线路漫游之后用视频播放工具来对漫游过程进行重放。选定一条方案线，在场景视场中进行方案线建模，选定一种漫游方式开始漫游。系统开始对漫游过程的 AVI 录制，图 8-45 所示为录制好的动画文件视频截图。

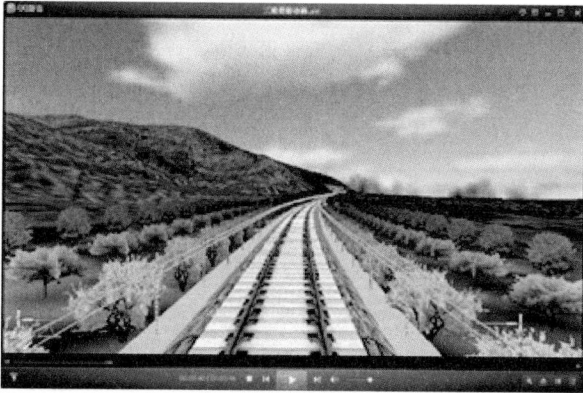

图 8-45　播放录制的 AVI 动画

8.8　数 据 报 表

数据报表主要有工程填挖方量、桥梁数据、隧道数据、路堤和路堑数据、方案线统计数据、方案线曲线统计数据、方案线连续桩点等，如图 8-46～图 8-55 所示。

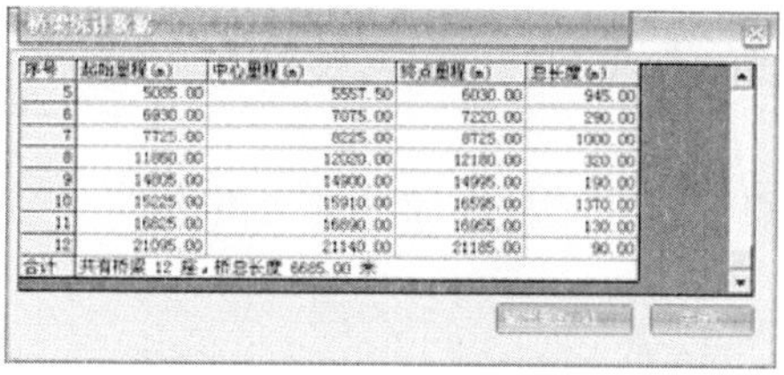

序号	起始里程(m)	中心里程(m)	终点里程(m)	总长度(m)
5	5085.00	5557.50	6030.00	945.00
6	6930.00	7075.00	7220.00	290.00
7	7725.00	8225.00	8725.00	1000.00
8	11860.00	12020.00	12180.00	320.00
9	14805.00	14900.00	14995.00	190.00
10	15225.00	15910.00	16595.00	1370.00
11	16825.00	16890.00	16955.00	130.00
12	21095.00	21140.00	21185.00	90.00
合计	共有桥梁 12 座，桥总长度 6685.00 米			

图 8-46　桥梁报表

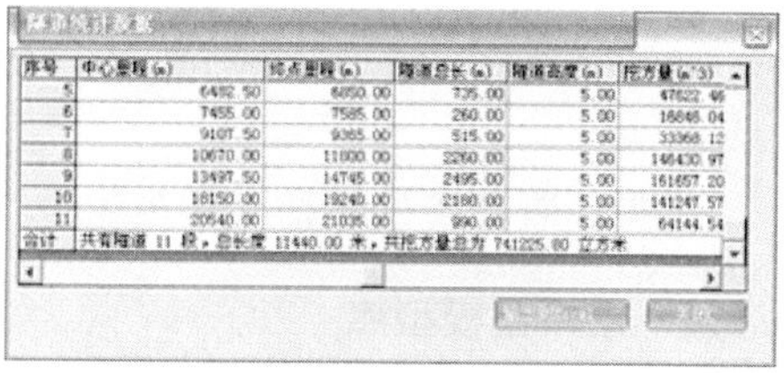

序号	中心里程(m)	终点里程(m)	隧道总长(m)	隧道高度(m)	挖方量(m^3)
5	6482.50	6850.00	735.00	5.00	47622.46
6	7455.00	7585.00	260.00	5.00	16846.04
7	9107.50	9365.00	515.00	5.00	33368.12
8	10670.00	11800.00	2260.00	5.00	146430.97
9	13497.50	14745.00	2495.00	5.00	161657.20
10	18150.00	19240.00	2180.00	5.00	141247.57
11	20540.00	21035.00	990.00	5.00	64144.54
合计	共有隧道 11 段，总长度 11440.00 米，共挖方量总为 741225.80 立方米				

图 8-47　隧道报表

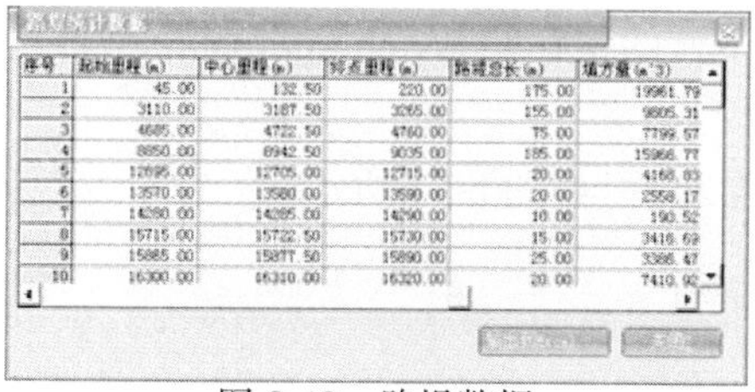

序号	起始里程(m)	中心里程(m)	终点里程(m)	路堤总长(m)	填方量(m^3)
1	45.00	132.50	220.00	175.00	19961.79
2	3110.00	3187.50	3265.00	155.00	9805.31
3	4685.00	4722.50	4760.00	75.00	7799.57
4	8850.00	8942.50	9035.00	185.00	15966.77
5	12695.00	12705.00	12715.00	20.00	4168.83
6	13570.00	13580.00	13590.00	20.00	2558.17
7	14280.00	14285.00	14290.00	10.00	190.52
8	15715.00	15722.50	15730.00	15.00	3416.69
9	15865.00	15877.50	15890.00	25.00	3386.47
10	16300.00	16310.00	16320.00	20.00	7410.92

图 8-48　路堤数据

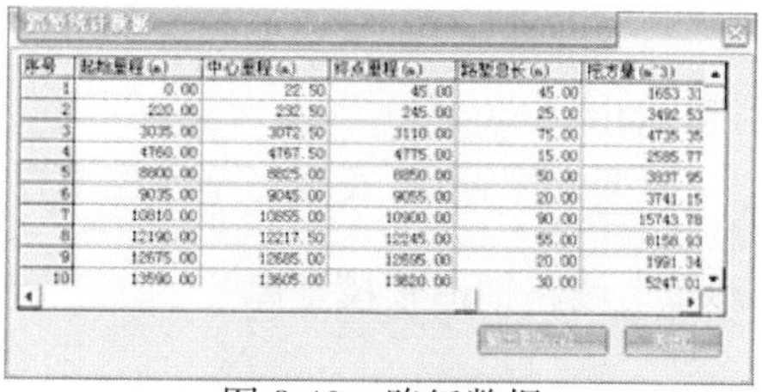

序号	起始里程(m)	中心里程(m)	终点里程(m)	路堑总长(m)	挖方量(m^3)
1	0.00	22.50	45.00	45.00	1653.31
2	220.00	232.50	245.00	25.00	3492.53
3	3035.00	3072.50	3110.00	75.00	4735.35
4	4760.00	4767.50	4775.00	15.00	2585.77
5	8800.00	8825.00	8850.00	50.00	3937.95
6	9035.00	9045.00	9055.00	20.00	3741.15
7	10810.00	10855.00	10900.00	90.00	15743.78
8	12190.00	12217.50	12245.00	55.00	8158.93
9	12675.00	12685.00	12695.00	20.00	1991.34
10	13590.00	13605.00	13620.00	30.00	5247.01

图 8-49　路堑数据

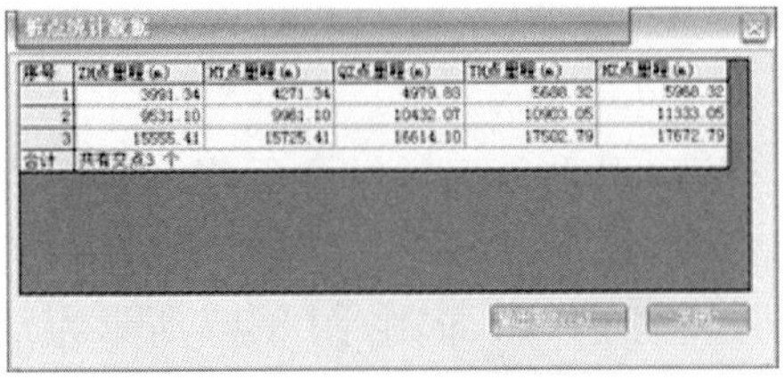

图 8-50　桩点数据

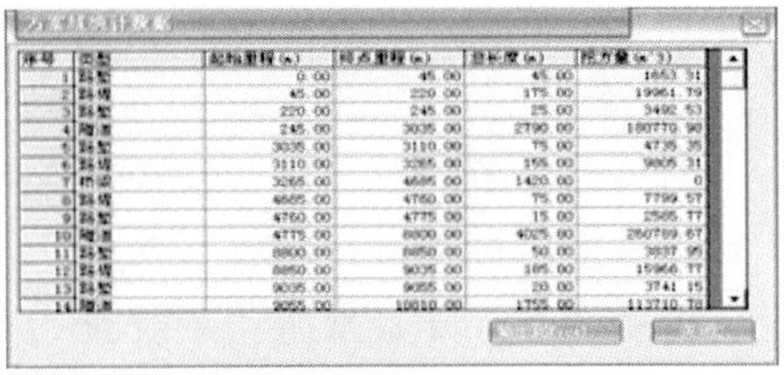

图 8-51　方案线统计数据

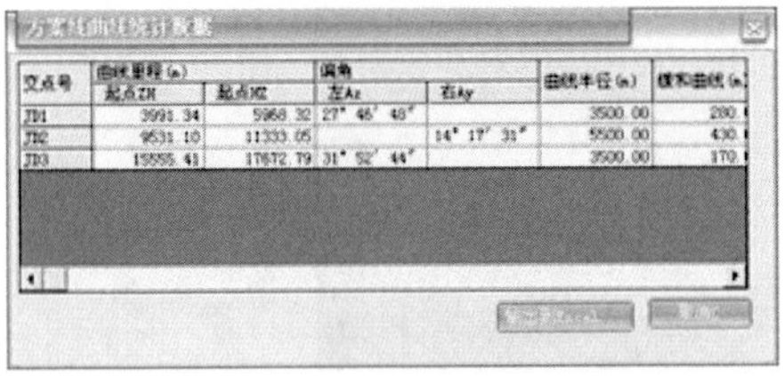

图 8-52　方案线曲线统计数据

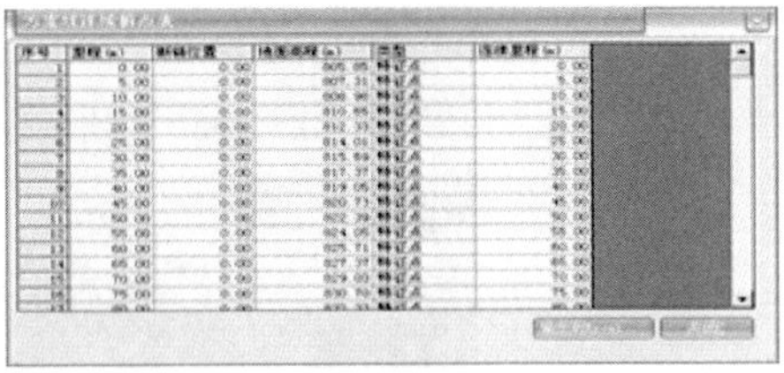

图 8-53　方案线连续桩点数据

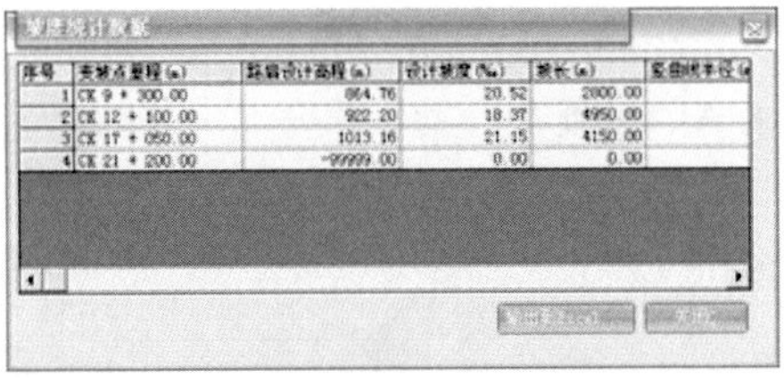

图 8-54　线路坡度数据

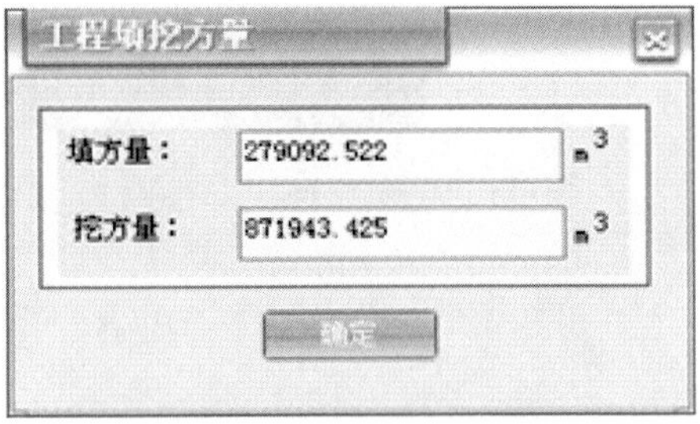

图 8-55　工程填挖方量数据

8.9　模型库管理

模型库管理主要包括动车组模型库、线路构造物模型库和接触网模型库。

8.9.1　动车组模型库

实现对动车组单元模型入库管理和三维浏览，可实现旋转、缩放、平移操作，纹理绘制三维模式，在树列表中显示了动车组单元的详细信息，如高度、宽度、纹理等信息，如图 8-56 所示。

模型入库管理，实现将单元模型存储到数据库，如图 8-57 所示。

8.9.2　线路构造物模型库

实现对桥跨结构物、桥墩、桥梁桥面、隧道洞门、路基支挡、防护结构物模型入

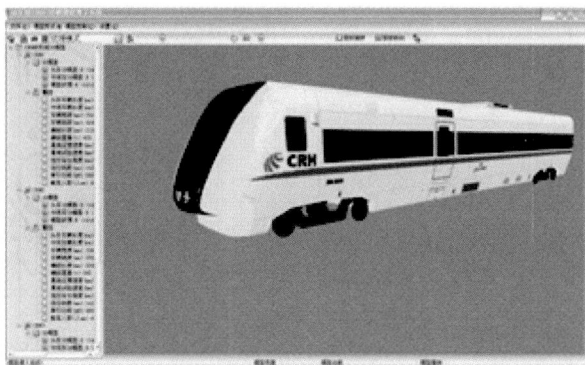

图 8-56　动车组模型库

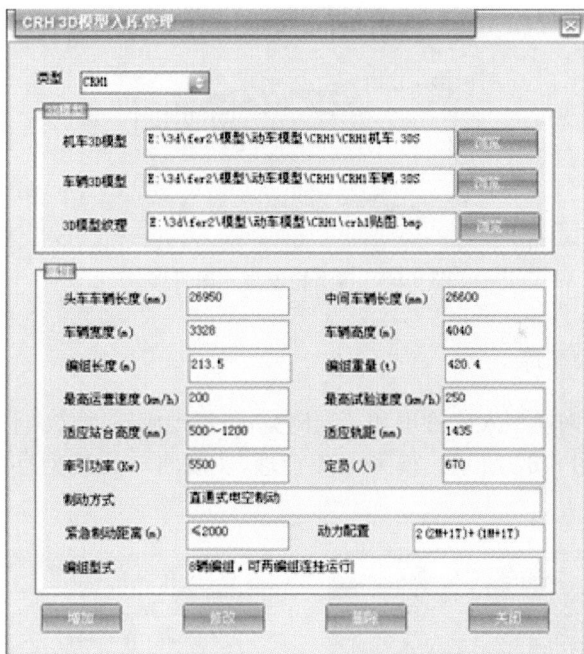

图 8-57　动车组模型入库管理

库管理和三维浏览。可实现旋转、缩放、平移操作,纹理绘制三维模式,如图 8-58
所示。

　　模型入库管理,实现将单元模型存储到数据库,如图 8-59 所示。其中批量加
载功能实现对模型的自动加载,并存储到数据库中。对既有模型可进行删除、修改
等操作。

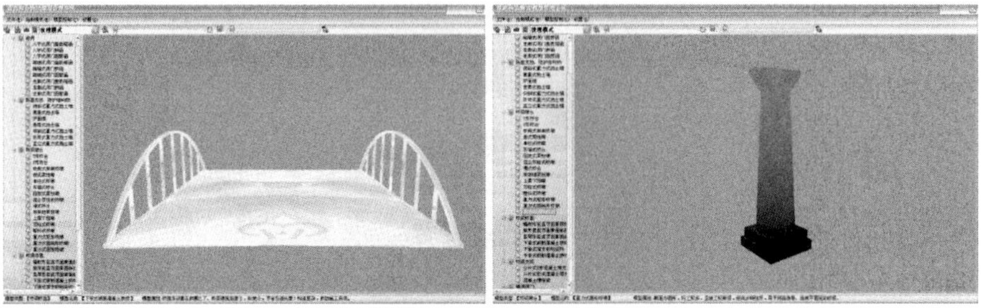

图 8-58　模型效果图

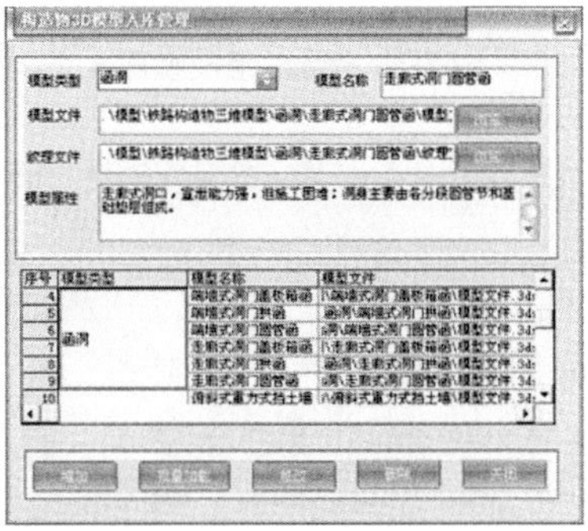

图 8-59　构造物模型入库管理

8.9.3　接触网模型库

实现对接触网模型入库管理和三维浏览,可实现旋转、缩放、平移操作,纹理绘制三维模式,如图 8-60 所示。模型入库管理,实现将单元模型存储到数据库,如图 8-61所示。

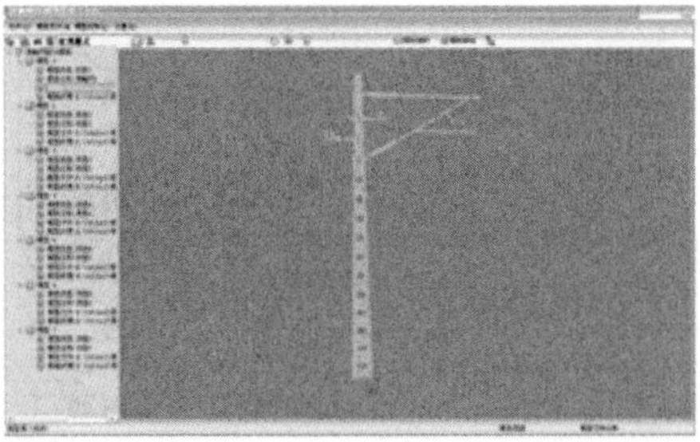

图 8-60　接触网模型库界面

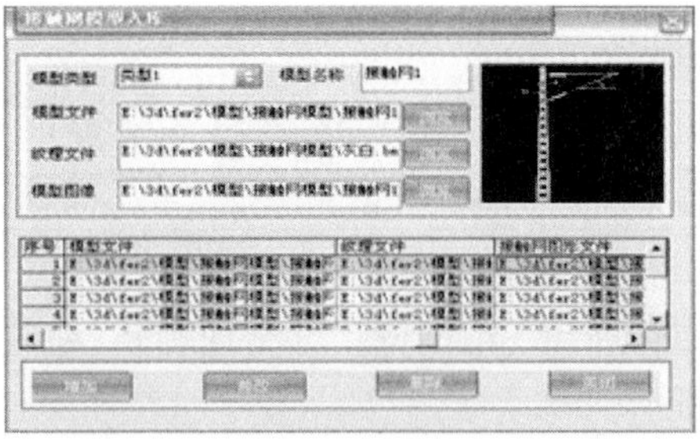

图 8-61　接触网模型入库管理

第2篇　城市轨道交通线路三维可视化设计理论、方法与系统应用

城市轨道交通线路在城市内部穿行,不可避免地与城市建筑、地下管线等结构物发生冲突,而现有的二维线路设计模式无法直观地展现城市建筑、地下管网等构筑物的精确位置和规模。将设计过程迁移到三维平台下,在三维可视化环境中进行线路方案设计与决策,实现城市轨道交通线路三维可视化设计,对提高线路设计效率和设计质量、减少和降低冲突、直观地查看设计效果具有重要的现实意义和应用价值,已成为城市轨道交通线路设计信息化发展的趋势。

综合运用计算机图形学、科学计算可视化、三维空间交互与查询技术、三维GIS等技术,对城市轨道交通线路三维可视化设计理论、方法和关键技术问题进行研究。基于 Skyline 3D GIS 平台及其二次开发组件、Oracle 数据库和 Esri City-Engine 城市建模软件开发了"城市轨道交通三维设计系统",实现了三维城市景观建模、三维管线建模、三维地质建模、三维线路设计、动态三维调整线位、规范实时检查、线路三维漫游技术以及场景编辑、信息查询功能,场景浏览顺畅,具有较强的真实感。

本篇共包括线路三维城市景观建模、数字管线三维建模、城轨线路三维地质建模理论与方法、城市轨道交通线路平面子系统设计、城市轨道交通线路纵断面子系统设计、城市轨道交通线路三维建模和城市轨道交通三维设计系统等 7 章内容。

第9章　三维城市景观建模

城市三维景观环境是实现城市轨道交通线路三维可视化设计的基础地理环境,三维城市景观的各类数据为城市轨道交通线路设计提供了必要的基础信息。为了最大程度上减少城市轨道交通线路设计不合理造成的大量拆迁、改造、改移和环境影响,用于城市轨道交通线路设计的城市景观不同于一般的数字城市景观,需要对建筑物、道路等所有城市景观模型记录相应的属性数据(如建筑类型)和几何数据(如层数、层高、空间区域坐标等),以实现三维空间的任意模型选择和空间量测功能。这样在三维设计时,能够实现实时计算和判断线路与地面城市景观模型的冲突,才能更好地满足城市轨道交通线路三维设计的要求。本章以 Skyline 3D GIS 和 CityEngine 为平台,研究三维城市景观快速建模方法,以满足城市轨道轨道交通线路三维设计的需要。

9.1　城市三维景观快速建立方法

在整个城市空间中会涉及多种地物模型,现实世界的复杂性决定了对其进行数字化三维表达的复杂性。在区域范围较小的情况下(如几平方千米以内),可以实现逐个地物的信息采集与建模,但在大范围完整城市的情况下,工作量急剧增加,必须依靠适当的抽象手段对三维模型数据量进行控制[84]。在三维模型建立过程应根据不同的需要和有限的时间、经济、技术等条件进行各种取舍与简化[85]。因此,选择一种合适的建模方法,来提高建模效率和建模质量,是整个城市三维景观建立过程中的关键,也是实现城市轨道交通线路快速规划和设计的前提和基础。

9.1.1　Google 街景的三维城市景观

Google 街景(Google street view)由 Google 公司开发,采用专用街景车进行拍摄,提供水平方向 360°及垂直方向 290°的街道全景,并在 Google 地图上定位,以 Google 地图的卫星影像为背景展示,让使用者能检视所选城市地面上街道不同位置及其两旁的景物。这项服务现已扩展至北美洲、欧洲、大洋洲、亚洲等数十个国家和地区。街景视图中沿着街道展示的路线即为街景视图拍摄时汽车行走的路线。Google 街景在我国大陆被管制,所以当前我国大陆地区还没有谷歌街景服务,但我国香港、澳门、台湾等地区已经有了 Google 街景服务,如图 9-1～图 9-3 所示。

图 9-1　香港街景

图 9-2　台湾街景

图 9-3　澳门街景

　　Google 所提供的街道视图照片是静态图片,每隔一段时间就会对其进行更新。在街景视图中沿着街道展示的路线可以进行漫游查看,但是三维场景显示的速度与显卡和网速有关,并且在街景漫游过程中,并不是连续显示,有一定的延时模糊显示(需要调用下一帧场景)。街景中的道路、建筑物等并没有属性信息和几何信息(如道路宽度、建筑物高度、建筑物类型等),无法建立线路三维模型和地下管线、地质体三维模型,而这些信息对于城市轨道交通线路三维设计却是必不可少的。因此,单纯应用 Google 街景还不能满足城市轨道交通线路三维设计要求。

9.1.2　Virtual Earth 3D

　　微软公司开发的虚拟 3D 地球(Virtual Earth 3D),可以呈现完整交互式的三维图片。通过一个可下载的插件在浏览器内欣赏城市的立体模型(架构于 Live Search 上面的一个服务网页),提供现实世界的逼真模拟。通过照片构建真实、有质感的建筑模型，而不像 Google 那样提供真实的航空和卫星照片，目前可以浏览美国 15 个主要城市的全方位 3D 图片，在国内还只能显示平面的地图。图 9-4 所示为 Virtual Earth 3D 的三维城市效果图。

图 9-4　Virtual Earth 3D 城市效果图

9.2　场景数据获取方法

在城市三维景观建立过程中，其核心内容就是景观模型的建立。根据城市空间环境的复杂性，可以将景观模型分为三类：地貌模型、地表建筑物模型和地表附属物模型。对于城市轨道交通线路三维设计而言，建筑物数据和城市道路数据是最主要的两种数据。

9.2.1　建筑基础型数据获取方法

建筑物基础数据包括建筑物的平面数据（如数字线划图）、高度数据和纹理数据，是三维空间信息的一种重要数据，实现城市轨道交通线路设计的三维场景绝大部分也是由三维建筑物模型构成的。各种数据目前主要获取方法见表 9-1。

表 9-1　建筑物模型数据获取方法[86]

数据类型	数据获取手段
建筑物高度数据	在 2D GIS 数据基础上，按层数粗略估算建筑物高度； 用人工或半自动的方式借助软件基于影像获取； 以研究算法为主，从影像中直接提取建筑物高度以及其他信息； 用机载激光扫描仪结合空中影像，经算法处理提取建筑物高度； 用激光测距扫描仪结合 CCD 相机从地面获取建筑物高度； 由近景摄影测量系统获取； 由合成孔径雷达干涉测量技术（INSAR）获取

数据类型	数据获取手段
建筑物几何要素数据	根据地形图数字化得到建筑物投影平面几何数据; 将数字地图或 2D GIS 中的建筑物轮廓线与其高度结合,用简单几何体表达建筑物外形特征; 利用航空影像进行交互获取; 利用航空影像以及地面摄影对建筑物特征线进行自动提取; 在地面使用 GPS 和激光三维扫描仪,通过测距求算获取; 利用高分辨率卫星影像进行建筑物的自动提取; 由近景摄影测量系统或移动测绘系统获取
建筑物纹理数据	由计算机自动生成; 根据航空摄影像片、地面摄影像片或卫星遥感像片获取; 用机载激光扫描仪结合空中影像,经算法处理提取建筑物顶部纹理 用激光测距扫描仪结合 CCD 相机从地面获取建筑物立面纹理; 由移动测绘系统获取

通过对表 9-1 进行分析,可总结出目前城市建筑物三维模型数据的获取主要有以下三种方法。

(1) 使用地面摄影测量数据以及航空影像对建筑物结构和纹理进行提取。这种方式需要人工作大量后续处理,工作量较大,但数据成果较真实,现多用此方法生产数据[85]。

(2) 在地面使用激光扫描仪与 GPS,通过测距求算获取。这种方式获取速度也较快,且所获取几何信息相当精确,但工作量相当大,是一种具有发展前景的方法[87]。

(3) 使用高分辨率卫星影像进行建筑物的自动提取。高分辨率影像卫星的出现,使得人们很容易快速获取一个实时的、不低于 1m 分辨率的城区影像图,对于高分辨率卫星影像目前可用要素法非常有效地判别建筑物,因而是最有发展潜力的一种方法[88]。

9.2.2　城市道路基础数据获取方法

由于城市轨道交通线路主要沿道路主干道布设,为满足三维设计需要,要求建模精度高、速度快、带有地理信息、能够进行空间查询与分析。因此如何实现道路道景观快速、高精度的三维建模对实现城市轨道交通线路三维可视化设计具有重要意义。目前获取城市道路基础数据主要方法如下。

1. 基于高分辨率遥感影像提取方法

利用道路在高分辨率遥感影像中通常具有的辐射、几何、拓扑和上下文特征，采用不同的算法实现道路信息提取。例如，Xiao 等提出基于边缘平行线的提取方法[89]；Shi、朱长青的数学形态法[90,91]；Grote 等的归一化割图像分割法[92]；李晓峰等的多重信息融合法[93]；Tupin 等的条带窗口法[94]。然而，由于城市地区道路的结构复杂，类型繁多，目前的计算机人工智能水平有限，至今没有还一套完善的系统能够利用计算机自动地从遥感影像中提取出感兴趣的道路信息[95]。在提取的自动化、准确性等方面还仍有待进一步研究[96]。因此，对于道路精度要求高的城市轨道交通线路设计而言，基于高分辨率遥感影像中提取道路信息方法目前还不适合。

2. 基于机载视频序列影像提取方法[97]

直升机载序列影像适用于大场景的三维城市建模，然而其影像的获取仍然具有一定的局限性，不仅经济成本较高，同时天气状况以及城市低空高度限制对于影像质量也具有相当的影响。

3. 基于城市数字线划图提取方法

数字线划图（DLG）是以点、线、面形式或地图特定图形符号形式，表达地形要素的地理信息矢量数据集（图 9-5）。城市道路在数字线划图中表示为线要素，根据已有的城市数字线划图，从图中提取道路信息。其特点是精度高，更适合对道路建模精度要求较高的场合。因此，这种方法更适合城市轨道交通三维道路建模的要求。

图 9-5　城市数字线划图示例

9.3 城市建模数据处理

9.3.1 城市景观数据获取

根据既有城市数字线划图(图 9-6),通过开发的程序模块自动读取城区所有建筑物和道路信息,并实现分层存储。

图 9-6 城市数字线划图(包含建筑物和道路)

其中建筑物轮廓平面图图层设置规则为:属于同一住宅小区的建筑物归属同一图层,不同住宅小区的建筑物分属不同的图层,名称以 XiaoQu 结尾;不属于住宅小区性质的建筑物按其使用性质归属于不同的图层,见表 9-2。

表 9-2 建筑物平面图层划分

建筑物使用性质	建筑物所属区域名称	图层名称
住宅	沿东小区	YandongXiaoQu
住宅	义南小区	YiNanXiaoQu
⋮	⋮	⋮
商业	北国商城	BeiGuoShangCheng
商业	新百广场	XinBaiGuangChang
文教	二十七中	No. 27 Middle School
⋮	⋮	⋮

道路中心线平面图图层设置规则为:属于相同名称道路的中心线归属于同一图层,不同道路的中心线分属不同的图层,名称以 Road 结尾;高架桥单独设置图层,名称以 Bridge 结尾,见表 9-3。

表 9-3　道路中心线平面图图层划分

道路类型	道路名称	图层名称
道路	裕华西路	YuHuaWestRoad
道路	槐安东路	HuaiAnEastRoad
⋮	⋮	⋮
桥梁	建和桥	JianHeBridge
桥梁	安平桥	AnPingBridge
⋮	⋮	⋮

　　每条道路由多个控制点组成,并作为一个独立图层,图层名称为道路名称,交叉路口处的两条道路形成四条多段线汇合于一点的形式。高架桥单独设置图层,图层名称为桥梁名称,桥梁起终点与道路中心线的多段线上的交点重合(在高程上要将主桥高度计算在内)。道路中心线图层数据表结构见表 9-4。

表 9-4　道路中心线图层数据表结构

道路类型	道路名称	图层名称
道路	中山西路	ZhongShanWestRoad
道路	青园街	QingYuanJieRoad
⋮	⋮	⋮
桥梁	建和桥	JianHeBridge
桥梁	运河桥	YunHeBridge
⋮	⋮	⋮

　　依次读取道路平面图中道路的名称和控制点坐标,其中编号自动赋值。道路中心线数据示例如表 9-5 所示。

表 9-5　道路中心线数据示例

道路名称	编号	x 坐标	y 坐标	z 坐标
YuCaiSTREET	1	1884.82	7127.91	50.80
YuCaiSTREET	1	1886.35	7173.18	50.81
⋮	⋮	⋮	⋮	⋮
YuCaiSTREET	1	1936.99	7511.25	50.91
NongJiROAD	2	2071.11	5292.41	49.72
NongJiROAD	2	2081.40	5292.29	49.72
⋮	⋮	⋮	⋮	⋮
NongJiROAD	2	2649.46	5287.58	49.78
⋮	⋮	⋮	⋮	⋮

依次读取平面图中的每个图层的名称(Name)和图层中每个交点的平面坐标值(X 和 Y),并将上述三个元素作为一行以"Name,X,Y"的形式输出到文本文件中,如图 9-7 所示。

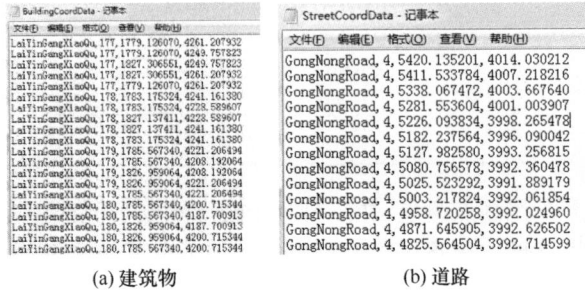

(a) 建筑物   (b) 道路

图 9-7　初始场景数据文本

9.3.2　初始场景数据处理

初始地物数据处理包括平面坐标偏移、平面坐标点地面高程获取和基于地球曲率的高程数据处理三部分。平面坐标偏移将 AutoCAD 平面坐标系的坐标转换成大地平面坐标系的坐标,平面坐标点地面高程获取部分将获取平面坐标点的地面高程,基于地球曲率的高程数据处理使每个点能够与当前地形紧密贴合。数据处理流程如图 9-8 所示。

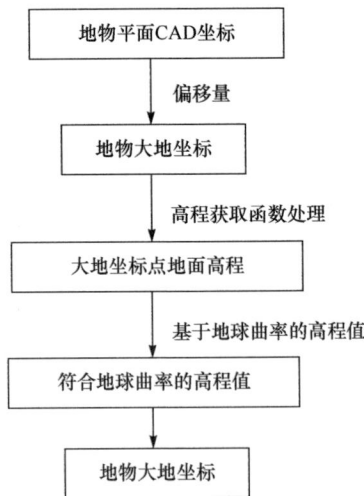

图 9-8　地物数据处理流程图

1. 平面坐标偏移

平面坐标偏移就是将某点的平面坐标在 X 轴和 Y 轴分别平移一个定值,使其与本身对应的大地平面坐标值相等。为了保证偏移后坐标的准确性,将同一图层的建筑物作为同一区域,在区域中心附近取一建筑物顶点作为整个区域的控制点(该点同时也作为下面"基于地球曲率的高程数据处理"部分的控制点),区域内其他点均按该点确定的偏移量进行偏移处理。道路的取点策略与建筑物不同,每条道路取端点或交叉口点等能够获取准确坐标的点作为控制点。

设点 $A(x_A, y_A)$ 需要进行平移,点 A 所在区域的控制点大地平面坐标为 (x_{dd}, y_{dd}),控制点初始坐标为 (x_S, y_S),则点 A 相应的大地坐标为

$$x_{Add} = x_A + x_{dd} - x_S \tag{9-1}$$
$$y_{Add} = y_A + y_{dd} - y_S \tag{9-2}$$

2. 平面坐标点地面高程获取

城市场景最终要作为模型导入到 Skyline TerraExplorer 显示的对应城市的地形(MPT)上,所以获取的坐标点地面高程需要与上述地形一致。TerraExplorer 提供的 API 极其丰富,其中 GetGroundHeightInfo 方法可以获取某经纬度处的位置信息,Position.Altitude 可以获取当前位置的地面高程。通过上述两个方法的结合,可以获取任意处于城市范围内的地面点的高程,示例代码如下:

```
SGWorld65 sgworld = new SGWorld65();
IWorldPointInfo65 info;
double Height;
info=sgworld.Terrain.GetGroundHeightInfo(Longitude,Latitude,
AccuracyLevel.ACCURACY_FORCE_BEST_RENDERED);
Height=info.Position.Altitude;
```

其中,Longitude 代表经度;Latitude 代表纬度;Height 就是获取的地面高程。

3. 基于地球曲率的高程数据处理

地球是一个两极部位略扁赤道稍鼓的不规则椭圆球体,其上的每一点具有曲率。若获得的地面高程不考虑地球曲率的影响势必会出现模型一端浮在地面上而另一端进入地面以下的情况。而应用上述方法获取的地面高程中包含由地球曲率引起的误差 $p = \dfrac{D^2}{2R}$。为了使模型与地形紧密贴合,在某个区域内,设控制点的高程为基准高程 H_S,D 表示控制点与区域内某点的水平距离,R 为地球半径,取 6371km,则该点相对于水准面的高程 H 为

$$H = H_S - p = H_S - \frac{D^2}{2R} \tag{9-3}$$

当某区域内的各点高程均经过上述处理后,该区域的模型底面能够与对应位置的地形紧密贴合,如图 9-9 所示。

图 9-9　模型与地面贴合效果图

9.3.3　基于桥梁坐标的道路数据分类方法

城市道路往往存在多处桥梁,而当道路进入桥段时,中央分隔带的宽度开始由桥面宽度决定。因此,有桥段道路应与无桥段道路区别对待。采用记录道路上方桥面宽度的方法对两类道路予以区分。当道路为有桥段时,其桥宽大于 0,而无桥段道路的桥宽等于 0。

为降低建模的复杂度,设桥梁中线平面坐标为其下道路平面坐标的一部分。区分道路的有桥段和无桥段方法为当桥梁坐标与某段道路坐标完全相同时,说明该段道路是有桥段道路,则在该段道路的名称后加"B",并记录桥宽,实现程序如下:

```
public void  SeperateBridge(string strLineB)
{
    while (strLineB ! =null)
    {
        strLineB =srMainBridgeMid.ReadLine();
    if (strLineB==null)
        break;
    else
    {
        strArrayB=strLineB.Split('.'); //桥名+道路名+X+Z+Y+桥宽+地面高程
        if (strArrayB[1]==alStreetName[i].ToString() || strArrayB[2]==
StreetXutm.ToString() || strArrayB[4]==StreetYutm.ToString())
            StreetType=Convert.ToInt16(strArrayB[5]);
    else
        StreetType=0;
    }
```

```
}
if (alStreetName[i].ToString()! ="XiaoQuRoad")
{
    if (StreetType==0)
swStreetMid.WriteLine (alStreetName [i].ToString () + "," + StreetX-
utm.ToString() +"," +StreetZ.ToString()+"," +StreetYutm.ToString()+"," +
StreetType.ToString());
    else
        swStreetMid.WriteLine(alStreetName[i].ToString() + "B" +"," +
StreetXutm.ToString() +"," + StreetZ.ToString()+","+ StreetYutm.ToString()
+","+StreetType.ToString());
    }
}
```

　　此外,为保证道路建模的精度,道路上方有无高架桥,对道路路面纹理也有较大影响,当道路由无桥段进入有桥段时,道路的纹理会发生变化,如图 9-10 所示。因此,在三维建模时,道路路面的纹理也要作相应变换。

(a) 无桥段道路　　　　　　　　　(b) 有桥段道路

图 9-10　无桥段和有桥段道路效果图

9.3.4　引桥坐标算法

　　引桥是指位于主桥两端、代替高路堤的桥梁跨段。引桥的纵断面线型影响着行车的舒适,我国《城市道路设计规范》(CJJ37—2012)第 13.2.5 条规定:桥头引道机动车道纵坡不宜大于 5.0%[101]。双曲正切函数 $y=\tanh(x)$ 的曲线如图 9-11 所示,其曲线两端的斜率均无限接近于 0,曲线在自变量[-1,1]段的斜率接近 0.25,大于《城市道路设计规范》要求的 5%。当主桥高度与引桥水平长度比达到 1:40 时,双曲正切曲线可以满足规范要求,故引桥水平长度应为主桥高度的 40 倍及以上。

　　引桥部分的坐标数据需要预先按照以下步骤进行计算。

　　(1) 以沿引桥上升的水平方向为 X 轴,以高程增加方向为 Z 轴,引桥的纵断

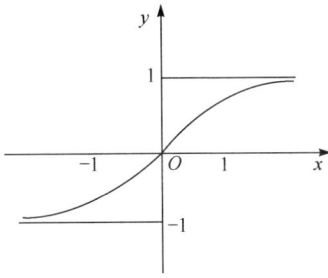

图 9-11　双曲正切函数曲线

面对称中心为原点，建立局部坐标系。将引桥的水平长度按照一定长度值分段，计算各段的端点的相对高度 H_S。设主桥高度为 H，引桥上某分点 $A(x_A, y_A)$ 距起点的水平距离为 D，即 D 等于引桥起点到引桥上某点的距离，引桥在水平面上的长度为 L，则有

$$H_S = \left\{ 1 + \tanh\left[\left(D - \frac{L}{2} \right) \frac{4}{L} \right] \right\} \frac{H}{2} \quad (9\text{-}4)$$

（2）对 A 点按照"初始场景数据处理"所述方法进行地面高程处理，得到的高程值再加上式（9-4）中计算得出的 H_S，即为 A 点的最终高程值。

（3）由引桥起点大地坐标 (X_{Ys}, Y_{Ys})，推算引桥某点的平面坐标，将局部坐标转换成全局坐标 (X_A, Y_A)。设 $A(X_A, Y_A)$ 为引桥上一点，引桥方位角为 θ，点 A 到引桥起点的平面距离为 L，则有

$$X_A = X_{Ys} + L\sin\theta \quad (9\text{-}5)$$
$$Y_A = Y_{Ys} + L\cos\theta \quad (9\text{-}6)$$

生成的引桥效果如图 9-12 所示。

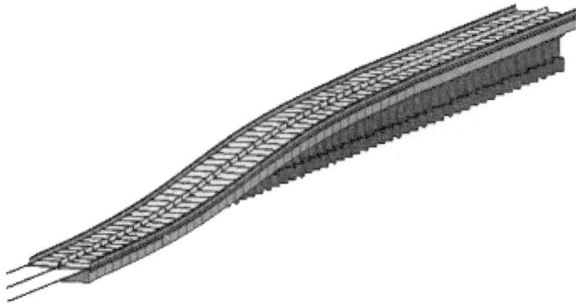

图 9-12　采用曲正切函数曲线的引桥效果

直线和曲线引桥对比效果如图 9-13 所示。

图 9-13　直线引桥和曲线引桥

9.3.5 匝道坐标算法

高架桥两侧的匝道主要分为两种形式:仅有上桥或下桥道的匝道(Ⅰ型匝道)和上下桥道均有的匝道(Ⅱ型匝道)。匝道可采用与引桥相同的线型。以上两类匝道的起终点坐标可以通过计算得出。

1. Ⅰ型匝道

Ⅰ型匝道如图 9-14 所示,仅有上桥道或下桥道,局部坐标系(B 为局部坐标系原点,其坐标是大地平面坐标)。

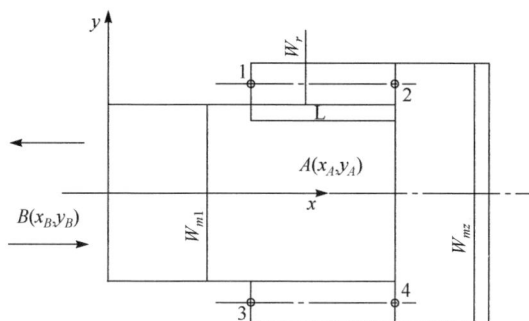

图 9-14 Ⅰ型匝道计算示意图

1~4 点的局部坐标计算如下:

$$x_1 = x_3 = x_A - L \tag{9-7}$$

$$x_2 = x_4 = x_A \tag{9-8}$$

$$y_2 = y_1 = y_A + \frac{W_{m1} + W_r}{2} \tag{9-9}$$

$$y_4 = y_3 = y_A - \frac{W_{m1} + W_r}{2} \tag{9-10}$$

2. Ⅱ型匝道

Ⅱ型匝道如图 9-15 所示,拥有上桥道和下桥道,局部坐标系(C 为局部坐标系原点,其坐标是大地平面坐标)。

1~6 点的局部坐标计算如下:

$$x_1 = x_4 = x_B - L_1 \tag{9-11}$$

$$x_2 = x_5 = x_B \tag{9-12}$$

$$x_3 = x_6 = x_B + L_1 \tag{9-13}$$

$$y_1 = y_2 = y_3 = y_B + \frac{W_m + W_r}{2} \tag{9-14}$$

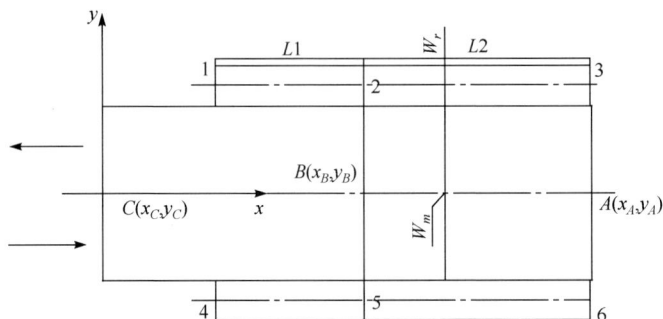

图 9-15　Ⅱ型匝道计算示意图

$$y_4 = y_5 = y_6 = y_B - \frac{W_m + W_r}{2} \tag{9-15}$$

3. 匝道局部坐标转换大地坐标

之前计算出的各点坐标只是局部坐标,不能在建模过程中使用,这些坐标要经过以下计算过程才能使用。

设局部坐标系纵轴方位角为 θ,局部坐标系下任一点 $i(x_i, y_i)$,局部坐标系原点的大地坐标系下的坐标为 (x_d, y_d),则点 i 的大地坐标 (x_{id}, y_{id}),计算如下:

$$x_{id} = x_d + y_i \sin\theta + x_i \cos\theta \tag{9-16}$$

$$y_{id} = y_d + y_i \cos\theta - x_i \sin\theta \tag{9-17}$$

之后的流程与引桥数据处理流程相同。

9.3.6　场景数据输出

经上述过程处理的场景数据包括建筑物轮廓数据、道路中心线数据和桥梁数据,为存储这些数据定义的数据表结构见表 9-6～表 9-8,输出到文本文件中见图 9-16 和图 9-17。

表 9-6　建筑物数据结构

字段名	说明	数据类型
Name	建筑物名称	string
BuildingID	建筑物编号	int
X	建筑物顶点横坐标	double
Y	建筑物顶点纵坐标	double
Z	建筑物顶点高程	double

表 9-7　道路数据结构

字段名	说明	数据类型
Name	道路名称	string
StreetID	道路编号	int
X	道路中线点横坐标	double
Y	道路中线点纵坐标	double
Z	道路中线点高程	double
StreetType	道路类型	int

表 9-8　桥梁数据结构

字段名	说明	数据类型
Name	桥梁名称	string
StreetName	桥梁下道路名称	string
X	桥梁顶点横坐标	double
Y	桥梁顶点纵坐标	double
Z	桥梁顶点高程	double
BridgeType	桥梁类型	string

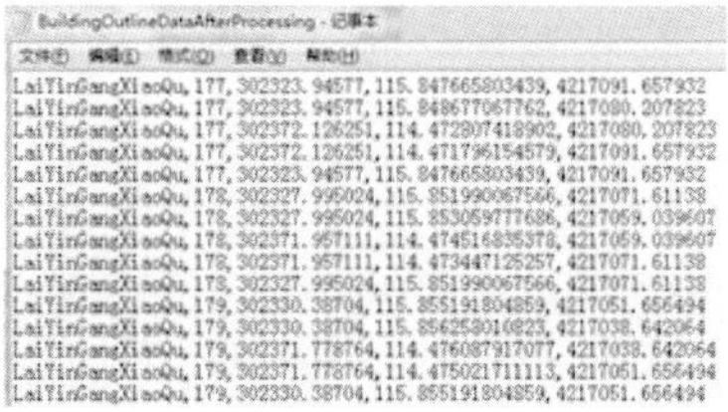
BuildingOutlineDataAfterProcessing - 记事本
文件(F) 编辑(E) 格式(O) 查看(V) 帮助(H)
LaiYinGangXiaoQu,177,302323.94577,115.847665803439,4217091.657932
LaiYinGangXiaoQu,177,302323.94577,115.848677067762,4217080.207823
LaiYinGangXiaoQu,177,302372.126251,114.472807418902,4217080.207823
LaiYinGangXiaoQu,177,302372.126251,114.471796154579,4217091.657932
LaiYinGangXiaoQu,177,302323.94577,115.847665803439,4217091.657932
LaiYinGangXiaoQu,178,302327.995024,115.851990067566,4217071.61138
LaiYinGangXiaoQu,178,302327.995024,115.853059777686,4217059.039607
LaiYinGangXiaoQu,178,302371.957111,114.474516835378,4217059.039607
LaiYinGangXiaoQu,178,302371.957111,114.473447125257,4217071.61138
LaiYinGangXiaoQu,178,302327.995024,115.851990067566,4217071.61138
LaiYinGangXiaoQu,179,302330.38704,115.855191804859,4217051.656494
LaiYinGangXiaoQu,179,302330.38704,115.856258016823,4217038.642064
LaiYinGangXiaoQu,179,302371.778764,114.476087917077,4217038.642064
LaiYinGangXiaoQu,179,302371.778764,114.475021711113,4217051.656494
LaiYinGangXiaoQu,179,302330.38704,115.855191804859,4217051.656494

图 9-16　处理后的建筑物数据文本

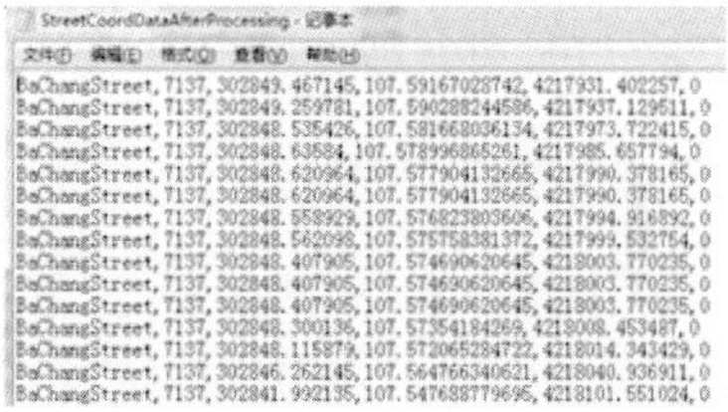
StreetCoordDataAfterProcessing - 记事本
文件(F) 编辑(E) 格式(O) 查看(V) 帮助(H)
BaChangStreet,7137,302849.467145,107.59167028742,4217931.402257,0
BaChangStreet,7137,302849.259781,107.590288244586,4217937.129511,0
BaChangStreet,7137,302848.535426,107.581668036134,4217973.722415,0
BaChangStreet,7137,302848.63584,107.578996865261,4217985.657794,0
BaChangStreet,7137,302848.620964,107.577904132665,4217990.378165,0
BaChangStreet,7137,302848.620964,107.577904132665,4217990.378165,0
BaChangStreet,7137,302848.558929,107.576823803606,4217994.916892,0
BaChangStreet,7137,302848.562098,107.575758381372,4217999.532754,0
BaChangStreet,7137,302848.407905,107.574690620645,4218003.770235,0
BaChangStreet,7137,302848.407905,107.574690620645,4218003.770235,0
BaChangStreet,7137,302848.407905,107.574690620645,4218003.770235,0
BaChangStreet,7137,302848.300136,107.57354184269,4218008.453487,0
BaChangStreet,7137,302848.115879,107.572065284722,4218014.343429,0
BaChangStreet,7137,302846.262145,107.564766340621,4218040.936911,0
BaChangStreet,7137,302841.992135,107.547688779696,4218101.551024,0

图 9-17　处理后的道路数据文本

9.3.7　建筑物模型纹理处理

纹理是城市场景的重要组成部分,分辨率适宜的纹理可以使场景真实生动,给人以身临其境的感觉。城市场景纹理分为建筑物纹理、道路纹理、环境纹理。其中,建筑物纹理包括墙面材料纹理、门窗纹理、屋顶纹理、墙面广告纹理等,道路纹理包括机动车道纹理、非机动车道纹理、路缘石纹理等,环境纹理包括草坪纹理、水系纹理等。

1. 建筑物纹理主要来源

纹理的来源主要有两部分:航空像片和地面上拍摄的建筑物的垂直面像片。

前者可用作数字模型中地面和建筑物顶部的纹理,后者作为建筑物立面的纹理,两者相互补充,构成对三维城市景观模型各个表面的整体描写。要建立整个城市精确的、高分辨率像片写真模型要耗费大量的人力、物力和财力,这样做既不现实,也没必要。一般来说可对某一工程或城市中一些重点景观采取这种建模方法[98]。特别是对于城市轨道交通线路三维设计而言,线路主要沿城市主干道敷设,影响线路设计的主要是主干道两侧的城市景观。

2. 建筑物模型纹理处理[86]

目前,在三维建模中建筑物纹理处理主要有利用数码相机拍摄、利用高分辨率航空影像及卫星影像获取建筑物纹理三种方法。三种方法都具有拍摄工作大、成本高的特点,更适用于高精度的数字城市应用。考虑到城市轨道交通线路三维快速设计的要求,在预可研和可研阶段,对建筑物初始纹理的精度要求并不高,所要求的是能够快速对建筑物进行相应的纹理贴图,以能够实现城市建筑物景观的快速生成。针对此特点,基于纹理库的自动贴图方法是较好的选择。

根据城市内建筑物高度不同、属性不同(住宅建筑、商业建筑等),预先建立建筑物模型库。在构建三维场景时,根据建筑物类别、高度自动从纹理库选择合适的纹理,同时每个建筑物纹理唯一 ID 和 LOD 级别标识,可随时替换精度更高和更真实的纹理。这样对于建筑物纹理可以不作任何数据数据采集和识别、手工修改,能够满足城市轨道交通线路三维快速设计要求,快速建立起三维建筑物模型。

3. 建筑物纹理库建立

纹理库主要分为办公(多层、高层)、住宅(多层、高层)、商业、沿口等类型,如表 9-9~表 9-13 所示。根据对应的建筑物类型和高度信息,实现从纹理库自动选配适合的纹理。

表 9-9　办公多层纹理库

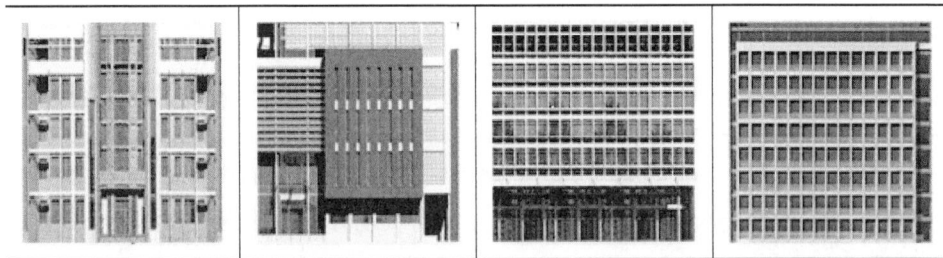

续表

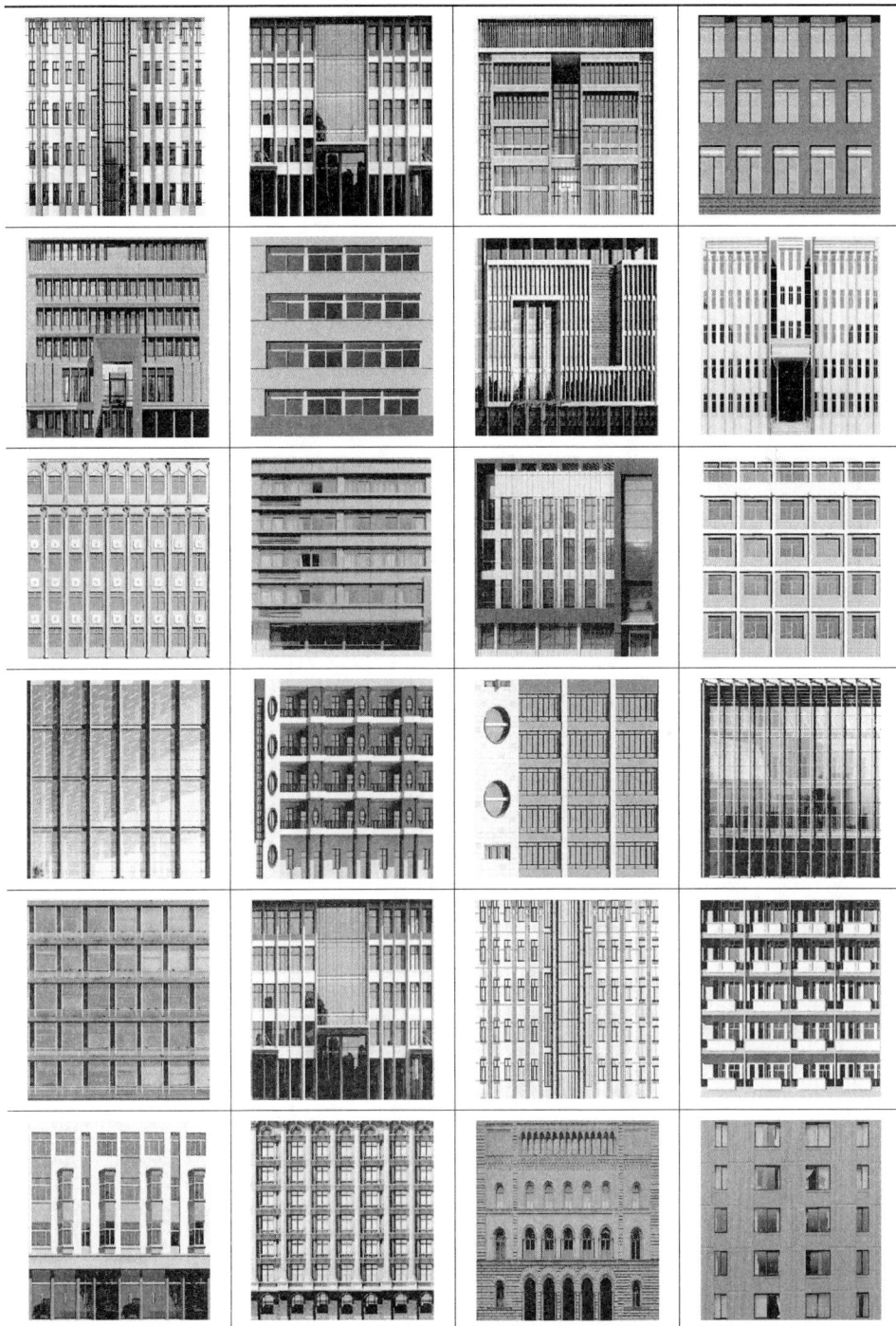

表 9-10　办公高层纹理库

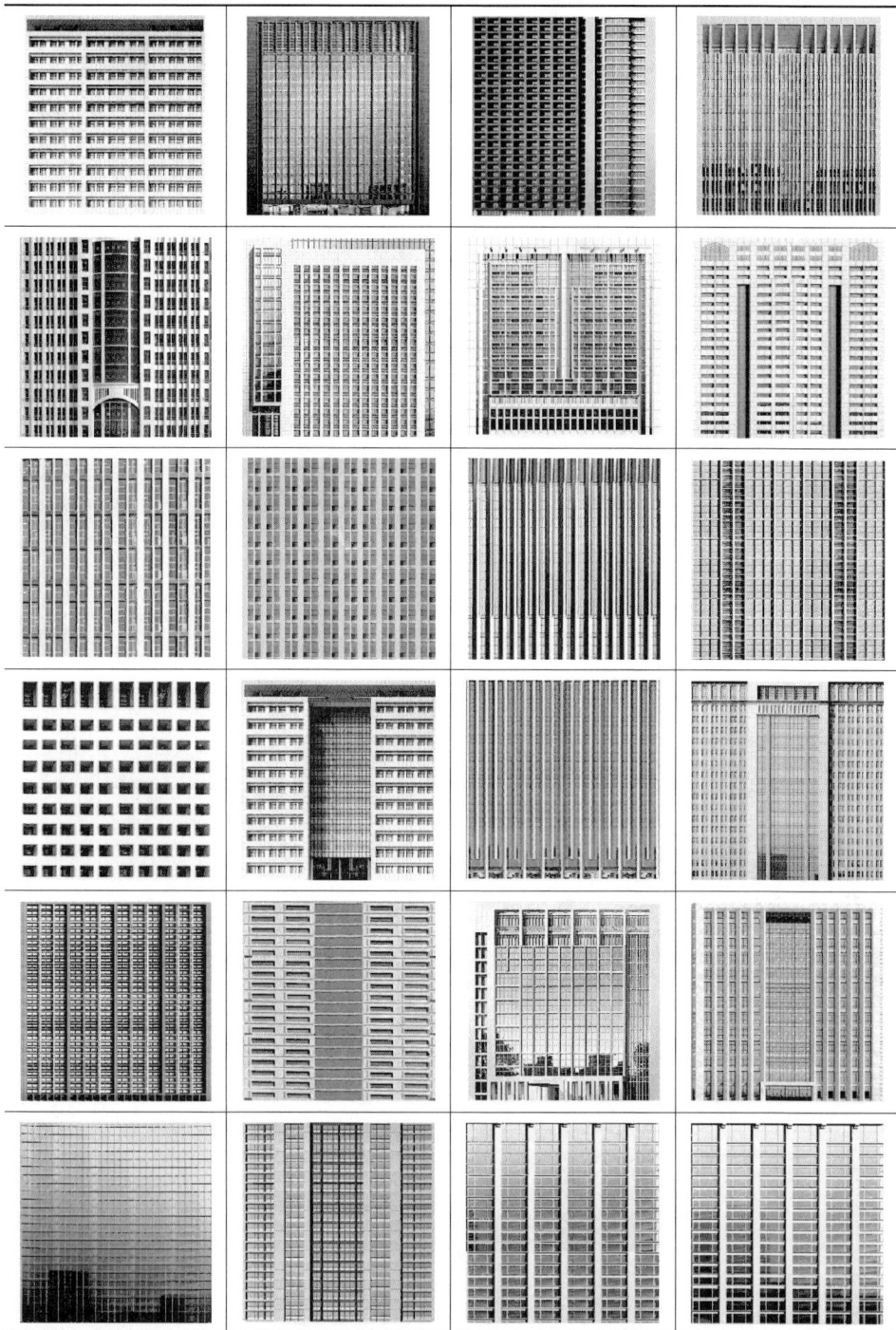

续表

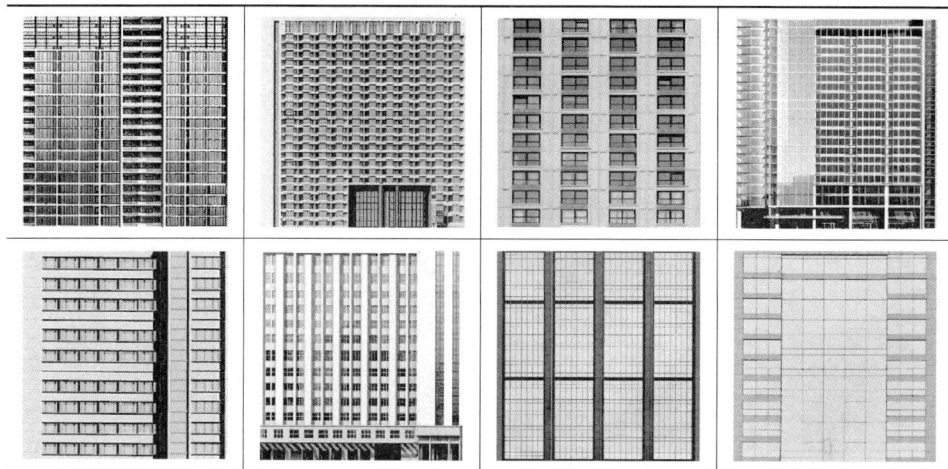

表 9-11　住宅多层纹理库

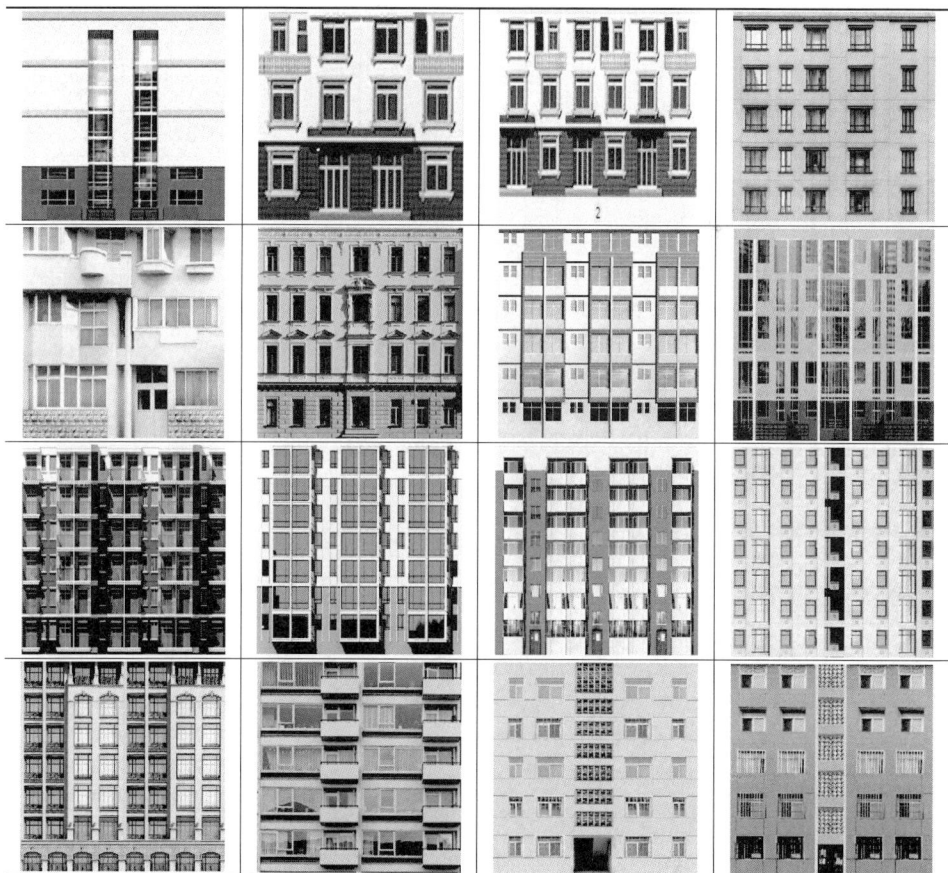

表 9-12　住宅高层纹理库

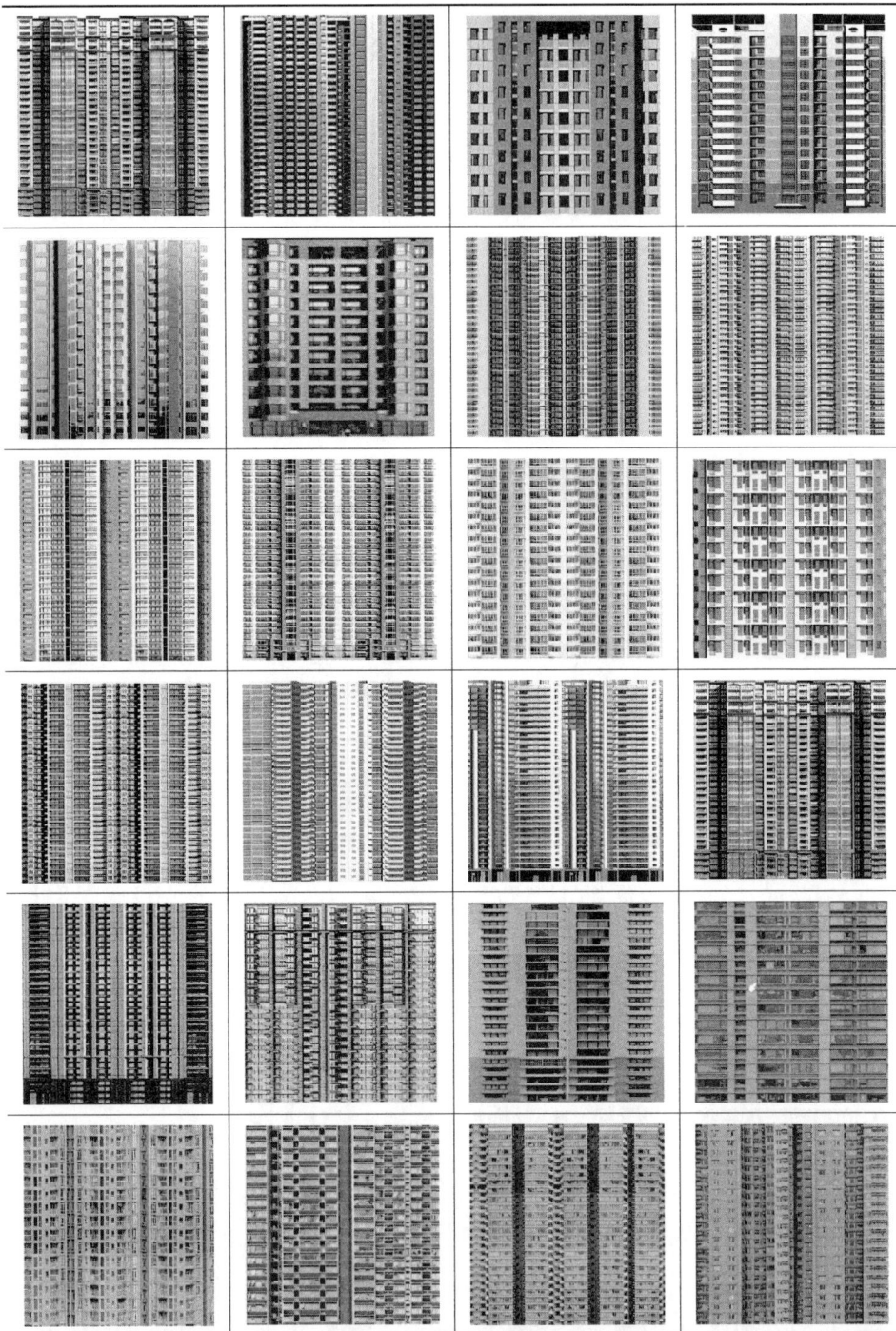

表 9-13 商业纹理库

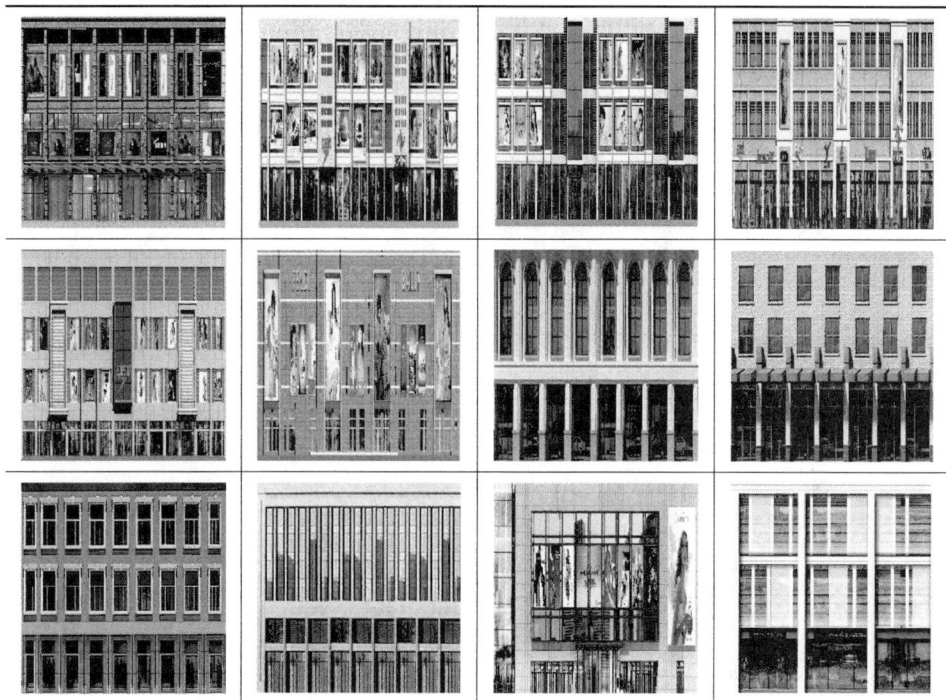

9.3.8 建筑物三维模型库

根据城市建筑物外形和多样式特点,将其分为流行单体、点式和条式建筑三大种类。在每种类型下按照建筑物功能划分为:商用、学校、医院、住宅、办公、公共等类型。采用 CityPlan 软件完成三大类型建筑物的三维模型库。其中点式建筑 314个、流行单体 212 个、条式建筑 327 个,共计 853 个建筑物模型,示意图分别如图 9-18~图 9-20所示。

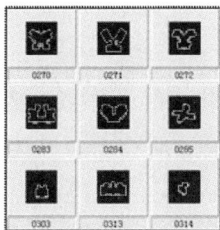

图 9-18 点式建筑模型   图 9-19 单体建筑模型   图 9-20 条式建筑模型

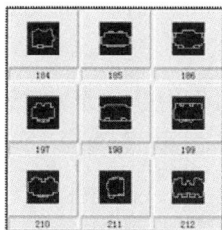

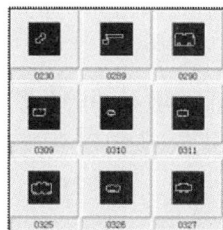

应用 CityPlan 软件建立了三大种类 2500 个建筑物三维模型(3DS 格式),作为初始三维模型库。图 9-21~图 9-23 展示了三大类型建筑物三维模型例图。在

构建三维城市景观时,可以作为 CityEngine CGA 建模的补充,从模型库中直接读取已建好的建筑物三维模型,根据建筑物空间区域坐标进行定位,放置在三维场景中,提高建模精度(建筑物外观上)。

图 9-21　条式建筑　　　　　图 9-22　单体建筑　　　　　图 9-23　点式建筑

9.4　城市三维景观建模

城市地上三维场景包含有大量的建筑物、道路等数据,CityEngine 可以利用二维数据快速创建三维场景,并能高效地进行规划设计。CityEngine 建模采用的是基于规则的建模方法,即使用 CityEngine 内置的 CGA 语言编写的规则文件(CGA规则),通过赋予不同地块相应的 CGA 规则,从而进行自动化建模。

9.4.1　CityEngine 建模常用函数

1. extrude 函数

extrude 是拉伸函数,作用是赋予平面图形高度将其按某一方向拉伸成体,有两种形式:extrude(height)和 extrude(axisWorld,height)。其中,height 表示拉伸高度,axisWorld 表示按某一坐标轴方向进行拉伸。若采用第一种形式,则按照平面图形法线方向进行拉伸。

2. comp 函数

comp 函数是一种分割函数,作用是按面、边或数组将三维盒体划分为不同的平面,形式如下:

```
comp(compSelector) { selector operator operations | selector operator operations...}
```

其中,compSelector 为组件分割关键字,包括面(f)、边(e)、数组(v)三类;selector为语义分割关键字,包括多组分割组合,最常用的是按面的方向赋值,即将分割出的面分别赋予 front、back、lef、right、top 和 bottom 等含义,再分别赋予下级规则。

3. split 函数

split 为面分割函数,作用是将面按照某方向和给定的宽度分割成条块,包括按 XYZ 绝对坐标系中的方向分割和按 UV 面相对坐标系分割两种,常用的是按平面 UV 坐标系分割。

split(splitDirection, surfaceParameterization, uvSet) { $size_1$: operations$_1$|...| $size_{n-1}$: operations$_{n-1}$}

其中,splitDirection 表示按 UV 坐标系的哪个轴(u 或 v)进行分割;surfaceParameterization 表示纹理空间,分为 uvSpace 和 unitSpace 两类;uvSet 表示每层的纹理数量,范围是 $0\sim5$;size 表示条块的宽度;operations 表示下级规则。

4. texture 函数

texture 函数为纹理粘贴函数,用于设置纹理图片路径。

texture(string texturePath)

其中,texturePath 表示纹理图片的路径,可以设置为绝对路径和相对路径。

5. i 函数

i 函数用于在指定平面图形处插入三维模型。

i(geometryPath)

其中,geometryPath 为三维模型存储路径。

i 函数通过模型路径读取相应的模型信息,并插入到规则指定的位置。

9.4.2　总体建模流程

CGA(computer generated architecture)文件包含一系列规则,规则定义了一系列的几何和纹理特征决定了模型如何生成。基于规则的建模的思想是定义规则,可反复优化设计,以创造更多的细节[99]。建模常用规则见表 9-14。

表 9-14　CGA 默认规则表

地块分类	地块类型	默认初始规则
建筑物地块	Shape	Lot
行车道	Shape	Street
便道	Shape	Sidewalk
交叉口(十字)	Shape	Crossing
交叉口(非十字)	Shape	Junction

　　CGA 建模规则的编写过程实际上反映的是基于规则建模的整体流程,建筑物、道路和桥梁的建模过程均有差别,但其实质是一致的。CGA 自动化建模流程是模型逐步细化的过程,如图 9-24 所示。

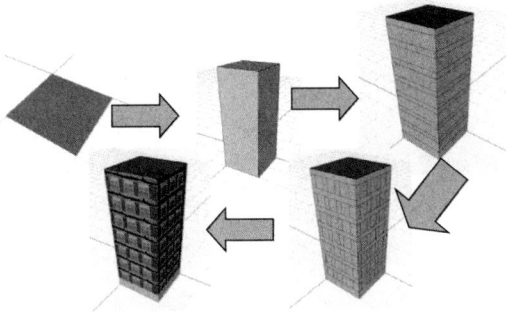

图 9-24　基于规则建模示意图

　　总体流程如下。

　　(1) 使用内置的 Python 控制台读取三维坐标和其他信息(如建筑物高度、道路宽度等),利用 Python 脚本函数但并不限于 createShape 生成场景地块。利用 setName 对地块命名,名称中包含模型属性。

　　(2) 使用 CGA 函数 comp 和 split 对地块进行切分。

　　(3) 使用 CGA 函数 exturde、texture、i 等对切分后的地块进行抬升、粘贴纹理、插入模型等操作。

　　(4) 循环步骤(2)和(3)对模型进行逐步细化,直到达到建模要求。

　　由于具体的模型不同,步骤(2)和(3)可能顺序互换。

　　建模总体流程如图 9-25 所示。

9.4.3　建筑物建模流程

　　(1) 利用 Python 脚本函数 createShape 生成建筑物地块,按照建筑物区域不同,置于相应的图层内;利用 setName 对建筑物地块命名,名称中包含建筑物属性。

　　(2) 使用 CGA 函数 exturde 对地块进行顶面抬升,生成一个长方体模型。

　　(3) 使用 CGA 函数 comp 和 split 对长方体各面进行切分。

　　(4) 使用 CGA 函数 texture 对划分的面域进行纹理贴图,使用 i 函数在相应的面域内插入 OBJ 模型。建筑物建模流程如图 9-26 所示。

9.4.4　道路建模流程

　　(1) 利用 Python 脚本函数 createShape 生成道路地块,将 OBJ 模型置于另一

```
┌──────────────────┐
│    建模基础数据    │
└──────────────────┘
         │ Python 语言
┌──────────────────┐
│     模型地块      │
└──────────────────┘
         │ comp、split 函数
┌──────────────────┐
│    划分后地块      │
└──────────────────┘
         │ extrude、texture 函数
┌────────────────────────────┐
│  经过纹理、高程等处理后的模型   │
└────────────────────────────┘
         │
      ◇ 是否满意? ◇   否
         │ 是
┌──────────────────┐
│     最终模型      │
└──────────────────┘
```

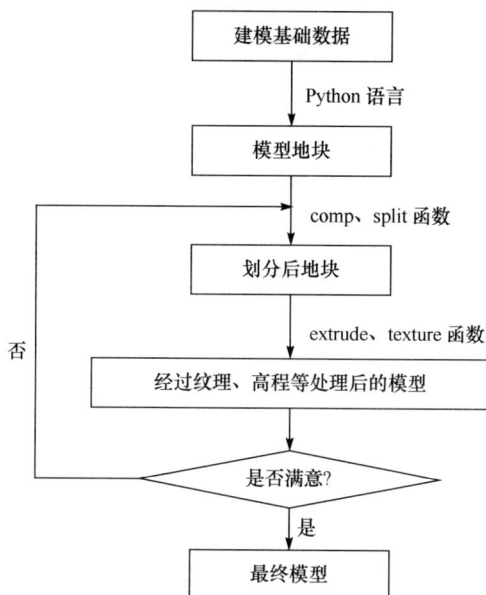

图 9-25　建模总体流程图

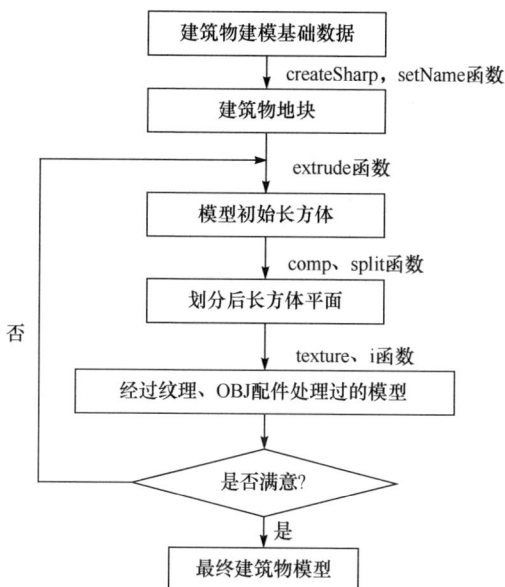

```
┌────────────────────┐
│   建筑物建模基础数据   │
└────────────────────┘
         │ createSharp，setName函数
┌────────────────────┐
│     建筑物地块      │
└────────────────────┘
         │ extrude函数
┌────────────────────┐
│    模型初始长方体     │
└────────────────────┘
         │ comp、split函数
┌────────────────────┐
│   划分后长方体平面    │
└────────────────────┘
         │ texture、i函数
┌──────────────────────────┐
│ 经过纹理、OBJ配件处理过的模型 │
└──────────────────────────┘
         │
      ◇ 是否满意? ◇   否
         │ 是
┌────────────────────┐
│    最终建筑物模型     │
└────────────────────┘
```

图 9-26　建筑物建模流程图

图层;利用 setName 对道路地块命名,名称中包含道路的相关属性。

（2）使用 CGA 函数 comp 和 split 按横断面图式对道路地块进行划分为机动车道、非机动车道、分车带、人行便道等部分。

（3）使用 CGA 函数 exturde 对分车带和人行便道向上拉伸。

（4）再次使用 comp 和 split 对各部分进行划分：分车带划分为路缘带、安全带、绿化设施带；人行便道划分为绿化带、设施带和人行道。

（5）对划分出的各功能带使用 texture 粘贴相应纹理，使用 i 插入在相应的位置插入树木模型、路灯模型、交通信号灯模型等。

道路建模流程如图 9-27 所示。

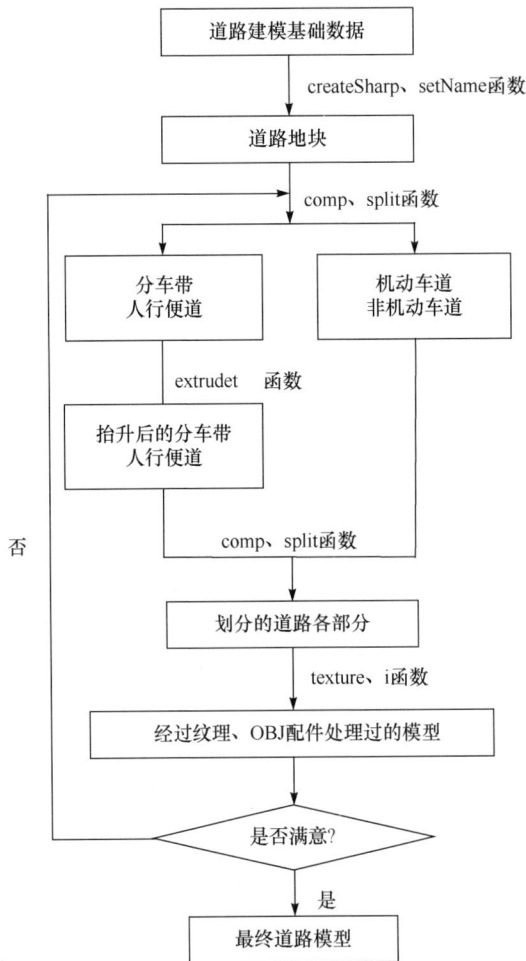

图 9-27　道路建模流程图

9.4.5　建筑物建模

1. 建筑物地块生成

建筑物地块生成采用 CityEngine 内置的 Python 语言读取建筑物轮廓数据。

当坐标对应的建筑编号相同时就认为这些坐标属于同一建筑物,然后按照顺序生成建筑物边界,边界及其内部的部分组成建筑物地块(Lot)。

建筑物地块命名规则为"建筑物所属区域;建筑物用途;建筑物编号;层数;层高;底商高度;楼高",如"MianQiXiaoQu;Resident;4;6;3;0;18"。

```
layer=ce.getObjectsFrom(ce.scene,ce.withName(RegionName))[0]
ce.createShape(layer,vertices)
```

2. 建筑物模型生成

建筑物按照 9.4.3 节所示流程,完成建筑物模型的创建。建筑物 Shape 的名称中包含表 9-15 所示各属性值,利用 CGA 规则读取属性值,并设置纹理库和模型库的路径,再经过拉伸、面域划分、平面分割、纹理粘贴、模型插入等步骤后,生成的建筑物场景如图 9-28 所示。

表 9-15　建筑物属性列表

字段名	说明	CGA 数据类型	备注
Region	所属区域	str	字符型
BuildingUse	建筑用途	str	字符型
BuildingID	建筑编号	float	单精度型
FloorNum	层数	int	整型
FloorHeight	层高	float	单精度型
BusinessHeight	底商高度	float	单精度型
BuildingHeight	楼高	float	单精度型
TexturePath	纹理路径	str	字符型
ModelPath	三维模型路径	str	字符型

CGA 规则设置纹理库和模型库的路径程序如下:

```
attr Region=str(listItem(initialShape.name,0))
attr BuildingUse=str(listItem(initialShape.name,1))
const TextureLibraryPath="assets/textured"
const ModelLibraryPath="assets/3DModel"
```

此外,对于部分建筑物,也可从建筑物三维模型库读取模型,根据地理坐标放置于三维场景中。

9.4.6　道路建模

城市轨道交通线路主要沿道路主干道布设,为满足城市轨道交通线路三维设计的需要,要求建模精度高、速度快、带有地理信息、能够进行空间查询与分析。三

图 9-28　构建好的建筑模型

维景观中,道路模型的建立也有很多方法[100]:贴图法或基于三维建模软件创建三维道路模型。如可以利用 SketchUp 的悬置工具创建三维道路。从大范围的城市景观来看,这些地物都有一定的相似性:一方面可以单独建立一个模型,然后将其像树木一样种植在三维场景中;另一方面,也可以利用贴图法建模。

构建真实的城市道路场景依赖于各条道路的宽度和车道数等真实属性,道路属性表见表 9-16。其中若有属性值为 0,则认为道路无此项属性。

表 9-16　道路属性表

道路字段名	说明	CGA 数据类型
StreetName	道路名称	str
StreetSection	道路路段	str
StreetWidth	路面宽度	float
CenterDSWidth	中间分车带宽度	float
SidesDSWidth	两侧分车带宽度	float
MotorLaneNum	上、下行机动车道数	int
MotorLaneWidth	上、下行单车道宽度	float
NonMoterLaneNum	非机动车道宽度	float
SideWidth	路侧带宽度	float
BridgeWidth	路上桥面宽度	float

1. 道路地块生成

道路地块生成采用 Python 脚本程序,读取各段道路坐标数据,以及相对应的表 9-6 中的各属性值,利用坐标数据(X,Z,Y)生成道路中线。路面宽度属性值作为行车道面宽度,人行便道宽度属性值作为人行便道面宽度,生成道路地块。道路地块命名规则为"道路名称;道路路段;路面宽度;中间分车带宽度;两侧分车带宽度;上行机动车道数;下行机动车道数;非机动车道宽度;路侧带宽度;路上桥面宽度"。代码如下:

```
ce.setName(ce.getObjectsFrom(ce.scene, ce.withName("Shape")), SegName)
```

```
ce.setName(streetsegment, SegName)
streetsegment1=ce.getObjectsFrom(ce.scene, ce.withName(SegName))
ce.setAttribute(streetsegment1, '/ce/street/streetWidth', StreetWidth)
ce.setAttributeSource(streetsegment1, '/ce/street/streetWidth', "USER")
```

2. 道路模型生成

按照道路属性表所示的各种宽度和车道数量,结合道路横断面布置图,将道路分块,然后,粘贴不同的纹理,插入树木、路灯等基础设施,最终生成城市道路。

1) 道路横断面布置

道路横断面布置图表示道路各功能区在道路横断面上的相对位置及其宽度,确定了道路的基本功能分区,与道路属性同是构建真实道路模型的基础。

横断面可分为单幅路、两幅路、三幅路、四幅路及特殊形式的断面[101],断面示意图如图 9-29 所示。

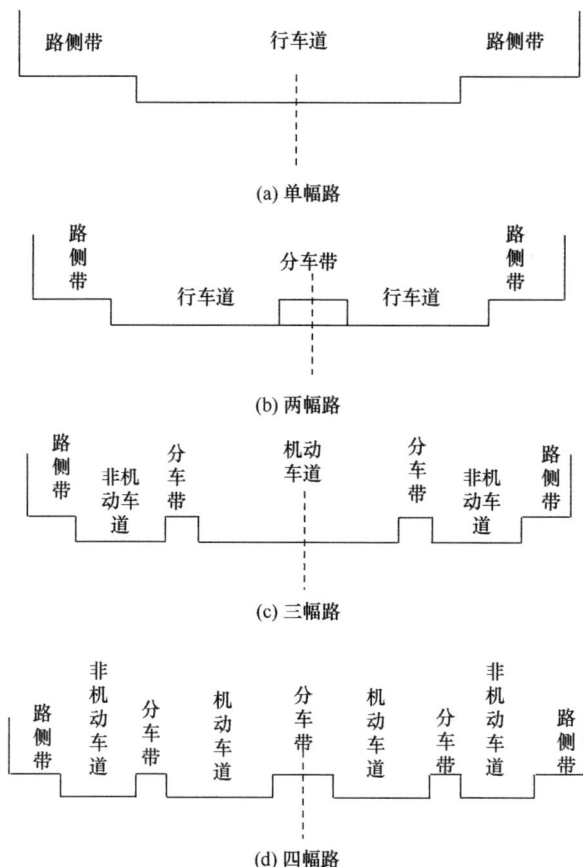

(a) 单幅路

(b) 两幅路

(c) 三幅路

(d) 四幅路

图 9-29　道路横断面布置图

2）分车带建模

分车带按其在横断面中的不同位置及功能，可分为中间分车带（简称中间带）及两侧分车带（简称两侧带），分车带由分隔带及两侧路缘带组成[101]，如图 9-30 所示。分车带最小宽度见表 9-17。

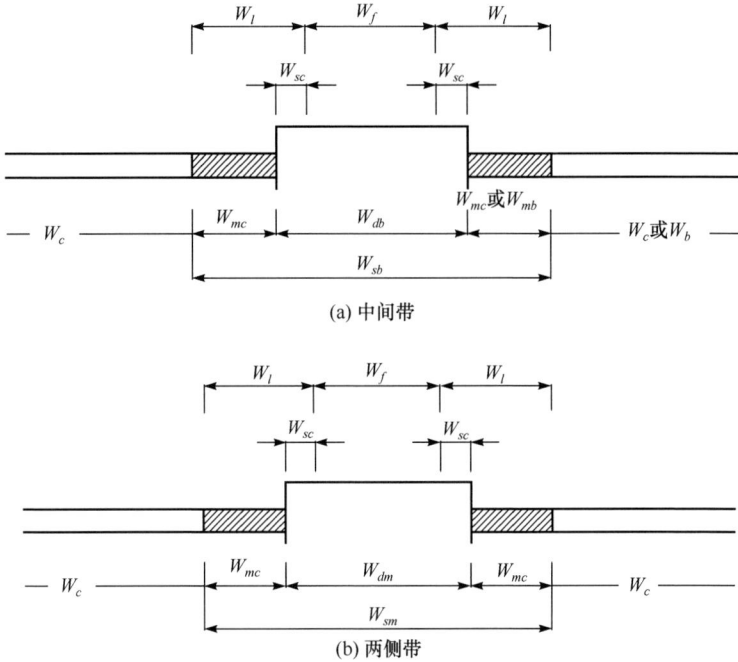

(a) 中间带

(b) 两侧带

图 9-30 　分车带示意图

表 9-17　分车带最小宽度

类别		中间带		两侧带	
设计速度/(km/h)		≥60	<60	≥60	<60
路缘带宽度/m	机动车道	0.50	0.25	0.50	0.25
	非机动车道	—	—	0.25	0.25
安全带宽度/m	机动车道	0.50	0.25	0.25	0.25
	非机动车道	—	—	0.25	0.25
侧向净宽/m	机动车道	1.00	0.50	0.75	0.50
	非机动车道	—	—	0.50	0.50
分隔带最小宽度/m		2.00	1.50	1.50	1.50
分车带最小宽度/m		3.00	2.00	2.50(2.00)	2.00

　　分车带建模主要包括路缘石、草坪的纹理粘贴和树木、路灯等基础设施的插入以及分车带两端弧形部分的插入。分车带结构如图 9-31 所示。

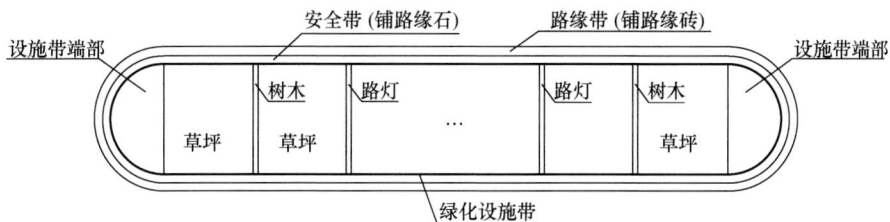

图 9-31　分车带平面布置图

　　首先,根据分车带布置图将中间带和两侧带划分。根据路缘石的类型和草坪种类选择合适的纹理图片,根据树木种类和路灯外形选择相应的 OBJ 模型,由 CGA 规则进行纹理粘贴和设施插入。

　　(1) 路缘石和草坪。

　　根据选择的路缘石的尺寸和材质,在纹理库中选择路缘石纹理图片,按长短边方向贴于布置图中的路缘石位置。根据选择的草坪类型,在纹理库中选择草坪纹理图片,经适当拉伸后贴于布置图中的草坪位置。草坪与路缘石建模效果如图 9-32 和图 9-33 所示。

图 9-32　草坪　　　　　　　　　图 9-33　路缘石

　　(2) 树木和路灯。

　　路灯和树木的插入处理相似,选择树木种类和路灯类型,调取模型库中的相应模型文件,调整模型的方向,设置模型的插入位置和缩放倍数,并将缩放后的模型抬高一半高度进行插入。建模效果如图 9-34 和图 9-35 所示。

图 9-34　路灯　　　　　　　图 9-35　树木

（3）分车带两端弧形部分。

在布置图中的分车带端部位置插入模型库中的半圆饼状模型，按道路的上下行方向调整两端模型的旋转角度，并粘贴纹理，如图 9-36 所示。

图 9-36　分车带端部

3）机动车道与非机动车道建模

机动车道建模主要涉及车道纹理选择。由表 9-14 中的上下行机动车道数和路面材料确定应该使用具有几条车道的纹理以及纹理材质。非机动车道建模主要是选择合适的纹理材质。车道建模效果如图 9-37 和图 9-38 所示。

图 9-37　无桥路段车道效果图　　　　图 9-38　有桥路段车道效果图

4）路侧带建模

路侧带可由人行道、绿化带、设施带等组成，如图 9-39 所示。人行道宽度必须满足行人安全顺畅通过的要求，并应设置无障碍设施[101]。人行道最小宽度应符合表 9-18 的规定。

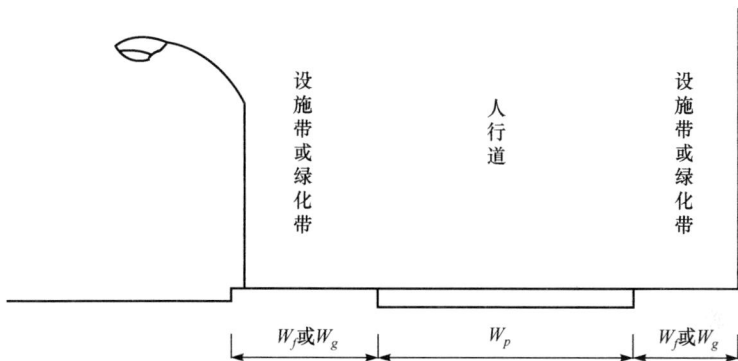

图 9-39 路侧带

表 9-18 人行道最小宽度

项目	人行道最小宽度	
	一般值/m	最小值/m
各级道路	3.0	2.0
商业或公共场所集中路段	5.0	4.0
火车站、码头附近路段	5.0	4.0
长途汽车站	4.0	3.0

路侧带建模包括便道砖纹理粘贴和树木、照明灯柱、标志牌等设施模型的插入。模型插入与纹理粘贴在分车带建模时已经提及不再赘述。路侧带建模效果如图 9-40 所示。

图 9-40 路侧带建模效果图

5）交叉口建模

交叉口作为城市道路的主要组成部分，其建模主要包括交叉口路侧带圆顺设置、路面材质选择、交通信号灯插入以及标志牌插入等。实现方法是：当两条道路交叉，且交叉口处有坐标点时，自动识别为交叉口，按照交叉口规则进行建模。

创建道路交叉口的 CityEngine 脚本代码如下：

```
cleanupSettings=CleanupGraphSettings()
cleanupSettings.setIntersectSegments(True)
cleanupSettings.setMergeNodes(True
cleanupSettings.setMergingDist(10)
cleanupSettings.setSnapNodesToSegments(True)
cleanupSettings.setSnappingDist(10)
cleanupSettings.setResolveConflictShapes(True)
graphlayer2=ce.getObjectsFrom(ce.scene, ce.isGraphLayer)
ce.cleanupGraph(graphlayer2, cleanupSettings)
print("Streets CleanUp Closed")
```

交叉口转弯路侧带的圆弧实际上是由多段直线组成的，精度越高，直线段长度越短，直线段的数量越多，如图 9-41 所示。

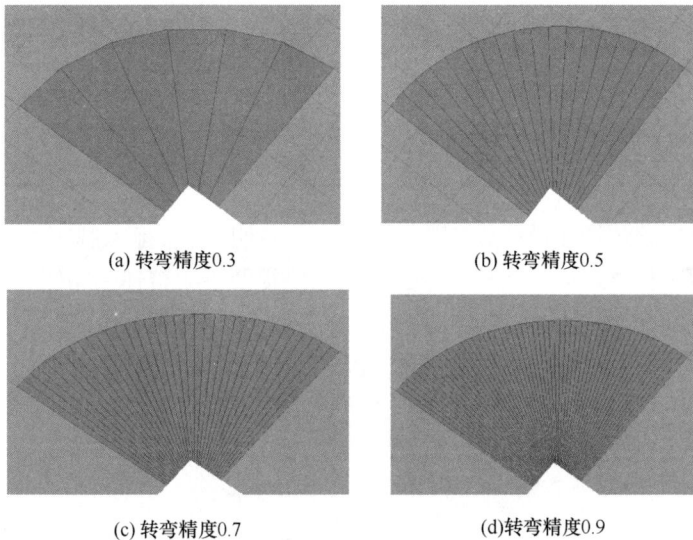

(a) 转弯精度0.3　　　　　　　　　　(b) 转弯精度0.5

(c) 转弯精度0.7　　　　　　　　　　(d)转弯精度0.9

图 9-41　转弯精度与弧段数量对比

不同精度下的交叉口转弯模型如图 9-42 所示。

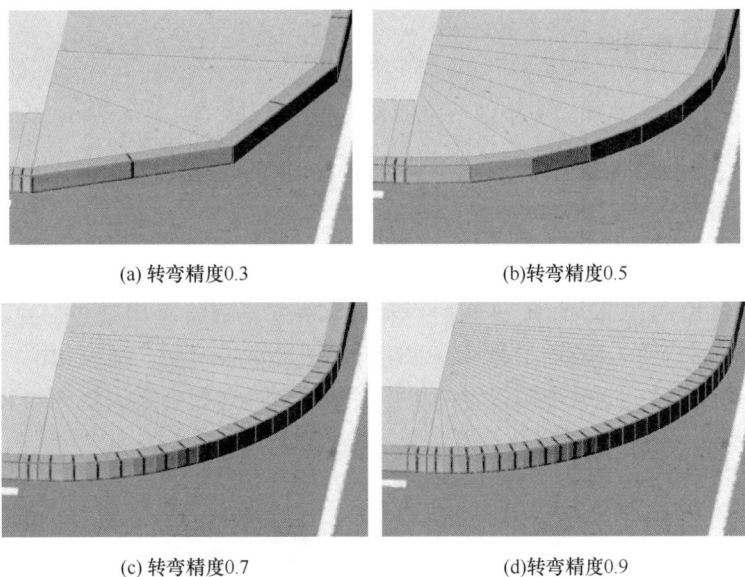

(a) 转弯精度0.3　　　　　　　　　　　　　(b)转弯精度0.5

(c) 转弯精度0.7　　　　　　　　　　　　　(d)转弯精度0.9

图 9-42　不同精度下的交叉口转弯模型

设置转弯精度的代码如下：

```
ce.setAttribute(streetsegment1，'/ce/street/precision'，0.5)
ce.setAttributeSource(streetsegment1，'/ce/street/prescision'，"USER")
```

交叉口建模效果如图 9-43 和图 9-44 所示。

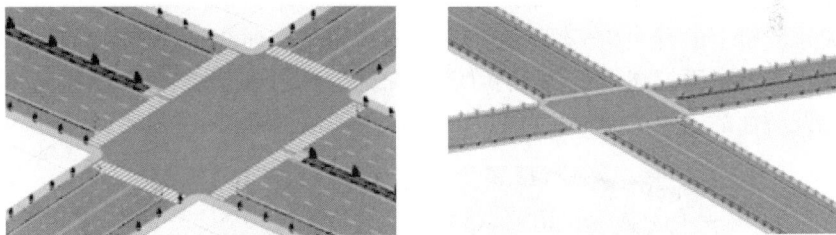

图 9-43　交叉口建模效果图

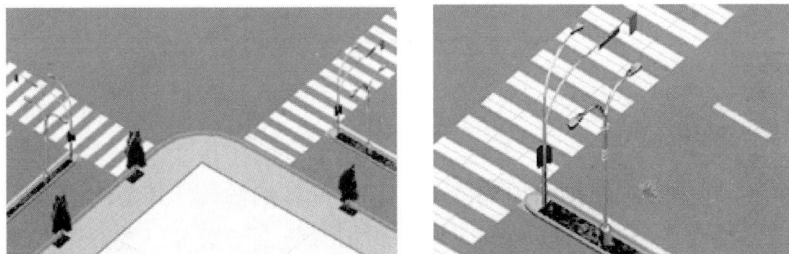

图 9-44　交叉口细节效果图

9.4.7　高架桥建模

当道路中心线高程高于地面高程时,自动识别为桥梁,按照桥梁 CGA 规则进行建模。主要包括路面及桥面设施建模、桥跨结构建模和桥墩建模。

1. 路面及桥面设施建模

桥上路面与地面道路相比,横断面布置较为简单,主要包括外侧护栏、机动车道、中央分车带等部分,其中,外侧护栏和中央分车带通常采用墩台形式。机动车道建模与道路建模一致,而护栏及分车带建模主要涉及墩台的插入和护栏的制作。桥面设施包括路灯、交管部门设置的摄像头等。桥面建模效果如图 9-45 所示。

图 9-45　桥面建模效果图

2. 桥跨结构建模

桥跨结构包括桥面板、桥面梁,以及支撑它们的结构构件如大梁、拱、悬索,其作用是承受桥上的行人和车辆。在不影响城市轨道交通线路设计的情况下,保持桥跨的净空及桥面标高不变,可将桥跨结构简化为一个长方体。因此,桥跨结构建模仅涉及桥面的向下拉伸和左右下三面的纹理粘贴,如图 9-46 所示。

图 9-46　桥跨建模效果图

3. 桥墩建模

在两孔和两孔以上的桥梁中除两端与路堤衔接的桥台外其余的中间支撑结构称为桥墩。桥墩平面形状可分为矩形墩、尖端形墩、圆形墩等。城市高架桥多采用矩形墩或圆形墩。

　　桥墩主要由顶帽、墩身组成,在桥墩建模时,采用插入预制长方体后对其进行修饰,构造顶帽、墩身等结构。桥梁外部纹理均采用混凝土纹理。

　　桥墩定位采取等距定位方式,即沿桥跨方向,桥墩宽度与桥跨跨度不变。在桥墩坐标充足的情况下,应采用不等距定位方式,即按照桥墩的实际坐标确定桥墩的位置。

　　桥跨结构拉伸成型后,将其底面按照确定的桥墩宽度与桥梁跨度,以桥墩和桥跨相间的形式,划分出桥墩位置,如图 9-47 和图 9-48 所示。

图 9-47　桥墩建模效果图(细节)

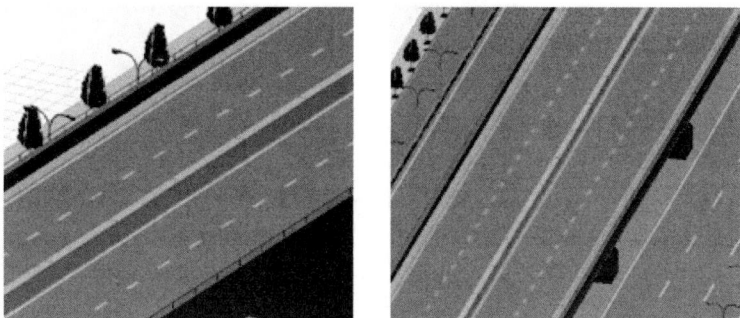

图 9-48　桥墩建模效果图(整体)

9.4.8　立交桥建模

　　城市立交桥样式繁多,如喇叭形立交、苜蓿叶形立交、菱形立交等(图 9-49),特别是大型立交桥,其空间跨桥错综复杂,拓扑关系繁多,创建难度较大。

　　基于城市轨道线路设计的空间分析要求和线路的敷设方式,轨道线路在立交处通行的方式为高架桥方式或地下隧道方式。对于高架桥布设方式,立交桥的占地限界与最高跨的高度是设计者关注的,是保证轨道线路与立交桥不发生空间冲突的关键。由此可见,立交桥的绘制、建模算法难度均较高,难以大规模地创建立交桥。基于城市轨道交通线路设计的建模特点和需求,采用下面两种建模方式。

| (a) 喇叭形立交 | (b) 苜蓿叶形立交 | (c) 菱形立交 |

图 9-49　城市立交效果图

（1）对于重点的城市立交，采用三维软件按严格地理坐标（特别是与道路连接处的坐标，保证连接的流畅）制作，导入地图，如图 9-50 所示。

图 9-50　城市立交建模效果（导入三维模型）

（2）对于非重点城市立交，在进行立交建模时，绘制城市道路简易桥梁模型代替，只画出立交桥的占地限界轮廓，如图 9-51 所示。

图 9-51　城市立交建模效果（简易方式）

同时输入立交桥的最大高度，并将这两项关键数据存入城市立交数据库，见表 9-19。

表 **9-19**　城市立交数据库

字段名	说明	数据类型
立交桥 ID	立交桥名称	字符型
立交桥轮廓坐标	存储轮廓坐标点	字符型
立交桥最大高程	存储立交桥的最大高程	数值型
立交桥模型属性	判断模型是绘制还是导入	字符型
立交桥模型角度	存储导入模型的角度	数值型
X 坐标	存储导入模型的 X 坐标	数值型
Y 坐标	存储导入模型的 Y 坐标	数值型
模型路径	存储导入模型的路径	字符型

　　立交桥数据库存储立交桥的轮廓坐标和最大高程(绝对高程),这两项数据能创建立交桥包围盒根据。立交桥模型属性,判断此模型的是导入三维模型还是绘制模型。立交桥模型角度和比例分别调整导入的三维模型角度和显示比例。

9.5　三维城市景观建模实现

　　导出建筑物、道路、桥梁等三维模型,分别作为独立的 shape 矢量图层,以流模式方式导入 SkylineTerraExplorer 加载的 MPT 中。每个图层的加载控制点相同,这保证了各图层加载后形成的场景是准确的。以流模式加载 shape 图层的方式,对大范围城市场景海量三维模型进行加载显示,视口的范围就是模型显示的范围,模型显示速度快,漫游效果流畅。图 9-52～图 9-55 展示了城市三维景观建模效果。

图 9-52　城市三维景观建模效果图(一)

图 9-53　城市三维景观建模效果图(二)

图 9-54　城市三维景观建模效果图(三)

图 9-55　城市三维景观建模效果图(四)

第 10 章　数字管线三维建模

在轨道交通线路设计中,各种地下管线众多、分布纵横交错、错综复杂,特别是对城市轨道交通的明挖段(区间或车站)造成影响较大,地下管线与轨道线路的冲突是线路设计中主要的冲突之一。在城市轨道线路施工过程当中,因触碰管线而引起停工的情况数见不鲜,通常会造成巨大的损失。由于三维直观性强,可从不同方位再现物体,具有较强的立体感、逼真感,通过三维可视化可以直观地看到城市地下纵横交错、上下起伏的实际管线。在线路设计时,自动进行与管线的空间分析,能够有效减少管线改移和空间冲突,提高城市轨道交通线路设计质量。

10.1　三维管线建模的一般方法

要实现管线的三维可视化,至少需要解决管线的三维建模以及利用合理的数据模型来管理模型数据两个难题[102]。目前,基于三维地理信息技术的管线综合管理系统中,三维管线建模的常见方法有如下几种[103]。

10.1.1　基于三维图形库底层建模

利用计算机图形学知识和相关的数学知识,结合 OpenGL、DirectX、VTK、Orge、OpenFlight API 等三维图形库和 C++编程编程语言,从底层实现三维管线的建模过程。主要思路是采用连续四边形逼近管线模型,并采用合适的方法解决弯管和多连通管线问题[104]。例如,张志华提出对称建模技术,将管道从中线分为左右两半分别建模,并利用 OpenGL 实现了管线的有效拼接[105]。文献[106]和[107]应用 OpenGL,采用断面与体面三角剖分拟合法实现管线三维建模和可视化。毕天平等和周方晓等利用"Sweep+Mesh"造型方法进行管网批量造型处理,采用 C++语言结合 DirectX 和 OpenGL 进行了程序实现[108, 109]。孙中昶等、王明生和简季等对管线断面建模、管道交叉处建模及拐弯处平滑处理等算法进行深入研究,基于 OpenGL 实现了三维管线的创建[110~112]。文献[113]对三维管线建模与 VTK 可视化渲染问题作了研究,阐述了地下管线在 VTK 中以流水线机制进行可视化渲染的流程。李清泉等阐述了管线数据的层次模型和组织方式,建立了地下管线的三维模型,提出了分段渐次推算的模型计算方法,基于 Visual C++和 OpengGL 开发了三维管线系统[114]。文献[115]对基于 Orge 的三维管线绘制方法进行了研究,重点介绍了管线的三维建模的过程。文献[116]通过 Open-

FlightAPI 构建三维图形并写入 FLT 文件，直接生成地下管网三维模型，实现了大场景地下管网的自动、快速建模。

　　基于三维图形库底层建模方法所建三维管线模型通常具有精度高、三维直观性强、可定制开发等优点。但其开发难度大，周期长，不能满足对大规模三维场景生产的实时性要求。同时由于管线模型多采用分段构造连续四边形的方法拟合生成，其拟合逼真度的提高将使模型数据量增大，降低显示速度模[104]。

10.1.2　完全使用建模软件建模

　　使用专业建模软件（如 3Ds Max、MultiGen Creator、SiteBuilder3D），对管线及其附属部件进行精细建模，可以设置三维管线的材质、光照、云、雾等效果，但是它们都是静态的建模，需要事先读入规定格式的数据，再生成三维模型。建模完成后，将建成的三维管线模型，转换成三维地理信息软件可以识别的模型格式（如3DS 或者 DirectX 格式），作为外部模型对象，加入三维地理信息场景中[103]。例如，陈亚东等研究了应用 MultiGen Creator 软件实现地下三维管线可视化的方法[117]。

　　通过三维建模软件构建地下管线三维模型，虽然能够构造出较精细的管线模型，但数据结构复杂、数据量庞大，导入三维地理信息系统后，需要消耗的系统资源过多，导致在显示和分析时，效率低、速度慢，且不支持三维场景中的交互实时建模[103]。

10.1.3　基于三维地理信息软件二次开发建模

　　借助目前流行的组件式开发技术，基于成熟的 GIS 组件基础上进行二次开发，只需通过调用相关建模接口就可以方便地实现复杂的三维建模过程，实现管线的三维可视化。如 Esri 公司的 ArcGIS、Skyline 公司的 Skyline TerraExplorer Pro 及武汉适普软件有限公司的 ImaGIS 等三维软件，都已通过其三维建模控件实现对地下管线的三维建模。其中目前应用最为广泛的为基于 ArcGIS 的 ArcGIS Engine 和 Skyline 组件开发应用。例如，文献[102]、[118]、[119]实现了基于 ArcGIS Engine 的综合管线三维可视化。文献[120]对 Google SketchUp 与 ArcGIS 在城市三维地下综合管网进行了研究，以嵌入式开发组件 ArcGIS Engine 为工具，实现了城市三维地下综合管网的三维可视化。文献[121]~[125]以 Skyline 为开发平台，研究了基于 Skyline GIS 组件开发实现管线三维建模。

　　通过三维地理信息软件二次开发建模方法，不仅能够减小开发难度、缩短开发周期，而且开发的三维功能能够与已有的二维功能相互兼容，既能够充分利用二维 GIS 成熟的数据编辑、空间分析等功能，又能发挥三维直观性强、表现力丰富等优点，达到优势互补的效果[102]。因此，目前已成为管线三维建模的主要方法。但由于三维地理信息软件并不是专业的建模工具,对于管线附属设施,如阀门、接头等不规则物体,可通过采用专业建模软件建立精细模型,再导入到管线三维场景定位加以解决。

10.2　管线数据库设计

　　城市地下管线主要包括给水、污水、雨水、燃气、电力、通信、热力、工业等类型管线,在城市轨道交通设计中,设计者需根据地下管线的分布情况合理布置线路走向、高程,以免两者产生冲突。每一类管线的数据存储类型略有区别,但数据结构基本相同,每类管线在数据库中按照管线层和管点层存储。管线数据库存储各类管线及其附属设施数据,从数据库中获取管线相关的属性信息,利用分析模型实现空间分析功能,因此,必须设计合理的管线数据库结构[126]。利用 Skyline 3DGIS API、Oracle 数据库和 C♯.Net 开发管线数据管理系统实现管线的数据库存储管理,系统架构如图 10-1 所示。管线数据管理系统利用 Skyline 3DGIS 组件提供的接口进行功能模块的开发,数据库采用 Oracle 数据库,非 GIS 功能采用 C♯.Net 来开发,并通过 ADO.NET 来访问属性数据库。

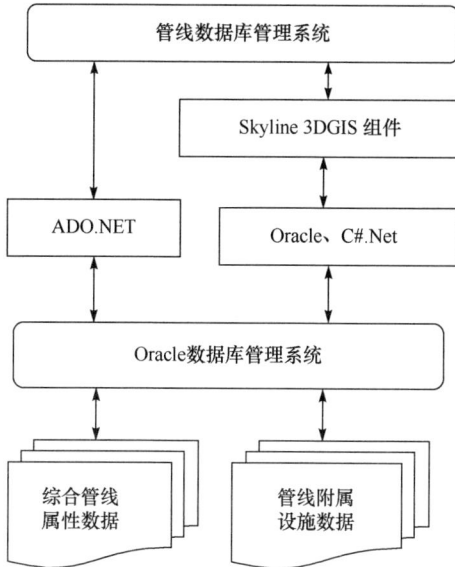

图 10-1　管线数据管理系统架构图

10.2.1　地下管线数据模型

　　地下管线的数据由管点数据和管线数据组成,为便于地下管线数据的存储、编辑和维护,采用管线数据层次模型是有效的数据组织方式[114],地下管线的数据模型设计如图 10-2 所示。

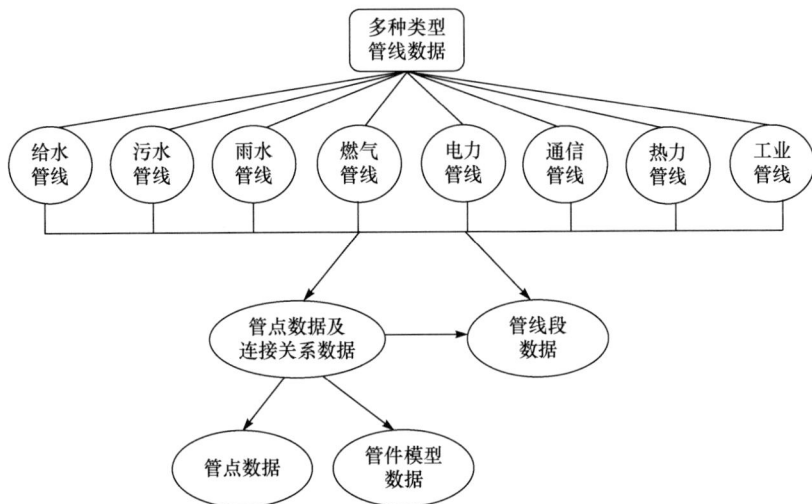

图 10-2　地下管线数据模型

10.2.2　管线数据表结构

管线数据由一系列的管点表和管线表组成,三维管线模型及空间分析也基于管线数据。一条管线通常由有多个管点组成,部分管点数据还具有附属设施(如排水管有井室、阀门等),一系列管点数据和附属设施构成了一条完整的管线,示意图如图 10-3 所示。

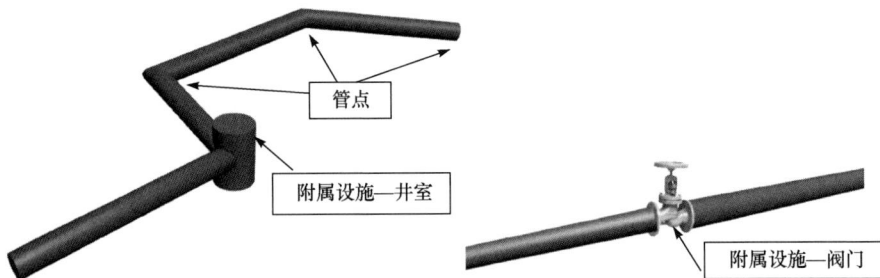

图 10-3　管线组成示意图

由于管线种类繁杂,数量庞大,仅使用默认颜色和透明度等表现方式构建管线模型不易观察,无法识别管线的类别和用途。因此,建立管线类型库,根据管线类别和具体用途赋予其不同的颜色和透明度,使管线分类和用途一目了然,增强管模型的可视化效果。

为了方便对各类管线数据库管理,将管线分为给水、污水、电力等 8 大类,定义了管线类型代码和管线数据表命名规则,如表 10-1 和表 10-2 所示。

表 10-1　管线类型代码表

分类	命名	代码	几何类型
给水	GS_PL	1001	Polyline
污水	WS_PL	1002	Polyline
雨水	YS_PL	1003	Polyline
燃气	RQ_PL	1004	Polyline
电力	DL_PL	1005	Polyline
通信	TX_PL	1006	Polyline
热力	RL_PL	1007	Polyline
工业	GY_PL	1008	Polyline

表 10-2　管线数据表命名规则

分类	命名	示例
管线表	GX_＋管线命名	电力(GX_DL_PL)
管点表	GD_＋管点命名	电力(GD_DL_PL)

管线数据有管线编号、管线类型、管线长度、管线颜色、埋设方式、断面尺寸、起始管顶标高、管线中心线点数、起点点号、起始端埋深等属性,设计管线数据表结构如表 10-3 所示。

表 10-3　管线表数据结构

字段名称	字段含义	数据类型	说明
PLID	管线编号	Int	—
PLType	管线类型	String	如电力、燃气管线等
PLMaterial	管线材料	String	如 PVC,铸铁等
PntNumber	管线中心线点数	Int	组成管线的管点数量
PLLength	管线长度	Float	—
PLColor	管线颜色	String	—
StartingElevation	起点高程	Float	—
EndElevation	终点高程	Float	—
PSize	断面尺寸	String	—
BuriedMode	埋设方式	String	—

续表

字段名称	字段含义	数据类型	说明
InterfaceMode	接口方式	String	如三通、弯头、阀门
StartPtID	起点点号	Long	—
StartPtDepth	起点埋深	Float	管线的起点埋深
EndPtID	终点点号	Long	—
EndPtDepth	终点埋深	Float	管线的终点埋深
BuriedTime	埋设时间	String	年/月
PLAddress	管线段地址	String	—
RoadCode	所在道路编码	Int	—
OwnersShip	权属单位	String	—
ReMark	备注	String	—

10.2.3　管点数据表结构

管点数据是管线数据的基本组成部分，管点数据表有管线点编号、管点类型、接口方式、是否连接管件、所在道路编码、管线点序号、管线附属物、地面高程、X 坐标、Y 坐标等属性。其管点的数据表结构设计如表 10-4 所示。

表 10-4　管点层数据结构

字段名称	字段含义	数据类型	说明
PointID	管点编号	Int	—
PLType	管线类型	String	如电力、燃气管线等
PipeID	所属管层编号	String	—
PointNo	管线点序号	Int	管线点在所属管线点的序号
PntEle	高程	Int	—
PtStyle	管点类型	Float	如起点、终点、中间点、附属物点
PLColor	接口方式	String	—
WellType	井类型	Float	—
WelDepth	井底深	Float	—
Address	管线点地址	String	—
RoadCode	所在道路编码	String	—
PtX	管点 X 坐标	String	—
PtY	管点 Y 坐标	Long	—
FittingLink	是否连接管件	Bool	是否连接有阀门等管线附属物
FittingID	连接管件 ID	Long	设备的 ID 标识
FittingAngle	旋转角	Float	管件方位角,用于连接管线

管点层存储管线的全部特征点,如普通点、附属物等。利用管点类型字段可标识具体的类别,如三通、四通、五通、多通、转折点、弯头、阀门等。为了三维显示的精细化,点层可以附加精细化的 3Ds Max 和 Sketch UP 等建模软件制作的三维模型作为管线附属设施[127]。因此,定义管件模型数据表结构如表 10-5 所示。

表 10-5　管件模型数据表结构

字段名称	字段含义	数据类型
FittingID	管件 ID	Int
FittingType	管件的类型标识	Int
FittingName	管件名称	Int
Radius	管件半径	Float
PntX	管件的中心 X 坐标	Float
PntY	管件的中心 Y 坐标	Float
PntZ	管件的中心 Z 坐标	Float
FittingModel	管件实体模型	BLOB

10.3　城市地下管线三维建模

地下管线与城市轨道交通线路的冲突是线路设计中主要的冲突之一。地下管线种类繁杂,数量庞大,传统的二维平面图纸无法直观地表示地下管线和管点相对位置及其与城市轨道交通线路的相对位置。根据城市轨道线路设计的特点,基于 Skyline API 和管网数据库快速生成地下管线,有利于减少和降低线路设计时与地下管线冲突的发生。

10.3.1　功能设计思路

地下管线的基本组成部分分为管体和管点两大类。其中管体包括圆形管和方形管,可以简化为按照一定规则排列的三维管段的集合。其基本组成单元是三维管段即圆柱体或长方体,采用 Skyline 3DGIS 软件自身对象 Cylinder 和 Box 对象来创建表现管体(CreateCylinder 方法创建圆柱模型,CreateBox 方法创建长方体模型),这样可以大大减少软件用于渲染外部模型显示所需的系统资源。管点包括阀门、螺栓、弯头、接头等不规则物体。先将各类管点数据进行分类,对于每类对象,分别采用专业建模工具(如 3D MAX),进行三维建模,具体过程如图 10-4 所示。

使用三维地理信息软件和三维专业建模软件共同实现三维管线建模的方法:

一方面,能保证管线建模的精细程度;另一方面,不会明显降低系统的效率[123]。

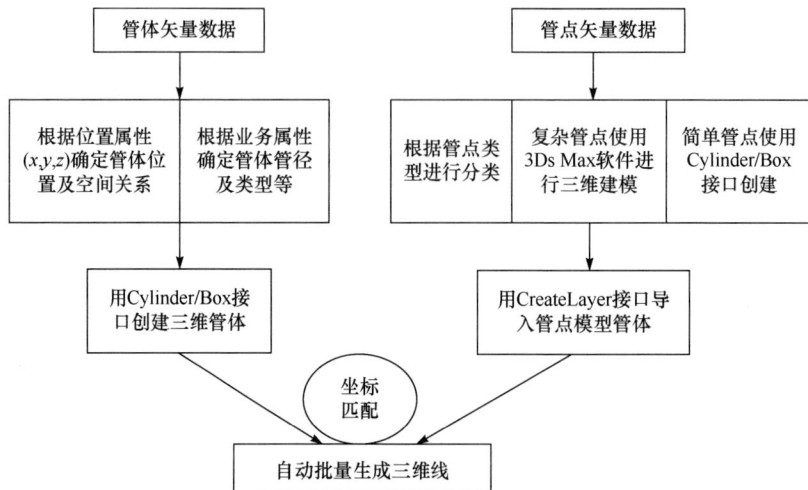

图 10-4　自动批量创建三维管线流程[123]

10. 3. 2　Skyline 绘制管线方法

SkylineTerraExplorerAPI 提供了一套强大的接口用来集成 TerraExplorer、TerraExplorerPro 和用户自定义应用。可根据管线属性信息利用 IObjectManager65 接口下的 CreateCylinder 方法创建圆柱模型,其中的关键就是精确的定位圆柱体的空间位置。

三维管线的所有组成节点基本属性包括起止点的 x, y, z 方向上的坐标、管径、颜色和管线名称等。

管线由一系列管点数据组成,相邻的两管点组成一段管线段,根据管线段的起点和终点 x、y、z 坐标,确定圆柱体一端的空间位置,再根据起点和终的空间坐标计算出圆柱体偏航 Yaw、斜度 Pitch 和旋转 Roll 的角度,就能够精确的定位圆柱体的空间位置,计算方法如下[122]。

1. 三维管道起始点、终止点位置

每条三维管线都包含起始点坐标 (x_1, y_1) 和终止点坐标 (x_2, y_2) 信息,在此基础上"高程"字段中的值分别作为起点和终点的高程值,然后借助 Skyline API 中 IPosition65 接口创建管线的起始位置点 position1(简称 P_1)和终止位置点 position2(简称 P_2)。

2. 管径、管道起点高程

管道的管径值统一按照与实际管道 1 : 2000 的比例来确定,管道的高程值则采用管点的高程与管径相加之和。

3. 管道长度

管道长度即起点和终点之间的空间距离,如图 10-5(a)所示,其中 H_{dist} 表示管线在 XOY 平面上的投影长,V_{dist} 表示管线端点的高程差,Distance 表示管线两端点之间的空间距离,计算公式描述如下:

$$H_{dist} = \sqrt{(P_2.X - P_1.X)^2 + (P_2.Y - P_1.Y)^2} \tag{10-1}$$

$$V_{dsit} = P_2.H - P_1.H \tag{10-2}$$

$$Distance = \sqrt{H_{dist}^2 + V_{dist}^2} \tag{10-3}$$

式中,每个位置点的 X 属性表示该点的 X 坐标值;Y 属性表示该点的 Y 坐标值;h 表示该点的绝对高程值。

4. 航角(yaw)

Yaw 是指视点和兴趣点的偏移角度,在三维坐标系中表示绕 Z 轴旋转的角度,如图 10-5(b)所示。Yaw 范围为 0°~360°,以正北方向为 0°。其中,X_{dist} 表示管线在 X 轴上的投影长度,Y_{dist} 表示管线在 Y 轴上的投影长度,计算公式如下:

$$X_{dist} = P_2.X - P_1.X \tag{10-4}$$

$$Y_{dist} = P_2.Y - P_1.Y \tag{10-5}$$

$$Yaw = \arctan(X_{dist}/Y_{dist}) \times 180/\pi \tag{10-6}$$

5. 斜角(pitch)

Pitch 表示视点和兴趣点的俯仰角度,在三维坐标系中表示绕 X 轴旋转的角度,如图 10-5(c)所示。Pitch 范围为 $-90°\sim90°$,以水平方向为 0°。其中,V_{dist} 表示管线起点和终点的高程差,H_{dist} 表示管线在 XOY 坐标系上的投影长度。相应地,计算公式描述如下:

$$Pitch = \arctan(V_{dist}/H_{dist}) \times 180/\pi \tag{10-7}$$

式中,V_{dist} 和 H_{dist} 同式(10-1)和式(10-2)。

6. 转角(roll)

Roll 表示视点和兴趣点的旋转角度,在三维坐标系中表示绕 Y 轴旋转的角度,如图 10-5(d)所示。Roll 范围为 $-180°\sim180°$,0°表示与水平方向平行。

由于在实际地下管道铺设过程中,管道形状基本上只有圆形管道和方形管道两种,其中圆形管道不受绕管线左右旋转的影响,方形管道基本上都是上下面与地面平行,因此一般将 Roll 角度值设置为 0°。

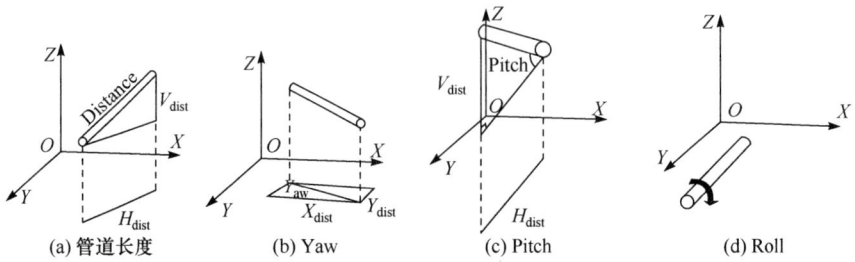

图 10-5　模型参数在三维坐标系中的表示[122]

10.3.3　管点实体模型库

地下管线庞大的数量和复杂的结构带来了数量众多和形式各异的管点,在同一井位存在着任意方向的各种连通关系。Skyline 中提供了多个生成三维实体模型的辅助函数,简单的模型如球体、立方体和圆柱都可使用这些函数来实现,但是这些函数难以满足建立阀门等复杂管点模型的需要。因此,采用 3Ds Max 等建模工具辅助建立管点三维模型,通过 PandaDXExport 插件将其导出为 *. X 格式,然后将其导入 TerraExplorer Pro 中,借助 MakeXPL 工具将其转换为 Skyline 自有的模型格式 XPL2,完成模型的生成。管点实体模型库是多种类型不同规格的管点实体模型的集合,是管线三维建模的关键。在应用时,根据管点类型、连通关系选择相应的管点模型,并以适当的位置和角度放置,保证连接处模型与管线衔接的顺畅。每类管线的管点特征不同(如三通、四通、消防栓、阀门等),同类管线有多种规格,建立的管点实体模型库如表 10-6～表 10-12 所示。

表 10-6　三维管点实体模型库(阀门)

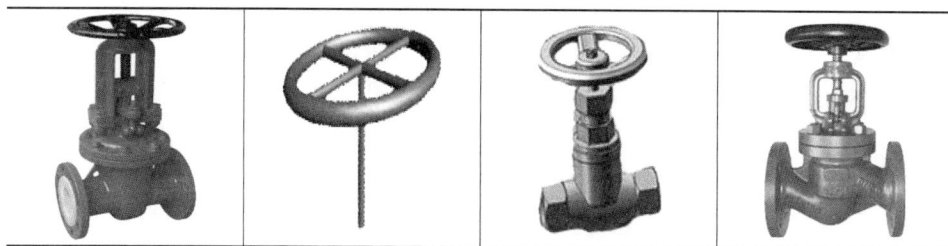

表 10-7 三维管点实体模型库(三通)

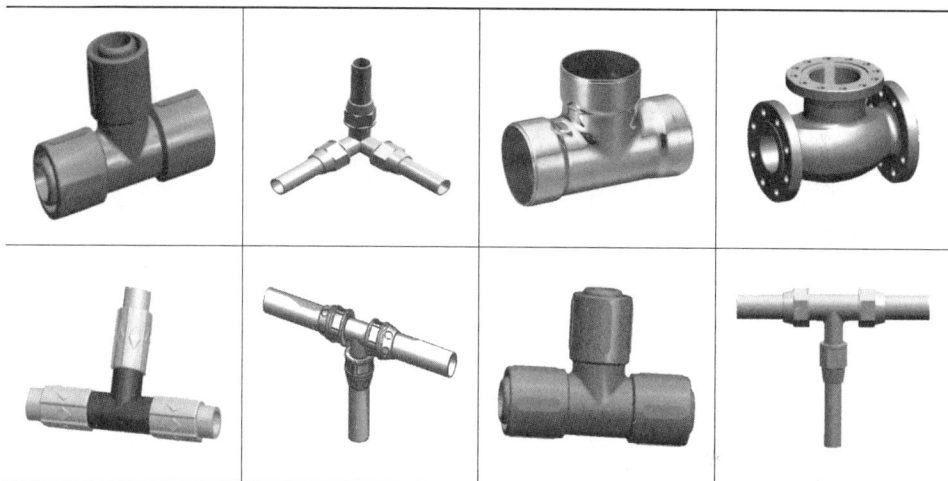

表 10-8 三维管点实体模型库(四通)

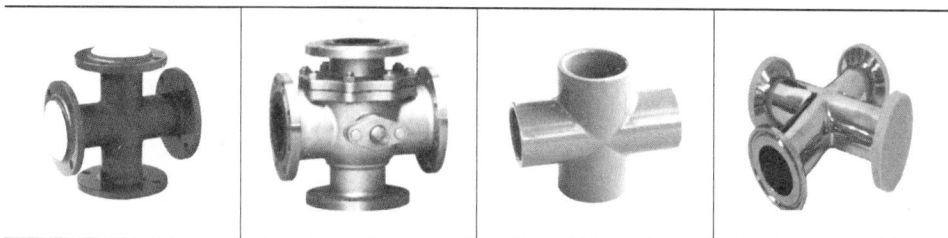

表 10-9 三维管点实体模型库(流量计)

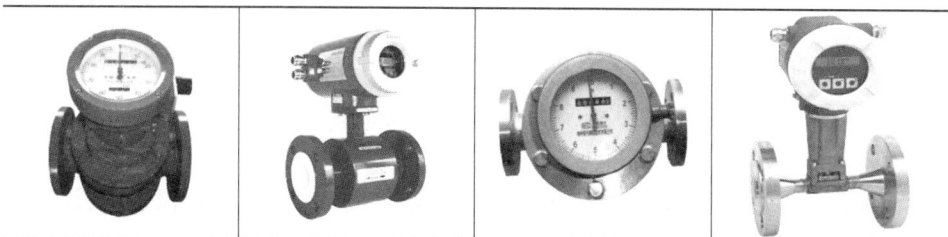

表 10-10　　三维管点实体模型库(消防栓)

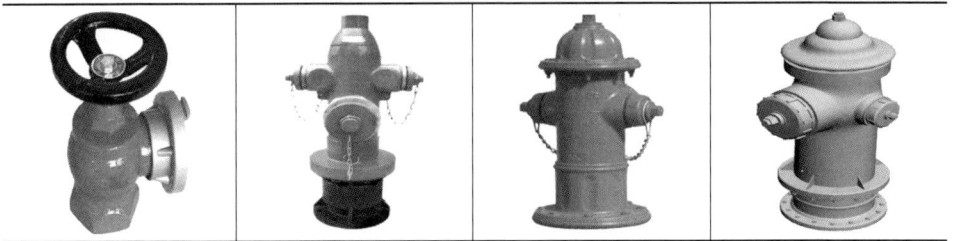

表 10-11　　三维管点实体模型库(排气阀)

表 10-12　　三维管点实体模型库(压力表)

10.3.4　三维管点的生成

在管线连接的地方,如有阀门、三通阀等连接设备的,管线的转向处称为管点。在城市综合管线数据中,管点数据一般包含管点的类型、位置、角度等信息以及井、阀门、消防栓等设施。对于管点的建模有两种方法。

1. 精细建模方法

对于三通、四通或阀门等复杂的管点设施,如果用程序来动态建模,其算法十分复杂,而且效率也较低。可将管点数据按照矢量点的方式批量导入 Skyline,将点的表现形式设置为 3D Model,即每个点显示为一个对应的管点模型,根据管点类型,从管点实体模型库中读取对应模型,根据管点 x,y 坐标和高程、井底深和旋转角创建三维管点数据,根据管点旋转角等属性动态调整三维模型显示的大小和角度等参数。其中,旋转角设置节点连接设备的方向,用于衔接管线,从而实现三维管点数据自动批量创建和生成。

生成三维管点的代码如下。

由管点的属性数据,井 X 坐标、井 Y 坐标、井底深和旋转角,根据接口 CreateModel 方法,创建三维管点数据。

```
ITerrainModel65 CreateModel(
    IPosition65 Position,
    string FileName,
    double Scale=1,
    ModelTypeCode ModelType=ModelTypeCode.MT_NORMAL,
    string GroupID="",
    string Description="")
```

其中,Position 表示对象的位置和方向;FileName 表示模型的存储路径;Scale 表示模型比例;ModelType 表示模型类型;MT_NORMAL 为普通模型,MT_ANIMATION 为 Direct X 模型;GroupID 表示组的 ID,圆柱体在该组中被创建。如果 GroupID 设置为空,则对象在根节点下创建;Description 表示显示在信息树中圆柱体的名称,如果输入空字符串,则 TE 分配给它唯一的名称。

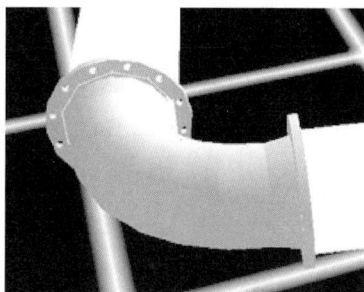

图 10-6 三维模型管点建模效果图

三维管点模型建模效果如图 10-6 所示。

2. 简易建模方法

利用 Skyline CreateSphere 函数在管线接头处嵌入一个球体,该方法适用于三通及以上的多连通管线建模,无需判断连接处的管线数量,省去了精细建模方法对每一个节点都需要选择相应管点模型的步骤,大大简化了多连通管线节点处理的复杂度,建模效果如图 10-7 所示。对于其中一些比较规则的几何对象,可以使用算法来动态建模。如井室一般都是垂直的,其中心点空间坐标已知,因此只需求出地面圆弧上各顶点的空间坐标,再采用 Skyline 的 CreateCylinder 或 CreateBox 方法即可快速实现井室的三维建模,如图 10-8所示。

图 10-7　简易管点建模效果图

图 10-8　水井井室建模效果图

10.3.5　三维管线生成

　　三维管线根据管线的横断面形状,大致可分为方形管和圆形管两类,在视觉上就是一个圆柱体或长方体。这两类管线的三维建立可以采用 Skyline 中的 Create-Box 和 CreateCylinder 函数实现。在管线三维建模过程中,由于三维管线的空间坐标信息以记录的形式储存于数据库表中,每条记录都与管线一一对应。通过读取存储在数据库里的管线的管点坐标、高程、管径、材质等属性数据,获取创建方形管 CreateBox 与创建圆形管 CreateCylinder 方法需要的参数。程序自动解算出管线的长度及走向、角度等属性,从而生成与实际相符的管线模型。

　　主要过程如下。

　　(1) 连接数据库,确定所要生成的管线属性所在的表。

　　(2) 读取相应记录的起止点的 x,y,z 方向上的坐标、管径、透明度、截面多边形面数、线条颜色、填充颜色和管线名称等字段值。

　　(3) 根据属性信息,调用 CreateCylinder 或 CreateBox 方法,创建三维管线数据代码如下:

```
private void Draw3DPipe(object sender, EventArgs e)
{
    for (int i= +0; i <  PipePointX.Count- 1; i++ )
    {
        //利用经纬度计算管线水平角度 Yaw
        JWD A=new JWD(Log[i], Lat[i]);
        JWD B=new JWD(Log[i+1], Lat[i+1]);
        double  Yaw=JWD.angle(A, B);
        if (Yaw-90 <  0 || Math.Abs( Yaw-90)< 0.01)
            Yaw=270+Yaw;
        else
```

```
        Yaw -=90;
    //计算管线竖直角度 ROLL
    double dis2=Math. Pow(Math. Pow(PipePointX[i+1]- PipePointX[i],2)+
Math. Pow (PipePointY[i+1]-PipePointY[i],2)+Math. Pow(PipePointZ[i+1]-PipeP-
    ointZ[i],2),0. 5);
    double dis=JWD. outDis;
    dis=(dis+dis2) / 2;
    double dis3=JWDDis. GetDistance(Log[i], Lat[i], Log[i+1], Lat[i+1]);
    double Roll=(Math. Acos((PipePointZ[i+1]- PipePointZ[i])/(dis)))*
180/Math. PI;
    //放置管线
    var posi=sgworld. Creator. CreatePosition(Log[i], Lat[i], PipePointZ
[i], AltitudeTypeCode. ATC_TERRAIN_ABSOLUTE, Yaw, 0, Roll, dis);
        var objCylinder=sgworld. Creator. CreateCylinder(posi, PipeInfo2.
    frmPipeInfo2. strPipeR, dis, PipeInfo2. frmPipeInfo2. PipeCol,  PipeInfo2.
frmPipeInfo2. PipeCol, 10, 0, "66");
        objCylinder. Position. Yaw=Yaw;
        objCylinder. Position. Roll=Roll;
    //放置管套头部
    var objCylinderhead= sgworld. Creator. CreateCylinder(posi, PipeInfo2. frm-
PipeInfo2. strPipeR * 1.2, PipeInfo2. frmPipeInfo2. strPipeR, PipeInfo2. frmPipeIn-
fo2. PipeTCol, PipeInfo2. frmPipeInfo2. PipeTCol, 10, 0, "66");
        objCylinderhead. Position. Yaw=Yaw;
        objCylinderhead. Position. Roll=Roll;
    if (Yaw+180 > 360)           //放置管套尾部
    {
        Yaw=Yaw+180-360;
    }
    var posi2=sgworld. Creator. CreatePosition(Log[i+1], Lat[i+1], PipeP-
ointZ [i+1],  AltitudeTypeCode. ATC _ TERRAIN _ ABSOLUTE,  Yaw,  0,  Roll,
PipeInfo2. frmPipeInfo2. strPipeR);
    var objCylindertail = sgworld. Creator. CreateCylinder (posi2, PipeInfo2.
frmPipeInfo2. strPipeR * 1. 2, PipeInfo2. frmPipeInfo2. strPipeR, PipeInfo2.
frmPipeInfo2. PipeTCol, PipeInfo2. frmPipeInfo2. PipeTCol, 10, 0, "66");
        objCylindertail. Position. Yaw=Yaw;
        objCylindertail. Position. Roll=Roll;
    //将管点信息写入数据库
    PipeDB. PrepareforPipe("管线表", PipeInfo2. frmPipeInfo2. strPipeName, Log
```

[i], Lat[i], PipePointZ[i], Log[i+1], Lat[i+1], PipePointZ[i+1], objCylinder0. TreeItem. ItemID, objCylinder0. ID, "0", "0", PipeInfo2. frmPipeInfo2. strPipeR, PipeInfo2. frmPipeInfo2. strPipeM, PipeInfo2. frmPipeInfo2. strPipeKind);

　　　　ID. Add(objCylinder0. ID);　//存放 id 号

　　}

　//记录最后一个点数据

　　PipeDB. PrepareforPipe ("管线表", PipeInfo2. frmPipeInfo2. strPipeName, Log [Log. Count() -1], Lat[Log. Count() -1], PipePointZ[Log. Count() -1], 0, 0, 0,0, "0", "0", "0",PipeInfo2. frmPipeInfo2. strPipeR, PipeInfo2. frmPipeInfo2. strPipeM, PipeInfo2. frmPipeInfo2. strPipeKind);

　　PipeDB. WriteForPipe();//写入数据库

}

　　经过以上步骤,可将一段三维管线绘制于界面上的指定位置,并且设置了颜色和材质等参数,使管线呈现不同的颜色和材质效果。管线最终建模效果如图 10-9 所示。

图 10-9　地下管线建模效果图

第 11 章　城轨线路三维地质建模理论与方法

城市轨道交通工程的设计施工一般面临较复杂的地质状况,传统的工程地质资料的分析和解释一般局限于二维、静态的表达,描述空间地质构造起伏变化的直观性差,往往不能充分揭示其空间变化规律,难以直接、完整、准确地理解地质环境,越来越不能满足工程设计人员进行空间分析的需求。建立三维地质模型能够直观描述地下复杂的地质构造情况,形象地表达地质构造的形态特征以及构造要素的空间关系,最大限度地增强地质分析的直观性和准确性,使得设计人员作出符合实际地质现象分布和变化规律的工程设计和施工方案,减少工程风险。

11.1　城市轨道交通三维地质建模数据模型

11.1.1　三维地质建模数据来源与特点

城市轨道交通工程大多在城市中心下穿越,具有线路长且涉及不同地质单元、车站(枢纽站)基坑开挖深度大、周边环境极为复杂等特点。地质条件对城市轨道交通的设计、施工以及运营都有着重要的影响。三维地质建模数据主要来源于钻孔数据,也包括通过遥感数据、物探数据与地质平面与剖面图转换为模型所需的数据[86]。此外,由于城轨线路设计中,只需要一个带状模型,相对于长度,宽和高均要小得多。因此,建模采用的数据模型和建模方法应满足空间带状模型特点的要求。

11.1.2　工程地质三维数据模型

由于地质体本身的复杂性以及描述上的多重性,形成了多种空间构模方式和多种数据模型。就目前而言,三维地质数据模型主要基于面(surface-based)表示的数据模型、基于体(voxel-based)表示的数据模型和混合结构数据模型三类[128]。

1. 基于面表示的数据模型

基于面表示的数据模型是以物体边界为基础定义和描述空间实体,侧重于三维空间表面的表示,如地形表面和地层层面等。基于面表示的数据模型较多,如格网结构(grid structure)、面片模型(facets model,如 TIN)[129]、边界表示(boundary representation，BRep）模型、线框（wire frame）模型[129]、多层 DEM 模型[130～132]、断面(section)模型[129]和参数函数模型（parameter function data model)[133]等。基于面表示的数据模型虽然具有便于显示和数据更新、可以较方便地实现地层可视化和模型更新的优点，但也具有不是真三维的、不描述三维拓扑关系、空间分析难以进行等缺点。图 11-1 和图 11-2 为采用线框模型和多层 DEM 模型的三维地质建模效果[134]。

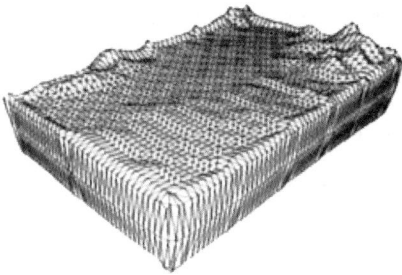

图 11-1　地质体线框模型　　　　图 11-2　地质体多层 DEM 模型

2. 基于体表示的数据模型

基于体表示的数据模型是用体信息代替面信息来描述对象的内部，通过体信息来描述对象的内部，侧重于三维空间体的表示。它将三维空间物体抽象为一系列邻接但不交叉的三维体元的集合，其中体元是最基本的组成单元。根据体元的不同，可以建立起不同的数据模型。目前，基于体表示的数据模型主要包括三维栅格模型(arrays)、八叉树模型(octree)、结构实体模型（constructive solid geometry，CSG)、四面体模型（tetrahedron network ，TEN)等[135～143]。

体模型是真三维的，也几乎描述三维拓扑关系，具有数据结构简单，适合空间操作和分析的优点，但存储空间占用较大，计算速度也较慢。图 11-3 所示为主要的几种体数据结构模型示意图。

3. 基于混合结构的数据模型

混合模型是将两种或两种以上的数据模型加以综合，形成一种具有一体化结构的数据模型，如 TIN-CSG 混合模型、TIN-Octree 混合模型、TEN-OCtree 混合模型[145]、WireFrame-Block 混合模型[146～150]等。基于混合结构的数据模型利用了不同数据模型在表示不同空间实体时所具有的优点，可以实现对三维空间现象有效完整的描述。然而在实际应用中，由于地质空间对象的复杂性和未知性，人们难以对曲面表示和体元表示的结合程度作出正确的选择，在计算机实现中尚未找到

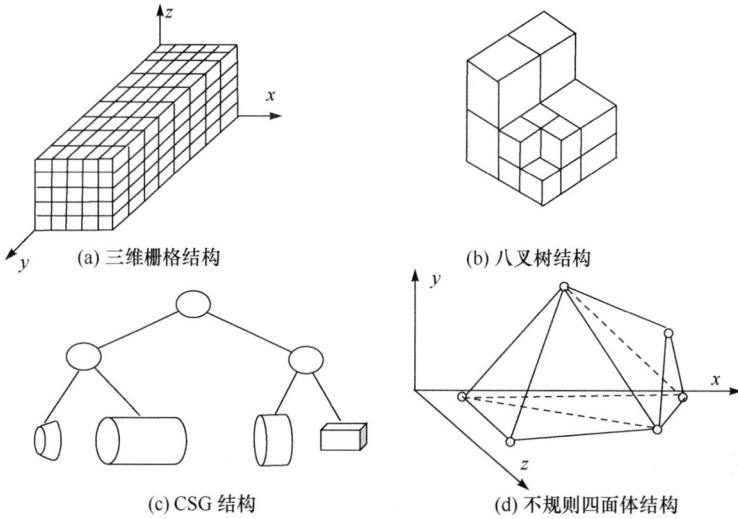

(a) 三维栅格结构　　　　　　　　(b) 八叉树结构

(c) CSG 结构　　　　　　　　(d) 不规则四面体结构

图 11-3　几种体数据结构模型[144]

很好的解决方法，而且多注重于理论上的完整表达，不利于建模实现。图 11-4 为 Octree-TEN 混合数据结构示意图。

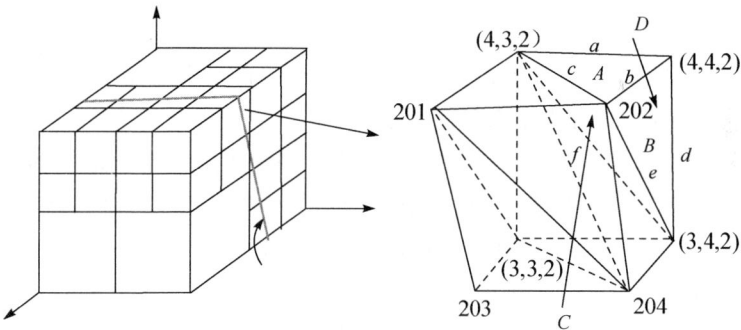

图 11-4　Octree-TEN 混合数据结构示意图[151]

根据三类模型汇总得到的三维空间构模法分类见表 11-1。

表 11-1　三维空间构模法分类[152]

面模型（facial model）	体模型（volumetric model）		混合模型（mixed model）
	规则体元	不规则体元	
不规则三角网（TIN）	结构实体模型（CSG）	四面体模型（TEN）	TIN-CSG 混合模型
格网（grid）	体素（voxed）	金字塔（phyamid）	TIN-Octree 或 Hybird 混合模型

面模型（facial model）	体模型（volumetric model）		混合模型 （mixed model）
	规则体元	不规则体元	
边界表示模型（B-Rep）	八叉树（octree）	三棱柱（TP）	TEN-OCtree 混合模型
线框模型（wire frame）	针体（needle）	实体（solid）	WireFrame-Block 混合模型
断面模型（section）	规则块体 （regular Block）	非规则块体 （irregular block）	WireFrame-TEN 混合模型
多层 DEM 模型	3D 栅格模型（arrays）	广义三棱柱（GTP）	

11.1.3　数据模型分析

根据上述分析可知，每一种数据模型都有其优缺点和适用范围。因此，在三维地质体建模的实际过程中，应基于地质体本身的特点和建模目的选用较为合理的三维空间数据模型[23]。特别是城市轨道交通线路的长带状模型特点，建模采用的数据模型和建模方法应满足空间带状模型特点的要求。因此，如何设计一个更易于实现且适合线路设计三维地学表达和分析服务的三维数据模型和数据结构显得尤为重要。

由于是面向地质体建模，采用面模型虽然可以处理复杂的地质结构，但是难以解决内部属性显示，以及剖切和挖掘等地质问题。而面体混合模型目前只是停留在理论阶段，编程实现存在诸多问题，而且这只是一种表面的集成[153]。所以基于体元的建模方法得到了越来越多的采用。特别是为了适应复杂地质体模型，基于三棱柱的改进模型成为目前三维地质体建模的主要模型。针对钻孔存在偏斜问题，Wu 等提出了一种基于扩展三棱柱体元的三维地质建模方法[154,155]，Gong 等以似三棱柱体（QTPV）进行三维地质模型的构建[156]。无论扩展三棱柱、改进三棱柱还是似三棱柱，其实质都是通过对标准的三棱柱（TP）进行变换来满足各种情况下的建模需要，因此，可统一称为广义三棱柱（generalized tri-prism，GTP）。以广义三棱柱作为基本的体元数据模型，并考虑断层等复杂地质构造对建模的影响，结合钻孔数据特点和地层分布规律，构建三维地质体模型。

11.1.4　广义三棱柱数据模型

利用 GTP 进行地质体建模时，是利用钻孔数据的不同分层来模拟地层的分层实体并表达地层面的形态，最大限度地保障三维地学建模精度。一个 GTP 模型以 GTP 为基本体元，包括的基本元素为 6 个顶点、边（棱边、三角形边）、TIN 三角形、侧面四边形、三棱柱体。其上下底面的三角形集合可以表达不同的地质体分界面,侧面则可描述层面间的地质体空间邻接关系及分界面之间的地质体形态及特征属性,如图 11-5(a)所示。其中,三角形 $P_1P_2P_3$ 和 $P_4P_5P_6$ 的 3 条边分别对应同一地层面钻孔点连线,侧面四边形棱边 P_1P_4、P_2P_5 和 P_3P_6 对应层间钻孔。GTP 体元不仅可以描述地质体的形态,而且能够存储与表达地质体局部的属性,如体积等特征属性。

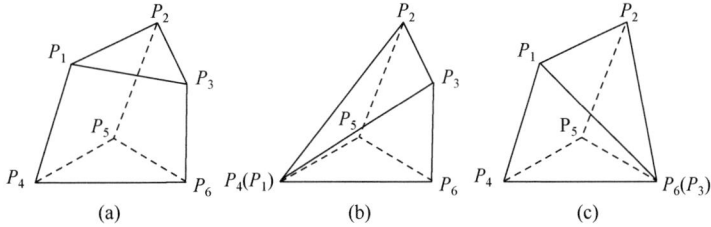

图 11-5　广义三棱柱模型

针对地质体尖灭、错断等复杂地质体建模,GTP 体元可以发生变形。图 11-5(b)为一条棱边 P_1P_4 退化为一点的情况,即 P_1P_4 的高度为 0,表示地层在此点缺失。图 11-5(c)为两条棱边 P_2P_5 和 P_3P_6 分别退化为一点,演变为四面体的情况,表示地层在此三角形网格中有两点缺失。图 11-5(b)和图 11-5(c)两种特殊的三棱柱体元存在于地层的尖灭处。上述两种特殊的广义三棱柱体元在数据结构中仍然记录其 6 个顶点,即退化棱边的两个顶点是相同的,这样就可以模拟断层、分叉和尖灭等复杂地质构造。图 11-6 所示为广义三棱柱体元绘制效果图。

图 11-6　GTP 体元绘制

GTP 由 TIN 进行处理扩展得到,TIN 作为约束条件控制 GTP 的生成过程,并表达了体元间的拓扑关系,并且可以表达三维地质体的内部结构和属性。GTP 模型直接基于原始钻孔数据构模,使得所构建的模型更符合实际地质状况并确保模型精度。基于 GTP 的三维地质建模过程如图 11-7 所示。

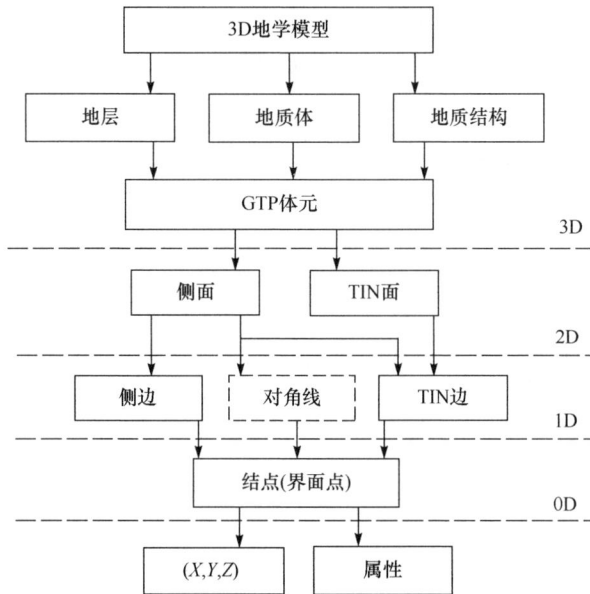

图 11-7　基于 GTP 的三维地质建模过程[157]

11.2　建模数据预处理与数据结构

11.2.1　数据预处理

钻孔资料因其直观、准确、详细的特性在三维地质建模中具有至关重要的作用,尤其在城市三维地质结构建模中是最常见、最重要、最可靠的一类建模数据源[158]。城市轨道交通线路多数位于城市的中心地带,因此,钻孔资料也就成为其三维地质建模的主要数据源。一个钻孔含有多个地层层位的高程信息,但是由于地层具有断层、褶皱等现象,因此一个钻孔数据又可能缺失某些地层的信息,这些数据点具有离散、有限、稀疏、不规则等特点,正确处理钻孔数据是构建理想三维地质模型的前提和基础。因此,建模前首先要进行钻孔数据的预处理,即进行钻孔内地层的划分、排序和统一编号等[23]。

1. 建模区域整体地层编号

将整个钻孔区域的地层进行划分,按"从新到老,逐层递增"地层沉积顺序进行编号,生成覆盖建模区域全部地层的地层层序,并依次存储到地层属性表中。地层编号一旦确定,地层的上下空间拓扑关系就基本确定,后面的曲面拟合以及地层三维建模都将以此为基准。

2. 钻孔地层层面编号

将研究区钻孔中的各个地层与区域地层层序表比较,确定钻孔中的各个地层的层序号,忽略该钻孔中不存在的地层。编号规则是:对钻孔中地层采用自地表向下递增的顺序进行统一编号,钻孔迹线上分界点的编号为该点向下邻接的地层编号,这将方便下一步的构造推理和自动建模。对最终建模结果没有影响、无意义的小层,可忽略,不参与实际建模。将各钻孔的钻孔数据和地层数据分别存储到钻孔数据表和地层数据表中。

如上所述,根据钻孔数据建立的正常地层、尖灭等可实现全自动建模过程,钻孔数据预处理示意图如图 11-8 所示。

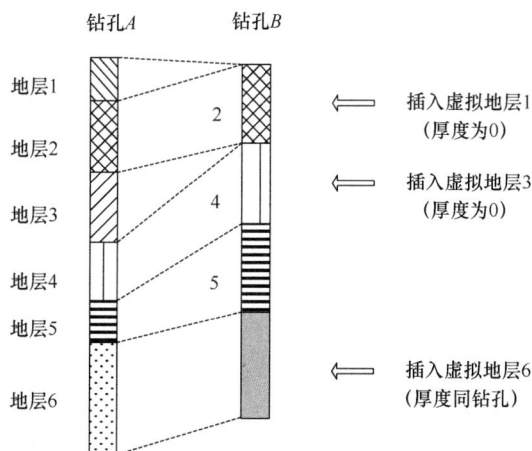

图 11-8　钻孔数据数据预处理示意图[135]

通过导入钻孔信息表、钻孔地层信息表和地层属性表来获取取样信息,数据表之间的关系如图 11-9 所示。钻孔信息表和钻孔地层信息表通过"钻孔编号"字段

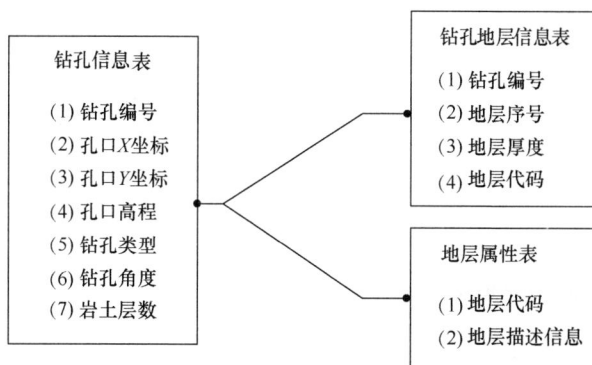

图 11-9　钻孔数据子库中表的关系

关联起来,钻孔地层信息表与地层属性表通过"地层代码"字段关联起来。

11.2.2 数据结构

数据结构是三维模型构建的核心,良好的数据结构能够很好地反映地物的空间拓扑关系。采用点、Delaunay 边、Delaunay 三角形、棱边、侧面、三棱柱等 6 种基本元素构成基于 GTP 的地质体数据模型,每个基本元素对应一个类,类中成员变量即为建立的数据结构,用 C++语言描述如下[23]。

（1）点类数据结构:

```
class TriPrismpoint
{
    long ID;                           //点的 ID
    CString  Attribute;                //点的属性
    double x;                          //点的 x 坐标
    double y;                          //点的 y 坐标
    double z;                          //点的 z 坐标
    long  ObjectID;                    //所属对象标识
    int StratumNO;                     //点所属地层编号
    TriPrismpoint *  PrevPoint;        //钻孔点链的上一个点
    TriPrismpoint *  NextPoint:        //钻孔点链的下一个点
    float Depth:                       //钻孔深度
    int layerID:                       //所属层号
};
```

（2）TIN 三角形边数据结构:

```
class TriPrismEdge
{
    TriPrismpoint  * pstart:           //起始点
    TriPrismpoint  * pEnd:             //终端点
    long  EdgeID;                      //线段 ID
    int triCounts ;                    //边的邻接三角形个数
    long triNO[2];                     //边的邻接三角形 ID 号
    int QuadCounts ;                   //边的侧面四边形个数
    long QuadNO[2];                    //边的上、下侧面四边形标识
};
```

（3）三角形面数据结构:

```
class TriPrismTriangle
{
```

```
    TriPrismEdge * pEdge1;              //三角形的三个线段指针
    TriPrismEdge * PEdge2;
    TriPrismEdge * PEdge3;
    long TrangleID:                     //三角形 ID
    long mTriID;                        //三角形 ID 号
    long mAdjacentTriID[3];             //邻近三角形的 ID 号
    long triPrismID[2];                 //三角形的上、下三棱柱号
    long  ObjectID;                     //所属对象标识
    TriPrismTriangle *  PrevTriangle;   //三角形链的上一个三角形
    TriPrismTriangle *  NextTriangle;   //三角形链的下一个三角形
};
```

（4）棱边数据结构：

```
class TriPrismQuaEdge
{
    TriPrismpoint * pstart:             //起始点
    TriPrismpoint * pEnd:               //终端点
    long EdgeID:                        //线段 ID
    int  mQuadCounts ;                  //棱边的邻接侧面四边形个数
    CString  mQuadID;                   //棱边的邻接侧面四边形 ID 号
    int mSideAttribute ;               //棱边的属性 (如果等于-1,则棱边长度
为零,表示尖灭点)
    };
```

（5）侧面四边形数据结构：

```
class TriPrismQuadrangle
    {
    TriPrismEdge * pEdge1:              //四边形四个线段指针
    TriPrismEdge * PEdge2;
    TriPrismQuaEdge * PEdge3:
    TriPrismQuaEdge * PEdge4;
    long QuadrangleID;                 //四边形 ID
    };
```

（6）三棱柱数据结构：

```
class GTP
{
    long ID;                           // GTP 的 ID
    long Layered;                      //三棱柱所在地层的标识号
```

```
        CString strDesciption;              //三棱柱体的岩性信息
        TriPrismTriangle * p_uTriangle;     //上三角面
        TriPrismTriangle * p_dTriangle:     //下三角面
        TriPrismQuadrangle * p_Quadrangle1: //三个侧面四边形的指针
        TriPrismQuadrangle * P_Quadrangle2;
        TriPrismQuadrangle * P_Quadrangle3:
        GTP * p_GTP1;                        //同一层中相邻的 GTP 指针
        GTP * P_GTP2;
        GTP * P_GTP3;
};
```

该结构包括属性数据和图形数据两部分,其中 Layered 是三棱柱所在地层的标识号,可用于连接与该地层相关的属性;p_uTriangle 和 p_dTriangle 分别是三棱柱的上下三角形,每个三角形由三条边组成,每条边由两个点组成;p_Quadrangle1~p_Quadrangle3 是三棱柱的三个侧面,每个侧面由四条边组成,每条边由两个点组成。GTP 是组成地质模型的基本单元。通过对 GTP 的搜索,可以完成对该地质体对象的检索。

11.3　三维地质体建模

三维地质体建模是运用计算机技术,将空间信息管理、地质解译、空间分析和预测、地学统计、实体内容分析以及图形可视化等工具结合起来的综合性技术,它将工程地质的分析由平面延伸到立体,由二维发展到三维的一个飞跃[159]。

11.3.1　基于 GTP 体元的三维地体建模

GTP 体元的三维地体建模其核心是对钻孔数据进行层序分层后,采用不规则三角网形成地层界面,然后根据各钻孔数据,向下生成 GTP 体元模型,并采用克里金等插值算法对生成地层曲面进行平滑,再用这些层面数据生成地质体,建立三维地质体模型。具体方法如下。

以钻孔孔口坐标点为离散点,按 Delaunay 法构建地下地质体的三角网 TIN,将 TIN 中的三角形逐个沿钻孔向下扩展生成 GTP。由于地层出现一般都具有先后规律及分布走向,它反映了地质构造过程中异常地层尖灭的顺序关系,因此三角形向下扩展时应能体现出这种地质构造规律,在钻孔间完成地层上述关系的推理,并保证推理结果的正确性和唯一性。相邻层之间的三棱柱体的侧面四边形由 TIN 中三角形三顶点的两两组合后沿钻孔按一定规则向下扩展而成,这样侧面四边形的侧棱边只能在同一条钻孔上,即使钻孔倾斜也能保证建立唯一的侧面四边形与广义三棱柱体。建模的主要过程如下。

(1) 根据钻孔孔口坐标按 Delaunay 三角网的构建方法生成一个三角形,将该三角形设置为第一个 GTP 的上三角形。

(2) 根据上三角形点的属性编码沿三个钻孔向下扩展新三角形(称为下三角形),如图 11-10 所示。扩展规则是:如果三角形三个顶点的属性编码相同,则新三角形顶点均为相应钻孔的下一个点,如图 11-10(a)所示;如果编码不相同,则编码小(如(a))的钻孔上新三角形顶点为相应钻孔的下一个点,而编码大(如(b)或(c))的钻孔上新三角形顶点保持不变,即与上三角形顶点相同,如图 11-10(a)～(d)所示。

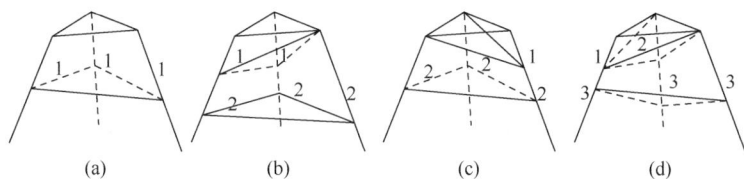

(a)　　　　　　(b)　　　　　　(c)　　　　　　(d)

图 11-10　向下扩展广义三棱柱

(3) 根据上、下三角形对应关系构建棱边、侧面四边形和广义三棱柱体,记录并修改广义三棱柱体的描述信息,并将下三角形置为上三角形。

(4) 重复步骤(2)、(3),直到上三角形顶点均为三个钻孔的底部点为止。

(5) 根据钻孔孔口坐标按 Delaunay 三角网的构建方法扩展新三角形,并置为上三角形,重复步骤(2)～(4),构建新的 GTP。

(6) 重复步骤(5),直到地表面钻孔孔口的 Delaunay 三角网构建完成为止。

这种建模方法的好处是便于模型修改。当插入新的钻孔时,只需象 TIN 一样进行局部修改,然后对进行了局部修改的三角形沿钻孔(向下)方向修改并生成新的广义三棱柱体。图 11-11 为生成的三维地质体模型。

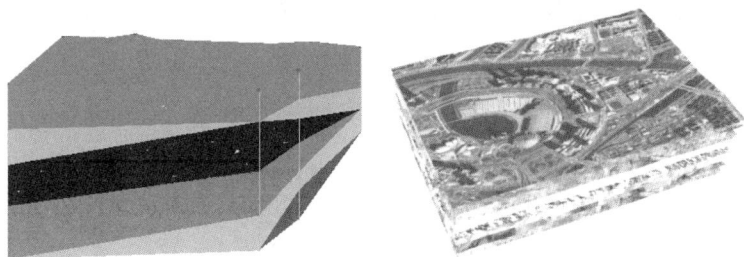

图 11-11　GTP 构建三维地质模型

11.3.2　断层三维建模

上述三维地层建模的过程没有考虑断层等地质构造对模型的影响。由于断层构造几何形态空间展布的不连续性,而断层的深度、宽度和延伸方向等对城市轨道交通线路特别是地下隧道的位置选择都有着较大的影响,进而影响线路的局部走向,因此三维地质体建模必须要考虑断层的影响。大量的研究表明,断层处理是三维地质建模的难点之一,目前仍处于探索阶段。其主要问题就是连接剖面之间断层轨迹线的多解性,以及缺乏对断层变形和对其进行三维外推的丰富信息[160]。实现方法采用文献[23]的方法,断层信息表和断层地层信息表之间的关系如图11-12所示。

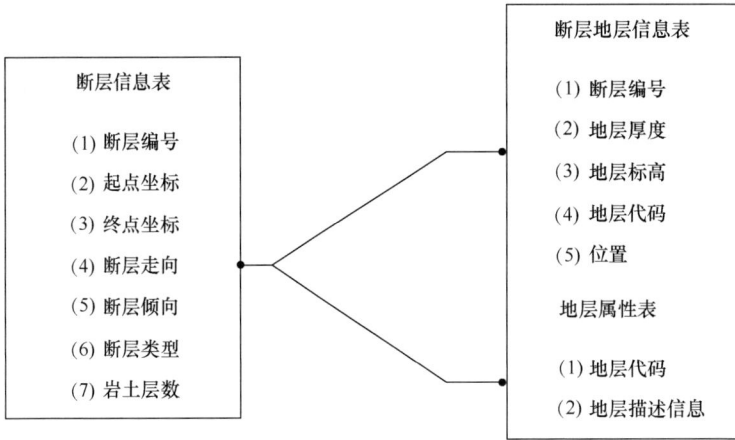

图 11-12　断层数据子库中表的关系

　　断层信息表和断层地层信息表通过"断层编号"字段关联起来,断层地层信息表与地层属性表通过"地层代码"字段关联起来。其中断层地层信息表中的"位置"字段,指断层左、右侧。

　　通过对断层两侧地层分别存储,根据断层两侧地层数据,分别构建断层的左右两侧,然将后断层同一地层分界点连接起来,构成整体三维地层模型,如图 11-13 的所示。

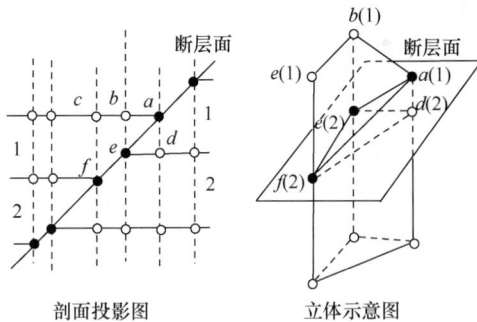

图 11-13　含断层地质体三维建模示意图[153]

在三角形的 3 个顶点中,如果存在顶点所属对象为断层(即构造的三角形有断层参与的,最多情况下,三角形 3 个顶点均为断层),那么判断如下:

(1) 如果只有一个顶点属于断层:判断该顶点的 x 坐标,如果小于其它两顶点的 x 坐标,采用右侧地层数据,否则采用左侧地层数据。

(2) 如果多于一个顶点属于断层:判断断层顶点的 x 坐标,只有顶点 x 坐标最小的断层采用右侧地层数据,其他断层顶点则采用左侧地层数据。

按照上述知识推理规则,在地表面形成孔口 Delaunay 三角网的基础上,构建含断层地质体三维模型的主要算法可描述如下:

(1) 从地表面 Delaunay 三角网中提取一个三角形,将这个三角形设置为第 1个 GTP 的上三角形。

(2) 根据上三角形 3 个顶点的地层编号及属性(断层点是属于钻孔或断层),按三维构造知识推理规则沿钻孔向下扩展新三角形(称为下三角形)。

(3) 根据三角形双向链表中上下三角对应关系和钻孔点链构建 GTP,记录其描述信息,并将下三角形置为上三角形。

(4) 重复步骤(2)、(3),直到上三角形顶点均为各自钻孔底部点为止。

(5) 重复步骤(1)～(4),直到地表面 TIN 的三角形遍历完为止。

上述关于含断层地质体的三维建模方法,适于断层和地质模型的动态修改。当有新的钻孔数据加入时,只需在地表面局部修改 Delaunay 三角网,然后将局部修改的三角形按照推理规则沿钻孔向下扩展生成新的 GTP 即可。图 11-14 为存在断层时的三维地质体建模效果图。含有断层的地质剖面图建模效果如图 11-15所示。

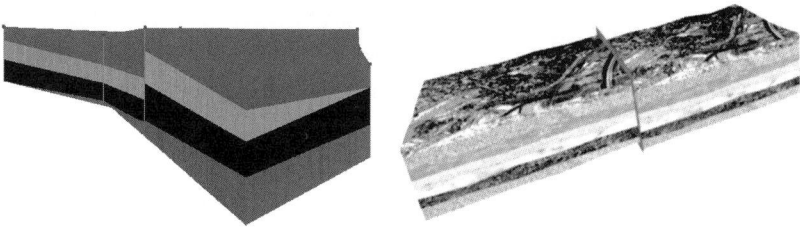

图 11-14　三维地质模型建模效果(含有断层)

11.3.3　基于虚拟钻孔的误差修正

所谓“虚拟钻孔”,是相对于实际钻孔而言的,是指在构建地下地质体模型的过程中,由于建模工作的需要而在特定的位置处添加的一个或多个具有假想性质的控制性钻孔,这些钻孔反映的地层层位信息不是由实际钻探工作获取的,而是由工程人员根据自己的工作经验获取的结果作出的推断。可以编辑、修改虚拟孔中的

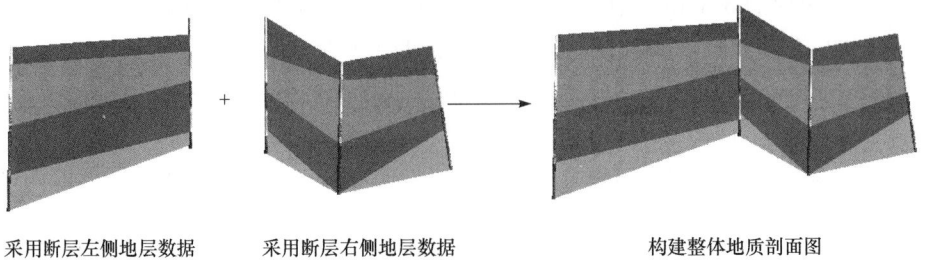

采用断层左侧地层数据　　　　采用断层右侧地层数据　　　　构建整体地质剖面图

图 11-15　含断层的地质剖面图建模效果

地层层位信息,并将修改后的虚拟孔中的地层信息约束到模型之中,从而实现对整个三维地层模型的修正,使建模的结果更为精细与合理。图 11-16 描述了引入虚拟孔后三维地层建模的基本流程。

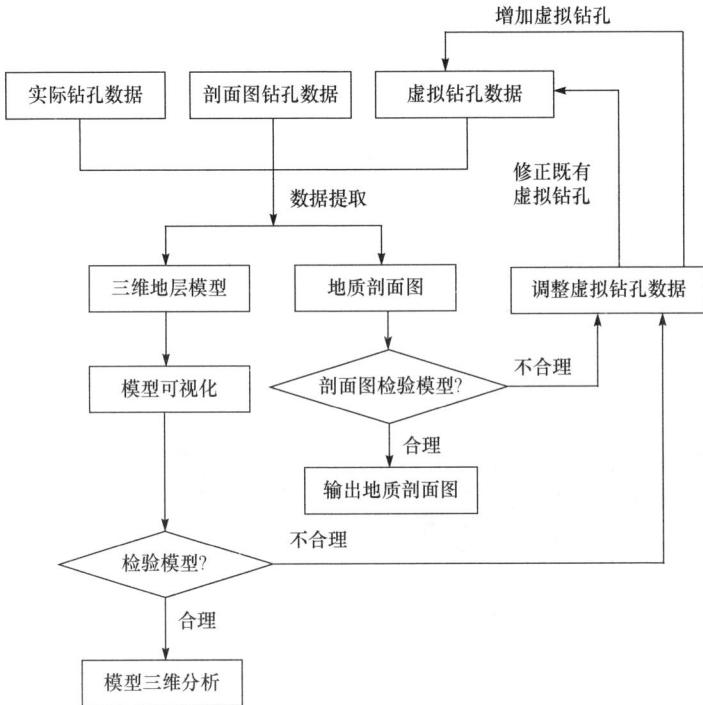

图 11-16　引入虚拟钻孔的三维地质体建模流程图

此外,由于生成剖面图比生成三维地质体模型要快,因此,可通过剖面图对虚拟钻孔进行快速有效性检验,以达到快速插入或修改虚拟钻孔数据,最终生成满意符合实际地质情况的三维地质体模型。当然,三维地质体模型的精度反过来也影响地质剖面图的精度,也可根据实际情况,剖面图检验与三维模型检验交互进行或同时进行。图 11-17 为添加虚拟钻孔之前的剖面图。图 11-18 为添加虚拟钻孔之后的剖面图(其中编号为 XNK_001 的钻孔为添加的虚拟钻孔)。

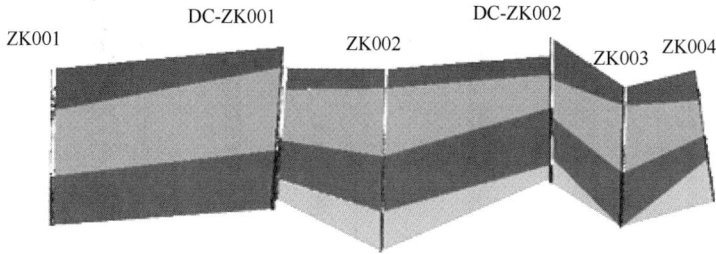

图 11-17　添加虚拟钻孔之前的剖面图

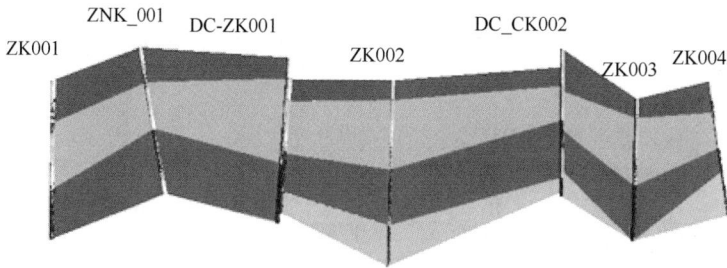

图 11-18　添加虚拟钻孔之后的剖面图

11.4　基于工程地质三维模型的分析及可视化技术

三维地质模型可视化是关于地质数据的视觉表达与分析,尽可能灵活、自然地表达地质实体模型的外表以及内在的各种信息。

11.4.1　钻孔、钻孔间的剖面查询

三维空间信息查询是三维地质体建模和可视化的基本功能,它为空间分析提供了一个有力的工具。可视化查询的目的是全面利用三维可视化地质模型,从各个侧面、角度观察获取不同尺度的信息,重新认识在计算机上建立起来的地质对象。可视化查询包括查询任意钻孔、钻孔空间分布和任意钻孔间的剖面查询,图 11-19 为三维钻孔查询结果。图 11-20 为钻孔空间分布查询。图 11-21 为钻孔 ZK00001~ZK00007 的钻孔剖面三维查询结果。

图 11-19　三维钻孔图查询结果

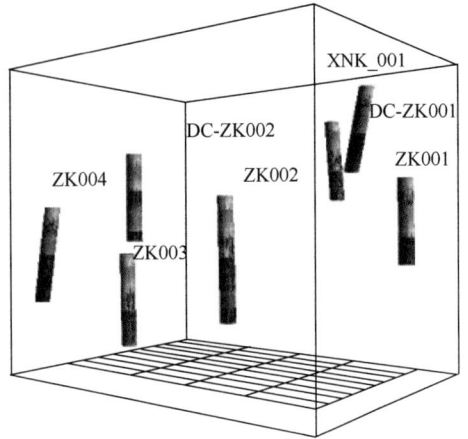

图 11-20　钻孔空间分布查询

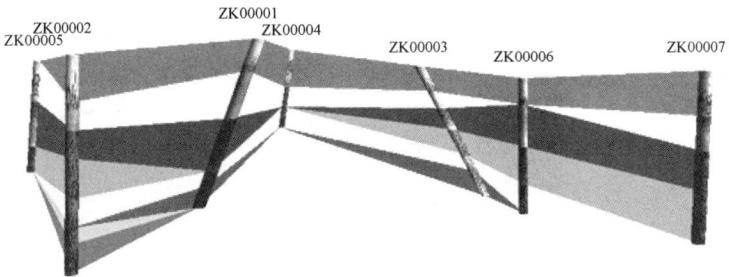

图 11-21　钻孔剖面三维查询结果(考虑钻孔实际倾斜)

11.4.2　虚拟钻探取芯

　　虚拟钻探是指在建立三维地质模型后,模拟在某个感兴趣的位置进行钻孔,了解模型内部的地质体属性和结构状况,获取该处钻孔的"岩芯结构"和可视化结

图 11-22　可视化虚拟钻探

果[161]。虚拟钻探的核心是直线与地质模型广义三棱柱的求交,由于广义三棱柱的表面是由三角片面和棱柱侧面构成,即可进一步抽象为直线方程(线段)与上下三角片面、侧面(有界平面方程)求交。在钻孔方程与某一层属性相同的体元求交后,得到两交点坐标,连接这两点,则该段线段的属性与此块体元的属性值相同。通过求出直线与广义三棱柱体的各个交点之后,将相邻的点两两连接起来,以离散点的(钻孔岩芯)形式展现(图 11-22)。

　　算法描述如下[23]:

（1）从广义三棱柱集合中获取一个广义三棱柱。

（2）计算直线方程与广义三棱柱上三角面的平面方程，求出三角面片所在的无界平面与直线的交点。

（3）判断交点的有效性，即判断点是否在三角面片内，如有效则保留该点。判断平面上一个点是否包含在同平面的一个多边形内，有许多种算法，这里使用的是叉乘判断法。

假设判断点为 P_0，三角片顶点按顺序排列为 P_1、P_2、P_3。令矢量 $V_i = P_i - P_0 (i=1,2,3)$，则 P_0 在三角形内的充要条件是矢量叉积 $V_i \times V_{i+1} (i=1,2,3)$ 的符号相同。

（1）用步骤（2）、（3）中的方法依次计算直线与三个侧面、下三角面的交点并判断有效性。

（2）返回步骤（1），直到处理完所有的广义三棱柱体。

11.4.3 工程地质剖面的生成

在三维地质体模型的基础上，通过各种剖切生成任意指定位置的地质剖面观察地质模型内部的各个细节，如图 11-23 和图 11-24 所示。

图 11-23 各地层离层模型展示（颜色模式）

图 11-24 各地层离层模型展示（纹理模式）

11.4.4 三维模型的可视化表达

为满足工程人员直观、多方位观察与分析的需要，需要基于三维模型进行各种不同方式的可视化表达[111]。主要包括动态显示、单层显示、掀盖层显示、三维景观、透视和切面等方式。图 11-25～图 11-29 显示了模型的多种可视化表达。

11.4.5　三维地质模型的基坑开挖

　　基坑开挖效果是模拟开挖三维建模的过程,其实现可通过组合切割的方式来处理。只要在输入切割路径时要使路径闭合以形成封闭的开挖体,即可查看感兴趣区域完整的地质信息。这为城市轨道交通线路进行地下车站设计时,直观地察看车站区域的地质信息提供了有效的途径。图 11-30～图 11-34 是通过组合切割的方式来实现的基坑开挖效果图。

图 11-25　多边形切割效果图(纹理模式)(一)

图 11-26　多边形切割效果图(纹理模式)(二)

图 11-27　多边形切割效果图(颜色模式)

图 11-28　多边形切割效果图(交叉折剖面)

图 11-29　多边形切割效果图(剖面生成)

图 11-30　三维地质模型基坑开挖效果图(纹理模式)

图 11-31　三维地质模型基坑开挖效果图(多开挖模式)

图 11-32　三维地质模型基坑开挖效果图(颜色模式)

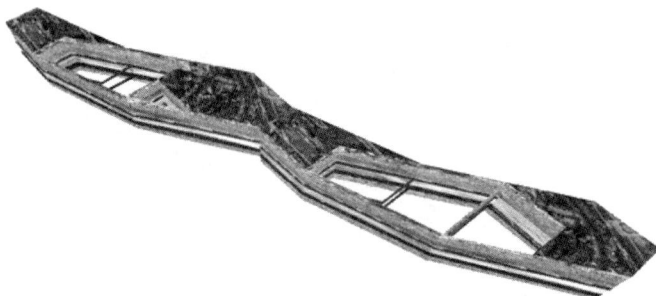

图 11-33　三维地质模型基坑开挖效果图(显示地下水位线)

图 11-34　三维地质模型基坑开挖效果图(露出地下水位面)

第12章 城市轨道交通线路平面子系统设计

城市轨道交通线路平面设计即在确定线路走向和路由的情况下,对线路的平面位置及各技术要素进行计算,最终确定在线路在平面图上的准确位置。一般分可行性研究、初步设计和施工设计等几个阶段。在现有的二维 CAD 设计环境中,不能直观地反映线路在城市中的具体走向,无法使线路数据与地形数据、城市场景产生直接的联系。基于 3D GIS 环境的设计方式具有直观高效等特点,能够很好地解决上述问题。以《地铁设计规范 GB 50157-2013》为线路设计标准,基于 Skyline 3D GIS 平台,开发城市轨道交通线路平面设计子系统。实现城市轨道交通线路的正线平面快速设计,生成符合规范要求的城市轨道交通线路。

12.1 数据结构设计

城市轨道交通的线路平面由直线和曲线组成,曲线可分为圆曲线和缓和曲线两种。因此,线路平面设计中涉及交点、直线段、曲线段等多组元素。相对应的即有交点数据、曲线要素数据、曲线里程数据、曲线桩点数据、断链数据、平曲线数据、车站中心数据等。通过定义合理的数据结构,实现平面设计相关数据的存储、组织和管理,这是开发平面设计子系统的基础。

12.1.1 平面设计标准数据结构

平面设计标准包括线路类型、地铁车型、设计速度、圆曲线最小曲线半径、车站曲线最小半径、圆曲线最小长度、线路曲线超高、缓和曲线长、夹直线最小长度等。线路平面设计必须符合各项合设计标准的要求。根据上述各项设计标准,定义平面设计标准数据结构如下:

```
public  struct  PlaneStandard
{
    public int  mDesignSpeed;           //设计速度
    public int  LineStyle;              //线路类型 0:正线 1:联络线  2:出
                                          入线  3:车场线
    public int  MetroVehicleStyle;      //车型  0:A 车  1:B 车
    public int DesignSpeed;             //设计速度
    public int  MinRadius;              //最小曲线半径
```

```
    public int  TangentBetweenCurvesMinLength;  //夹直线最小长度
    public int  MinCircleLength;            //圆曲线最小长度
    public double DesignLineSpacing;         //设计线间距
    public double  MinLineSpacing;           //直线地段最小线间距 A 车:12.8m;B
                                             车:12.6m
    public int  IsMinLineSpacing;            //设计线间距是否为最小线间距 0:不
                                             是 1:是
    public int  DesignStage;                 //设计阶段  0:可研 AK  1:初测 CK
                                             2:定测 DK
    public string CrownofMileStone;          //里程冠号:可研 AK  初测 CK  定
                                             测 DK
    public int  BedType;                     //道床类型  0:无砟轨道   1:有砟
                                             轨道
    public int  VehicleLoad;                 //车辆载荷  0:空载   1:超载
    public int  LineLayingMode;              //线路敷设方式 0:地下线 1:地面线
                                             2:高架线
    public int  SituationStyle;              //工况   0:一般   1:困难
}
public static PlaneStandard m_StandardData;  //储存平面设计标准信息
```

12.1.2　交点类数据结构

交点类包括交点坐标、交点距离、线路方位角以及项目树名称等数据,定义如下:

```
public  struct  IntersectionPointCoordinates
{
    public double Longitude;          //经度
    public double Latitude;           //纬度
    public double H;                  //地面点高程
    public double x;                  //大地坐标 x,横坐标
    public double y;                  //大地坐标 y,纵坐标
    public double z;                  //大地坐标 z,竖坐标
    public double Dist;               //交点 i-1 到交点 i 的距离(起点的值为 0)
    public double fwj;                //线路(i-1,i)的方位角,起点时值为 0
    public string ProjectTreeName;    //项目树内的名字
    public int IsParalleledWithRight; //是否与右线平行  0:平行  1:不平行
}
```

```
public static List< IntersectionPointCoordinates> m_IntersectionPointCo-
ordinates_R;
 public static List< IntersectionPointCoordinates> m_IntersectionPointCo-
ordinates_L;
```

12.1.3　曲线要素类数据结构

　　曲线要素类除曲线偏角、切线长、曲线长度、外矢距、切曲差等曲线要素与缓和曲线常数外,还包括圆曲线分段数与分段长度、缓和曲线分段数与分段长度等确定曲线绘制相似程度的参数,也包括曲线转向、曲线超高值等参数。曲线要素类数据结构定义如下:

```
public struct CurveElements      //圆曲线及缓和曲线要素
{
    public int CurveTrend;      //曲线走向   1:右转   -1:左转   0:默认值
    public int IsDifficulty;    //表示该曲线地段是否为特别困难情况;0:正常 1:
                                        特别困难
    public double R;            //交点曲线半径
    public int v;               //设计速度
    public double L0;           //缓和曲线长度
    public double h;            //曲线超高值

    //缓和曲线常数
    public double Beta;         //缓和曲线角度
    public double Delta;        //缓和曲线偏角
    public double m;            //切垂距
    public double P;            //圆曲线移动量
    public double y0;           //纵轴局部坐标
    public double x0;           //横轴局部坐标
    public double Cc;           //缓和曲线弦长

    public double Alpha_Value;  //曲线偏角值,计算时使用
    public string Alpha_DFM;    //曲线偏角(度分秒形式),输出时使用
    public double T;            //切线长
    public double L;            //曲线长度
    public double E0;           //外矢距
    public double q;            //切曲差
    public int CircleSegNum;         //圆曲线分段数
    public int TransitionCurveSegNum;     //缓和曲线分段数
```

```
        public int CircleSegNumWithoutEC;        //无缓和曲线的圆曲线的分段数
        public int PointNum;                      //每段曲线包括的点数,即算上直缓点
                                                    或直圆点
        public double FlatTransitionCurveSegLength;    //平面缓和曲线分段长度
        public double FlatCircleCurveSegLength;        //平面圆曲线分段长度
    }
    public static List<CurveElements>m_CurveElementsData_R;
    public static List<CurveElements>m_CurveElementsData_L;
```

12.1.4　曲线里程类数据结构

　　曲线里程类存储线路曲线部分 ZH 点、HY 点、QZ 点、YH 点、HZ 点、ZY 点以及 YZ 点的连续里程。此外,还存储线路以上各点的标签里程和夹直线长度等数据。曲线里程类数据结构定义如下:

```
    public struct CurveStakeMileage
    {
        //实际里程
        public double ZH;        //直缓点里程
        public double ZY;        //直圆点里程
        public double HY;        //缓圆点里程
        public double QZ;        //曲中点里程
        public double YH;        //圆缓点里程
        public double YZ;        //圆直点里程
        public double HZ;        //缓直点里程

        //标签上的显示里程
        public double ZHinLabel;        //直缓点标签里程
        public double ZYinLabel;        //直圆点标签里程
        public double HYinLabel;        //圆直点标签里程
        public double QZinLabel;        //曲中点标签里程
        public double YHinLabel;        //圆缓点标签里程
        public double YZinLabel;        //圆直点标签里程
        public double HZinLabel;        //缓直点标签里程
        public double LengthISL;        //该交点与前一交点之间的夹直线长度
    }
    public static List<CurveStakeMileage>m_CurveStakeMileageData_R;
    public static List<CurveStakeMileage>m_CurveStakeMileageData_L;
```

12.1.5　曲线桩点坐标类数据结构

曲线桩点坐标类包括各点的 x 坐标、y 坐标、经度 N、纬度 E、高程 H 以及曲线圆心的 x 坐标、y 坐标、经度 N、纬度 E 等数据。曲线桩点坐标类数据结构定义如下：

```
public struct StakeCoordinate    //五大桩和圆心坐标
  {
    public int JD_ID;                //曲线桩点所属交点的编号
    //下列关于缓和曲线变量,当缓和曲线长度不为 0 时,取正常值,否则取−1
    public double ZH_X;                //直缓点 X 坐标
    public double ZH_Y;                //直缓点 Y 坐标
    public double ZH_Longitude;        //直缓点经度
    public double ZH_Latitud;          //直缓点纬度
    public double ZH_H;                //直缓点高程
    public double ZY_X;                //直圆点 X 坐标
    public double ZY_Y;                //直圆点 Y 坐标
    public double ZY_Longitude;        //直圆点经度
    public double ZY_Latitude;         //直圆点纬度,
    public double ZY_H;                //直圆点高程
    public double HY_X;                //缓圆点
    public double HY_Y;                //缓圆点 Y 坐标
    public double HY_Longitude;        //缓圆点经度
    public double HY_Latitude;         //缓圆点纬度
    public double HY_H;                //缓圆点高程
    public double YH_X;                //圆缓点 X 坐标
    public double YH_Y;                //圆缓点 Y 坐标
    public double YH_Longitude;        //圆缓点经度
    public double YH_Latitude;         //圆缓点纬度
    public double YH_H;                //圆缓点高程
    public double YZ_X;                //圆直点 X 坐标
    public double YZ_Y;                //圆直点 Y 坐标
    public double YZ_Longitude;        //圆直点经度
    public double YZ_Latitude;         //圆直点纬度
    public double YZ_H;                //圆直点高程
    public double HZ_X;                //缓直点 X 坐标
    public double HZ_Y;                //缓直点 Y 坐标
    public double HZ_Longitude;        //缓直点经度
    public double HZ_Latitude;         //缓直点纬度
```

```
        public double HZ_H;               //缓直点高程
        public double CircleX;            //圆心点 X 坐标
        public double CircleY;            //圆心点 Y 坐标
        public double CircleLongitude;    //圆心点经度
        public double CircleLatitude;     //圆心点纬度
    }
    public static List<StakeCoordinate>m_StakeCoordinateData_L;
    public static List<StakeCoordinate>m_StakeCoordinateData_R;
```

12.1.6　断链类数据结构

断链类包括断链左线位置、断链坐标、实际里程、新老里程、新老里程差、断链类型、累计断链长度以及断链标示文字等数据。断链类数据结构定义如下：

```
public struct ChainScission   //断链信息
{
        public int LeftLineID;            //断链处于左线哪段直线上
        public double x;                  //断链点 x 坐标
        public double y;                  //断链点 y 坐标
        public double Longitude;          //断链经度
        public double Latitude;           //断链纬度
        public double RealMileage;        //实际里程
        public double OldMileage;         //老里程
        public double NewMileage;         //新里程
        public double MileageDiffer;      //老里程与新里程的差值
        public int ChainScissionType;     //断链类型　0:初始值　1:长链　2:
                                          短链
        public double MileageDifferTotal; //断链累计长度,计算中长链为正,断
                                          链为负
        public string ChainScissionText;  //断链标示文字
}
    public static List<ChainScission>m_ChainScissionData;
```

12.1.7　车站中心数据结构

车站中心数据主要包括车站名称、中心坐标、右线里程、左线里程。当车站中心位置在平面线路中确定后可获得除 z 坐标之外的所有数据,而 z 坐标,即车站中心高程将在纵断面设计中确定。车站中心数据结构定义如下：

```
public struct StationPlane
```

```
{
        public string StationName;              //车站名称
        public string StationType;              //车站类型(岛式、侧式、岛侧混合式)
        public int StoppingTime;                //停车时分(单位:分钟)
        public double CenterMileage;            //车站中心里程
        public string ConstructionMethod;       //施工方法
        public double StationLongitude;         //车站中心点经度
        public double StationLatitude;          //车站中心点纬度
        public double StationX;                 //车站中心 X 坐标
        public double StationY;                 //车站中心 Y 坐标
        public double StationZ;                 //车站中心 Z 坐标
}
public static List<StationPlane>m_StationPlaneData;
```

12.1.8　曲线点和整里程点数据结构

在绘制实际线路时,曲线点和整里程点(百米和千米)需要存储 x 坐标、y 坐标、z 坐标、经度、纬度等信息,定义数据结构如下:

```
//绘制实际线路时,曲线点的坐标
public struct  PlaneCurvePoint
{
        public double x;            //x 坐标
        public double y;            //y 坐标
        public double H;            //高程
        public double Longitude;    //经度
        public double Latitude;     //纬度
        public string Attributes;   //绘图点属性,即 ZH、HY 等
}
public static List<PlaneCurvePoint>m_PlaneCurvePointData_R;
public static List<PlaneCurvePoint>m_PlaneCurvePointData_L;
//整里程点的坐标和属性
public struct MileStone
{
        public double Mileage;      //里程值
        public double x;            //x 坐标
        public double y;            //y 坐标
        public double H;            //高程
    public double Longitude;        //经度
```

```
        public double Latitude;          //纬度
        public double fwj;               //方位角
        public double LineYaw;           //里程标的短线的偏向角
        public double LabelYaw;          //标签的偏向角
        public string Attribute;         //整里程点属性:"百米标"和"公里标"
    }
    public static List<MileStone>m_ MileStone Data_R;
    public static List<MileStone>m_ MileStone tData_L;
```

12. 1. 9　项目信息等数据结构

　　项目信息等数据结构主要包括项目信息、编辑功能代号、记录鼠标点选的坐标、项目树内的直线、交点、夹直线的位置记录等信息,各数据结构定义如下:

```
//(1)项目信息
public struct ProjectInfo
{
    public string ProjectName;       //项目名称
    public string SavePath;          //保存路径
    public int DesignMode;           //0:右线设计模式(默认值)   1:左线设计模式
                                     //2:辅助线设计模式   3:曲线加宽设计
    public int OpenProject;          //0:未打开某项目(默认值)   1:打开某项目
    public int AngleDecimalDigits;         //角度值的小数位数 暂定为 6 位
    public int MeterDecimalDigits;         //长度值的小数位数 暂定为 3 位
    public double FlatSharedHeight;        //平面对象的共同高程,并非实际高程
    public double FlatTransitionCurveSegLength;   //平面缓和曲线分段长度
    public double FlatCircleCurveSegLength;       //平面圆曲线分段长度
    public int DTMPrecision_R;             //右线 DTM 精度
    public int DTMPrecision_L;         //左线 DTM 精度
    public double CityN;               //城市经度,用于飞往该城市上空
    public double CityE;               //城市纬度,用于飞往该城市上空
}
//(2)编辑功能代号
public struct FunctionCode
{
    public int PlaneEditFuncitonCode;      //-1:默认值 0:删除 1:修改 2:插入
                                           3:拖动
    public int PlaneEditIDCode;        //-1:默认值   0:起点   1:交点 1
```

　　　　　　　　　　　　　　　　　　　2:中间点

　　　　　　　　　　　　　　　　　//3:倒数第二点　4:终点

　　　public int IsRadiusMeetStandard;　　//半径是否符合标准 - 1:默认值 0:

　　　　　　　　　　　　　　　　　符合 1:不符合

}

public static FunctionCode m_FunctionSelectedData;

//(3)记录鼠标点选的坐标

public struct MousePoint

{

　　　public double x;

　　　public double y;

　　　public double Longitude;　　　//经度

　　　public double Latitude;　　　//纬度

}

public static MousePoint m_MousePointData;

//(4)平面缓和曲线选配表(根据速度、半径选配相应的缓和曲线长度)

public struct FlatTransitionCurveSelect

{

　　　public int v;　　//设计速度

　　　public int L0;　　//缓和曲线长度

}

public static List<FlatTransitionCurveSelect>m_FlatTransitionCurveSe-
lectData;

//(5)项目树内的直线、交点、夹直线的位置记录

public struct StraightLine//直线

{

　　　public string Name;

　　　public string Path;

　　　public int Code;

}

public static List<StraightLine>m_StraightLineData_R;

public static List<StraightLine>m_StraightLineData_L;

public struct CrossoverPoint　　　　//交点

{

　　　public string Name;

　　　public string Path;　　　　//交点的项目树路径

```
    public int Code;                    //位置编码
}
public static List<CrossoverPoint>m_CrossoverPointData_R;
public static List<CrossoverPoint>m_CrossoverPointData_L;
public struct JZX           //夹直线
{
    public string Name;
    public string Path;                 //夹直线的项目树路径
    public int Code;                    //位置编码
}
public static List<JZX>m_JZXData_R;
public static List<JZX>m_JZXData_L;
```

12.2　右线坐标及参数计算

12.2.1　右线交点坐标获取

由于线路平面设计所在的三维环境包括区域数字地面模型,区域中的每个位置都包含经纬度和地面高程信息。通过 Skyline API 的 PixelToWorld 函数可以获取鼠标点击位置的经纬度,再转换为大地平面坐标。

PixelToWorld 函数定义如下:

```
HRESULT PixelToWorld(long PixelX,long PixelY,WorldPointType  TypeFilter-
Flags,IWorldPointInfo61** pWorldPointInfo)
参数:
PixelX:窗口中指定点的 x 坐标。如果没有指定该参数,则获取窗口中心点的 X 坐标。
PixelY:窗口中指定点的 y 坐标。如果没有指定该参数,则获取窗口中心点的 Y 坐标。
TypeFilterFlags:对象类型,枚举值 0,1,2,4,8,……,4096,-1。对应的枚举值如下:
  WPT_TERRAIN=0;WPT_MODEL=1;WPT_LABEL=2;WPT_PRIMITIVE=4
  WPT_ANIM=8;WPT_BUILDING=16;WPT_SKY=32;WPT_ACCURATE_CPT=64;
  WPT_BBOX_CPT=128;WPT_VIDEO=256;WPT_UNDERGROUND=51;
  WPT_SCREEN_OVERLAY=1024;WPT_SCREEN_CONTROL=2048;
  WPT_SCREEN_COVERED=4096;WPT_ALL=-1
返回值
pWorldPointInfo:表示指定点的信息。(pWorldPointInfo.X,pWorldPointInfo.Y,
pWorldPointInfo.Altitude)表示了转换后的 X,Y,Z 坐标。
示例代码:
IWorldPointInfo61 pWorldPointInfo = SGWorld.Window.PixelToWorld (x, y,
WorldPointType.WPT_ACCURATE_CPT);
```

```
double WorldX=pWorldPointInfo. Position. X;
double WorldY=pWorldPointInfo. Position. Y;
double WorldZ=pWorldPointInfo. Position. Altitude;
```

12. 2. 2　线路参数计算

线路参数包括线路方位角和交点间距。设前后相邻的两个交点分别为 JD_i (x_i,y_i)、$\mathrm{JD}_j(x_j,y_j)$,则有如下。

(1) 交点间距:

$$\mathrm{Dist}=\sqrt{(x_i-x_j)^2+(y_i-y_j)^2} \tag{12-1}$$

(2) 线路方位角 fwj 确定方法如下[162]:

$$\Delta E=x_j-x_i$$

$$\Delta N=y_j-y_i$$

①当 $\Delta E\geqslant0,\Delta N>0$ 时,$\mathrm{fwj}=\arctan\left|\dfrac{\Delta E}{\Delta N}\right|$。

②当 $\Delta E\geqslant0,\Delta N<0$ 时,$\mathrm{fwj}=\pi-\arctan\left|\dfrac{\Delta E}{\Delta N}\right|$。

③当 $\Delta E<0,\Delta N<0$ 时,$\mathrm{fwj}=\pi+\arctan\left|\dfrac{\Delta E}{\Delta N}\right|$。

④当 $\Delta E<0,\Delta N>0$ 时,$\mathrm{fwj}=2\pi-\arctan\left|\dfrac{\Delta E}{\Delta N}\right|$。

⑤当 $\Delta E>0,\Delta N=0$ 时,$\mathrm{fwj}=\dfrac{\pi}{2}$。

⑥当 $\Delta E<0,\Delta N=0$ 时,$\mathrm{fwj}=\dfrac{3\pi}{2}$。

12. 2. 3　曲线要素计算

曲线要素计算的初始条件是曲线偏角、曲线半径和缓和曲线长度。曲线偏角可以利用向量夹角公式计算,曲线半径和缓和曲线长度依据《地铁设计规范》(GB 50157-2013)查取。若曲线半径在规范中未列出,缓和曲线长度通过内插计算得出。

1. 曲线偏角

如图 12-1 所示,$\mathrm{JD}_{i-1}(x_a,y_a)$、$\mathrm{JD}_i(x_b,y_b)$、$\mathrm{JD}_{i+1}(x_c,y_c)$三点分别代表三个相邻交点。

曲线偏角 α 为向量 AB 与向量 BC 的夹角：

$$\alpha = \frac{(x_b - x_a)(x_c - x_b) + (y_b - y_a)(y_c - y_b)}{\sqrt{(x_b - x_a)^2 + (x_c - x_b)^2}\sqrt{(y_b - y_a)^2 + (y_c - y_b)^2}} \tag{12-2}$$

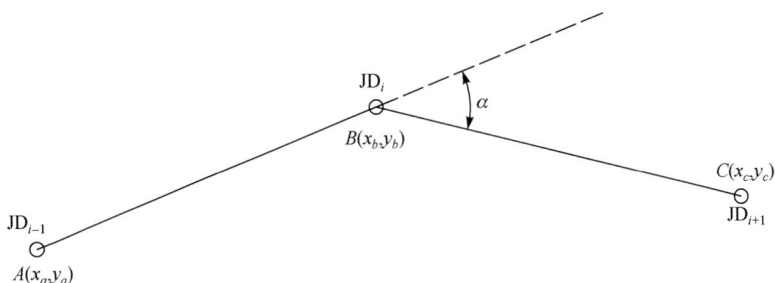

图 12-1　曲线偏角计算示意图

曲线偏角的另一种计算方法是利用交点前后两段直线段的方位角，即

$$\alpha = |\text{fwj}_j - \text{fwj}_i| \tag{12-3}$$

2. 曲线半径的选择

《地铁设计规范》(GB 50157-2013)规定城市轨道交通线路圆曲线标准半径为：3000m、2500m、2000m、1500m、1200m、1000m、800m、700m、600m、550m、500m、450m、400m、350m、300m、250m、200m[31]。当有特殊困难条件时，可设计为上列半径间 10m 整数倍的曲线半径。

规范同时规定城市轨道交通线路圆曲线最小半径值不得小于表 12-1 中所示数据[163]。

表 12-1　最小平曲线半径

线路	一般情况/m		困难情况/m	
	A 型车	B 型车	A 型车	B 型车
正 线	350	300	300	250
联络线、出入线	250	200	150	150
车 场 线	150	150	—	—

城市轨道交通线路平面圆曲线半径也受到曲线间夹直线最小长度的限制。正线上两相邻曲线间，无超高的夹直线长度应按照表 12-2 确定[163]。

表 12-2　夹直线最小长度

情况分类	夹直线最小长度
一般情况	$0.5V$
困难情况	25m(A 型车)
	20m(B 型车)

由于切线长 T 是半径 R、曲线偏角 α 和缓和曲线长度 L_0 的函数，而对于一段给定线路，曲线偏角 α 一定，可通过线路容许的最大切线长 T_{max}、曲线偏角 α 和缓和曲线长度 L_0 反算曲线容许的最大半径 R_{max}，程序代码如下：

```
Private GetMaxR(double L0,double Alpha,out double maxR)
{
    long N=0;
    doubleΔR=10;
    bool b=true;
    double R0=150;
    while (b==true)
    {
       R0=150+ΔR*N;
       N++;
       double TT = (R0 + Math. Pow (L0, 2)/(24 * R0) - Math. Pow (L0, 4)/(2688 *
       Math. Pow(R0,3)))*Math. Tan(Alpha*Math. PI/360)+L0/2-Math. Pow(L0,3)/
       (240*Math. Pow(R0,2));
    if(Math. Abs(T-TT)<=100)
    {
       b=false;
       if(R0>3000)
       {
          R0=3000;
       }
    }
    }
    maxR=R0;
}
```

3. 缓和曲线长度与曲线超高

缓和曲线长度根据列车运行速度和曲线半径确定，《地铁设计规范 GB 50157-

2013》中规定了曲线半径 200～3000m、运行速度 35～100km/h 的具体取值，其他未列出的半径的速度可通过内插计算得到。表 12-3 列出了部分半径的曲线超高和缓和曲线长度值[163]。

表 12-3　线路曲线超高和缓和曲线长度（部分）

R/m	V/h	100	95	90	85	80	75	70	65	60	55	50	45	40	35
3000	L/m	30	25	20	20	20	20	20	—	—	—	—	—	—	—
	h/mm	40	35	30	30	25	20	20	15	15	10	10	10	5	5
2500	L/m	35	30	25	20	20	20	20	20	—	—	—	—	—	—
	h/mm	50	45	40	35	30	25	25	20	15	15	10	10	10	5
2000	L/m	45	40	35	30	25	20	20	20	20	—	—	—	—	—
	h/mm	60	55	50	45	35	30	30	25	20	20	15	10	10	5
1500	L/m	55	50	45	35	30	25	20	20	20	20	—	—	—	—
	h/mm	80	70	65	60	50	45	40	35	30	25	20	15	15	10
1200	L/m	70	60	50	40	40	30	25	20	20	20	20	20	—	—
	h/mm	100	90	80	70	65	55	50	40	35	30	25	20	15	10
1000	L/m	85	70	60	50	45	35	30	25	20	20	20	20	20	—
	h/mm	120	105	95	85	75	65	60	50	45	35	30	25	20	15

曲线超高值在内插时应符合以下规定。

曲线超高值应按式（12-4）计算。设置的最大超高应为 120mm，未被平衡超高允许值不宜大于 61mm，困难时不应大于 75mm。车站站台有效长度范围内曲线超高不应大于 15mm[31]。

$$h=\frac{11.8V_c^2}{R} \tag{12-4}$$

式中，h 为超高值（mm）；V_c 为列车通过速度（km/h）；R 为曲线半径（m）。

按照表 12-3 取得缓和曲线长度后，还要考虑曲线线间距加宽问题。在实际设计中，一般通过内外侧线路采用不同缓和曲线长度的方法实施加宽，即内侧线路采用较长的缓和曲线，外侧线路采用较短的缓和曲线[32]。

当曲线为左转时，左线要求的较长缓和曲线长度 l_z 可由式（12-5）计算，当曲线为右转时，右线要求的较长缓和曲线长度 l_y 可由式（12-6）计算：

$$l_z \geqslant \sqrt{24R_z\left(\frac{l_y^2}{24R_y}+\frac{W}{1000}\right)} \tag{12-5}$$

$$l_y \geqslant \sqrt{24R_y\left(\frac{l_z^2}{24R_z}+\frac{W}{1000}\right)} \tag{12-6}$$

式中，R_z、R_y 分别为左线和右线的曲线半径(m)；W 为曲线线间距加宽值(mm)。

曲线线间距加宽值由平面曲线引起的几何偏移量、过超高或欠超高引起的设备限界加宽、曲线轨道参数及车辆参数变化引起的限界加宽量确定。

（1）平面曲线引起的几何偏移量可按表 12-4 和表 12-5 选取。当曲线半径未在表格中列出时，则采用内插计算并取整。

表 12-4　A 型车车体几何偏移量　　　　　单位：mm

符号	T_a	T_i	符号	T_a	T_i
定义	曲线外侧	曲线内侧	定义	曲线外侧	曲线内侧
R100	295	316	R600	49	53
R150	196	211	R700	42	45
R200	147	158	R800	37	39
R250	118	126	R1000	29	32
R300	98	105	R1200	25	26
R350	84	90	R1500	20	21
R400	74	79	R2000	15	16
R500	59	63	R3000	10	11

表 12-5　B 型车车体几何偏移量　　　　　单位：mm

符号	T_a	T_i	符号	T_a	T_i
定义	曲线外侧	曲线内侧	定义	曲线外侧	曲线内侧
R100	247	205	R600	41	34
R150	165	136	R700	35	29
R200	123	102	R800	31	26
R250	99	82	R1000	25	20
R300	82	68	R1200	21	17
R350	71	58	R1500	17	14
R400	62	51	R2000	12	10
R500	49	41	R3000	8	7

（2）过超高或欠超高引起的设备限界加宽可按表 12-6 确定。

表 12-6　过超高或欠超高引起的设备限界加宽量　　　单位：mm

过超高或欠超高值	横向偏移量 ΔY_{qa} 或 ΔY_{qi}					
	A 型车		B 型车			
			无扭杆		有扭杆	
	AW0	AW3	AW0	AW3	AW0	AW3
13	0.8	1.1	2.6	12.9	1.0	1.2
21	1.3	1.8	4.2	6.3	1.7	2.0
28	1.7	2.4	5.6	8.4	2.2	2.6
38	2.3	12.2	7.6	11.4	3.0	12.6
45	2.8	12.8	9.0	112.5	12.6	4.2
52	12.2	4.4	10.4	15.7	4.1	4.9
61	12.8	5.1	12.2	18.4	4.9	5.7

（3）曲线轨道参数及车辆参数变化引起的车体及转向架车辆限界加宽量，可按下列公式计算。

① 曲线外侧。无砟道床

$$\Delta Y_{ca} = 3 + \frac{3000}{R} + \Delta_{de} + \Delta_w + \Delta_q \tag{12-7}$$

有砟道床

$$\Delta Y_{ca} = \frac{1000}{R} + 3 + \frac{3000}{R} + \Delta_{de} + \Delta_w + \Delta_q \tag{12-8}$$

② 曲线内侧。无砟道床

$$\Delta Y_{ci} = \frac{3000}{R} + \Delta_{de} + \Delta_w + \Delta_q \tag{12-9}$$

有砟道床

$$\Delta Y_{ci} = \frac{1000}{R} + \frac{3000}{R} + \Delta_{de} + \Delta_w + \Delta_q \tag{12-10}$$

式中，Δ_{de} 为钢轨横向弹性变形量（mm），曲线与直线差值取 1.4；Δ_w 为车辆二系弹簧的横向位移（mm），在曲线与直线的差值取 15；Δ_q 为车辆一系弹簧的横向位移（mm），在曲线与直线的差值取 4；R 为平面曲线半径（m）。

（4）车辆设备限界横向偏移量总和，可按下列规定计算。

① 车体横向加宽和过超高（或欠超高）偏移方向相同时，可按下列公式计算。

曲线外侧

$$\Delta Y_a = T_a + \Delta Y_{Qa} + \Delta Y_{ca} \tag{12-11}$$

曲线内侧

$$\Delta Y_i = T_i + \Delta Y_{Qi} + \Delta Y_{ci} \qquad (12\text{-}12)$$

② 车体横向加宽和过超高（或欠超高）偏移方向相反时，可按下列公式计算。

曲线外侧

$$\Delta Y_a = T_a - \Delta Y_{Qa} + \Delta Y_{ca} \qquad (12\text{-}13)$$

曲线内侧

$$\Delta Y_i = T_i - \Delta Y_{Qi} + \Delta Y_{ci} \qquad (12\text{-}14)$$

以上过程确定了曲线线间距加宽计算值，线间距最终加宽值应按如下方式确定。

当曲线两端不是最小线间距时，曲线地段线间距最终加宽值应按式（12-15）计算确定

$$W' = (D_{\min} \times 10^3 + W) - D \times 10^3 \qquad (12\text{-}15)$$

式中，W' 为曲线地段线间距最终加宽值（mm），当 $W' \leqslant 0$ 时可不加宽；$D_{\min}$ 为直线地段最小线间距，一般地，A 型车取 12.8 m，B 型车取 12.6 m；W 为曲线地段线间距加宽计算值（mm）；D 为曲线两端直线地段的设计线间距（m）。

当曲线两端直线地段的设计线间距 D 不相等时，则应先分部计算曲线上各点线间距 S 并验算各点是否满足 $S \geqslant D_{\min} + W$，否则按其相差数确定最终加宽值。

当曲线两端均为最小线间距时，则不需计算 W'，可直接使用 W。

4. 曲线转向的确定

曲线转向，即曲线延前进方向是左转还是右转，可以归结为交点间直线段的转向问题。以 JD$_i$JD$_j$ 分界，当 JD$_k$ 在 JD$_i$JD$_j$ 右侧时，曲线右转；反之，曲线左转。该问题可以抽象为以下数学问题。

在点 P_1 处，两条连续的向量 P_0P_1 和 P_1P_2 是向左转还是向右转。

计算上述两向量叉积，若结果为负，则在 P_1 处左转；若结果为正，则在 P_1 处右转。而叉积为 0，则意味着以上三点共线。

5. 圆曲线与缓和曲线分段数及分段长度的确定

由于缓和曲线的曲率是变化的，而圆曲线的曲率是相同的，所以，为保证分段方法的一致性，不采用按圆心角度分段，而按照长度分段的方法。具体处理方法如下：

（1）分别给定圆曲线和缓和曲线的分段长度初值。

（2）两类曲线长度分别除以相应的分段长度初值，得出的数值向上取整，作为最终的分段数。

（3）使用新分段数确定新的分段长度。

6. 曲线点数的确定

曲线段包括曲线两端的 ZH/ZY 和 HZ/YZ 点,每段曲线包括的点数,即算上直缓点或直圆点。当曲线为单圆曲线时,曲线点数等于圆曲线段数加 1(PointNum=CircleSegNumWithoutEC+1);当曲线为复曲线时,曲线点数等于圆曲线段数与缓和曲线段数的二倍之和再加 1(PointNum=CircleSegNum+2 * TransitionCurveSegNum+1)。

7. 其他要素计算

(1) 缓和曲线常数计算[162]:

$$\beta = \frac{90l}{\pi R} \tag{12-16}$$

$$\delta = \frac{\beta}{3} \tag{12-17}$$

$$m = \frac{l}{2} - \frac{l^3}{240R^2} \tag{12-18}$$

$$P = \frac{l^2}{24R} - \frac{l^4}{2688R^3} \tag{12-19}$$

$$x_0 = l - \frac{l^3}{40R^2} + \frac{l^5}{3456R^4} \tag{12-20}$$

$$y_0 = \frac{l^2}{6R} - \frac{l^4}{336R^3} \tag{12-21}$$

$$t_1 = \frac{2l}{3} + \frac{l^3}{114.5R^2} + \frac{l^5}{4786.2R^4} \tag{12-22}$$

$$t_2 = \frac{56R^2l - l^3}{7(24R^2 - l^2)} \tag{12-23}$$

$$C_c = l - \frac{l^3}{90R^2} + \frac{l^5}{3888R^4} \tag{12-24}$$

式中,l 为缓和曲线长度(m);m 为切垂距(m);R 为圆曲线半径(m);P 为圆曲线移动量(m);β 为缓和曲线角度;δ 为缓和曲线偏角;C_c 为缓和曲线弦长(m)。

(2) 曲线要素计算:

$$T = (R+P)\tan\frac{\alpha}{2} + m \tag{12-25}$$

$$L = \frac{\pi R\alpha}{180°} + l \tag{12-26}$$

$$E_0 = (R+P)\sec\frac{\alpha}{2} - R \qquad (12\text{-}27)$$

$$q = 2T - L \qquad (12\text{-}28)$$

式中，α 为圆曲线总偏角；R 为圆曲线半径(m)；T 为切线长度(m)；L 为曲线长度(m)；E_0 为外矢(m)；q 为切曲差(m)；l 为缓和曲线长度(m)；β 为缓和曲线角度；m 为切垂距(m)；P 为圆曲线移动量(m)。

12.2.4　曲线段坐标计算

线路的一个曲线段由两段缓和曲线和圆曲线组成，ZH 点到 HY 点的缓和曲线为第一缓和曲线，YH 点到 HZ 点的缓和曲线为第二缓和曲线。曲线段某点坐标计算方法如下[162]。

（1）当任意里程点 PT 位于第一缓和曲线上时，$\theta = \dfrac{\pi}{2} - \mathrm{fwj}[i]$。

首先，求 PT 点在局部坐标系下的坐标$(\mathrm{PT}.x, \mathrm{PT}.y)$：$l = \mathrm{PT}$ 点里程$-\mathrm{ZH}$ 点里程。

$$\mathrm{PT}.x = l - \frac{l^5}{40R^2 l_0^2} + \frac{l^9}{3456R^4 l_0^4} \qquad (12\text{-}29)$$

$$\mathrm{PT}.y = \frac{l^3}{6Rl_0}\left(1 - \frac{l^4}{56R^2 l_0^2} + \frac{l^8}{7040R^4 l_0^4}\right) \qquad (12\text{-}30)$$

然后将局部坐标转化为大地坐标$(\mathrm{PT}.X, \mathrm{PT}.Y)$。

线路左转时

$$\begin{pmatrix} \mathrm{PT}.X \\ \mathrm{PT}.Y \end{pmatrix} = \begin{pmatrix} \cos\theta & -\sin\theta \\ \sin\theta & \cos\theta \end{pmatrix} \begin{pmatrix} \mathrm{PT}.x \\ \mathrm{PT}.y \end{pmatrix} + \begin{pmatrix} \mathrm{ZH}.X \\ \mathrm{ZH}.Y \end{pmatrix} \qquad (12\text{-}31)$$

线路右转时

$$\begin{pmatrix} \mathrm{PT}.X \\ \mathrm{PT}.Y \end{pmatrix} = \begin{pmatrix} \cos\theta & -\sin\theta \\ \sin\theta & \cos\theta \end{pmatrix} \begin{pmatrix} \mathrm{PT}.x \\ -\mathrm{PT}.y \end{pmatrix} + \begin{pmatrix} \mathrm{ZH}.X \\ \mathrm{ZH}.Y \end{pmatrix} \qquad (12\text{-}32)$$

（2）当任意里程点 PT 位于第二段缓和曲线上时，$\theta = \dfrac{3\pi}{2} - \mathrm{fwj}[i+1]$。

线路左转时

$$\begin{pmatrix} \mathrm{PT}.X \\ \mathrm{PT}.Y \end{pmatrix} = \begin{pmatrix} \cos\theta & -\sin\theta \\ \sin\theta & \cos\theta \end{pmatrix} \begin{pmatrix} \mathrm{PT}.x \\ -\mathrm{PT}.y \end{pmatrix} + \begin{pmatrix} \mathrm{HZ}.X \\ \mathrm{HZ}.Y \end{pmatrix} \qquad (12\text{-}33)$$

线路右转时

$$\begin{pmatrix} \mathrm{PT}.X \\ \mathrm{PT}.Y \end{pmatrix} = \begin{pmatrix} \cos\theta & -\sin\theta \\ \sin\theta & \cos\theta \end{pmatrix} \begin{pmatrix} \mathrm{PT}.x \\ \mathrm{PT}.y \end{pmatrix} + \begin{pmatrix} \mathrm{HZ}.X \\ \mathrm{HZ}.Y \end{pmatrix} \qquad (12\text{-}34)$$

（3）当任意里程点 PT 位于圆曲线上时，先计算圆曲线的圆心坐标，再根据圆心坐标计算 PT 点的大地坐标。

由于文献[162]中的"圆曲线里程点大地坐标计算方法"较为繁杂,这里应用三角函数和方位角的相关概念对其进行改进。

圆心坐标取 HY、YH(ZY、YZ)两点的中点,沿两点连线的垂线,向线路左侧(左转)或右侧(右转)移动$\sqrt{R^2-\left(\dfrac{L}{2}\right)^2}$即得到圆心坐标$(x_c,y_c)$。

设圆曲线起终点坐标分别为(x_{SP},y_{SP})和(x_{EP},y_{EP}),则有如下。

当曲线左转时

$$x_c=\frac{x_{SP}+x_{EP}}{2}+\sqrt{R^2-\left(\frac{L}{2}\right)^2}\sin\left(\mathrm{fwj}_{SE}-\frac{\pi}{2}\right)\tag{12-35}$$

$$y_c=\frac{y_{SP}+y_{EP}}{2}+\sqrt{R^2-\left(\frac{L}{2}\right)^2}\cos\left(\mathrm{fwj}_{SE}-\frac{\pi}{2}\right)\tag{12-36}$$

当曲线右转时

$$x_c=\frac{x_{SP}+x_{EP}}{2}+\sqrt{R^2-\left(\frac{L}{2}\right)^2}\sin\left(\mathrm{fwj}_{SE}+\frac{\pi}{2}\right)\tag{12-37}$$

$$y_c=\frac{y_{SP}+y_{EP}}{2}+\sqrt{R^2-\left(\frac{L}{2}\right)^2}\cos\left(\mathrm{fwj}_{SE}+\frac{\pi}{2}\right)\tag{12-38}$$

式中,R 为曲线半径(m);L 为曲线弦的长度(m),$L=\sqrt{(x_{SP}-x_{EP})^2+(y_{SP}-y_{EP})^2}$。

计算 HY 点或 ZY 点到圆心的方位角 fwj,方法如下。

设 HY 点或 ZY 点的坐标为(x_i,y_i),则有

$$\Delta E=x_i-x_c$$

$$\Delta N=y_i-y_c$$

当 $\Delta E\geqslant0,\Delta N>0$ 时,$\mathrm{fwj}=\arctan\left|\dfrac{\Delta E}{\Delta N}\right|$。

当 $\Delta E\geqslant0,\Delta N<0$ 时,$\mathrm{fwj}=\pi-\arctan\left|\dfrac{\Delta E}{\Delta N}\right|$。

当 $\Delta E<0,\Delta N<0$ 时,$\mathrm{fwj}=\pi+\arctan\left|\dfrac{\Delta E}{\Delta N}\right|$。

当 $\Delta E<0,\Delta N>0$ 时,$\mathrm{fwj}=2\pi-\arctan\left|\dfrac{\Delta E}{\Delta N}\right|$。

当 $\Delta E>0,\Delta N=0$ 时,$\mathrm{fwj}=\dfrac{\pi}{2}$。

当 $\Delta E<0,\Delta N=0$ 时,$\mathrm{fwj}=\dfrac{3\pi}{2}$。

然后,计算圆心到圆曲线上任意里程点 PT 的方位角 fwj_{PT},设圆曲线半径为

R，PT 到圆曲线起点的曲线距离为 L，则有如下。

当曲线左转时

$$\mathrm{fwj_{PT}}=\mathrm{fwj}-\frac{L}{R} \tag{12-39}$$

当曲线右转时

$$\mathrm{fwj_{PT}}=\mathrm{fwj}+\frac{L}{R} \tag{12-40}$$

最后，可得到 PT 的坐标公式为

$$\mathrm{PT}.X=x_c+R\sin(\mathrm{fwj_{PT}}) \tag{12-41}$$

$$\mathrm{PT}.Y=y_c+R\cos(\mathrm{fwj_{PT}}) \tag{12-42}$$

12.2.5　右线五大桩里程及坐标计算

1. 里程计算

假设右线交点里程 JD 已知，则当缓和曲线长度为 0 时，计算公式如下：

$$\mathrm{ZY}=\mathrm{JD}-T \tag{12-43}$$

$$\mathrm{YZ}=\mathrm{JD}+T \tag{12-44}$$

$$\mathrm{QZ}=\mathrm{ZY}+\frac{L}{2} \tag{12-45}$$

当缓和曲线长度不为 0 时，计算公式如下：

$$\mathrm{ZH}=\mathrm{JD}-T \tag{12-46}$$

$$\mathrm{HY}=\mathrm{ZH}+L_0 \tag{12-47}$$

$$\mathrm{QZ}=\mathrm{ZH}+\frac{L}{2} \tag{12-48}$$

$$\mathrm{YH}=\mathrm{JD}+T-L_0 \tag{12-49}$$

$$\mathrm{HZ}=\mathrm{JD}+T \tag{12-50}$$

式中，ZH 为直缓点里程；HY 为缓圆点里程；YH 为圆缓点里程；HZ 为缓直点里程；ZY 为直圆点里程；YZ 为圆直点里程；QZ 为曲中点里程；T 为切线长；L 为曲线长；L_0 为缓和曲线长，单位均为 m。

2. 坐标计算

设曲线部分所对应的交点编号为 i，交点 i 的坐标为 (x_i,y_i)，交点 $i-1$ 至交点 i 的线段方位角为 $\mathrm{fwj_1}$，交点 i 至交点 $i+1$ 的线段方位角为 $\mathrm{fwj_2}$，交点 i 的切线长为 T，则曲线部分各桩的坐标计算方法如下。

（1）直缓点、直圆点：设直缓点与直圆点坐标分别为 (x_{ZH},y_{ZH}) 和 (x_{ZY},y_{ZY})，则有

$$x_{ZH} = x_i + T\sin(\mathrm{fwj}_1 - \pi) \tag{12-51}$$

$$y_{ZH} = y_i + T\cos(\mathrm{fwj}_1 - \pi) \tag{12-52}$$

$$x_{ZY} = x_i + T\sin(\mathrm{fwj}_1 - \pi) \tag{12-53}$$

$$y_{ZY} = y_i + T\cos(\mathrm{fwj}_1 - \pi) \tag{12-54}$$

（2）缓圆点、圆缓点：两点坐标由式(12-29)～式(12-34)计算得到。

（3）缓直点、圆直点：设缓直点与圆直点坐标分别为(x_{HZ}, y_{HZ})和(x_{YZ}, y_{YZ})，则有

$$x_{HZ} = x_i + T\sin(\mathrm{fwj}_2) \tag{12-55}$$

$$y_{HZ} = y_i + T\cos(\mathrm{fwj}_2) \tag{12-56}$$

$$x_{YZ} = x_i + T\sin(\mathrm{fwj}_2) \tag{12-57}$$

$$y_{YZ} = y_i + T\cos(\mathrm{fwj}_2) \tag{12-58}$$

12.2.6　右线里程及里程标坐标计算

城市轨道交通线路里程以公里标表示，并以右线为基准采用连续里程，在任何设计阶段右线里程不宜产生断链。里程标示一般沿用铁路通用标示方法。

右线里程标坐标计算方法如下。

1）直线段里程

设直线段里程的计算起点$P_{sp}(x_{sp}, y_{sp})$，里程标点$P_m(x_m, y_m)$，里程标点与计算起点的距离L，直线段方位角fwj，则有

$$x_m = x_{sp} + L\sin(\mathrm{fwj}) \tag{12-59}$$

$$y_m = y_{sp} + L\cos(\mathrm{fwj}) \tag{12-60}$$

2）曲线段里程

曲线段里程的计算以曲线的起终点为其起终点。曲线段里程坐标的计算与圆曲线的坐标点相同，按照12.2.4节第（3）部分所述方法计算得到。

12.2.7　车站中心里程计算

车站中心里程可以根据线路设计的实际情况拟定，在平面设计时确定车站的中心位置，在纵断面设计时尽量将车站布置在凸形部位上，条件允许时，则尽量设计成节能坡。

设拟定的车站中心坐标为$S(x_s, y_s)$，则中心里程M_s的确定需要经过以下步骤。

（1）采用缓冲区判别方法确定车站中心S位于线路的哪个部分，即位于哪段曲线或者哪段夹直线上。

线路缓冲区分为三类：一是夹直线缓冲区；二是曲线缓冲区；三是交点连线缓冲区。直线地段缓冲区为以直线段为中心线向两侧扩展一定距离的四个顶点围成

的矩形。曲线地段则是按同样思路形成的多边形区域。

车站中心 S 是否落在缓冲区内,实际上就是判断 S 是否落在缓冲区多边形内。设多边形的某边的向量为 P_iP_{i+1},若 S 在所有 P_iP_{i+1}(多边形顶点按照顺时针排列)的右侧,则说明 S 落在缓冲区内。

当 S 落在某个缓冲区 i 时,则车站中心的插入位置范围确定。

(2)若车站位于曲线段 i 上,则需确定车站中心与曲线段 i 起点的距离 L;若车站位于直线段 i 上,则需确定车站中心同直线段 i 的起点距离 L。曲线段 i 的起点为 JD_i 所属曲线的 ZH 点或 ZY 点,直线段 i 的起点为 JD_{i-1} 所属曲线的 HZ 点或 YZ 点。

(3)线路 i 段起点的里程与距离 L 之和即为车站中心里程。

12.3　左线坐标及参数计算

左线交点初始坐标的计算与右线交点坐标紧密相关,而其他参数除左线曲线里程外,其余各参数的计算方法与右线相同。

12.3.1　左线交点坐标计算

当右线设计完毕后,右线交点坐标全部已知,假设双线并行,线间距为 D,左线交点坐标为 (x_z,y_z),对应的右线交点坐标为 (x_y,y_y),曲线偏角为 α,线路方位角为 fwj,则有如下。

(1)当交点为线路起点或终点时

$$x_z = x_y + D\sin\left(\text{fwj} - \frac{\pi}{2}\right) \tag{12-61}$$

$$y_z = y_y + D\cos\left(\text{fwj} - \frac{\pi}{2}\right) \tag{12-62}$$

(2)当交点不为线路起点和终点时,左右线对应交点间距

$$D' = \frac{D}{\sin\left(\dfrac{\pi - \alpha}{2}\right)} \tag{12-63}$$

当线路左转时

$$x_z = x_y + D'\sin\left(\text{fwj} - \frac{\pi + \alpha}{2}\right) \tag{12-64}$$

$$y_z = y_y + D'\cos\left(\text{fwj} - \frac{\pi + \alpha}{2}\right) \tag{12-65}$$

当线路右转时

$$x_z = x_y + D' \sin\left(\text{fwj} - \frac{\pi - \alpha}{2}\right) \tag{12-66}$$

$$y_z = y_y + D' \cos\left(\text{fwj} - \frac{\pi - \alpha}{2}\right) \tag{12-67}$$

左线生成后若进行线路调整,则交点坐标获取方法与右线交点坐标获取方法相同。

12.3.2 左线曲线里程计算

左线曲线里程由于受断链影响,在断链之后的曲线里程均会发生变化,但其连续里程不变。

当曲线在所有断链之前时,其里程不受影响,等于其连续里程。当曲线位于断链 i 后且在断链 $i+1$ 之前时,其里程要减去断链 i 的累计断链长度值。

12.4 断链生成与处理

因左线绕行或内外曲线的关系,左线与右线长度不等,但为了便于设计和施工,左右线平行直线段同一断面上的里程宜一致,即左线采用右线的投影里程,并在每一处左右线里程不等的地段设置左线断链。

断链生成的关键在于左右线平行直线段的确定,应确定其起终点在左线上的坐标以及对应的左右线里程。断链位置宜设在每个平行直线段的起点处,以保证平行直线段上的每一断面的里程一致。

12.4.1 左右线平行直线段判断

左右线的直线段,实际上为各自的夹直线段,即交点 i 的曲线终点(YZ 或 HZ)与交点 $i+1$ 的曲线起点(ZY 或 ZH)之间的直线部分。左右线平行直线段取决于左线某段夹直线与右线某段夹直线的平行重叠部分。

下面以左线 i 段和右线 j 段为例,说明左右线平行直线段的确定方法。

首先,判断左线 i 段是否与右线 j 段平行,设左线 i 段两端的交点坐标分别为 (x_{zi}, y_{zi}) 和 (x_{zii}, y_{zii}),右线 j 段两端的交点坐标分别为 (x_{yj}, y_{yj}) 和 (x_{yjj}, y_{yjj}),则当 $(y_{zii} - y_{zi})(x_{yjj} - x_{yj}) - (x_{zii} - x_{zi})(y_{yjj} - y_{yj}) = 0$ 时,上述两段线路平行。

然后,将右线 j 段夹直线起终点按照线间距投影到左线上,并计算投影点的左线连续里程,以右线投影点与左线夹直线起终点的相对位置关系确定左右线平行直线段的起终点。

具体判断方法如下。

(1) 计算左线 i 段与右线 j 段的线间距

$$D = (y_{zi} - y_{yj})\sin\text{fwj}_j - (x_{zi} - x_{yj})\cos\text{fwj}_j \tag{12-68}$$

式中，fwj_j 为右线 j 段的方位角。

（2）根据线间距 D，将右线的夹直线起终点坐标向左线平移 D，得到右线夹直线起终点在左线上的投影点，设其坐标分别为(x_{PjSP}, y_{PjSP}) 和(x_{PjEP}, y_{PjEP})，右线 j 段方位角为 fwj_j，则有

$$x_{PjSP} = x_{SP} + D\sin\left(\text{fwj}_j - \frac{\pi}{2}\right) \tag{12-69}$$

$$y_{PjSP} = y_{SP} + D\cos\left(\text{fwj}_j - \frac{\pi}{2}\right) \tag{12-70}$$

及

$$x_{PjEP} = x_{EP} + D\sin\left(\text{fwj}_j - \frac{\pi}{2}\right) \tag{12-71}$$

$$y_{PjEP} = y_{EP} + D\cos\left(\text{fwj}_j - \frac{\pi}{2}\right) \tag{12-72}$$

（3）分析投影点与左线夹直线起终点在左线上的相对位置关系，确定左右线平行直线段的范围。设右线 j 段夹直线起点在左线上的投影点为 Y_{SP}，右线 j 段夹直线终点在左线上的投影点为 Y_{EP}，左线 i 段夹直线起点为 Z_{SP}，终点为 Z_{EP}。

① 当 Y_{SP} 与 Y_{EP} 均在(Z_{SP}, Z_{EP}) 内时，左右线平行地段的起点为 Y_{SP}，终点为 Y_{EP}。

② 当 Y_{SP} 与 Y_{EP} 均在(Z_{SP}, Z_{EP}) 外时，左右线平行地段的起点为 Z_{SP}，终点为 Z_{EP}。

③ 当 Y_{SP} 在(Z_{SP}, Z_{EP}) 内，Y_{EP} 在(Z_{SP}, Z_{EP}) 外时，左右线平行地段的起点为 Y_{SP}，终点为 Z_{EP}。

④ 当 Y_{SP} 在(Z_{SP}, Z_{EP}) 外，Y_{EP} 在(Z_{SP}, Z_{EP}) 内时，左右线平行地段的起点为 Z_{SP}，终点为 Y_{EP}。

（4）计算左右线平行直线段起终点的里程和大地坐标。

左线 i 段上的 Z_{SP} 与 Z_{EP} 分别为交点 $i-1$ 所属的曲线缓直点或圆直点、交点 i 所属的曲线直缓点或直圆点，其左线里程取左线连续里程，右线里程取其在右线上的投影里程。Y_{SP} 与 Y_{EP} 的坐标计算方法同（2）中所示，其左线里程取左线上的投影里程，右线里程取右线实际里程。

12.4.2　断链位置确定及信息计算

断链位置宜设在每个平行直线段的起点处，以保证平行直线段上的每一断面的里程一致。根据断链类数据结构，断链信息包括断链左线位置、断链坐标（x 坐标、y 坐标）、实际里程、新老里程、新老里程差、断链类型、累计断链长度以及断链

标示文字等内容。

（1）断链左线位置：记录断链位于左线的哪一段直线段上。

（2）断链坐标与实际里程：由于断链一般设在每个平行直线段的起点处，断链的坐标等于左右线平行直线段的起点坐标，而断链实际里程即起点的实际里程。

（3）新旧里程、断链值与断链类型：新里程即断链处在右线上的投影里程，也就是左右线平行直线段数据中的右线里程。

旧里程是在该处设置断链前的里程，当断链位置前没有设置任何断链时，旧里程等于实际里程；当断链位置前已经设置了断链，旧里程等于上一断链的新里程与两相邻断链前后实际里程差之和。

断链长度等于新里程与旧里程之差，当新里程大于旧里程时，断链为长链，当新里程小于旧里程时，断链为短链。

累计断链长度等于实际里程与新里程之差，最后一个断链的累计断链长度应等于左右线实际里程之差。

12.5　平面线路方案展示

平面线路在几何上分为直线和曲线两部分，曲线部分由圆曲线和缓和曲线两部分。曲线部分采取将整个曲线段分为 n 个小直线段分组插入的方法进行绘制，方便公里标以及五大桩标的里程和坐标计算。平面线路方案展示包括线路绘制与标签插入两部分。标签插入包括里程百米标和公里标的插入、曲线桩的插入、交点标签的插入以及断链的插入等四部分。插入标签的方法相同，而不同在于标签的旋转角度和内容。

12.5.1　线路绘制

1. 直线部分

直线段是整个平面线路的基础，平面线路的所有线路元素都是由或长或短的直线段构成的。直线段的绘制采用 Skyline API 函数 CreatePolygonFromArray 完成，定义如下：

```
ITerrainPolygon61 CreatePolygonFromArray(
        object verticesArray,
        object LineColor=-16711936,
        object FillColor=-10197916,
        AltitudeTypeCode AltitudeType=AltitudeTypeCode.ATC_ON_TERRAIN,
        int GroupID=0,
        string Description="")
```

其中，verticesArray 是坐标数组，由线路起终点的经度 E、纬度 N 和高程 H 组成；LineColor 与 FillColor 分别为直线颜色和填充颜色。直线段效果如图 12-2 所示。

(a) 单线　　　　　　　　　　　　　　(b) 双线

图 12-2　直线段效果图

2. 曲线部分

曲线以多个短直线段组成，以第一缓和曲线、圆曲线、第二缓和曲线（或仅有圆曲线）的顺序进行分组绘制。分组的目的在于提高曲线部分的增删改等操作的速度。曲线段效果如图 12-3 所示。

(a) 单个曲线

(b) 多个曲线

图 12-3　曲线段效果图

12.5.2　线路元素标注

平面线路的元素标注包括里程标签、曲线桩标签、交点标签以及断链标签等四类。标签的插入方法相同,但由于标签的内容以及倾斜角度的要求不同,其插入过程有一定区别。

Skyline 3DGIS 平台中的元素的旋转由 Yaw 来控制,其中 Yaw 为方位角,范围为 0°～360°。

标签插入采用 CreateTextLabel 方法完成,定义如下:

```
CreateTextLabel (IPosition61 LabelPos, string LabelText, LabelStyle, int
GroupID=0,string Description="")
```

其中,LabelPos 是标签的位置,包括了经纬度、高程和旋转角度等;LabelText 是断链标示文字。

示例程序如下:

```
//--------------------------------------------------
    int nRed=0;   int nGreen=255;   int nBlue=255;
    int nAlpha=0x7F;//50% 透明度
    IColor61 TextColor = sgworld.Creator.CreateColor (nRed, nGreen, nBlue,
    nAlpha);
    IPosition61 StakeLabelPos=null;
    IPosition61 StakeLineEndPos=null;
    ILabelStyle61 StakeLabelStyle=sgworld.Creator.CreateLabelStyle(0);
    StakeLabelStyle.LockMode=LabelLockMode.LM_AXIS;
    StakeLabelStyle.FontSize=15;//标注文字的字体大小
    StakeLabelStyle.TextColor=TextColor;//标注文字的颜色
    //创建标注
    sgworld.Creator.CreateTextLabel ( JDLabelPos, JDLabelText, JDLabel-
    Style,sgworld.ProjectTree.FindItem(ClassParameter.m_ProjectInfoDa-
    ta.ProjectName+"\\右线\\标签\\交点标签"),"JD"+Convert.ToString(i));
```

1. 里程标签

里程标签包括百米标标签和公里标标签。线路里程通常按不同设计阶段区分标示,即在整公里数值前加上里程冠号。如可研阶段为 AK,初测、初步设计阶段为 CK,定测及施工设计阶段为 DK。而百米标以相邻公里标之间的 1～9 等数字标示,数字表示某百米标距前一公里标的以百米为单位的距离。

标签要求数字的长轴方向与线路方向平行且朝向起点,左右线里程标签分别置于左线右侧与右线左侧。

若线路方位角为 fwj,标签的旋转角 Yaw＝fwj－π。左线里程标签对齐方式为右对齐,而右线里程标签对齐方式为左对齐,标签插入位置分别为左线里程点延方位角 fwj＋$\frac{\pi}{2}$ 平移一尺寸线长度、右线里程点延方位角 fwj－$\frac{\pi}{2}$ 平移一尺寸线长度的位置。里程标签效果如图 12-4 所示。

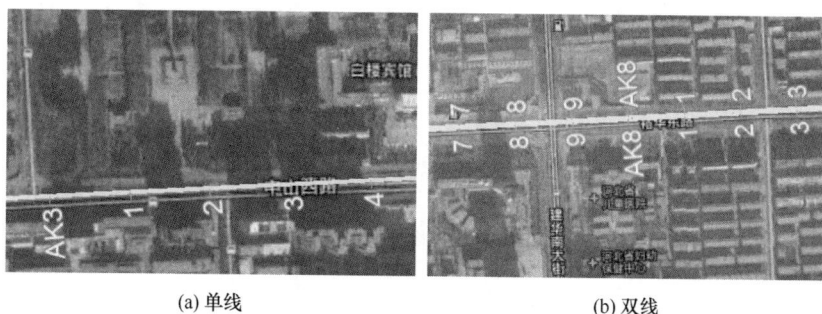

(a) 单线　　　　　　　　　　　　　　　　(b) 双线

图 12-4　里程标签效果图

2. 曲线桩标签

曲线桩标签不包括曲中点,左线的曲线桩标签的右下角与相应点对齐,右线的曲线桩标签的左下角与相应的点对齐。标签显示的是曲线桩位置处的里程。

设曲线 i 的前后两直线段的方位角分别为 fwj_1 和 fwj_2,曲线段各点的与前点连线的方位角为 fwj_c,则 ZH、HZ 点标签的旋转角 Yaw 分别为 $fwj_1－\pi$ 和 $fwj_2－\pi$,其余曲线桩标签的旋转角 Yaw＝$fwj_c－\pi$。桩点效果如图 12-5 和图 12-6 所示。

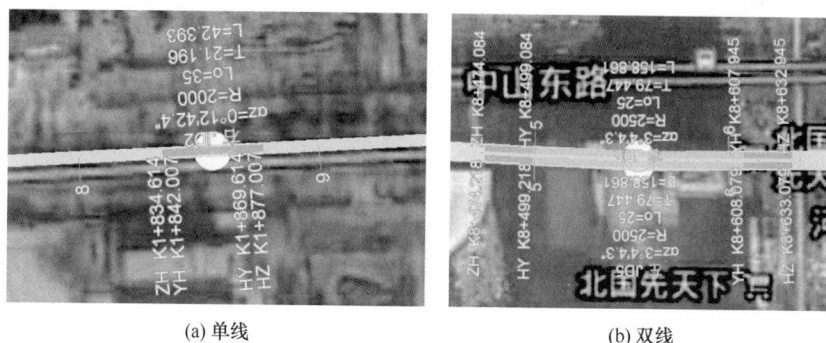

(a) 单线　　　　　　　　　　　　　　　　(b) 双线

图 12-5　曲线桩点标签图

3. 交点标签

交点标签的内容包括交点编号、交点大地坐标以及曲线要素(切线长、曲线长、缓和曲线长度等)等。标签位于线路内侧的线路夹角平分线上。标签旋转角等曲

(a) 2D模式　　　　　　　　　　　(b) 3D模式

图 12-6　曲线五大桩标签图

线圆心到交点的连线的方位角。交点标签效果如图 12-7 所示。

(a) $R=2000m$　　　　　　　　　　(b) $R=1000m$

图 12-7　交点标签图

4. 断链标签

断链标签设置在左线上，位置要求与左线公里标相同，内容为断链数据类中的断链标示文字。断链标签方位角计算方法与里程标签一致。断链标签效果如图 12-8 所示。

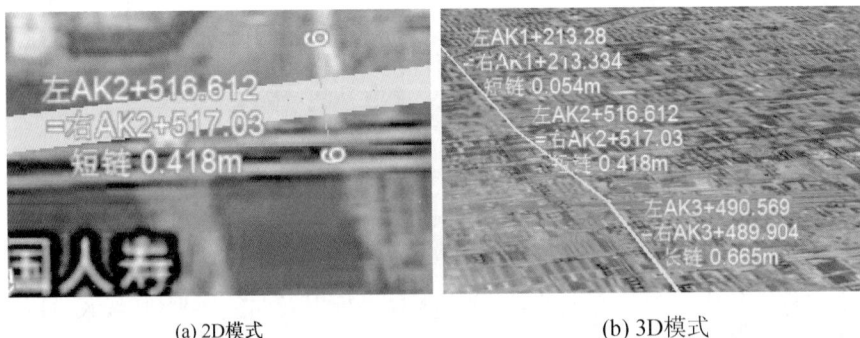

(a) 2D模式　　　　　　　　　　　(b) 3D模式

图 12-8　断链标签图

12.6　平面线路动态调整

线路动态调整是平面线路设计的重要组成部分,包括交点增加、删除、修改、拖动、插入等功能。上述功能实际上是依靠直线、曲线相关的交点、曲线要素、里程及其里程点坐标等数据的更新与图形元素的更新实现的。

12.6.1　删除交点

删除交点分为三种情况:一是删除起点;二是删除中间点;三是删除终点。设起点为交点 0,终点为交点 n,中间点为交点 $1 \sim n-1$。

(1) 删除起点(交点 0)。线路 1 段与交点 1 对应的曲线段删除。

(2) 删除中间点 i(交点 1 到交点 n-1)。线路 i 与 $i+1$ 段删除,交点 i 及其前后的交点所对应的曲线段删除。同时,原交点 $i-1$ 与 $i+1$ 连接,构成新曲线段重新插入。

(3) 删除终点(交点 n)。线路 n 段与交点 n 对应的曲线段删除。

无论线路如何变化,变化后线路里程、曲线桩里程和交点编号等均要进行更新。删除过程如图 12-9 所示。

(a) 删除前　　　　　　　　　　　　　(b) 删除后

图 12-9　交点删除效果图

12.6.2　修改交点

修改交点曲线半径是更改交点所属曲线而不对其他线路进行改变的方式,曲线半径的修改要满足规范对半径取值的要求,同时也要满足夹直线最小长度要求与曲线最小长度要求。

设 JD_{i-1}、JD_i、JD_{i+1} 为相邻的三个交点,现要修改交点 JD_i 的曲线半径,修改后的曲线半径为 R_i',则有

$$L_i - T_{i-1} - T_i \geqslant L_{JZ} \tag{12-73}$$

$$L_{i+1}-T_i-T_{i+1}\geqslant L_{JZ} \tag{12-74}$$

$$l_c+2l_0\geqslant l_{min} \tag{12-75}$$

设 $T_{max}=\min\{L_i-T_{i-1}-L_{JZ},L_{i+1}-T_{i+1}-L_{JZ}\}$,则有

$$T_i\leqslant T_{max} \tag{12-76}$$

$$l_c\geqslant l_{min}-2l_0 \tag{12-77}$$

由 $T\approx R\tan\dfrac{\alpha}{2},l_c=(\alpha-2\beta)R$ 得

$$\frac{l_{min}-2l_0}{\alpha-2\beta}\leqslant R_i'\leqslant\frac{T_{max}}{\tan\dfrac{\alpha}{2}} \tag{12-78}$$

更改过程是对单个交点 i 的交点标签、曲线段更新,同时交点 i 后的里程也相应更新。修改过程如图 12-10 所示。

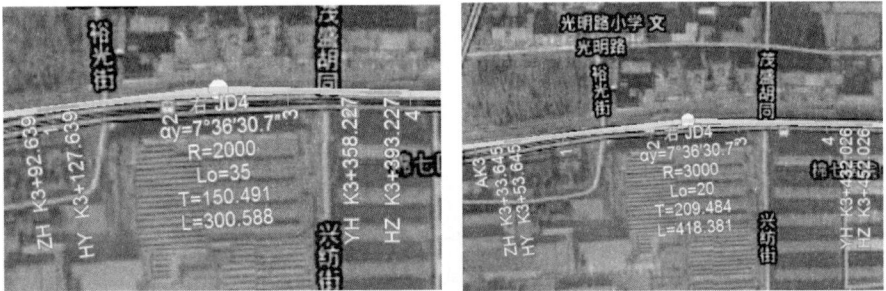

(a) 修改前 R=2000m　　　　　　　　　　　(b) 修改后 R=3000m

图 12-10　半径修改效果图

12.6.3　拖动交点

拖动交点分为三类,即拖动起点(交点 JD_0)、拖动终点(交点 JD_n)和拖动中间点($JD_1\sim JD_{n-1}$)。设在交点拖动过程中,被拖动点的曲线半径可重新设定。

(1) 拖动起点。更改起点坐标、起点与交点 1 重新连接、曲线 1 的曲线半径重新给定,曲线 1 更新。

(2) 拖动中间点 i。更改交点 i 坐标、交点 $i-1$ 和交点 i、交点 i 和交点 $i+1$ 重新连接、曲线 i 的曲线半径重新给定,曲线 $i-1$、曲线 i 以及曲线 $i+1$ 更新。

(3) 拖动交点 n。更改交点 n 坐标、交点 $n-1$ 和交点 n 重新连接、曲线 $n-1$ 更新。

拖动过程如图 12-11 所示。

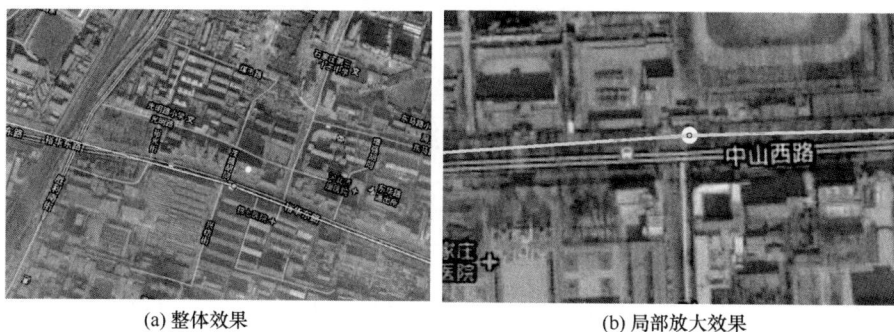

(a) 整体效果　　　　　　　　　　　　　(b) 局部放大效果

图 12-11　交点拖动效果图

12.6.4　插入交点

插入交点分为三类,即在交点 0 与交点 1 之间插入、在交点 1 与交点 $n-1$ 间插入和点 $n-1$ 与交点 n 之间插入。设在交点插入过程中,只需要重新确定新插入点半径,其他交点处的曲线半径不进行调整。

(1) 在交点 0 与交点 1 之间插入。原交点 JD_1 变为交点 JD_2,其后各交点编号顺次加 1。原线段 1 更新为线段 1 和线段 2,原曲线 1 删除,插入曲线 1 和曲线 2。

(2) 在交点 $n-1$ 与交点 n 之间插入。原交点 n 变为交点 $n+1$。原线段 n 更新为线段 n 和线段 $n+1$,原曲线 $n-1$ 删除,插入曲线 $n-1$ 和曲线 n。

(3) 在其他交点 $i(1\sim n-1)$ 之间插入。新插入交点编号为 JD_{i+1},其后各交点编号顺次加 1。原线段 $i-1$ 更新为线段 $i-1$ 和线段 i,原曲线 $i-2$ 和原曲线 $i-1$ 删除,插入曲线 $i-2$、曲线 $i-1$ 和曲线 i。

插入过程如图 12-12 所示。

(a) 插入前　　　　　　　　　　　　　(b) 插入后

图 12-12　插入交点效果图

第 13 章　城市轨道交通线路纵断面子系统设计

线路的纵断面设计是在平面设计的基础上进行,同时又是对平面设计进行检验和调整,并结合地质情况、高程控制点和施工方法等,最终确定线路在城市三维空间的位置。影响城市轨道交通线路纵断面设计的主要因素包括:设计基本原则、主要设计技术标准、线路敷设方式、覆土厚度、地下管线、控制性建筑物、水文地质条件、施工方法、排水站设置、桥下净高、防洪水位等。

13.1　数据结构设计

纵断面设计需要的基础数据主要包括地面线数据、平面曲线数据、地质信息数据、高程控制点数据、施工方法数据、车站数据和断链数据等。纵断面设计过程即为根据这些数据,合理确定线路高程以及结合地质情况、高程控制点等信息合理确定施工方法。在纵断面设计过程中,还会产生线坡段数据、设计线高程数据和线路中线三维坐标等设计数据。纵断面设计涉及的数据结构是计算机存储、组织纵断面设计相关数据的方式,通过定义合理的数据结构可以使设计时的运行及存储效率提升。

13.1.1　纵断面设计标准数据结构

纵断面设计标准主要包括设计线名称、设计阶段、正线最大坡度、正线最小坡度、道岔及配线最大坡度、车站站台计算长度段线路最大坡度、夹直线最小长度、竖曲线半径等。定义的数据结构如下:

```
public struct ProfileDesignStandard        //纵断面设计标准
{
    public string DesignLineName;        //设计线名称
    public int DesignStage;              //设计阶段 0:可行性研究阶段 1:初步设计阶段
                                          2:施工图设计阶段
    public int SlopeUnitLength;          //坡段单位长度:可研阶段:50m；初步设计:50m；
                                          施工图阶段:10m
    public int SlopeChangingPointUnitPosition;//变坡点位置:可研阶段:100m/50m；
                                          初步设计阶段:100m/50m；施工
```

图设计阶段：10m

```
    public int MaxGradientZX;          //最大坡度：≤35‰,辅助线≤40‰(不含各种坡
                                         度折减值)
    public int MinGradientZX           //最小坡度,一般≥3‰；困难地段确保排水可采
                                         用<3‰
    public int StationGradient;        //车站站台计算长度段线路坡度：宜采用 2‰,困
                                         难地段≤3‰
    public int DaocaPeixianGradient;   //道岔及配线的坡度：宜≤5‰,困难地段
                                         ≤10‰
    public int mSuquxianRadiues;       //竖曲线半径：正线≥5000m,车站端部≥
                                         3000m;辅助线≥2000m
    public int JzxLength;              //夹直线长度：不宜小于 50m。
    public int BridgeJingKong;         //高架线桥下净空：桥下为主干道(5.5m)、次
                                         干道(4.5m)、非机动车道(3.0m)；在有条件
                                         时可按 7～8m 预留,更好景观和舒适的视
                                         觉效果。
    public int minSlopeLength;         //最小坡段长度
    public int mDaofaxianLength;       //车站到发线最小长度
    public int GradientDigits;         //坡度小数位数
}
public static ProfileDesignStandard m_ProfileDesignStandard;
```

13.1.2　基础数据结构

1. 地面线数据结构

地面线数据是进行线路纵断面设计的基础地形数据,通过平面线路方案和 DTM 数据,可以自动提取,主要包括地面线的里程、地面高程以及连续桩号。定义的 DTM 和地面线数据结构如下：

```
public struct DTM       //数模
{
    public long ID;            //序号
    public double x;           //X 坐标
    public double y;           //Y 坐标
    public double Longitude;   //经度
    public double Latitude;    //纬度
    public double h;           //地面高程
    public double Mileage;     //里程
}
public static List<DTM>m_DTMData_R;          //右线 DTM 数据
```

```
public static List<DTM>m_DTMData_L;                      //左线 DTM 数据
private class GroundLineData //地面线数据
{
     public double Stake;                        //桩号
     public double GroundCenterElevation;   //中心地面高程
     public double ContinueStake;               //连续桩号
}
public static List<GroundLineData>m_DTMData_L;   //左线地面线数据
public static List<GroundLineData>m_DTMData_R;   //右线地面线数据
```

2. 地质信息数据结构

地质信息是控制纵断面设计的基础信息之一,在进行纵断面设计时必须充分掌握线路的地质情况。根据线路穿越的地质条件不同,将地质信息进行分段处理,采用起点桩号、终点桩号、起点连续桩号、终点连续桩号和该段的地质信息描述,定义数据结如下:

```
private class GeologicalInfoData   //地质信息数据
{
     public double SPStake;                       //起点桩号
     public double EPStake;                       //终点桩号
     public double SPContinueStake;               //起点连续桩号
     public double EPContinueStake;               //终点连续桩号
     public string GeologicalInfo;                //地质信息
}
public static List<GeologicalInfoData>m_ GeologicalInfoData ;
```

3. 高程控制点数据结构

高程控制点分为必经控制点、上限点和下限点,通过控制点桩号、高程、类型、高程控制点信息和连续桩号进行描述,定义数据结构如下:

```
private class ElevationControlPointsData   //高程控制点数据
{
     public double Stake;                            //桩号
     public double Elevation;                        //控制点高程
     public string Type;                             //高程控制点类型
     public string ControlPointsInfo;               //高程控制点信息
     public double ContinueStake;                    //连续桩号
}
```

```
public static ElevationControlPointsData m_ElevationControlPointsData;
```

13.1.3　设计数据的数据结构

1. 设计线坡段数据结构

设计线坡段数据包括坡段终点桩号、坡段终点高程、坡段终点连续桩号、坡段坡度和坡段坡度等信息,定义数据结构如下:

```
private class DesignSlopeData          //设计线坡段数据
{
    public double StartStake.          //坡段起点桩号
    public double SlopeGradient;       //坡段坡度
    public double SlopeLength;         //坡段长度
    public double  endElevation;       //坡段终点高程
    public double  EPContinueStake;    //坡段终点连续桩号
}
public static List<DesignSlopeData>m_DesignSlopeData_L;   //左线坡段数据
public static List<DesignSlopeData>m_DesignSlopeData_R;   //右线坡段数据
```

2. 设计线高程数据的数据结构

设计线高程数据包括设计线上某点的桩号、高程和连续桩号等信息,定义数据结构如下:

```
private class DesignLineElevationData //设计线高程数据
{
    public double StartStake;                //坡段起点桩号
    public double ContinueStake;             //坡段坡度
    public double DesignElevation;           //坡段长度
}
public static List<DesignLineElevationData>m_DesignLineElevationData_
L;//左设计线高程数据
public static List<DesignLineElevationData>m_DesignLineElevationData_
R;//右设计线高程数据
```

3. 施工方法数据结构

城市轨道交通纵断面设计的施工方法对于纵断面设计影响很大,与地下线路的设计深度息息相关,采用不同的施工方法,会有不同的车站和区间结构形式。如设计埋深较小时,可以采用暗挖法或明挖法施工;设计埋深较大时,可使用盾构等施工方法。施工方法数据结构由设计埋深、起点里程、终点里程、施工方法等组成，定义数据结构如下：

```
private class ConstructionMethodData        //施工方法数据
{
    public double SPStake;                  //起点桩号
    public double EPStake;                  //终点桩号
    public string ConstructionMethod;       //施工方法(盾构法,沉管法,明挖法,盖
                                              挖法,浅埋矿山法等)
    public double SPContinueStake;          //起点连续桩号
    public double EPContinueStake;          //终点连续桩号
}
public static List < ConstructionMethodData > m_ ConstructionMethodData _
L;//左设计线施工方法
public static List < ConstructionMethodData > m_ ConstructionMethodData _
R;//右设计线施工方法
```

4. 纵断面竖曲线要素数据结构

纵断面竖曲线要素包括竖曲线长度、竖曲线半径、竖曲外矢距、切线长等，定义数据结构如下：

```
private class VerticalCurveElements         //纵断面竖曲线要素类
{
    public double dertI;                    //相邻坡段代数差
    public int R;                           //竖曲线半径
    public double T;                        //切线长
    public double C;                        //竖曲线长
    public double E0;                       //外矢距
    public double SPMileage;                //起点里程
    public double EPMileage;                //终点里程
    public string ConcaveOrConvex;          //凹凸性
}
public static List<VerticalCurveElements>m_VerticalCurveElements_L;//左
设计线竖曲线要素
public static List<VerticalCurveElements>m_VerticalCurveElements_R;//右
设计线竖曲线要素
```

13.2 数据获取

在平面设计时生成的数据，如数模、断链数据、平曲线数据等，保存在项目数据

库中,在纵断面设计前从数据库中读取。地质信息、高程控制点等数据按照数结构
要求保存在外部文本文件中,使用时预先导入到数据库中。

13.2.1　地面线数据

地面线高程数据是纵断面坡段设计的主要参照。可通过数模内插计算获得,
即按照预设的内插精度沿线路顺次获取平面设计线的地面投影坐标,在此过程中
同时获取每个坐标点的里程和连续里程等信息。

设数模获取精度为 δm,平面设计线数模的第 i 点的连续里程 $M_i = i\delta$,地面点
大地坐标为 (x_i, y_i, z_i),经纬度坐标为 (E_i, N_i),平面设计线第 i 个交点(共有 $n+1$
个交点)所属曲线的起终点里程分别为 $M_{SPc(i)}$ 和 $M_{EPc(i)}$。将平面设计线分为直线
段和曲线段两部分,其中,直线段又分为起始直线段、中间直线段和终止直线段。
直线段里程范围见表 13-1,曲线段里程范围见表 13-2。

表 13-1　平面设计线直线各段里程范围

段号	起终交点	起点里程	终点里程
1	$(0,1)$	0	$M_{SPc(1)}$
2	$(1,2)$	$M_{EPc(1)}$	$M_{SPc(2)}$
$\vdots$	$\vdots$	$\vdots$	$\vdots$
i	$(i-1,i)$	$M_{EPc(i-1)}$	$M_{SPc(i)}$
$\vdots$	$\vdots$	$\vdots$	$\vdots$
n	$(n-1,n)$	$M_{EPc(n-1)}$	M_{End}

表 13-2　平面设计线曲线各段里程范围

段号	起终交点	起点里程	终点里程
1	1	$M_{SPc(1)}$	$M_{EPc(1)}$
2	2	$M_{SPc(2)}$	$M_{EPc(2)}$
$\vdots$	$\vdots$	$\vdots$	$\vdots$
i	i	$M_{SPc(i)}$	$M_{EPc(i)}$
$\vdots$	$\vdots$	$\vdots$	$\vdots$
$n-1$	$n-1$	$M_{SPc(n-1)}$	$M_{EPc(n-1)}$

当 i 点位于直线段时:

(1) 当 $0 \leqslant M_i \leqslant M_{SPc(1)}$ 时,i 点位于起始直线段,i 点大地坐标由下式计算:

$$x = x_0 + M_i \sin(\mathrm{fwj}_1) \tag{13-1}$$

$$y = y_0 + M_i \cos(\mathrm{fwj}_1) \tag{13-2}$$

(2) 当 $M_{EPc(i-1)} \leqslant M_i \leqslant M_{SPc(i)}$ $(i \neq n)$ 时,i 点位于中间直线段,i 点大地坐标由

下式计算：

$$x = x_{i-1} + (M_{JDi-1} + M_i - T_{i-1})\sin(fwj_i) \tag{13-3}$$

$$y = y_{i-1} + (M_{JDi-1} + M_i - T_{i-1})\cos(fwj_i) \tag{13-4}$$

(3) 当 $M_{EPc(n-1)} \leqslant M_i \leqslant M_{End}$ 时，i 点位于终止直线段，i 点大地坐标由下式计算：

$$x = x_{n-1} + (M_{JDn-1} + M_i - T_{n-1})\sin(fwj_n) \tag{13-5}$$

$$y = y_{n-1} + (M_{JDn-1} + M_i - T_{n-1})\cos(fwj_n) \tag{13-6}$$

当 i 点位于曲线第 i 段，即 $M_{SPc(i)} \leqslant M_i \leqslant M_{EPc(i)}$ 时，大地坐标根据十二章中的"曲线段坐标计算"所述的曲线段坐标计算方法计算，其中，i 点到曲线起点的曲线距离 $l = M_i - M_{SPci}$。

投影点的地面高程由大地坐标转换为经纬度后利用 API 函数从 MPT 文件中上获取。

```
IWorldPointInfo65 iWorldPointInfo = sgworld.Terrain.GetGroundHeightInfo
(E,N ,AccuracyLevel. ACCURACY_FORCE_BEST_RENDERED,true);
Z=IWorldPointInfo. Position. Altitude;
```

右线由于没有断链的影响，里程与连续里程相等，左线在断链的影响下，会出现里程与连续里程不相同的情况。左线上某点 j 的里程 M_{zj} 只受其前方距离最近的断链 SC_i 的累计断链值 TSC_i 的影响，设该点的连续里程为 CM_{zj}，则有

$$M_{zj} = CM_{zj} - TSC_i \tag{13-7}$$

地面线提取界面如图 13-1 所示。

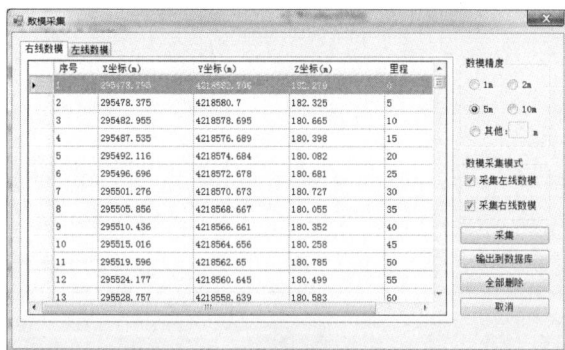

图 13-1 地面线提取界面

提取的地面线数据管理界面如图 13-2 所示。

图 13-2　地面线数据管理界面

13.2.2　断链数据

为保证左右线平行直线段同一断面上的里程一致,将断链设于平行直线段的起点处,则实际里程 RealMileage 等于平行直线段的起点左线里程,新里程 NewMileage 等于平行直线段的起点右线里程。断链的大地坐标和经纬度均取起点处的相应坐标值。

当该处后方(面向线路前进方向)没有任何断链时,旧里程 OldMileage 等于实际里程,若后方有若干断链,则等于该点实际里程与后方相邻断链的实际里程之差与其新里程之和。在线路平面左、右线设计完成后,可自动提取断链数据,如图 13-3 所示。

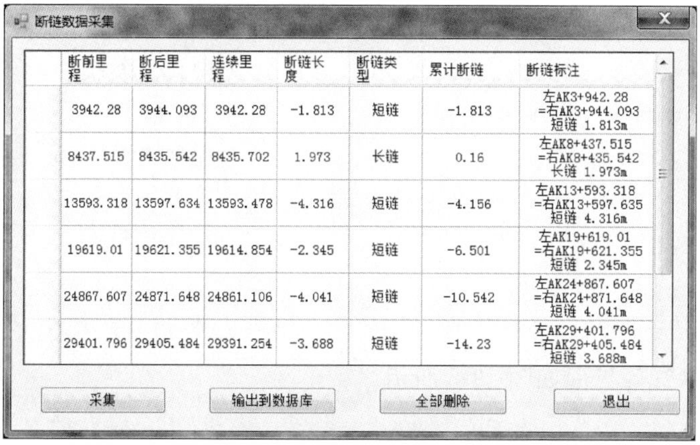

图 13-3　断链数据采集

13.2.3 平曲线数据

在纵断面设计时,平面信息是设计的重要参照之一,需要参考平面曲线的信息进行坡段设计。平曲线数据包括平面曲线的交点编号、交点桩号、曲线类型、曲线转向、曲线半径、曲线转角、起终端缓和曲线长度等。在平面设计后,可自动采集左、右线的平曲线数据,并保存到数据库中,如图 13-4 所示。

图 13-4　平曲线数据采集

13.2.4 车站数据

车站平面中心数据已存于数据库的车站数据表中,读取数据库将车站名称、右线里程、左线里程等转存至数据列表中。定义的车站数据结构如下:

```
public struct StationProfile          //车站纵断面高程
{
    public string StationName;              //车站名称
    public double CenterMileage;            //中心里程
    public double CenterElevation;          //中心高程
    public int StopTime;                    //停车时分
    public string ConstructionMethod;       //施工方法
    public string PlatformStyle;            //站台形式
}
public static List< StationProfile> m_StationProfileData;
```

车站数据管理界面如图 13-5 所示。

图 13-5　车站数据管理界面

13.2.5　地质信息数据

地质信息(水文地质条件)主要针对城市轨道交通的地下线路。当地下线路遇到不良地质条件时,如淤泥质黏土及流沙地层,应考虑尽量躲避。若躲避有困难时,应采取工程措施对土层进行加固处理。当线路经过经常性水面下方时,要根据具体要求设置防水层。通过导入地质信息文件或直接添加数据,实现地质信息的数据库存储管理和修改、删除等编辑功能,如图 13-6 所示。

图 13-6　地质信息数据

13.2.6　高程控制点数据

高程控制点是对线路纵断面设计高程控制的重要信息,包括上限控制点、下限控制点和必经点控制三种类型。数据由控制点桩号、控制点高程、控制类型、控制点信息和控制点连续桩号组成。通过导入高程控制信息文件或直接添加数据,实现高程控制信息的数据库存储管理和修改、删除等编辑功能,如图 13-7 所示。

图 13-7　高程控制点数据

13.3　辅助信息绘制

纵断面设计以数据为基础,屏幕上每个点的坐标均使用数据库中相应数据计算得到。而设计新线时,其纵断面设计相关数据实时返回数据库中。其辅助设计信息包括坐标轴、背景网格和设计栏目三部分。

13.3.1　坐标轴绘制

纵断面的坐标轴分为里程轴和高程轴,里程轴坐标范围从 0 至线路终点里程,高程轴坐标范围以里程轴(高程为 0)为对称轴,并涵盖线路地面线最高点和最低点。绘制完成的高程轴如图 13-8 所示。

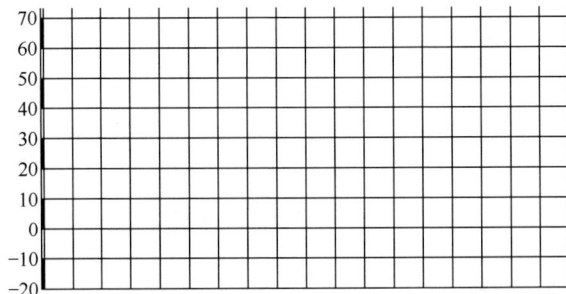

图 13-8　高程轴

里程轴(MA)：起点为高程轴上的高程为 0 处,终点一般为显示区最右侧与起点 Y 坐标相同的点,若线路终点在显示区内部显示,则里程轴终点为 X 坐标与线路终点相同的点。绘制完成的里程轴如图 13-9 所示。

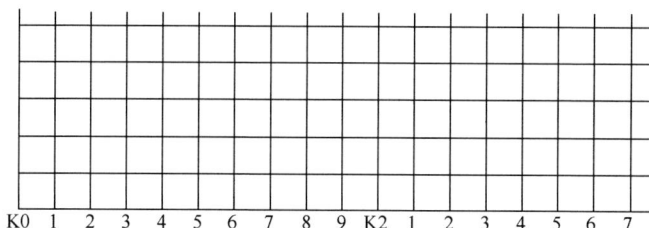

图 13-9　里程轴

13.3.2　背景网格绘制

网格是根据地面线绘制的,网格的长度地面线的长度为基准,网格的高度根据地面线的最小高程和最大高程来设定。可以根据网格判断出线路的空间位置,即线路的里程桩号和线路的高程,在网格中横向一格代表 100m,纵向为 10m。在坡段设计时,可以通过网格刻度标注功能,度量出设计坡段的长度和变坡点之间的高差,方便设置变坡点[164]。绘制完成的网格如图 13-10 所示。

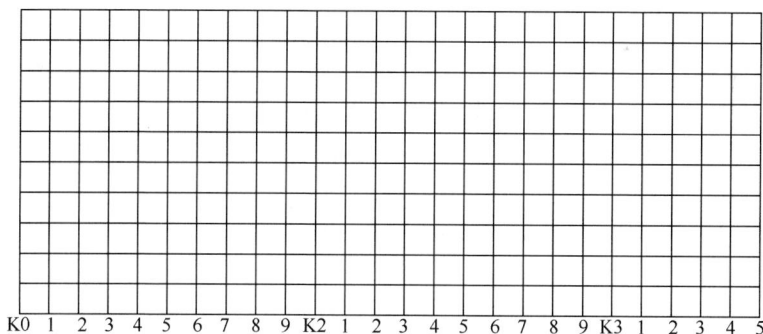

图 13-10　纵断面背景网格

13.3.3　设计信息栏目绘制

城市轨道交通线路纵断面设计图式的设计信息栏目主要有：①工程地质概况；②施工方法；③竖曲线；④设计标高；⑤设计坡度；⑥地面高程；⑦里程；⑧平面曲线。除施工方法、设计标高、设计坡度、竖曲线外,其他栏目均为纵断面设计前的已有数据。设计信息栏如图 13-11 所示(单独右线设计)。

工程地质概况	黏土	
右线施工方法	明挖	盾构
右线竖曲线	R-30000 2T-21.0000 Eo-0.0184	R-10000 2T-160.0000 Eo-0.3200 R-10000 2T-185.0000 Eo-0.4278
右线设计标高	-8.613　　-7.909　-7.513	-9.513
右线设计坡度	2.00 550.00　50.00　5.00 400.00	50.00　11.00 400.00
右线地面高程	6.800 6.500 6.260 7.140 7.240 6.610 6.590 6.830 6.750 6.700 7.380 7.110	7.380 6.890 6.280
右线里程	1　2　3　4　5　6　7　8　9　右AK1　1	
右线平面曲线	677.970　77.970 az-26°43'49.1" R-450 l-85.00 72.909　240.339 T-149.562 L-294.939	

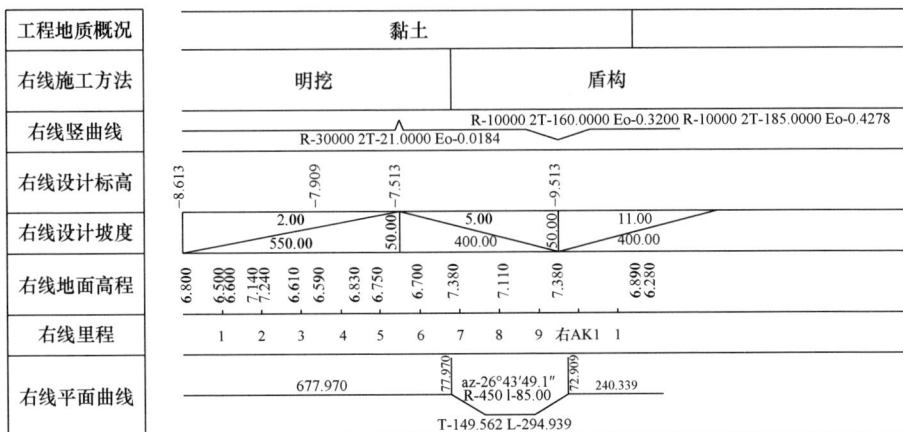

图 13-11　设计信息栏

13.4　纵断面线路设计

13.4.1　设计线绘制

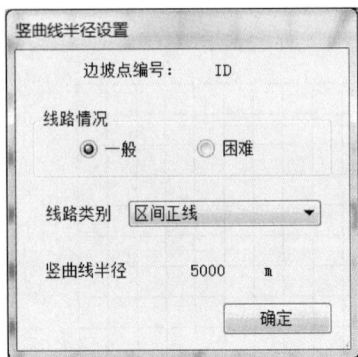

纵断面设计主要包括变坡点的选取、坡段长度的确定、竖曲线要素的计算和图形绘制。图形元素包括直线段、竖曲线和变坡点三部分。通过鼠标在纵断面设计显示范围内选定设计点,该点与鼠标所在点临时连线(橡皮筋效果),表示鼠标在进行直线坡段的设计,当鼠标再次点击时,确定变坡点,变坡点与前一变坡点正式连线。根据线路情况,在前一变坡点处插入竖曲线,配置竖曲线半径(图 13-12)。在变坡点处以变坡点为圆心绘制一圆作为变坡点标志。

图 13-12　配置竖曲线半径

当前变坡点确定后,将该点的屏幕坐标保存,在鼠标的移动事件中,将保存的坐标与鼠标当前的屏幕坐标作为线段的起点和终点,随着鼠标的移动不断刷新。设计线完成的效果如图 13-13 所示。

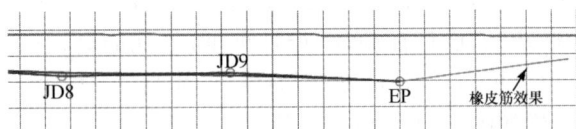

图 13-13　设计线动态设计过程

13.4.2　设计线坡段数据存储与显示

可行性研究阶段及初步设计阶段,坡段长度宜为 50m 的倍数,变坡点一般落在百米里程标及 50m 里程处。施工设计阶段,坡段长度一般取整 10m 的倍数,变坡点落在 10m 的里程上,坡度一般用千分整数,以便于其他专业设计和施工[165]。

设计线坡段信息栏主要显示坡段的坡度、坡长、坡段的起终里程,并通过坡段线段的坡度直观表示坡段的倾向(上坡、下坡、平坡)。

设变坡点 CP_i 的屏幕坐标为 (X_i,Y_i),坡段的坡长、坡度由作为坡段起终点的两个变坡点 CP_i 与 CP_{i+1} 的坐标计算得到。

(1) 当线路为右线时,不受断链影响,里程与连续里程相等,则有如下。

坡段终点里程和连续里程

$$M_{i+1}=CM_{i+1}=X_{i+1}-b-M_{AA} \tag{13-8}$$

坡段长度

$$SL_{i+1}=CM_{i+1}-CM_i \tag{13-9}$$

坡段终点高程

$$SA_{i+1}=Y_{MASP}-Y_{i+1} \tag{13-10}$$

坡段坡度

$$Si_{i+1}=\frac{SA_{i+1}-SA_i}{SL_{i+1}} \tag{13-11}$$

(2) 当线路为左线时,线路受到断链影响,里程与连续里程不一定相等,当坡段 $Slope_{i+1}$ 的起终点 CP_i 与 CP_{i+1} 之间存在断链 CS_j 时,则有如下。

里程

$$M_{i+1}=X_{i+1}-b-M_{AA} \tag{13-12}$$

连续里程

$$CM_{i+1}=M_{i+1}+CSL_j \tag{13-13}$$

坡段其余参数仍使用上述公式计算,绘制完成的设计线坡段如图 13-14 所示。

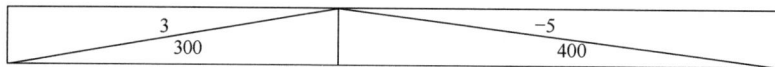

图 13-14　设计线坡段

13.4.3　竖曲线插入与显示

《地铁设计规范 GB 50157-2013》第 6.3.3 条规定:两相邻坡段的坡度代数差等于或大于 2‰时,应设圆曲线型的竖曲线连接,竖曲线的半径不应小于表 13-3 所示数值。

表 13-3　竖曲线半径

线　　别		一般情况/m	困难情况/m
正　线	区　间	5000	2500
	车站端部	3000	2000
联络线、出入线、车场线		2000	2000

绘制竖曲线需要计算竖曲线要素,计算方法如下[165]。

变坡点 i 相邻的坡段分别为坡段 $(i-1,i)$ 和坡段 $(i,i+1)$,两坡段坡度分别为 i_i 和 i_{i+1},设竖曲线半径为 R,则有如下。

相邻坡度代数差绝对值

$$\Delta i = |i_i - i_{i+1}| \tag{13-14}$$

式中,i_i、i_{i+1} 上坡取"十"号,下坡取"一"号,计算时只取千分号之前的数字部分。

切线长度

$$T_i = \frac{R_i}{2000}\Delta i \tag{13-15}$$

竖曲线长度

$$C_i \approx 2T_i \tag{13-16}$$

竖曲线外矢距

$$E_0 = \frac{T_i^2}{2R_i} \tag{13-17}$$

竖曲线上任一点的纵距

$$y = \frac{x^2}{2R_i} \tag{13-18}$$

式中,x 为竖曲线横距,即计算点至竖曲线起点(或终点)的距离(m);y 竖曲线上计算点的纵距(纵坐标)(m)。

竖曲线范围内线路中线高程 $H = h \pm y$,凹形竖曲线 y 取"十"号,凸形竖曲线 y 取"一"号,h 为线路中线设计高程。

设变坡点 i 里程和高程分别为 M_i 和 A_i,其对应的窗体坐标为

$$X_i = b + M_i - M_{AA} \tag{13-19}$$

$$Y_i = Y_{MASP} - A_i \tag{13-20}$$

竖曲线 ZY 点坐标为

$$ZY_i.X = X_i - \frac{T_i}{\sqrt{i_i^2 + 1}} \tag{13-21}$$

$$ZY_i.Y = Y_i + \frac{i_i T_i}{\sqrt{i_i^2 + 1}} \tag{13-22}$$

竖曲线 YZ 点坐标为

$$YZ_i.\,X = X_i + \frac{T_i}{\sqrt{i_{i+1}^2 + 1}} \tag{13-23}$$

$$YZ_i.\,Y = Y_i - \frac{i_{i+1}T_i}{\sqrt{i_{i+1}^2 + 1}} \tag{13-24}$$

由 ZY 点和 YZ 点推算圆曲线的圆心坐标,方法与平面设计时计算圆曲线部分圆心一致。

圆心坐标取 ZY、YZ 两点连线的中点,沿两点连线的垂线,向线路上侧(凹曲线)或下侧(凸曲线)移动 $\sqrt{R_i^2 - \left(\dfrac{L_i}{2}\right)^2}$,即得到圆心坐标 (X_c, Y_c)。设 ZY 到 YZ 连线的方位角为 fwj_{ZYtoYZ},则有如下。

当曲线为凹曲线时

$$X_c = \frac{ZY_i.\,X + YZ_i.\,X}{2} + \sqrt{R_i^2 - \left(\frac{L_i}{2}\right)^2}\,\sin\left(\mathrm{fwj}_{ZYtoYZ} - \frac{\pi}{2}\right) \tag{13-25}$$

$$Y_c = \frac{ZY_i.\,Y + YZ_i.\,Y}{2} + \sqrt{R_i^2 - \left(\frac{L_i}{2}\right)^2}\,\cos\left(\mathrm{fwj}_{ZYtoYZ} - \frac{\pi}{2}\right) \tag{13-26}$$

当曲线为凸曲线时

$$X_c = \frac{ZY_i.\,X + YZ_i.\,X}{2} + \sqrt{R_i^2 - \left(\frac{L_i}{2}\right)^2}\,\sin\left(\mathrm{fwj}_{ZYtoYZ} + \frac{\pi}{2}\right) \tag{13-27}$$

$$Y_c = \frac{ZY_i.\,Y + YZ_i.\,Y}{2} + \sqrt{R_i^2 - \left(\frac{L_i}{2}\right)^2}\,\cos\left(\mathrm{fwj}_{ZYtoYZ} + \frac{\pi}{2}\right) \tag{13-28}$$

式中,R 为竖曲线半径(m);L 为曲线弦的长度(m),$L = \sqrt{(ZY_i.\,X - YZ_i.\,X)^2 + (ZY_i.\,Y - YZ_i.\,Y)^2}$。

使用 GDI+ DrawArc 函数绘制竖曲线,定义为

```
DrawArc(Pen pen,float x,float y,float width,float height,float startAn-
gle,float sweepAngle)
```

其参数说明见表 13-4。

表 13-4　DrawArc 函数参数信息

参数	类型	含义
pen	System. Drawing. Pen	确定弧线的颜色、宽度和样式
x	System. Single	椭圆的矩形的左上角的 x 坐标
y	System. Single	椭圆的矩形的左上角的 y 坐标

参数	类型	含义
width	System. Single	椭圆的矩形的宽度
Height	System. Single	椭圆的矩形的高度
startAngle	System. Single	从 x 轴到弧线起始点沿顺时针方向度量的角度
sweepAngle	System. Single	从 startAngle 参数到弧线结束点沿顺时针方向度量的角度

变坡点 i 处的 DrawArc 函数参数值计算如下:

$$x_i = X_c - R_i \tag{13-29}$$

$$y_i = Y_c - R_i \tag{13-30}$$

$$\text{width}_i = \text{Height}_i = 2R_i \tag{13-31}$$

设圆心 C 到 ZY 点的向量为 CA,到 YZ 点的向量为 CB,则有

$$CA = \{ZY_i. X - X_c, ZY_i. Y - Y_c\} \tag{13-32}$$

$$CB = \{YZ_i. X - X_c, YZ_i. Y - Y_c\} \tag{13-33}$$

$$\text{sweepAngle} = \arccos\left(\frac{CB \cdot CA}{|CB||CA|}\right) \times \frac{180}{\pi} \tag{13-34}$$

又设 $OX = \{500, 0\}$ 表示 X 轴正方向,则有如下。

(1) 当曲线为凹曲线时

$$\text{startAngle} = \arccos\left(\frac{CB \cdot OX}{|CB||OX|}\right) \times \frac{180}{\pi} \tag{13-35}$$

(2) 当曲线为凸曲线时

$$\text{startAngle} = \left[2\pi - \arccos\left(\frac{CA \cdot OX}{|CA||OX|}\right)\right] \times \frac{180}{\pi} \tag{13-36}$$

设计时,根据线路情况、线路类型确定竖曲线半径,自动为插入的变坡点配置竖曲线。设计线上的竖曲线效果如图 13-15(a)所示,设计线信息栏中的竖曲线标示如图 13-15(b)所示。

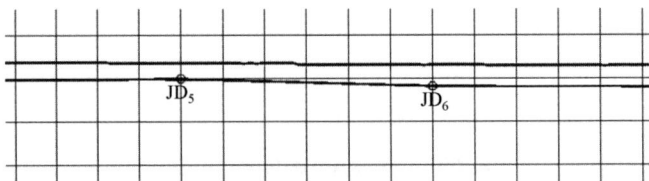

(a) 设计线上的竖曲线效果

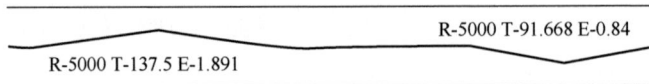

R-5000 T-91.668 E-0.84

R-5000 T-137.5 E-1.891

(b) 设计线信息栏中的竖曲线

图 13-15 竖曲线绘制效果

13.4.4　设计线高程计算与显示

设计线高程的计算包括尚未插入竖曲线时的直线坡段的高程计算和插入竖曲线后的竖曲线范围内的高程更新。设计线高程仅计算里程标处的高程，其余里程处则不考虑。

1. 当线路为右线时

由于坡段长度一般为 50m 或者 10m 的整数倍，在计算时可不考虑坡段有剩余的零散里程的情况。每个坡段不计算起点高程，除线路起点外，其余的每个坡段起点作为前一坡段的终点计算高程。坡段 Slope_{i+1} 的起终点分别为 CP_i 与 CP_{i+1}，坡段的高程计算点数 $n_{AC} = \dfrac{CP_{i+1}.M - CP_i.M}{100}$，将坡段 Slope_{i+1} 的 n_{AC} 个高程点计算作为一组，即进行循环，则在循环数为 $j \in [1, n_{AC}]$ 时，设计高程为

$$A_{ij} = 100j \frac{CP_{i+1}.A - CP_i.A}{CP_{i+1}.M - CP_i.M} + CP_i.A \tag{13-37}$$

2. 当线路为左线时

因为里程的缺失或重叠，在断链前后设计线高程存在明显的变化，所以在右线的分组方式基础上，再将坡段按断链新里程分为前后两组。断链前的一组高程计算点以 CP_i 的高程为基准计算每点高程，断链后的一组以断链新里程对应的高程为基准计算每点高程，若断链位置的新里程恰好为整百，则将其并入后一组计算。

当坡段 Slope_{i+1} 的起终点 CP_i 与 CP_{i+1} 之间存在断链 CS_k 时，断链在纵断面设计窗口的插入位置，即 X 坐标

$$CS_k.X = CS_k.\text{NewMileage} - M_{AA} + b \tag{13-38}$$

断链前坡段的高程计算点数 $n_{AC1} = \dfrac{CS_j.\text{OldMileage} - CP_i.CM}{100}$，循环数为 $j \in [1, n_{AC1}]$ 时，计算高程点的窗体 X 坐标

$$X_{ij} = 100j + CP_i.M - M_{AA}, X_{ij} < CS_j.X \tag{13-39}$$

设计高程

$$A_{ij} = 100j \frac{CP_{i+1}.A - CP_i.A}{CP_{i+1}.CM - CP_i.CM} + CP_i.A \tag{13-40}$$

断链后坡段的高程计算点数 $n_{AC2} = \dfrac{CP_{i+1}.M - CS_j.\text{NewMileage}}{100}$，计算首点编号 $n_s = \dfrac{CS_j.\text{NewMileage} - CP_i.M}{100}$ 循环数为 $j \in [n_s, n_s + n_{AC2}]$ 时，计算高程点的窗

体 X 坐标：

$$X_{ij} = 100j + CP_i.M - M_{AA} - CS_j.\text{Length}, X_{ij} \geqslant CS_j.X \quad (13\text{-}41)$$

设计高程：

$$A_{ij} = 100j \frac{CP_{i+1}.A - CP_i.A}{CP_{i+1}.CM - CP_i.CM} + CP_i.A \quad (13\text{-}42)$$

绘制完成的设计线高程栏示例如图 13-16 所示。

右线设计标高	130.66	133.33	136.00	136.33	136.66

左线设计标高	153	152.5	152	151.5	151

图 13-16　设计线高程(左、右线单独设计)

13.4.5　车站中心高程确定

车站中心里程在平面设计时随车站平面位置而确定，一般地，车站中心高程在纵断面设计之初已经确定，站坪长度与坡度按照《地铁设计规范 GB 50157-2013》要求设定。若车站中心高程尚未确定，则按照其中心里程和当前坡度计算得到。设车站中心连续里程为 CM_{ST}，经查询，其里程所属坡段为 Slope_i，坡度为 i_i，坡段起点连续里程和高程分别为 CM_{SP} 和 A_{SP}，则车站中心高程为

$$A_{ST} = A_{SP} + i_i(CM_{ST} - CM_{SP}) \quad (13\text{-}43)$$

车站在纵断面设计中的坐标为

$$X_{ST} = CM_{ST} - CSL_j.L - M_{AA} \quad (13\text{-}44)$$

$$Y_{ST} = Y_{MASP} - A_{ST} \quad (13\text{-}45)$$

绘制完成的车站标示如图 13-17 所示。

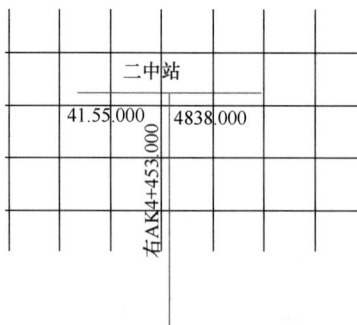

二中站

41.55.000　　4838.000

右AK4+453.000

图 13-17　车站标示

13.4.6　导出三维坐标

三维坐标包括提取的左、右线里程点(x,y,z)坐标、地面高程、高程差等信息，构成了线路中线的三维坐标数据。可以分别采集左、右线的三维坐标数据，并保存到数据库中，如图 13-18 所示。

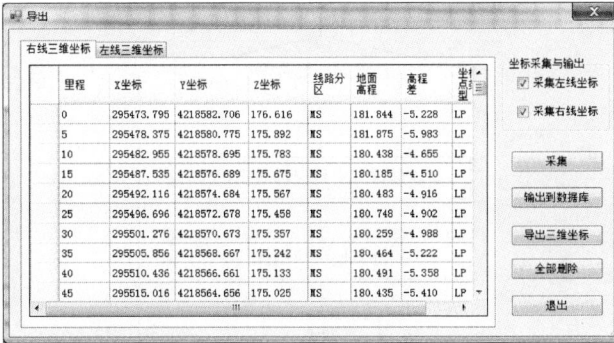

图 13-18　导出三维坐标

13.5　纵断面设计方案调整

纵断面设计方案调整流程如下：①鼠标获取变坡点；②鼠标当前位置与前后相邻的两变坡点临时连线；③鼠标抬起事件，确定交点位置，与前后相邻两变坡点正式连线。

13.5.1　鼠标获取变坡点

鼠标获取变坡点是利用鼠标拾取的交互技术，工作原理为鼠标拾取屏幕上一个坐标，系统将该坐标换算为设计项目的对应里程桩号和高程标高，通过该点的桩号和高程在数据库中查找相应的数据内容，最后执行需要的操作。其工作流程如图 13-19 所示。

设鼠标当前坐标为$(x_{\text{Mouse}}, y_{\text{Mouse}})$，转换为在纵断面图中的对应里程桩号和高程标高为$(Lx, Hy)$，其到变坡点$CP_i(CP_i.X, CP_i.Y)$的距离为

$$\Delta L = \sqrt{(Lx - CP_i.X)^2 + (Hy - CP_i.Y)^2} \tag{13-46}$$

当$\Delta L < \varepsilon$(如$\varepsilon = 0.1$)时，说明已经获取到变坡点CP_i。

13.5.2　编辑变坡点

它包括添加变坡点、移动变坡点、删除变坡点和编辑变坡点参数。

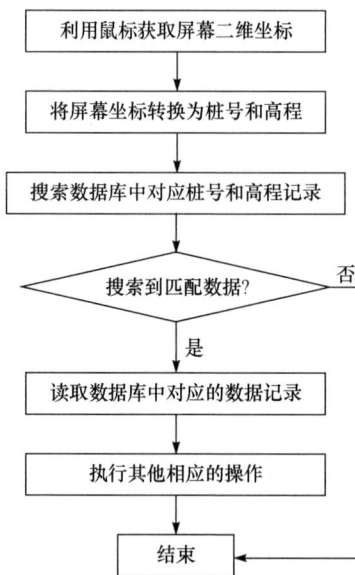

图 13-19　鼠标拾取交互工作原理

1. 添加变坡点

在纵断面图中选取要添加变坡点的位置,系统自动计算受影响的变坡点要素,在数据库中添加新的变坡点数据并刷新图形,新的坡型生成。

2. 移动变坡点

在纵断面图中选取要移动的变坡点,移到新的位置,系统自动计算受影响的坡点要素并刷新图形,新的坡型生成。同时更新数据库中对应变坡点数据。移动时的效果如图 13-20 所示。

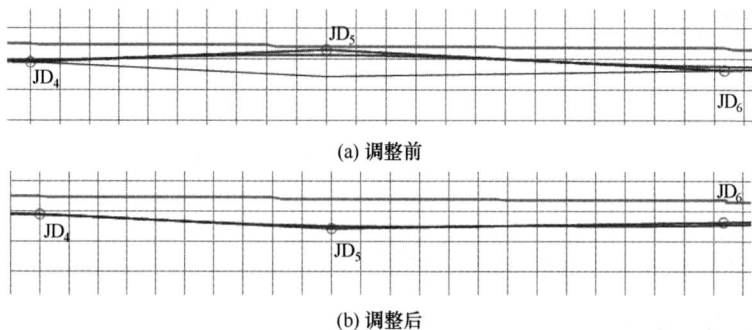

图 13-20　移动变坡点效果图

3. 删除变坡点

在纵断面图中选取要删除的变坡点,选择的变坡点从数据库中删除,系统自动计算要影响的变坡点要素,坡线重新生成。

4. 编辑变坡点参数

实现对选择的变坡点里程和标高进行修改,同时更新数据库中对应变坡点数据,如图 13-21 所示。

图 13-21　编辑变坡点参数

13.5.3　编辑坡线

1. 删除选择坡线

鼠标在纵断面图中选取要删除的坡线上一点,选定的坡线将从数据库中删除,系统自动计算并刷新图形。

2. 编辑坡段线参数

可根据需要修改坡段线的坡长和坡度,如图 13-22 所示。系统自动计算并修改坡段线位置并重新生成坡型,改后的坡段线数据保存到数据库中。

经过一系列调整后,最终设计的部分效果图如图 13-23 所示。

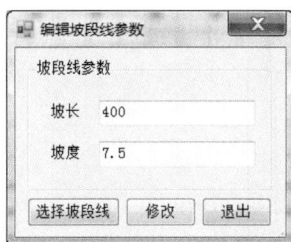

图 13-22　编辑坡段线参数

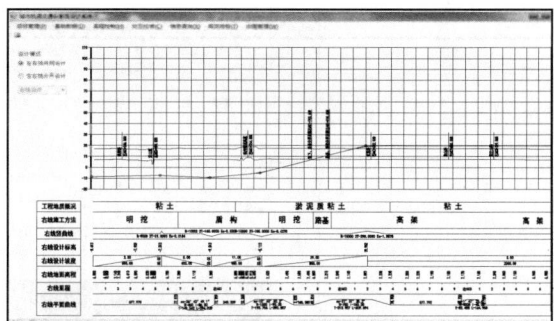

图 13-23　设计效果图

13.6　坡线设计规范检查

13.6.1　最大坡度检查

完成纵断面坡度设计后,要对设计坡线的最大坡度是否超限进行检查,系统默认值为 30‰,也可输入最大坡度限值。采用红色显示超限坡段,检查结果如图 13-24 所示。

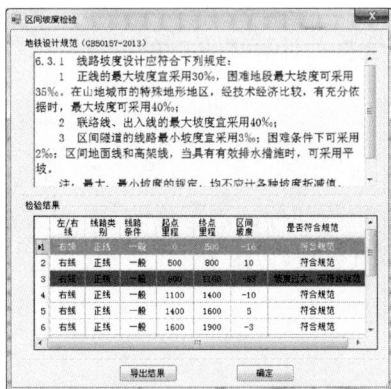

图 13-24　最大坡度检查

13.6.2　最小坡度检查

完成纵断面坡度设计后,需要对设计坡线的最小坡度是否超限进行检查,系统默认值为 3‰,也可输入最小坡度限值。采用红色显示超限坡段,检查结果如图 13-25 所示。

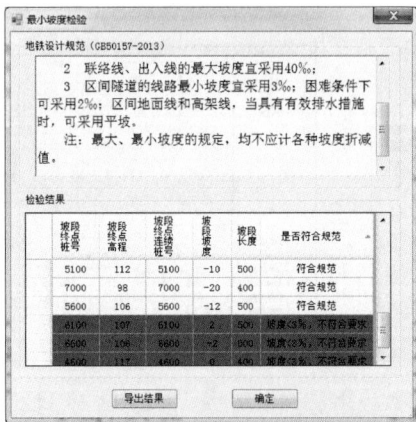

图 13-25　最小坡度检查

13.6.3　最小坡段长检查

完成纵断面坡度设计后,要对最小坡段长是否超限进行检查,统默认值为 150m,也可输入最小坡段长度值。采用红色显示超限坡段,检查结果如图 13-26 所示。

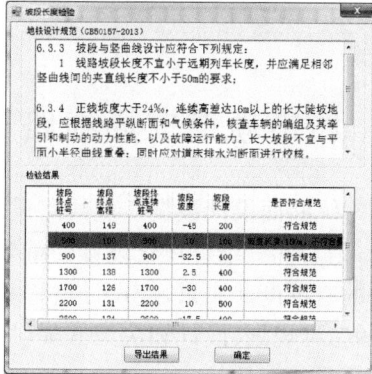

图 13-26　最小坡段长度检查

13.6.4　竖曲线检验

完成纵断面坡度设计后,需要对竖曲线设置进行规范检验,如两相邻坡段的坡度代数差等于或大于 2‰时,应设圆曲线型的竖曲线,竖曲线半径不能小于规范要求等。检查结果如图 13-27 所示。

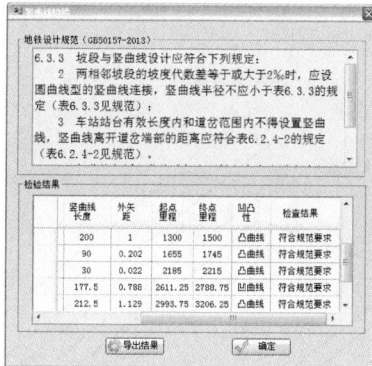

图 13-27　竖曲线检验

第14章 城市轨道交通线路三维建模

线路三维建模是根据平纵断面设计数据实现线路设计方案三维模型的构建，并能够进行三维漫游展示，是实现三维可视化设计的重要要求。线路三维建模和漫游能够直观地观察线路的三维设计成果，使设计过程和设计结果实现三维可视化，为城市轨道交通线路的三维规划、设计和决策等提供可视化空间信息，成为进一步提高设计水平和设计质量的新途径。

14.1 线路三维横断面坐标计算

在纵断面中通过导出左、右线线路三维坐标数据，已得到了线路中线的三维坐标和里程数据。以线路中线三维坐标数据为基础，计算线路横断面各特征点三维坐标，为实现线路三维建模准备基础数据。利用 Polygon 函数可绘制出各个横断面的之间线路模型，沿线各断面两两相连，即可构成线路模型，城市轨道交通线路模型横截面示意图如图 14-1 所示。

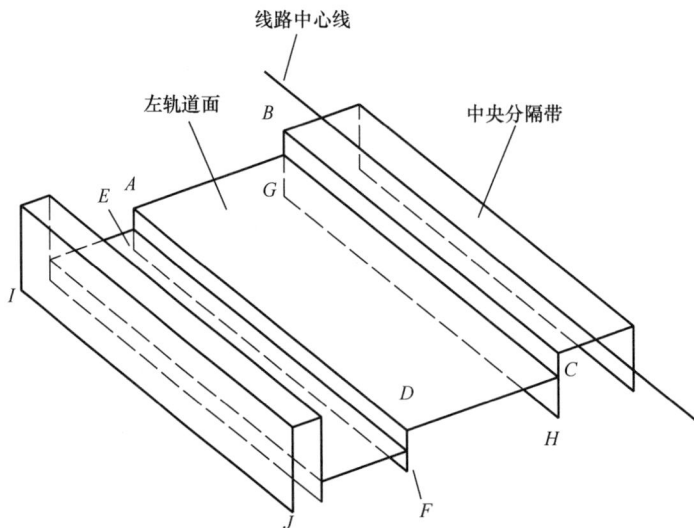

图 14-1 城市轨道交通线路模型横截面示意图

线路三维横断面分为内部断面和外部断面两部分。内部断面是指线路横截断面，外部断面包括隧道顶面部分以及桥梁的桥板部分。

图 14-2 为单双线均可适用的内部断面图式,图中各点即为线路横截断面的各特征点。

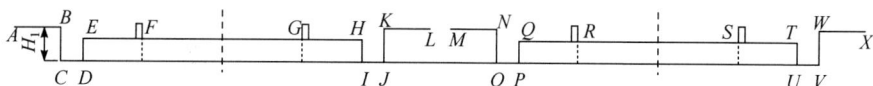

图 14-2　单双线均可适用的内部断面图式

（1）当线路处于完全并行等高段时,双线并行,则不连接 JKL 和 MNO,直接连接 JO,图式即可看做双线的内部断面,如图 14-3 所示。

图 14-3　内部断面图式-左右线并行等高

（2）当线路处于非完全并行等高段时,左右线分开运行,则不连接 JO,AL 部分是左线内部断面图式,MX 部分是右线内部断面图式,如图 14-4 所示。

图 14-4　内部断面图式-左右线并行不等高

由于左右线连续里程相同断面的 A、L、M、X 四点一般不在同一直线上,线路在完全并行等高段时不可能同时使用左右线的断面坐标,因此采取分段计算的方式。在完全并行等高段采用右线中线坐标推算其他断面点坐标,在非完全并行等高段左右线采用各自的中线坐标推算各自的断面其余坐标。

14.1.1　完全并行等高段横断面坐标计算

线路三维模型的相关尺寸受轨道板参数和车体参数影响,轨道板参数见表 14-1,车体计算参数见表 14-2。

表 14-1　轨道板参数

类型	宽度 W_{Plate}/mm	高度 H_{Plate}/mm
CRTS I 型轨道板	2400	190
CRTS II 型轨道板	2550	200

表 14-2　车体计算宽度

车型	车体计算宽度 W_{ct}/mm
A 型车	3000
B 型车	2800
C 型车	2600

断面各部分宽度参数见表 14-3。

表 14-3　断面各部分宽度

参数	宽度值/mm	备注
w_1	700	无
w_2	$\dfrac{W_{ct}-W_{Plate}}{2}+c$	c 为间隔余量，取 50mm
w_3	$\dfrac{W_{Plate}-1435}{2}$	1435mm 为标准轨距
w_4	717.5	标准轨距一半
w_5	717.5	标准轨距一半
w_6	$1000D_L-W_{Plate}$	D_L 为设计线间距，单位为 m
w_7	700	无

1. 内部断面坐标计算

完全并行等高段内部断面如图 14-5 所示。

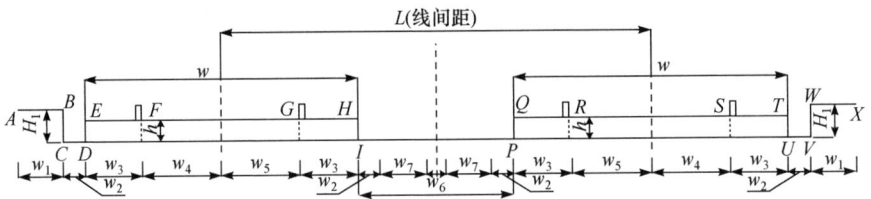

图 14-5　完全并行等高段内部断面图式

设右线中线完全并行等高段上的坐标点 $i(x_i,y_i,z_i)$，内部断面各点到该点的横向距离如下：

$$w_A=(w_1+w_2+3w_3+3w_4+w_6)/1000 \tag{14-1}$$

$$w_B=w_C=(w_2+3w_3+3w_4+w_6)/1000 \tag{14-2}$$

$$w_D=w_E=(3w_3+3w_4+w_6)/1000 \tag{14-3}$$

$$w_F=(2w_3+3w_4+w_6)/1000 \tag{14-4}$$

$$w_G=(2w_3+w_4+w_6)/1000 \tag{14-5}$$

$$w_H = w_I = (w_3 + w_5 + w_6)/1000 \tag{14-6}$$

$$w_J = w_K = (w_6 - w_2 + w_3 + w_5)/1000 \tag{14-7}$$

$$w_L = (w_6 - w_7 - w_2 + w_3 + w_5)/1000 \tag{14-8}$$

$$w_M = (w_7 + w_2 + w_3 + w_5)/1000 \tag{14-9}$$

$$w_N = w_O = w_V = w_W = (w_2 + w_3 + w_5)/1000 \tag{14-10}$$

$$w_P = w_Q = w_T = w_U = (w_3 + w_5)/1000 \tag{14-11}$$

$$w_R = w_S = w_5/1000 \tag{14-12}$$

$$w_X = (w_1 + w_2 + w_3 + w_4)/1000 \tag{14-13}$$

式中，A 到 R 位于右线中线左侧；S 到 X 位于右线中线右侧。

以 A 和 X 点为例，计算两点的 x、y 坐标：

$$x_A = x_i + w_A \sin\left(\mathrm{fwj}_i - \frac{\pi}{2}\right) \tag{14-14}$$

$$y_A = y_i + w_A \cos\left(\mathrm{fwj}_i - \frac{\pi}{2}\right) \tag{14-15}$$

$$x_X = x_i + w_X \sin\left(\mathrm{fwj}_i + \frac{\pi}{2}\right) \tag{14-16}$$

$$y_X = y_i + w_X \cos\left(\mathrm{fwj}_i + \frac{\pi}{2}\right) \tag{14-17}$$

式中，fwj_i 为 i 点处的线路前进方向的方位角。

图 14-5 中，A、B、K、L、M、N、W、X 相对于线段 CV 的高程变化量 $\Delta H = H_1$，而 E、F、G、H 与 Q、R、S、T 的高程变化量 ΔH 等于轨道板的高度 H_{Plate}，当轨道板为 CRTS I 型轨道板时，取 190mm；当轨道板为 CRTS II 型轨道板时，取 200mm。以 A 和 E 为例，则有

$$z_A = z_i + \Delta H = z_i + H_1 \tag{14-18}$$

$$z_E = z_i + \Delta H = z_i + H_{\mathrm{Plate}} \tag{14-19}$$

2. 外部断面坐标计算

完全并行等高段隧道外部断面如图 14-6 所示。

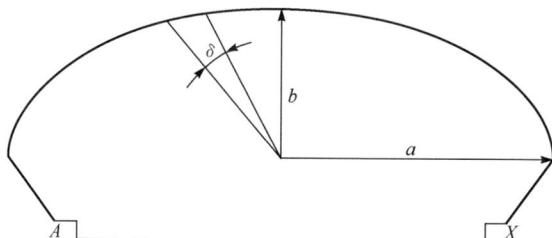

图 14-6　完全并行等高段隧道外部断面

　　不考虑断面本身的微小偏转,设双线半断面宽度 W_{Double},单线半断面宽度 W_{Single},椭圆长半轴长 a,短半轴长 b,则有

$$W_{\text{Double}} = [2(w_1 + w_2 + 2w_3 + 2w_4) + w_6]/2000 \tag{14-20}$$

$$W_{\text{Single}} = (w_1 + 2w_2 + 2w_3 + 2w_4 + w_7)/2000 \tag{14-21}$$

$$a = W_{\text{Double}} + 2(R - W_{\text{Single}}) \tag{14-22}$$

$$b = 0.8a \tag{14-23}$$

式中,R 为单线断面圆周半径(m)。

　　设断面椭圆心 $C_{SE}(x_{SE}, y_{SE}, z_{SE})$,椭圆断面角度分度值 $\delta = \dfrac{5}{2\pi}$,当 $i \in [0,36]$

时,i 点坐标为 $P_i(x_{pi}, y_{pi}, z_{pi})$,其横断面上的方位角 $\text{fwj}_{pi} = -\dfrac{\pi}{2} + i\delta$,则有如下。

　　椭圆心坐标

$$x_{SE} = \frac{x_A + x_X}{2} \tag{14-24}$$

$$y_{SE} = \frac{y_A + y_X}{2} \tag{14-25}$$

$$z_{SE} = z_A + \sqrt{R^2 - W_{\text{Single}}^2} \tag{14-26}$$

　　椭圆周上某点 P_i 坐标

$$x_{pi} = x_{SE} + a\,|\sin(\text{fwj}_{pi})|\,\sin\left(\text{fwj}_{pi} \pm \frac{\pi}{2}\right) \tag{14-27}$$

$$y_{pi} = y_{SE} + a\,|\sin(\text{fwj}_{pi})|\,\cos\left(\text{fwj}_{pi} \pm \frac{\pi}{2}\right) \tag{14-28}$$

$$z_{pi} = z_{SE} + b\,|\cos(\text{fwj}_{pi})| \tag{14-29}$$

式中,当 $\text{fwj}_{pi} \in \left[0, \dfrac{\pi}{2}\right]$ 时,取"+"号;当 $\text{fwj}_{pi} \in \left[-\dfrac{\pi}{2}, 0\right)$ 时,取"-"号。

　　完全并行等高段桥梁外部断面如图 14-7 所示。其中,T_1 表示桥板厚度,T_2 表示桥梁侧面挡板的厚度。

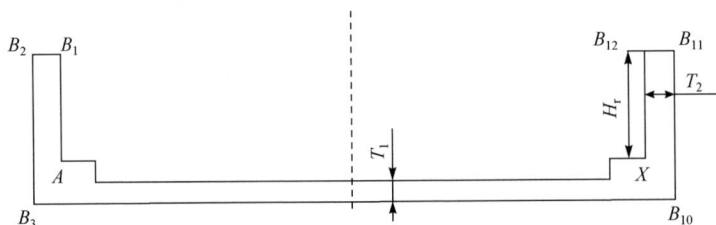

图 14-7　完全并行等高段桥梁外部断面

$B_1 \sim B_3$、$B_{10} \sim B_{12}$坐标如下。

（1）B_1：

$$x_{B_1} = x_A \tag{14-30}$$

$$y_{B_1} = y_A \tag{14-31}$$

$$z_{B_1} = z_A + H_r/1000 \tag{14-32}$$

（2）B_2：

$$x_{B_2} = x_A + \frac{T_2}{1000}\sin\left(\mathrm{fwj}_i - \frac{\pi}{2}\right) \tag{14-33}$$

$$y_{B_2} = y_A + \frac{T_2}{1000}\cos\left(\mathrm{fwj}_i - \frac{\pi}{2}\right) \tag{14-34}$$

$$z_{B_2} = z_A + H_r/1000 \tag{14-35}$$

（3）B_3：

$$x_{B_3} = x_{B_2} \tag{14-36}$$

$$y_{B_3} = y_{B_2} \tag{14-37}$$

$$z_{B_3} = z_A - (H_1 + T_1)/1000 \tag{14-38}$$

（4）B_{10}：

$$x_{B_{10}} = x_{B_{11}} \tag{14-39}$$

$$y_{B_{10}} = y_{B_{11}} \tag{14-40}$$

$$z_{B_{10}} = z_X - (H_1 + T_1)/1000 \tag{14-41}$$

（5）B_{11}：

$$x_{B_{11}} = x_X + \frac{T_2}{1000}\sin\left(\mathrm{fwj}_i + \frac{\pi}{2}\right) \tag{14-42}$$

$$y_{B_{11}} = y_X + \frac{T_2}{1000}\cos\left(\mathrm{fwj}_i + \frac{\pi}{2}\right) \tag{14-43}$$

$$z_{B_{11}} = z_X + H_r/1000 \tag{14-44}$$

（6）B_{12}：

$$x_{B_{12}} = x_X \tag{14-45}$$

$$y_{B_{12}} = y_X \tag{14-46}$$

$$z_{B_{12}} = z_X + H_r/1000 \tag{14-47}$$

14.1.2　非完全并行段右线横断面坐标计算

1. 内部断面坐标计算

非完全并行段右线内部断面如图 14-8 所示。

设右线中线完全并行段上的坐标点 $i(x_i, y_i, z_i)$，内部断面各点到该点的横向距离如下：

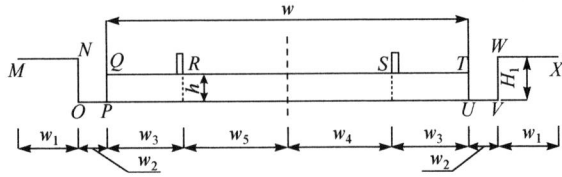

图 14-8　非完全并行段右线内部断面图式

$$w_M = (w_1 + w_2 + w_3 + w_5)/1000 \tag{14-48}$$

$$w_N = w_O = w_V = w_W = (w_2 + w_3 + w_5)/1000 \tag{14-49}$$

$$w_P = w_Q = w_T = w_U = (w_3 + w_5)/1000 \tag{14-50}$$

$$w_R = w_S = w_5/1000 \tag{14-51}$$

$$w_X = (w_1 + w_2 + w_3 + w_4)/1000 \tag{14-52}$$

式中，M 到 R 位于右线中线左侧；S 到 X 位于右线中线右侧。

以 M 和 X 点为例，计算两点的 x、y 坐标：

$$x_M = x_i + w_M \sin\left(\mathrm{fwj}_i - \frac{\pi}{2}\right) \tag{14-53}$$

$$y_M = y_i + w_M \cos\left(\mathrm{fwj}_i - \frac{\pi}{2}\right) \tag{14-54}$$

$$x_X = x_i + w_X \sin\left(\mathrm{fwj}_i + \frac{\pi}{2}\right) \tag{14-55}$$

$$y_X = y_i + w_X \cos\left(\mathrm{fwj}_i + \frac{\pi}{2}\right) \tag{14-56}$$

式中，fwj_i 为 i 点处的线路前进方向的方位角。

图 14-8 中，M、N、W、X 相对于线段 OV 的高程变化量 $\Delta H = H_1$，而 Q、R、S、T 的高程变化量 ΔH 等于轨道板的高度 W_{Plate}，当轨道板为 CRTS I 型轨道板时，取 190mm；当轨道板为 CRTS II 型轨道板时，取 200 mm。以 M 和 Q 为例，则有

$$z_M = z_i + \Delta H = z_i + H_1 \tag{14-57}$$

$$z_Q = z_i + \Delta H = z_i + H_{\mathrm{Plate}} \tag{14-58}$$

线路曲线部分应设置曲线超高，采用外轨抬高超高值的方法设置。缓和曲线范围内应完成曲线超高的递变，即曲线超高从 0 到超高值的变化过程。设超高值为 h_s，则 Q、R、S、T 在原有高程的基础上要发生变化。

（1）当曲线左转时，R 点高程不变，S 点抬高 h_s，Q、T 高程作线性内插变化

$$\Delta z_Q = -\frac{w_3 h_s}{1435 \times 1000} \tag{14-59}$$

$$\Delta z_S = \frac{h_s}{1000} \tag{14-60}$$

$$\Delta z_T = \frac{(1435 + w_3)h_s}{1435 \times 1000} \tag{14-61}$$

（2）当曲线右转时，S 点高程不变，R 点抬高 h_s，Q、T 高程作线性内插变化

$$\Delta z_Q = \frac{(1435 + w_3)h_s}{1435 \times 1000} \tag{14-62}$$

$$\Delta z_R = \frac{h_s}{1000} \tag{14-63}$$

$$\Delta z_T = -\frac{w_3 h_s}{1435 \times 1000} \tag{14-64}$$

2. 外部断面坐标计算

1）非完全并行段隧道断面

非完全并行段隧道断面图式如图 14-9 所示。

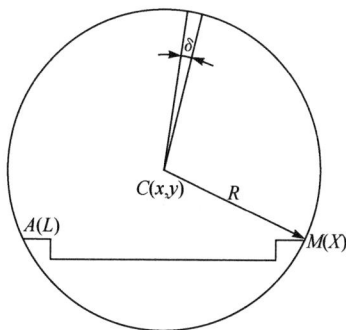

图 14-9　非完全并行段单线隧道断面图式

不考虑断面本身的微小偏转，设单线半断面宽度为 W_{Single}，断面圆半径为 R，则有

$$W_{\text{Single}} = (w_1 + w_2 + w_3 + w_4)/2000 \tag{14-65}$$

设断面圆心 $C_{SE}(x_{SE}, y_{SE}, z_{SE})$，圆断面角度分度值 $\delta = \dfrac{5}{2\pi}$，当 $i \in [0, 72]$ 时，i 点坐标为 $P_i(x_{pi}, y_{pi}, z_{pi})$，其横断面上的方位角 $\text{fwj}_{pi} = i\delta$，则有如下。

圆心坐标

$$x_{SE} = \frac{x_M + x_X}{2} \tag{14-66}$$

$$y_{SE} = \frac{y_M + y_X}{2} \tag{14-67}$$

$$z_{SE} = z_M + \sqrt{R^2 - W_{\text{Single}}^2} \tag{14-68}$$

圆周上某点 P_i 坐标

$$x_{pi} = x_{SE} + R|\sin(\mathrm{fwj}_{pi})|\sin\left(\mathrm{fwj}_{pi} \pm \frac{\pi}{2}\right) \tag{14-69}$$

$$y_{pi} = y_{SE} + R|\sin(\mathrm{fwj}_{pi})|\cos\left(\mathrm{fwj}_{pi} \pm \frac{\pi}{2}\right) \tag{14-70}$$

式中，当 $\mathrm{fwj}_{pi} \in \left[0, \dfrac{\pi}{2}\right]$ 时，取"＋"号；当 $\mathrm{fwj}_{pi} \in \left[-\dfrac{\pi}{2}, 0\right)$ 时，取"－"号。

$$z_{pi} = z_{SE} \pm R|\cos(\mathrm{fwj}_{pi})| \tag{14-71}$$

式中，当 $\mathrm{fwj}_{pi} \in \left[0, \dfrac{\pi}{2}\right] \cap \left[\dfrac{3\pi}{2}, 2\pi\right)$ 时，取"＋"号；当 $\mathrm{fwj}_{pi} \in \left(\dfrac{\pi}{2}, \dfrac{3\pi}{2}\right)$ 时，取"－"号。

2）非完全并行段桥梁外部断面

非完全并行段右线桥梁外部断面如图 14-10 所示。

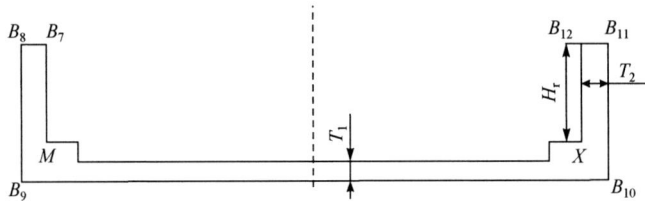

图 14-10　非完全并行段右线桥梁外部断面

$B_7 \sim B_{12}$ 坐标如下。

（1）B_7：

$$x_{B_7} = x_L \tag{14-72}$$

$$y_{B_7} = y_L \tag{14-73}$$

$$z_{B_7} = z_L + H_r/1000 \tag{14-74}$$

（2）B_8：

$$x_{B_8} = x_L + \frac{T_2}{1000}\sin\left(\mathrm{fwj}_i - \frac{\pi}{2}\right) \tag{14-75}$$

$$y_{B_8} = y_L + \frac{T_2}{1000}\cos\left(\mathrm{fwj}_i - \frac{\pi}{2}\right) \tag{14-76}$$

$$z_{B_8} = z_L + H_r/1000 \tag{14-77}$$

（3）B_9：

$$x_{B_9} = x_{B_8} \tag{14-78}$$

$$y_{B_9} = y_{B_8} \tag{14-79}$$

$$z_{B_9} = z_L - (H_1 + T_1)/1000 \tag{14-80}$$

（4）B_{10}：

$$x_{B_{10}} = x_{B_{11}} \tag{14-81}$$

$$y_{B_{10}} = y_{B_{11}} \tag{14-82}$$

$$z_{B_{10}} = z_X - (H_1 + T_1)/1000 \tag{14-83}$$

（5）B_{11}：

$$x_{B_{11}} = x_X + \frac{T_2}{1000}\sin\left(\text{fwj}_i + \frac{\pi}{2}\right) \tag{14-84}$$

$$y_{B_{11}} = y_X + \frac{T_2}{1000}\cos\left(\text{fwj}_i + \frac{\pi}{2}\right) \tag{14-85}$$

$$z_{B_{11}} = z_X + H_r/1000 \tag{14-86}$$

（6）B_{12}：

$$x_{B_{12}} = x_X \tag{14-87}$$

$$y_{B_{12}} = y_X \tag{14-88}$$

$$z_{B_{12}} = z_X + H_r/1000 \tag{14-89}$$

14.1.3　非完全并行段左线横断面坐标计算

1. 内部断面坐标计算

非完全并行段左线内部断面如图 14-11 所示。

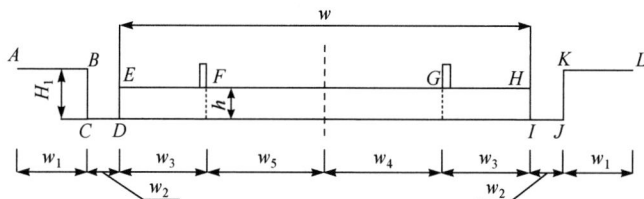

图 14-11　非完全并行段左线内部断面图式

设左线中线完全并行段上的坐标点 $i(x_i, y_i, z_i)$，内部断面各点到该点的横向距离如下：

$$w_A = (w_1 + w_2 + w_3 + w_4)/1000 \tag{14-90}$$

$$w_B = w_C = w_J = w_K = (w_2 + w_3 + w_4)/1000 \tag{14-91}$$

$$w_D = w_E = w_H = w_I = (w_3 + w_4)/1000 \tag{14-92}$$

$$w_F = w_G = w_4/1000 \tag{14-93}$$

$$w_L = (w_1 + w_2 + w_3 + w_5)/1000 \tag{14-94}$$

式中，A 到 F 位于左线中线左侧；G 到 L 位于左线中线右侧。

以 A 和 L 点为例，计算两点的 x、y 坐标

$$x_A = x_i + w_A \sin\left(\mathrm{fwj}_i - \frac{\pi}{2}\right) \tag{14-95}$$

$$y_A = y_i + w_A \cos\left(\mathrm{fwj}_i - \frac{\pi}{2}\right) \tag{14-96}$$

$$x_L = x_i + w_L \sin\left(\mathrm{fwj}_i + \frac{\pi}{2}\right) \tag{14-97}$$

$$y_L = y_i + w_L \cos\left(\mathrm{fwj}_i + \frac{\pi}{2}\right) \tag{14-98}$$

式中，fwj_i 为 i 点处的线路前进方向的方位角。

图 14-11 中，A、B、K、L 相对于线段 CJ 的高程变化量 $\Delta H = H_1$，而 E、F、G、H 的高程变化量 ΔH 等于轨道板的高度 H_{Plate}，当轨道板为 CRTS Ⅰ 型轨道板时，取 190mm；当轨道板为 CRTS Ⅱ 型轨道板时，取 200mm。以 A 和 E 为例，则有

$$z_A = z_i + \Delta H = z_i + H_1 \tag{14-99}$$

$$z_E = z_i + \Delta H = z_i + H_{\mathrm{Plate}} \tag{14-100}$$

线路曲线部分应设置曲线超高，采用外轨抬高超高值的方法设置。缓和曲线范围内应完成曲线超高的递变，即曲线超高从 0 到超高值的变化过程。设超高值为 h_s，则 E、F、G、H 在原有高程的基础上要发生变化。

（1）当曲线左转时，F 点高程不变，G 点抬高 h_s，E、H 高程作线性内插变化

$$\Delta z_E = -\frac{w_3 h_s}{1435 \times 1000} \tag{14-101}$$

$$\Delta z_G = \frac{h_s}{1000} \tag{14-102}$$

$$\Delta z_H = \frac{(1435 + w_3) h_s}{1435 \times 1000} \tag{14-103}$$

（2）当曲线右转时，G 点高程不变，F 点抬高 h_s，E、H 高程作线性内插变化

$$\Delta z_E = \frac{(1435 + w_3) h_s}{1435 \times 1000} \tag{14-104}$$

$$\Delta z_F = \frac{h_s}{1000} \tag{14-105}$$

$$\Delta z_H = -\frac{w_3 h_s}{1435 \times 1000} \tag{14-106}$$

2. 外部断面坐标计算

非完全并行段隧道左线横断面坐标计算方法与右线相同，其中左线断面圆心坐标为

$$x_{SE} = \frac{x_A + x_L}{2} \tag{14-107}$$

$$y_{SE} = \frac{y_A + y_L}{2} \tag{14-108}$$

$$z_{SE} = z_A + \sqrt{R^2 - W_{\text{Single}}^2} \tag{14-109}$$

非完全并行段左线桥梁外部断面如图 14-12 所示。

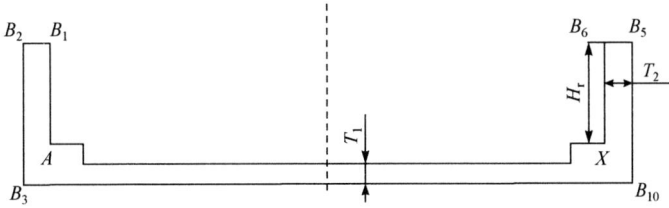

图 14-12　非完全并行段左线桥梁外部断面

$B_1 \sim B_6$ 坐标如下。

(1) B_1：

$$x_{B_1} = x_A \tag{14-110}$$

$$y_{B_1} = y_A \tag{14-111}$$

$$z_{B_1} = z_A + H_r/1000 \tag{14-112}$$

(2) B_2：

$$x_{B_2} = x_A + \frac{T_2}{1000}\sin\left(\text{fwj}_i - \frac{\pi}{2}\right) \tag{14-113}$$

$$y_{B_2} = y_A + \frac{T_2}{1000}\cos\left(\text{fwj}_i - \frac{\pi}{2}\right) \tag{14-114}$$

$$z_{B_2} = z_A + H_r/1000 \tag{14-115}$$

(3) B_3：

$$x_{B_3} = x_{B_2} \tag{14-116}$$

$$y_{B_3} = y_{B_2} \tag{14-117}$$

$$z_{B_3} = z_A - (H_1 + T_1)/1000 \tag{14-118}$$

(4) B_4：

$$x_{B_4} = x_{B_5} \tag{14-119}$$

$$y_{B_4} = y_{B_5} \tag{14-120}$$

$$z_{B_4} = z_L - (H_1 + T_1)/1000 \tag{14-121}$$

(5) B_5：

$$x_{B_5} = x_L + \frac{T_2}{1000}\sin\left(\text{fwj}_i + \frac{\pi}{2}\right) \tag{14-122}$$

$$y_{B_5} = y_L + \frac{T_2}{1000}\cos\left(\mathrm{fwj}_i + \frac{\pi}{2}\right) \tag{14-123}$$

$$z_{B_5} = z_L + H_r/1000 \tag{14-124}$$

(6) B_6 :

$$x_{B_6} = x_L \tag{14-125}$$

$$y_{B_6} = y_L \tag{14-126}$$

$$z_{B_6} = z_L + H_r/1000 \tag{14-127}$$

14.2　线路三维模型生成

线路三维模型就是由多个横断面上的对应特征点连接而成,在 Skyline 平台下,提供了 Polygon 函数用于绘制平面。将一组点坐标赋予 Polygon 函数,即可绘制出以该组点为边界的平面,各个平面的合理拼接,可形成模型,线路三维模型即由多个矩形片拼接而成。各矩形片按照分类设置相应的纹理,形成线路三维模型。

14.2.1　线路三维线框生成

无论隧道段还是桥梁段,其轨道面的断面矩形是相同的,完全并行等高段矩形、非完全并行段左、右线矩形见表 14-4。

表 14-4　线路线框矩形表

线路分段	矩形
完全并行等高段	$A_iA_{i+1}B_{i+1}B_i$、$B_iB_{i+1}C_{i+1}C_i$、$C_iC_{i+1}D_{i+1}D_i$、$D_iD_{i+1}E_{i+1}E_i$、$E_iE_{i+1}H_{i+1}H_i$、$H_iH_{i+1}I_{i+1}I_i$、$I_iI_{i+1}P_{i+1}P_i$、$P_iP_{i+1}Q_{i+1}Q_i$、$Q_iQ_{i+1}T_{i+1}T_i$、$T_iT_{i+1}U_{i+1}U_i$、$U_iU_{i+1}V_{i+1}V_i$、$V_iV_{i+1}W_{i+1}W_i$、$W_iW_{i+1}X_{i+1}X_i$
左线非完全并行段	$A_iA_{i+1}B_{i+1}B_i$、$B_iB_{i+1}C_{i+1}C_i$、$C_iC_{i+1}D_{i+1}D_i$、$D_iD_{i+1}E_{i+1}E_i$、$E_iE_{i+1}H_{i+1}H_i$、$H_iH_{i+1}I_{i+1}I_i$、$I_iI_{i+1}J_{i+1}J_i$、$J_iJ_{i+1}K_{i+1}K_i$、$K_iK_{i+1}L_{i+1}L_i$
右线非完全并行段	$M_iM_{i+1}N_{i+1}N_i$、$N_iN_{i+1}O_{i+1}O_i$、$O_iO_{i+1}P_{i+1}P_i$、$P_iP_{i+1}Q_{i+1}Q_i$、$Q_iQ_{i+1}T_{i+1}T_i$、$T_iT_{i+1}U_{i+1}U_i$、$U_iU_{i+1}V_{i+1}V_i$、$V_iV_{i+1}W_{i+1}W_i$、$W_iW_{i+1}X_{i+1}X_i$

14.2.2　隧道三维建模

在城市中心繁华地区,为将对城市环境影响减少到最小,城市轨道交通线路多采用地下线路敷设方式,即隧道形式。在设计隧道断面时通常采用圆弧拱、矩形、梯形拱、三心拱等基本形状,有时结合地质条件或其他工程情况,也可选择圆形、多边形等类型[166]。隧道的三维建模是实现线路整体三维建模的重要组成部分,这里以双线隧道采用半椭圆断面、单线隧道采用圆形断面为例,其他断面可类比进行建模。

隧道段分为完全并行段和非完全并行等高段两部分。完全并行等高段外周椭圆部分矩形为 $P_{i,j}P_{i+1,j}P_{i+1,j+1}P_{i,j+1}$，非椭圆部分矩形分别为 $A_iA_{i+1}P_{i+1,0}P_{i,0}$ 和 $P_{i,j}P_{i+1,j}X_{i+1}X_i$。非完全并行段的左、右线隧道均为圆形，其矩形为 $P_{i,j}P_{i+1,j}P_{i+1,j+1}P_{i,j+1}$。

隧道三维线框模型如图 14-13 所示。

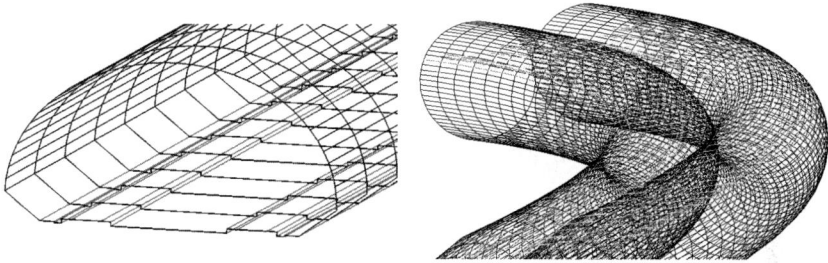

图 14-13　隧道三维建模效果(线框模式)

三维线框模型由多个空间矩形框拼接而成，在生成线框模型的同时，利用 Skyline API 提供的函数设置其纹理贴图。添加适当的纹理，可表现出模型的真实感，当对纹理要求不高时，亦可采用相近颜色代替纹理贴图。线路模型纹理贴图效果如图 14-14 所示。

图 14-14　隧道三维建模效果(纹理模式)

14.2.3　桥梁三维建模

桥梁段也分为完全并行等高段和非完全并行段两部分。完全并行等高段矩形、非完全并行段左、右线矩形见表 14-5。

表 14-5　桥梁三维线框矩形表

线路分段	矩形
完全并行等高段	$A_iA_{i+1}B1_{i+1}B1_i$、$B1_iB1_{i+1}B2_{i+1}B2_i$、$B2_iB2_{i+1}B3_{i+1}B3_i$、$B3_iB3_{i+1}B10_{i+1}B10_i$、$B10_iB10_{i+1}B11_{i+1}B11_i$、$B11_iB11_{i+1}B12_{i+1}B12_i$、$B12_iB12_{i+1}X_{i+1}X_i$
左线非完全并行段	$A_iA_{i+1}B1_{i+1}B1_i$、$B1_iB1_{i+1}B2_{i+1}B2_i$、$B2_iB2_{i+1}B3_{i+1}B3_i$、$B3_iB3_{i+1}B4_{i+1}B4_i$、$B4_iB4_{i+1}B5_{i+1}B5_i$、$B5_iB5_{i+1}B6_{i+1}B6_i$、$B6_iB6_{i+1}L_{i+1}L_i$
右线非完全并行段	$M_iM_{i+1}B7_{i+1}B7_i$、$B7_iB7_{i+1}B8_{i+1}B8_i$、$B8_iB8_{i+1}B9_{i+1}B9_i$、$B9_iB9_{i+1}B10_{i+1}B10_i$、$B10_iB10_{i+1}B11_{i+1}B11_i$、$B11_iB11_{i+1}B12_{i+1}B12_i$、$B12_iB12_{i+1}X_{i+1}X_i$

　　桥梁建模方法同隧道类似,根据计算的桥梁各特征点坐标连接而成。桥墩通过导入制作好的三维模型。根据模型的宽度、桥梁底面与地面的高度及线路的方向在导入时分别调整桥墩模型的 x、y、z 比例及平面方向角。桥梁三维建模效果如图 14-15 所示。

图 14-15　桥梁三维建模效果(纹理模式)

14.3　线路三维漫游

　　线路三维漫游指的是镜头按照一定的角度(方位角、俯仰角度、翻滚角度),以确定的漫游路径和速度,在场景内飞行的行为。三维漫游能够从多个角度更直观、更方便、更有效地去观察和浏览三维场景,已成为三维设计系统必不可少的功能。当设计好线路方案后,沿着线路方案线进行三维漫游,辅助设计人员观察线路本身的情况、设计效果及其与周边构筑物情况,以更好地观察线路三维设计效果。

14.3.1　漫游路径获取

　　漫游路径由一组 IPosition65 位置组成,包括经度、纬度、高程、高程模式、方位角、俯仰角度、翻滚角和镜头距离等参数,具体说明见表 14-6。

表 14-6　IPosition65 参数

参数	名称	说明
X	经度	—
Y	纬度	—
Altitude	高程	单位为 m
AltitudeType	高程类型	ATC_TERRAIN_RELATIVE ATC_PIVOT_RELATIVE ATC_ON_TERRAIN ATC_TERRAIN_ABSOLUTE
Yaw	镜头方位角	$0° \sim 360°$
Pitch	镜头俯仰角	$-90° \sim 90°$
Roll	镜头翻滚角	$-90° \sim 90°$
Distance	镜头与路径点间距离	单位为 m

取线路中线作为漫游路径,每点的经纬度坐标(E, N)由大地坐标(X, Y)经坐标转换公式计算得到,高程取绝对高程模式 ATC_TERRAIN_ABSOLUTE 下的线路设计高程,Roll 和 Distance 均取 0。

漫游路径示意图如图 14-16 所示。

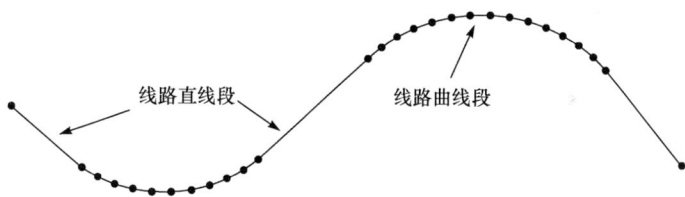

图 14-16　漫游路径示意图

1. 俯仰角 Pitch 与方位角 Yaw 的获取

设线路中线第 i 点 Pos_i,第 $i+1$ 点 Pos_{i+1},P_i 处的方位角 Yaw 和 Pitch 均取向量 $P_i P_{i+1}$ 的相应角度。由于地球曲率的存在,在平面坐标系中计算出的方位角和俯仰角、直线距离等参数在三维地理环境中与其真实值存在一定的差值,Skyline API 提供了 AimTo()函数提取两点之间的位置变化量,即

```
IPosition65 Pos=Position1.AimTo(IPosition65 Position2)
```

其中,Pos 是从位置 Position₁ 到位置 Position₂ 的位置变化量。

$$\text{Pos}_i. \text{Yaw} = \text{Pos}. \text{Yaw} \tag{14-128}$$

$$\text{Pos}_i. \text{Pitch} = \text{Pos}. \text{Pitch} \tag{14-129}$$

2. 获取线路中线三维漫游路径程序

```
private void ImportNavigationPath()//导入漫游路径
{
    double[] arrNavigationPath;
    double NavigationX=0;
    double NavigationY=0;
    string strDB="Provider=Microsoft.ACE.OLEDB.12.0;Data Source="+ClassPar-
    ameter.
        m_ProjectInfoData.SavePath;        //+";Jet OLEDB:Engine Type=4;";
    OleDbConnection cn=new OleDbConnection(strDB);
    cn.Open();
    //导入右线漫游路径
    string csSelect="select *  from线路中线三维坐标数据表_R";
    OleDbCommand cmd=new OleDbCommand(csSelect,cn);
    cmd.ExecuteNonQuery();      //打开数据库
    OleDbDataReader aReader=cmd.ExecuteReader();
    while (aReader.Read())      //读取线路上线数据
    {
        arrNavigationPath=new double[3];
        NavigationX=aReader.GetDouble(1);   // X 坐标
        NavigationY=aReader.GetDouble(2);   // Y 坐标
        clsConvertCoordinate.MeterConvertToLongLat(NavigationX,NavigationY,
        out arrNavigationPath[0],out arrNavigationPath[1]);   //转换成经、纬度
        arrNavigationPath[2]=aReader.GetDouble(3);          //高程
        listNavigationPath_R.Add(arrNavigationPath);        //加入漫游路径点
    }
    aReader.Close();   //关闭 OracleDataReader 对象。

    //导入左线漫游路径,与右线相同,只是数据表不同
    csSelect="select *  from线路中线三维坐标数据表_L";
    ……
    listNavigationPath_L.Add(arrNavigationPath);
    }
    MessageBox.Show("路径导入成功!");
}
```

14.3.2　Skyline 三维漫游方法

Skyline 3D GIS 平台下的漫游模拟的是飞机航拍,Skyline Navigate 接口允许

控制摄像机的位置、方向和速度,也可以设置摄像机如何接近指定对象,控制缩放操作,接口的属性和方法见表 14-7。

表 14-7　Navigate 接口属性和方法

属性	说明	备注
FieldOfView	返回或设置摄像机视域范围,单位为度	对于全球多边形引擎,视域范围是 1°～180°。1° 表示可见最大范围,180°表示可见最小范围。对于体素引擎,视域范围为 5°～90°,缺省视域范围为 53°
Speed	返回或设置摄像机接近对象的速度	摄像机接近物体的速度
UndergroundMode	返回或设置地下导航模式的开关,布尔值表示是否开启地下模式,这种方式允许探索地下	地下导航模式允许探索地下,可以在建筑物和地形表面下进行浏览。进行地下浏览时,将显示格网,使其具有在地面浏览的体验
FlyThrough	保留,目前不用	
FlyTo	摄像机飞向兴趣点	表示视点飞到一个对象,通过设置模式参数值接近和聚焦到对象
GetPosition	返回摄像机当前位置和方向	—
JumpTo	摄像机直接跳到兴趣点	—
SetPosition	设置摄像机的位置和方向	—
Stop	停止摄像机的运动	—
ZoomIn	摄像机向前运动,靠近兴趣点	—
ZoomOut	摄像机向后运动,远离兴趣点	—
ZoomTo	摄像机运动到距离地面的指定位置	—

Skyline 3D GIS 平台下的漫游的每个 IPosition 表示的是镜头的位置。假定镜头的位置与飞机的位置相同,若 Altitude 不变,则飞机始终沿此高度飞行,即使 Pitch 为仰角或 Yaw 出现变化,也不会出现爬坡效果或转弯效果,故在漫游过程中,需要逐帧调整镜头的位置。

调整镜头位置使用 SetPosition 函数,代码如下:

```
SGWorld65 sgworld=new SGWorld65();
    sgworld.Navigate.SetPosition(IPosition65 FramePos);   //设置摄像机的位置和
                                                           方向
```

14.3.3　镜头位置逐帧调整

当镜头在空间线段 P_iP_{i+1} 上运动时，其位置进行逐帧调整，主要是对其高度进行逐帧调整。

设当前镜头位置 $\mathrm{Pos_{Frame}}$，P_i、P_{i+1} 的位置分别为 Pos_i、Pos_{i+1}，两位置间的距离为 D，镜头距 Pos_i 的距离为 D_{passed}，则有如下。

镜头位置与 Pos_i 的高差：

$$\Delta h=(\mathrm{Pos}_{i+1}.\,\mathrm{Altitude}-\mathrm{Pos}_i.\,\mathrm{Altitude})\frac{D_{\mathrm{passed}}}{D} \tag{14-130}$$

镜头所在位置的高度：

$$\mathrm{Pos_{Frame}}.\,\mathrm{Altitude}=\mathrm{Pos}_i.\,\mathrm{Altitude}+\Delta h \tag{14-131}$$

将新的高程赋予镜头位置，使用 SetPosition() 调整镜头位置，代码如下：

```
FramePos.Altitude=listPosition[NavigationPointID].Altitude+deltaEleva-
tion;
sgworld.Navigate.SetPosition(FramePos);
```

完整实现程序如下：

```
//漫游参数
int NavigationPointID=0;
List<IPosition61>listPosition=new List<IPosition61>();
IPosition61 PosStart=null;
IPosition61 PosEnd=null;
IPosition61 Posfwj=null;
IPosition61 FramePos=null;
double dist=0;
double dist1=0;
double PassedDist=0;
double FrameElevation=0;
double deltaElevation=0;
double distCP=0;
double t1=0;//视点漫游时间
double t2=0;//两桩号之间按速度算得的需要的漫游时间
private void mnuRouteNavigation (object sender,EventArgs e)
{
    sgworld=new SGWorld61();
    for (int i=0; i<listNavigationPath_R.Count - 1; i++ =)
    {
```

```
        PosStart=sgworld. Creator. CreatePosition (listNavigationPath_R[i]
        [0],listNavigationPath_R[i][1],listNavigationPath_R[i][2]+ 1,Al-
        titudeTypeCode. ATC_TERRAIN_ABSOLUTE,0,0,0,0);
        PosEnd=sgworld. Creator. CreatePosition (listNavigationPath_R[i+1]
        [0],listNavigationPath_R[i+1][1],listNavigationPath_R[i+1][2]+1,
        AltitudeTypeCode.   ATC_TERRAIN_ABSOLUTE,0,0,0,0);
        Posfwj=PosStart. AimTo(PosEnd);
        PosStart. Yaw=Posfwj. Yaw;
        PosStart. Pitch=Posfwj. Pitch;
        listPosition. Add(PosStart);
    }
    sgworld. Navigate. Speed=5;//漫游速度(返回或设置摄像机接近对象的速度)
    //动态控制摄像机每帧的位置
    sgworld. Navigate. FlyTo(listPosition[0],ActionCode. AC_FOLLOWCOCKPIT);sg-
    world. Navigate. SetPosition(listPosition[0]);//设置摄像机的位置和方向。
    objTerraExplorer. OnFrame + = new _ ITerraExplorerEvents6 _ OnFrameEven-
    tHandler (objTerraExplorer_OnFrame);
}
```

14.3.4　漫游路径点跳转识别方法

当漫游路径在 P_{i+1} 处发生坡度变化或转向时,需要将镜头位置从 Pos_i 转至 Pos_{i+1}。若使用镜头位置 Pos_{Frame} 距 Pos_{i+1} 的距离作为镜头偏转的判断条件,随着漫游速度的增加可能出现漏判而导致飞行路径出错,因此采用镜头经过 Pos_i 后在 P_iP_{i+1} 直线段内的漫游时间 t_2 与镜头从 Pos_i 到 Pos_{i+1} 的总时间 t_1 之间的差值作为判断条件。

$$t_1=1000\frac{D}{v} \tag{14-132}$$

$$t_2=1000\frac{D_{passed}}{v} \tag{14-133}$$

当时间差 $t_1-t_2<\varepsilon$ 时,镜头位置跳转,如 ε 可取 10ms 或更小,能够有效保证跳转精度。

值得注意的是,这里的 t_2 不能使用系统时间进行计算,原因在于:由于设备的差异,当漫游速度一定时,Skyline 平台中系统时间 1s 内漫游的距离并不相同,t_1 与 t_2 必须使用当前设备在 Skyline 平台内的平台时间间隔。

实现程序如下:

```
void objTerraExplorer_OnFrame()   //漫游路径点跳转识别
```

```
    {
        sgworld=new SGWorld61();
        sgworld.Navigate.Speed=50;//
        t2=1000 * 10/sgworld.Navigate.Speed;
        //返回摄像机当前位置和方向。
        FramePos=sgworld.Navigate.GetPosition(AltitudeTypeCode.ATC_TERRAIN_
        ABSOLUTE);if(NavigationPointID+2<listPosition.Count-1)
        {
            dist = Math.Round (FramePos.DistanceTo (listPosition[Navigation-
            PointID+1]),3);
            distCP=Math.Round(listPosition[NavigationPointID].DistanceTo(li-
            stPosition[NavigationPointID+1]),3);
            PassedDist=Math.Round(FramePos.DistanceTo(listPosition[Naviga-
            tionPointID]),3);
            FrameElevation = Math.Round (listPosition [NavigationPointID + 1].
            Altitude-listPosition[NavigationPointID].Altitude,3);
            deltaElevation=FrameElevation * PassedDist / distCP;
            FramePos.Altitude=listPosition[NavigationPointID].Altitude+del-
            taElevation;//视点高度
            sgworld.Navigate.SetPosition(FramePos);//设置摄像机的位置和方向
            t1=1000 * PassedDist / sgworld.Navigate.Speed;//运行一定距离需要的
                                                                    时间
            if (t2-t1<10)//时间差 10ms
            {
                NavigationPointID++;
                sgworld.Navigate.SetPosition(listPosition[NavigationPointID]);
                dist=0;
                PassedDist=distCP=0;
                FrameElevation=deltaElevation=0;
                t1=t2=0;
            }
        }
        else
        {
            objTerraExplorer.OnFrame-=new_ITerraExplorerEvents6_OnFrameEven-
            tHandler(objTerraExplorer_OnFrame);
        }
    }
}
```

线路三维漫游效果如图 14-17～图 14-22 所示。

图 14-17　线路三维漫游效果图(单孔双线)

图 14-18　线路三维漫游效果图(单孔单线)

图 14-19　线路三维漫游效果图(隧道和高架出口处)

图 14-20　线路三维漫游效果图(高架桥,不同纹理)

图 14-21　线路三维漫游效果图（高架桥，不同纹理）

图 14-22　线路三维漫游效果图（透明模式）

14.4　城轨线路三维动态调整方法

为了能够在设计阶段和修改阶段都能实时的观察线路的三维效果和空间关系，可直接在三维环境中拖动交点，修改曲线半径和高程等参数。模型会随着参数的改变而变化，实时得到建模的结果，设计人员对效果满意后，再进行高精度的建模。采用文献[167]的方法，实现如下。

通过鼠标在三维场景中选择三维点，在线路中心线数据库中依次判断三维点与线路中心线各的点距离，若与某一个线路中心线点距离 $\leqslant \Delta d$ 时，认为已经选中线路中心线，退出判断。

设鼠标选择中点三维坐标为 $P_1(x_1,y_1,z_1)$，新移动到的三维点坐标为 $P_2(x_2,y_2,z_2)$，令

$$dx = x_2 - x_1$$
$$dy = y_2 - y_1$$
$$dz = z_2 - z_1$$

式中，dx、dy 表示线路平面位置的移动，可以重新计算线路交点三维坐标和对应的参数值；dz 表示线路高程上的移动。

选取线路上某一交点后，影响范围内的轨道线路将会被虚拟路块取代，交点的坐标为鼠标在地图上的坐标。通过改变曲线半径、缓和曲线长度和高程等信息对线路进行调整，可实时观察到线路的变化情况，便于使用者观察线路对周围建筑的影响，如图 14-23 所示，图中白色块为线路在地面上的投影。

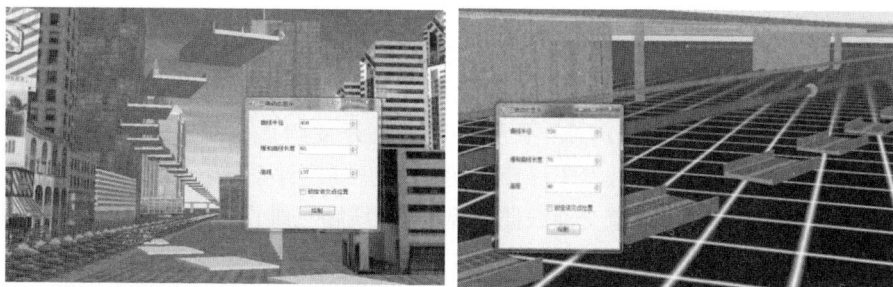

(a) 地上线路　　　　　　　　　　　　　　(b) 地下线路

图 14-23　线路三维动态调整显示效果图

第 15 章　城市轨道交通三维设计系统

城市轨道交通线路三维可视化设计是线路设计发展的趋势之一,特别是在城市复杂的地面和地下环境中,三维可视化设计更具有重要的现实意义。采用 C# 2010 编程语言、Skyline 3D GIS 平台及其二次开发组件、Oracle 数据库和 Esri CityEngine 城市建模软件开发了城市轨道交通三维设计系统,实现了三维城市景观建模、管线三维建模、轨道交通线路模型建模、线路三维设计功能以及场景编辑、信息查询功能,场景浏览顺畅,具有较强的真实感。为进一步研制包含节能设计、噪声评估、震动评估、火灾模拟、应急仿真、驾驶仿真等综合的城市轨道交通三维可视化设计平台提供了基础。

15.1　开发平台简介

15.1.1　Skyline 平台简介

Skyline 系列软件是基于 GIS、RS、GPS 和虚拟现实技术的三维可视化地理信息系统。能够利用数字正射影像、数字高程模型、矢量数据、3D 模型和非空间属性数据等信息源,创建交互式的三维可视化场景。能够迅速创建、编辑、浏览、处理和分析广域范围的真实三维地表景观、建筑物景观等,并且支持大型数据库和实时信息通信技术,满足用户对三维可视化和地理信息等的双重要求。

Skyline 平台包括 TerraBuilder、TerraExplorer Viewer、TerraGate、TerraExplorer Pro、TerraDeveloper Extension 软件模块,产品应用流程如图 15-1 所示。

15.1.2　Skyline 二次开发接口

TerraExplorer 应用程序开发接口(API)提供了一种集成 TerraExplorer 和自定义应用程序的强大方式,可以创建扩展用于访问外部资源,如访问数据库或地理空间数据文件。基于 COM 协议的所有接口都可以通过非脚本语言(如 C++或 C#)和脚本语言(如 JavaScript)进行开发。

TerraExplorer 还提供了一个 ActiveX 控件集合。在用户自定义界面中,允许将 3D 窗口、信息树和导航地图作为 ActiveX 对象嵌入用户界面。Runtime 模块能够快捷地发布自定义应用程序。

Skyline 提供了各类型的接口用于操作 ActiveX 控件及访问各类信息,主要接口见表 15-1。

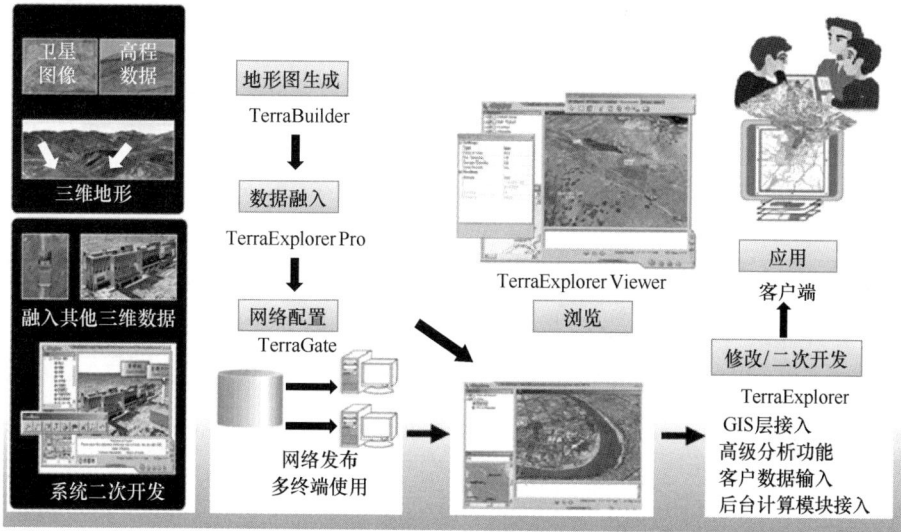

图 15-1　Skyline 产品应用流程

表 15-1　Skyline 主要接口

序号	接口	功能
1	IProject65（. Project）	打开工程,管理工程和保存工程
2	INavigate65（. Navigate）	通过设置摄像机的位置导航三维地图,产生复杂的动作如 FlyTo、放大和缩小
3	IProjectTree65（. ProjectTree）	提供对 TerraExplorer 信息树的访问,允许创建组和查询树中对象
4	ICreator65（. Creator）	创建和删除图层、对象、位置、几何体、颜色和演示、三维模型和图元（三维模型、点云模型、建筑物、3D 多边形、正方体、球等）和加载影像、高程栅格图层等
5	IAnalysis65（. Analysis）	地形分析操作。含所有地形分析对象:视域分析、洪水淹没分析、视线分析、填挖量分析和地形剖面分析
6	ITerrain65（. Terrain）	公开工程信息,如使用的 MPT 文件名称、坐标系和高程信息
7	IWindow65（. Window）	根据屏幕点选查询三维世界中的对象,创建和管理弹出窗口,创建快照,管理图层和控件等用户界面元素
8	ICommand65（. Command）	激活 TerraExplorer 用户界面的操作,如打开/关闭地下模式或手动启动对象编辑

序号	接口	功能
9	ICoordServices65 (. CoordServices)	坐标系相关功能。允许定义输入数据的坐标系，TerraExplorer 自动将输入数据坐标系转换为当前工程坐标系
10	Events	该接口定义了各种事件，使用 AttachEvent 方法捕捉 TerraExplorer 事件。可以对鼠标左键、右键等事件进行响应

15.1.3　Ersi CityEngine 建模软件

Esri CityEngine 是三维城市建模的首选软件，应用于数字城市、城市规划、轨道交通、电力、管线、建筑、仿真、游戏开发等领域。Esri CityEngine 可以利用二维数据快速创建三维场景，并能高效地进行规划设计，而且对 ArcGIS 的完美支持，使很多已有的基础 GIS 数据不需转换即可迅速实现三维建模，减少了系统再投资的成本，也缩短了三维 GIS 系统的建设周期。图 15-2 为 Esri CityEngine2012 的主界面。

图 15-2　Esri CityEngine2012 主界面

CityEngine 特有的 CGA（computer generated architecture）文件包含了一系列规则，规则定义了一系列的几何和纹理特征决定了模型如何生成。CGA 规则作为一种语义建模的语言，可以直接驱动 GIS 空间数据以及属性数据，通过对要素设置 Lot 等规则起始点，同时引用属性数据，使得的驱动二维 GIS 数据生成三维模型。

基于规则的建模的思想是定义规则，可反复优化设计，以创造更多的细节，图 15-3 展示了优化建模的示意图。CityEngine 提供了智能的、可视化的规则生成工具，支持基于规则的批量建模。

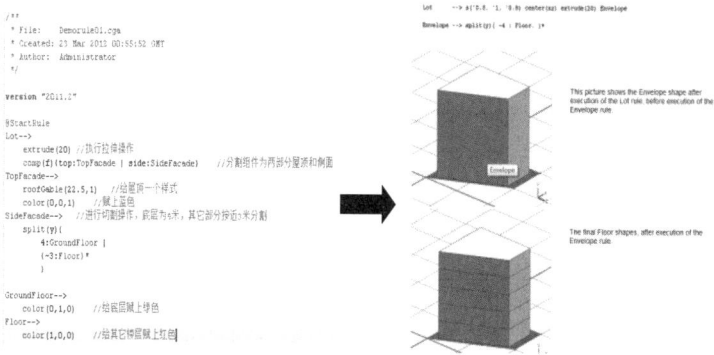

图 15-3　基于 CGA 规则优化建模示意图

15.2　系　统　简　介

15.2.1　系统功能简介

系统实现了快速建立城市三维场景、地下管线三维模型、城市道路三维景观、线路三维建模和三维漫游,提供场景编辑、信息查询功能和成果输出,场景浏览顺畅,真实感较强,系统主界面如图 15-4 所示。

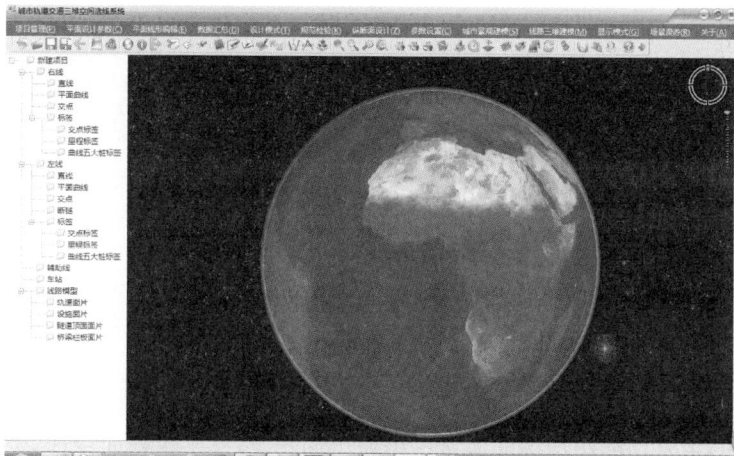

图 15-4　系统主界面

系统功能模块如图 15-5 所示。

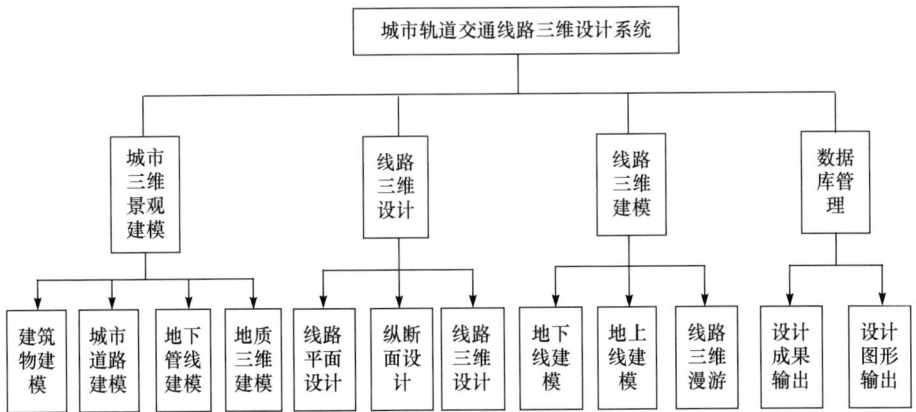

图 15-5　系统功能模块

15.2.2　运行环境

1) 硬件环境

CPU：Intel Core i5，3.2GHz 以上。

主频：≥3.2GHz。

内存：≥8GB。

显存：≥2GB。

硬盘：≥500GB。

2) 软件环境

操作系统：Windows 7 及以上。

编程语言：C♯2010。

图形支持系统：AutoCAD 2008 或更高版本。

建模支持系统：Esri CityEngine 2008 或更高版本。

数据库系统：Oracle9i 或更高版本。

15.3　系统主要功能

系统的主要功能包括构建海量三维城市场景、线路平纵断面设计、生成线路三维模型、线路三维漫游展示等，同时提供信息查询、规范检查等功能。

15.3.1　海量城市三维场景构建

三维城市场景包括建筑物、城市道路等，城市模型可通过 Esri CityEngine 内置的 Python 语言及 CGA 建模语言，导入相关数据后自动生成。

1. 建筑物建模

（1）通过运行 Python 程序读取建筑物轮廓三维坐标，生成建筑物平面地块，如图 15-6 所示。通过赋予建筑物地块 CGA 规则，依据 CGA 规则，对建筑物平面地块进行自动拉伸、分隔、纹理粘贴、配件插入等操作，实现模型的自动生成[168]，如图 15-7 所示。

图 15-6　建筑物平面地块图　　　　　图 15-7　批量建筑物模型图

图 15-8 和图 15-9 展示了基于 CGA 规则的建筑物景观建模效果。

图 15-8　建筑物景观效果图（CGA 规则批量）（一）

图 15-9　建筑物景观效果图（CGA 规则批量）（二）

（2）在场景预留位置，导入预先制作好的单体地标建筑物三维模型，提高场景的真实度，如图 15-10 和图 15-11 所示。

图 15-10　城市三维景观建模效果图（导入外部 3D 模型）（一）

图 15-11　城市三维景观建模效果图（导入外部 3D 模型）（二）

2. 城市道路建模

依据现场采集的每条道路的机动车道数、中央分隔带宽度、机非分隔带宽度、非机动车道宽度等数据编写道路 CGA 规则，实现自动建模，如图 15-12～图 15-16 所示。

图 15-12　城市中央分隔带效果

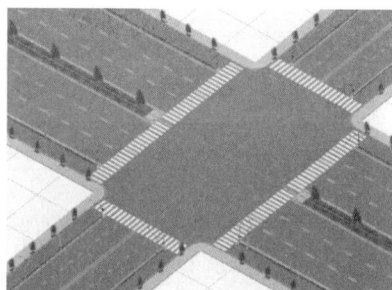

图 15-13　交叉口效果图

<table>
<tr><td>图 15-14　高架桥景观</td><td>图 15-15　互通立交效果图</td></tr>
</table>

图 15-14　高架桥景观　　　　　　　　图 15-15　互通立交效果图

图 15-16　城市道路景观效果图

3. 城市三维景观实例

图 15-17～图 15-20 展示了城市三维景观建模效果。

图 15-17　城市三维景观建模效果图(一)

15.3.2　三维管线建模

　　管线采用地图上选点放置或是批量导入的方式放置,导入时,可设置管线及接头颜色、管线名称、半径等信息。管线三维效果图如图 15-21 和图 15-22 所示。

图 15-18　城市三维景观建模效果图（二）

图 15-19　城市三维景观建模效果图（三）

图 15-20　城市三维景观建模效果图（四）

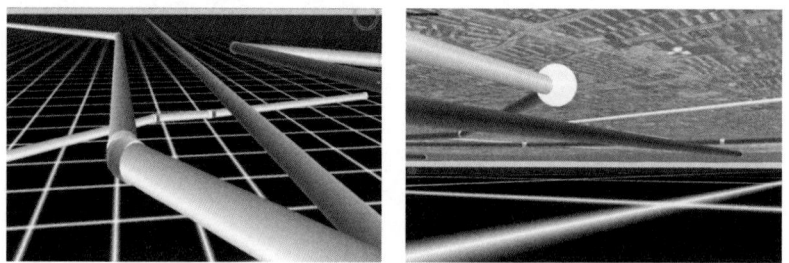

图 15-21　地下管线建模效果图（一）

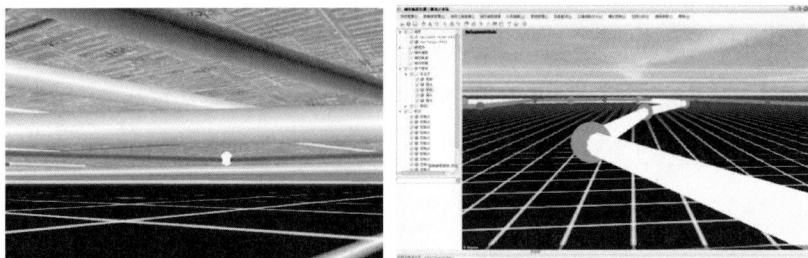

图 15-22　地下管线建模效果图(二)

15.3.3　线路平面设计

在建立的三维场景中,通过鼠标获取平面交点,交点连线为直线段,同时在弹出的窗体中选择曲线半径,同时缓和曲线长度根据规范自动选配,其余曲线参数自动计算,完成平面曲线插入,实现线路平面设计。线路平面设计主要功能如下。

1. 新建项目

设计前,需要新建项目,如图 15-23 所示,对新建的项目需要进行标准设定,如图 15-24 所示。

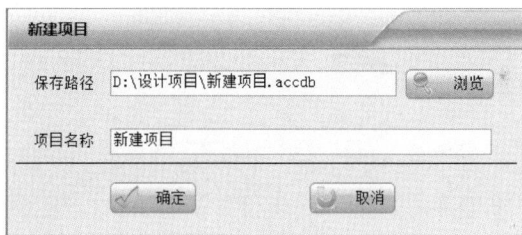

图 15-23　新建项目

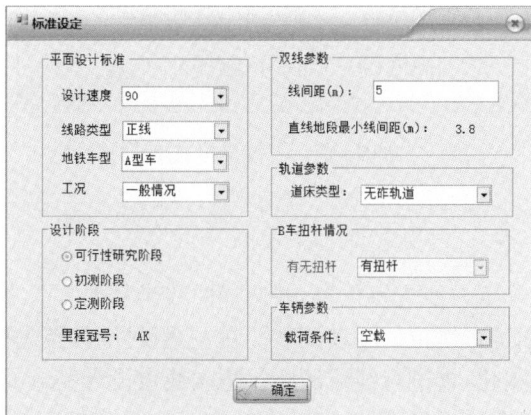

图 15-24　项目标准设定

2. 加载地形场景

完成标准设定,加载设计地形场景据(＊.mpt),选择对应的城市,这里以石家庄为例,如图 15-25 所示,加载后场景如图 15-26 所示。

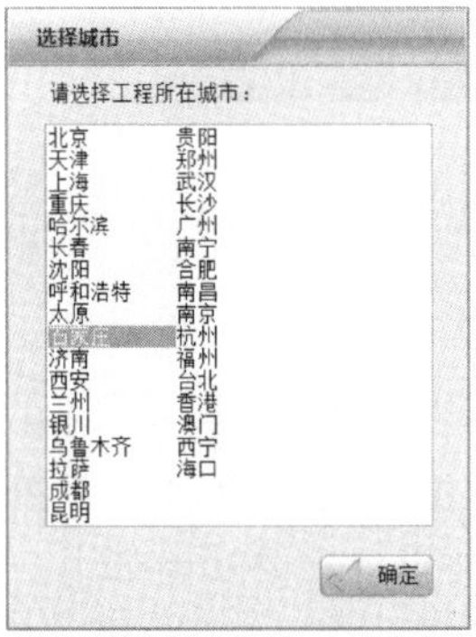

图 15-25　选择城市场景 　　　　　　图 15-26　加载城市场景后的效果

对加载数模的场景,可以查看任意一点的经纬度和坐标信息,如图 15-27 所示。

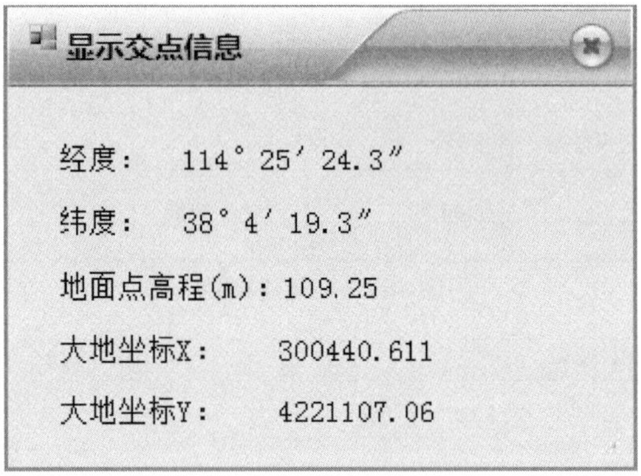

图 15-27　三维坐标查询

3. 平面交点选定

通过鼠标点选确定右线交点位置,并选择曲线半径插入曲线,从而确定右线的初步位置,之后可以进行线位的手动调整。在左线设计时,首先按照设定的线间距对左线线位进行初始化,再进行线位调整。每次线位设计完成或调整完成后,线路里程、断链等标签均会随之更新。

（1）鼠标选择交点位置，并选择合适的曲线半径，插入曲线，效果如图 15-28 所示。选择好一系列平面曲线交点和半径后，完成右线设计，如图 15-29 所示。

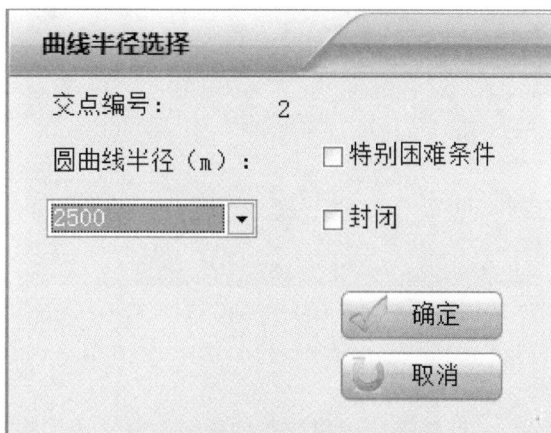

图 15-28　平面曲线半径选择

图 15-29　右线设计结果

（2）按照右线的位置和设定的线间距对左线进行初始化，如图 15-30 所示。

图 15-30　左线初始化设计结果

左右线局部放大效果如图 15-31 所示。

图 15-31　左右线局部放大设计效果

4. 车站设置

车站有两种方式:一种是直接用鼠标在场景中选定,如图 15-32 所示;一种是在输入界面输入车站相关信息,如图 15-33 所示。车站设置完成后,如图 15-34 所示。

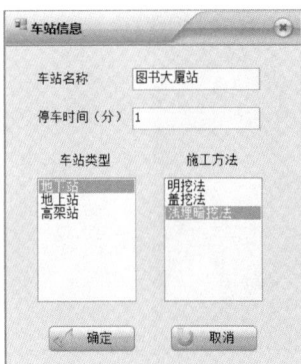

图 15-32　鼠标设置方式

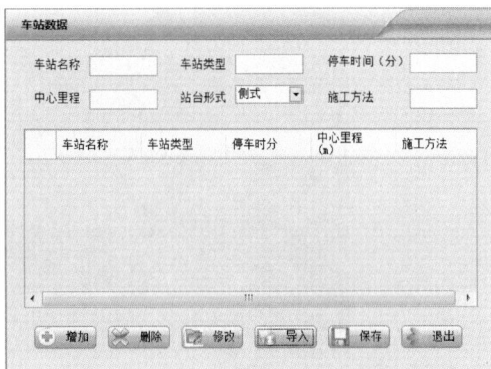

图 15-33　输入车站数据方式

图 15-34　车站设置结果

5. 规范检查

平面设计中,主要包括圆曲线长度检查和夹直线长度检查,如图 15-35 和图 15-36所示。

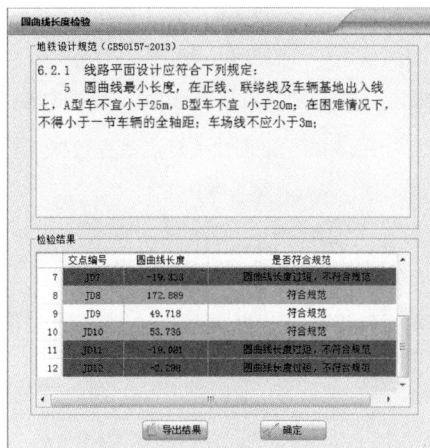

图 15-35　圆曲线长度检查

图 15-36　夹直线长度检查

6. 设计结果数据

设计结果数据包括平面曲线要素数据、平面交点数据、平面曲线桩点坐标数据、平面曲线桩点里程数据,如图 15-37～图 15-40 所示。

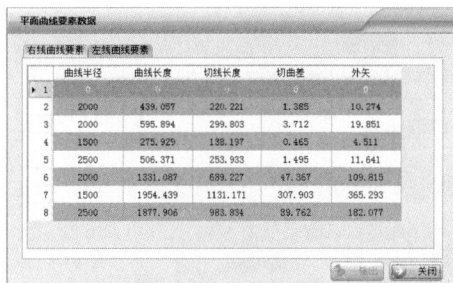

图 15-37　平面曲线要素数据

图 15-38　平面交点数据

7. 数据采集

数据采集包括平面曲线数据采集、断链数据采集和数模采集,如图 15-41～图 15-43所示。

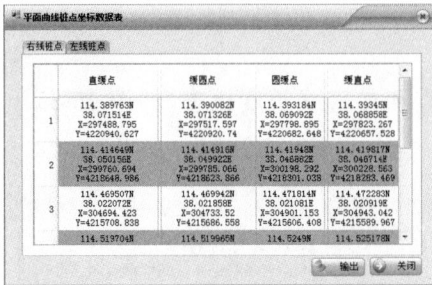

图 15-39　平面曲线桩点坐标数据　　　　　图 15-40　平面曲线桩点里程数据

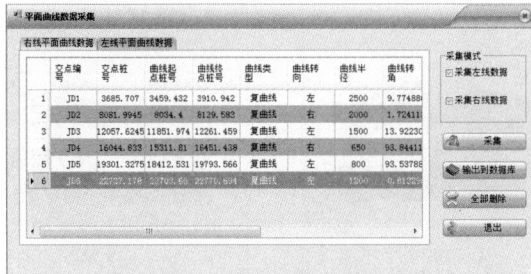

图 15-41　平面曲线数据采集

图 15-42　断链数据采集

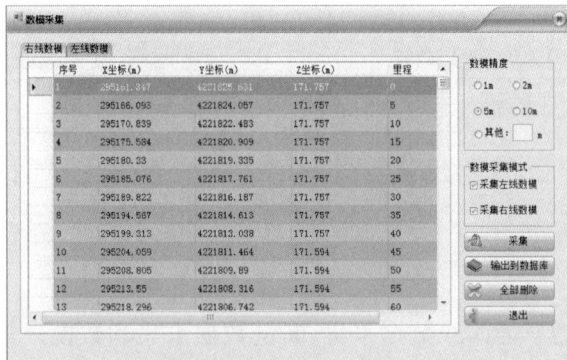

图 15-43　数模采集

15.3.4　线路纵断面设计

当平面线设计完成后,读取线路数字地面模型,为纵断面设计作准备。读取数模后,可以通过 GDI＋技术,在纵断面设计窗体上进行纵断面设计,如图 15-44 所示。

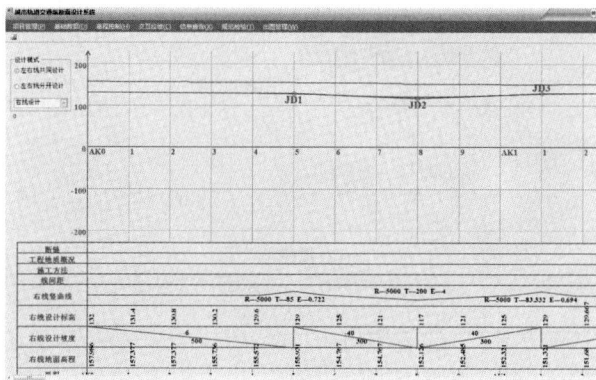

图 15-44　纵断面设计主界面

通过鼠标点选确定变坡点位置,并适时插入竖曲线,从而确定线路纵断面的初步方案,之后可以通过拖动变坡点的方式调整线位。提供左右线共同设计、右线设计、左线设计三种设计方式。

1. 插入变坡点

鼠标点选变坡点,插入竖曲线,如图 15-45 所示,竖曲线设置后效果如图 15-46 所示。

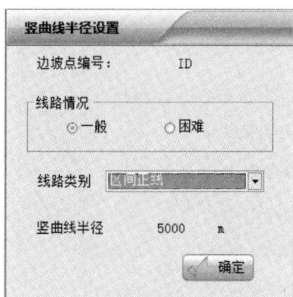

图 15-45　竖曲线半径设置

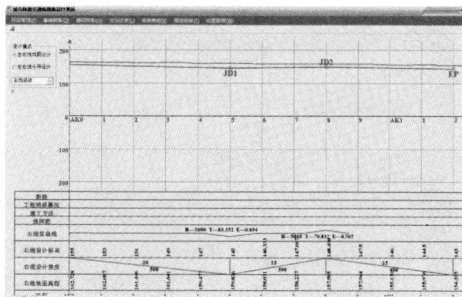

图 15-46　竖曲线插入效果

2. 拖动变坡点

可拖动变坡点进行线位调整，如图 15-47 所示。

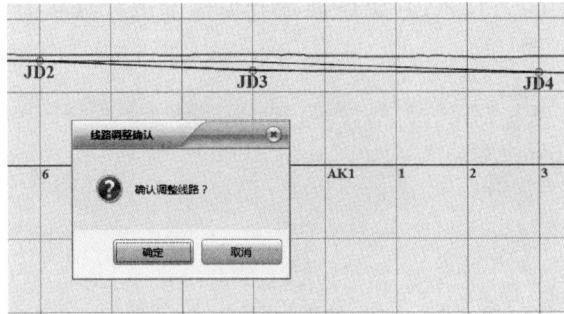

(a) 调整前

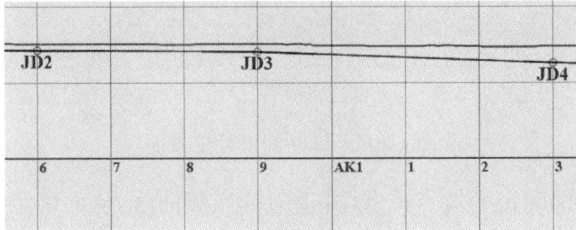

(b) 调整后

图 15-47　拖动变坡点进行线位调整

3. 信息查询

信息查询包括设计埋深查询、平面曲线查询、地质信息查询、坡段信息查询和高程控制点查询，如图 15-48～图 15-52 所示。

图 15-48　设计埋深查询

图 15-49　平面曲线查询

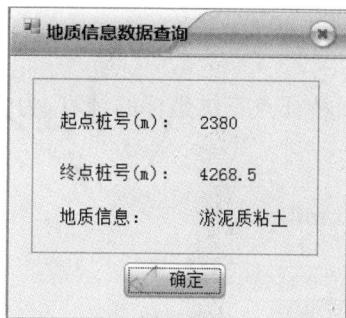
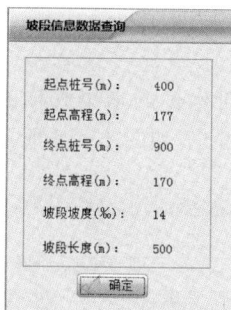
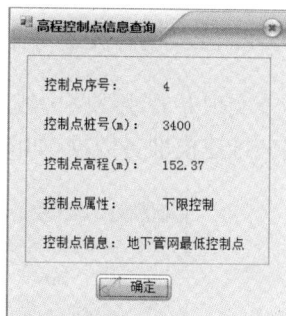

图 15-50　地质信息查询　　图 15-51　坡段信息查询　　图 15-52　高程控制点查询

4. 规范检验

规范检验包括区间坡度检验、竖曲线检验、竖曲线检验和最小坡度检验，如图 15-53～图 15-56 所示。

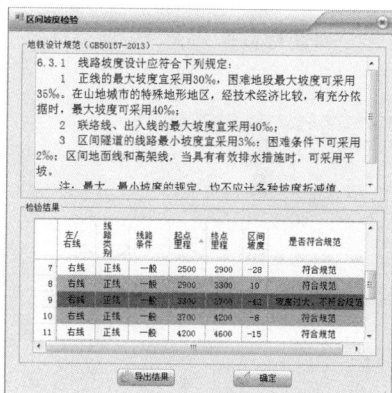

图 15-53　区间坡度检验

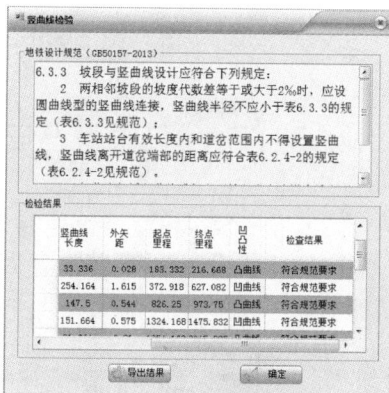

图 15-54　竖曲线检验

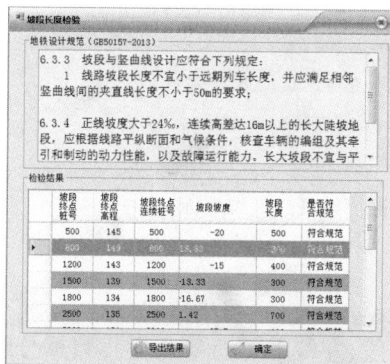

图 15-55　坡段长度检验

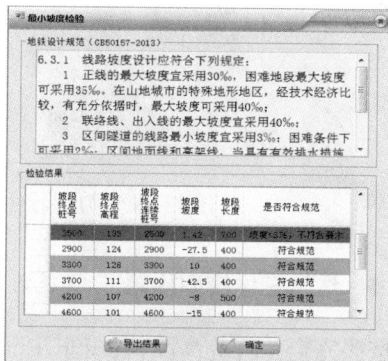

图 15-56　最小坡度检验

5. 三维坐标采集与导出

实现左右线线路中线三维坐标的采集和横断面特征点三维坐标的计算，为线路三维建模准备数据，如图 15-57 和图 15-58 所示。

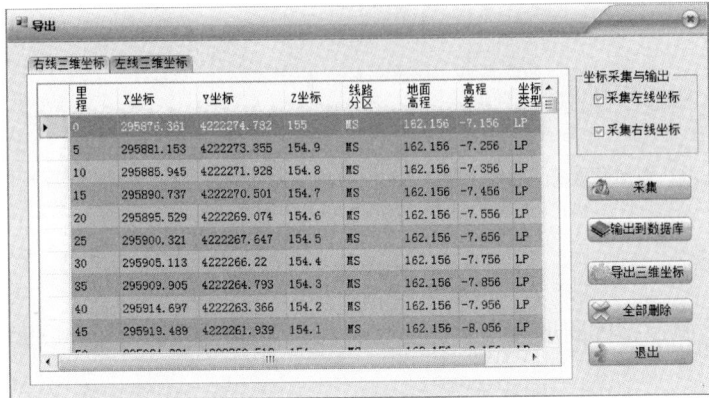

图 15-57　导出左右线中线三维坐标数据

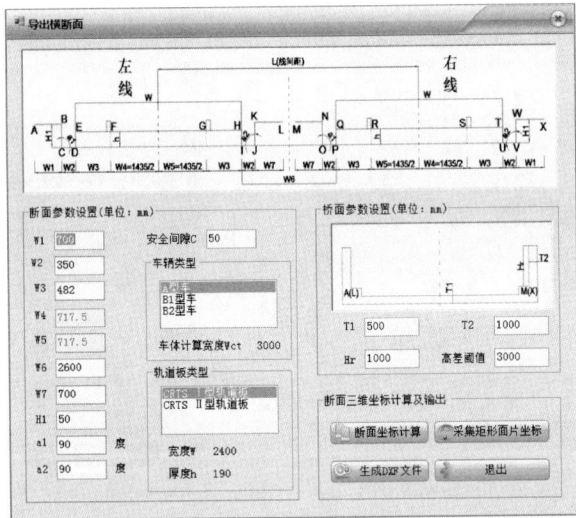

图 15-58　导出线路模型横断面特征点三维坐标

15.3.5　线路三维模型构建

按照完全并行等高段、右线非并行等高段、左线非并行等高段将数据分组，并按照线路敷设方式生成相应的隧道和桥梁模型。

（1）通过数据加载窗体进行数据分组加载，数据加载窗体如图 15-59 所示。

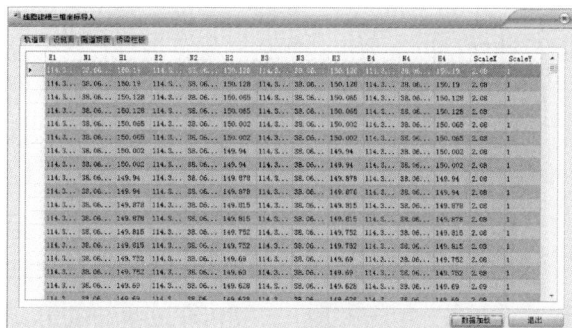

图 15-59　建模数据加载

（2）通过纹理设置窗体进行纹理分组设置或者颜色设置，如图 15-60 所示。

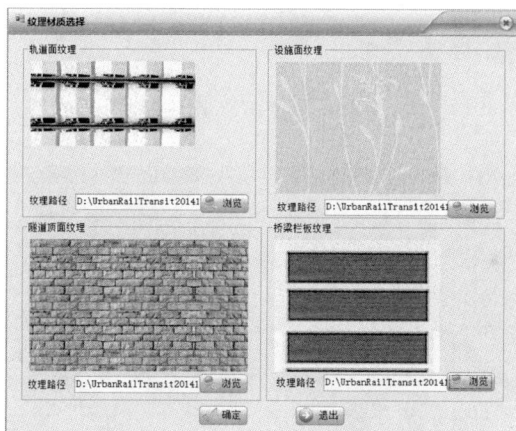

图 15-60　模型纹理设置

（3）点击模型"线路模型生成"生成线路模型，线路三维模型如图 15-61 所示。

图 15-61　线路三维模型

15.3.6　线路三维漫游展示

城市轨道线路设计结果以及周围场景的三维可视化在评价设计结果的视觉效果以及与周围环境的协调等方面发挥着重要的作用。通过对线路设计结果的三维浏览和漫游,可以发现一些在工程施工完成之后才会暴露的问题,这也是实现城市轨道交通线路三维设计所必需的。图 15-62～图 15-68 展示了线路三维漫游效果图。

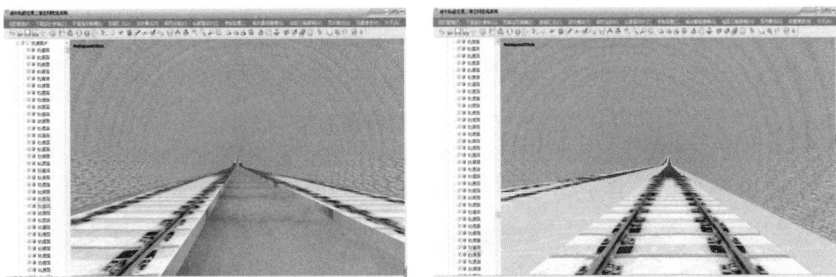

图 15-62　线路三维漫游效果图(隧道 1)(一)

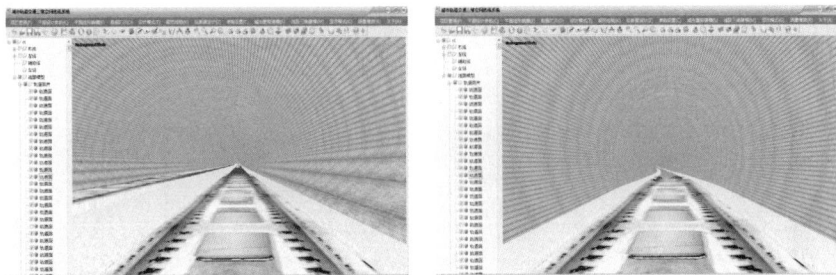

图 15-63　线路三维漫游效果图(隧道 2)(二)

图 15-64　线路三维漫游效果图(透明方式)(三)

图 15-65 线路三维漫游效果图(高架)(四)

图 15-66 线路三维漫游效果图(高架)(五)

图 15-67 线路三维漫游效果图(高架)(六)

图 15-68 线路三维漫游效果图(高架)(七)

参 考 文 献

[1] 孟存喜,蒲浩,冯威,等.铁路各设计阶段数字选线平台的开发及关键技术[J].计算机技术在工程设计中的应用——第十六届全国工程设计计算机应用学术会议论文集,2012.

[2] 蒲浩,宋占峰,郑顺义,等.道路三维场景的实时动态显示技术[J].交通运输工程学报,2003,3(1):52~56.

[3] 郑顺义,蒲浩.道路设计结果的3维实时动态浏览与漫游[J].测绘通报,2004,(7):32~36.

[4] 蒲浩,宋占峰,詹振炎.铁路线路设计中三维实时交互式仿真研究[J].中国铁道科学,2003,10(5):5660.

[5] Chandramouli M,Huang B,Chou T Y,et al. Design and implementation of virtual environments for planning and building sustainable railway transit systems[J]. WIT Transactions on the Built Environment,2006,88:33~43.

[6] Caneparo L. Shared virtual reality for design and management:The porta susa project [J]. Automation in Construction,2001,10:217~228.

[7] Di Gironimo G,Patalano S. Re-design of a railway locomotive in virtual environment for ergonomic requirements [J]. International Journal on Interactive Design and Manufacturing,2008,2(1):47~57.

[8] Jun H K. Multi-train operation simulation in an interactive virtual environment [J]. Journal of Information and Computational Science,2007,4(1):77~89.

[9] Kljuno E,Williams I I R. Vehicle simulation system:Controls and virtual-reality-based dynamics simulation [J]. Journal of Intelligent and Robotic Systems:Theory and Applications,2008,52(1):79~99.

[10] Shibata T,Fujihara H. Development of railway VR safety simulation system [J]. Quarterly Report of RTRI (Railway Technical Research Institute),2002,43(2):87~89.

[11] Bruner M,Rizzetto L. Dynamic simulation of tram-train vehicles on railway track [J]. WIT Transactions on the Built Environment,2008,101:491~501.

[12] 潘兵宏,许金良,杨少伟,等.公路三维建模应用研究[J].西安公路交通大学学报,2001,21(1):49~51.

[13] 朱军,王金宏,胡亚,等.基于E-R模型的虚拟高速铁路场景组合建模方法[J].西南交通大学学报,2014,49(2):317~322.

[14] 王明生,张振平.基于GIS的铁路路基三维可视化技术研究[J].工程图学学报,2009,(1):66~69.

[15] 陈建平,常庆瑞,陶文芳,等.基于Google Earth的GIS专题制图技术研究与应用[J].水土保持通报,2008,28(6):63~67.

[16] 朱颖,蒲浩,刘江涛,等.基于数字地球的铁路三维空间选线技术研究[J].铁道工程学报,2009,(7):33~37.

[17] 叶丰明,韩正梅.Google Earth在铁路勘测设计中的应用[J].铁道勘察,2009,(6):43~46.

[18] Liu C, Xiang N, Yi H. Method of modeling 3D city based on Google earth [J]. Surveying and Spatial Information Technology, 2010, 33(6):89~92.

[19] Cheng P, Wen H, Cheng Y, et al. Parameters of the CGCS 2000 ellipsoid and comparisons with GRS 80 and WGS 84[J]. Cehui Xuebao/Acta Geodaetica et Cartographical Sinica, 2009, 38(3):189~194.

[20] 江宽. Google API 开发详解:Google Maps 与 Google Earth 双剑合璧[M]. 2 版. 北京:电子工业出版社, 2010.

[21] 谭衢霖, 沈伟, 杨松林, 等. 摄影测量与遥感在我国铁路建设中的应用综述[J]. 铁道工程学报, 2007, (1):14~19.

[22] 曹成度. 卫星遥感影像在铁路选线中的应用[J]. 铁道勘察, 2006, 32(6):23~25.

[23] 吕希奎. 基于遥感信息的选线系统地理环境建模方法及应用研究[D]. 成都:西南交通大学, 2008.

[24] 胡金星, 潘懋, 马照亭, 等. 高效构建 Delaunay 三角网数字地形模型算法研究[J]. 北京大学学报(自然科学版), 299, 39(5):736~741.

[25] 林意, 熊汉伟, 骆少明. 过控制顶点的 B 样条曲线[J]. 江南大学学报(自然科学版), 2003, 2(6):553~556.

[26] 吕希奎, 周小平. 实战 OpenGL 三维可视化系统开发与源码精解[M]. 北京:电子工业出版社, 2009.

[27] 易思蓉. 虚拟环境铁路选线设计系统的理论和方法研究[D]. 成都:西南交通大学, 2000.

[28] 蒲浩. 现代路线 CAD 系统关键技术研究与应用[D]. 长沙:中南大学, 2002.

[29] Wang G. Study of 3D Engineering Design Model in Road and Airport CAD System [D]. Shanghai:Tongji University, 1994.

[30] 裴玉龙, 邓建华. 双线性 Coons. 曲面在平面交叉口竖向设计中的应用[J]. 哈尔滨建筑大学学报, 2002, 35(1):113~116.

[31] 赵一飞, 杨少伟, 许金良. 基于线性 Coons 曲面模型的平面交叉口立面设计方法[J]. 交通运输工程学报, 2003, 3(3):17~20.

[32] 吴国雄, 严强, 孙家驷. 双三次曲面在交叉口立面设计中的应用研究[J]. 重庆交通学院学报, 2001, 20(2):6~8.

[33] Coons S A. Surfaces for computer-aided design of space figures. M. I. T. Mac-M-255, 1964.

[34] Coons S A. Surfaces for computer-aided design of space forms. M. I. T. Mac-TR-41, 1967.

[35] Alan Watt. 3D Computer Graphics [M]. 3rd ed. New York:Pearson Education Limited.

[36] 汪厚祥, 刘孟仁, 夏静. 交互式计算机图形学. 武汉:华中理工大学出版社, 1992.

[37] 施法中. 计算机辅助几何设计与非均匀有理 B 样条(CAGD & NUMBERS)[M]. 北京:北京航空航天大学出版社, 1994.

[38] 陈学工, 季兴, 黄伟. 三维隧道矢量模型生成方法[J]. 计算机应用, 2010, 30(6):1577~1580.

[39] 吕希奎, 周小平, 张学军, 等. 基于参数化技术的隧道三维建模方法[J]. 工程图学学报, 2011, 32(2):26~30.

[40] 何健鹰,徐强华,游佳. 基于 OpenGL 的一种三维拾取方法[J]. 计算机工程与科学,2006, 28(1):45~47.

[41] 周杨,谭兵,徐青. 基于 3 维地形图的空间分析算法[J]. 测绘学院学报,2001,18(1): 39~43.

[42] 李勇. 三维地理信息系统有关技术的研究与实践[D]. 郑州:解放军测绘学院,2002.

[43] 谭兵. 基于遥感影像的地形三维重建技术研究[D]. 郑州:解放军测绘学院,2001.

[44] 解志刚. 罗伊萍,辛宪会,等. LOD 地形中点坐标查询的研究[J]. 海洋测绘,2005,25(4):70~73.

[45] 高山. 铁路工程地质选线三维可视化技术与评价方法研究[J]. 铁道工程学报,2011, 36 (2):27~31.

[46] Li N N,Ma W F. A study on railway engineering geology location based on 3D remote sensing technology[C]//2011 International Conference on Remote Sensing,Environment and Transportation Engineering,Nanjing,2011:4729~4732.

[47] 李为乐,陈情,陈哲锋. Google Earth 三维可视化在滇藏铁路林芝—拉萨段地质选线中的应用[J]. 遥感信息,2012,(1):95~99.

[48] Zhou X,Lv X,Wang M. The 3D geological environment modeling and application of virtual environment railway location system[C]//Proceedings of the 2nd International Conference on Transportation Engineering,Chengdu,2009:3584~3589.

[49] 易思蓉,庄海珍,韩春华. 选线系统的知识获取与定线指导专家超文本模型[J]. 铁道勘察, 2005,1:1~4.

[50] 易思蓉,韩春华,段晓峰. 虚拟环境选线系统的地理超图模型[J]. 中国铁道科学,2006, 271:133~137.

[51] Winkel R. On a generalization of Bernstein polynomials and Bézier curves based on umbral calculus [J]. Computer Aided Geometric Design,2014,31(5):227~244.

[52] Kouibia A,Pasadas M,Rodríguez M L. Optimization of parameters for curve interpolation by cubic splines [J]. Journal of Computational and Applied Mathematics,2011, 235(14):4187~4198.

[53] 黄通浪,唐敏,董金祥. 一种快速精确的连续碰撞检测算法[J]. 浙江大学学报(工版),2006, 40(6):1051~1055.

[54] Wang W,Ren M. Soft-sensing method for wastewater treatment based on BP neural network [J]. Intelligent Control and Automation,2002,3:2330~2332.

[55] 杨桂芳,姚长宏,王增银,等. BP 神经网络在岩溶水库渗漏评价中的应用[J]. 中国岩溶, 2000,19(1):74~79.

[56] 阎平凡,张长水. 人工神经网络与模拟进化计算[M]. 北京:清华大学出版社,2000.

[57] 吴凌云. BP 神经网络学习算法的改进及其应用[J]. 信息技术,2003,27(7):42~44.

[58] Voge T,Wangis I. Accelerating and convergence of the back propagation method [J]. Biol Cybernetics,1998,59:257~261.

[59] 薛年喜,贾永乐. 用自调整 S 函数提高神经网 BP 算法[J]. 计算机测量与控制,2003, 112:153~155.

[60] 马正华,薛国新.BP 神经网络训练算法的改进[J].江苏理工大学学报(自然科学版),2000,21(1):79～82.

[61] Hagan T M,Demuth B H.神经网络设计[M].戴葵译.北京:机械工业出版社,2002.

[62] Hagan T M. Training feed forward networks with the Marquardt algorithm [J]. IEEE Transactions on Neural Networks,1994,5(6):295～301.

[63] 黄胜伟,董曼玲.自适应变步长 BP 神经网络在水质评价中的应用[J].水利学报,2002,10:119～123.

[64] 王子民,王勇.基于 Levenberg-Marquardt 算法的主机入侵检测系统研究[J].计算机应用,2005,25(9):2078～2079.

[65] 田景文,高美娟.人工神经网络算法研究与应用[M].北京:北京大学理工大学出版社,2006.

[66] 贾丽会,张修如.BP 算法分析与改进[J].计算机技术与发展,2006,16(10):101～104.

[67] 金峤,方帅,阎石,等.BP 网络模型的改进方法综述[J].沈阳建筑工程学院学报(自然科学版),2001,17(3):197～199.

[68] 高大启.有教师的线性基本函数前向三层神经网络结构研究[J].计算机学报,1998,21 (1):80～86.

[69] Shen Z,Liu F. Applying improved BP neural network in underwater targets recognition [J]. International Joint Conference on 16-21,Vancouver,2006:2588～2592.

[70] 夏克文,宋建平,李昌彪.前向神经网络隐含层节点数的一种优化算法[J].计算机科学,2005,36(10):143～147.

[71] 黄友能,唐涛,宋晓伟.虚拟仿真技术在地铁列车运行仿真系统中的研究[J].系统仿真学报,2008,20(12):3208～3211.

[72] 牛清华,钱雪军.城轨列车虚拟驾驶仿真系统[J].机电一体化,2009,4:66～69.

[73] 刘敏贤,王家素,王素玉.高温超导磁悬浮列车视景仿真系统[J].超导技术,2011,39(3):40～44.

[74] 刘博,徐元铭,史红伟.基于 Creator 的列车运行三维建模技术研究[J].科学技术与工程,2010,10(30):7545～7549.

[75] 姜璐,宁滨.列车三维驾驶仿真系统的设计与实现[J].铁道通信信号,2008,44(9):37～40.

[76] 丁国富,翟婉明,张治,等.机车车辆轨道耦合几何结构基于面向对象的建模分析研究[J].交通运输工程学报,2001,1(2):14～17.

[77] 丁国富,翟婉明,张治,等.车辆-轨道耦合系统中基于变参数的三维图形仿真研究[J].计算机辅助设计与图形学学报,2002,14(2):115～119.

[78] Caneparo L. Shared virtual reality for design and management:The porta susa project [J]. Automation in Construction,2001,10(2):217～228.

[79] Jun H K. Multi-train operation simulation in an interactive virtual environment [J]. Journal of Information and Computational Science,2007,20:77～89.

[80] Kljuno E,Williams II R L. Vehicle simulation system:Controls and virtual-reality-based dynamics simulation [J]. Journal of Intelligent and Robotic Systems:Theory and Applica-

tions,2008,52(1):79~99.

[81] Bruner M,Rizzetto L. Dynamic simulation of tram-train vehicles on railway track [J]. WIT Transactions on the Built Environment,2008,101:491~501.

[82] 吕希奎,周小平,贾晓秋. 高速列车运动仿真可视化建模研究[J]. 图学学报,2013,34 (1): 87~91.

[83] 王卫东,蒋红斐. 道路与铁道工程计算机辅助设计[M]. 北京:机械工业出版社,2004.

[84] 王继周,李成名. 城市景观三维模型库的原理、构建及应用[J]. 测绘科学,2007,32(4): 21~22.

[85] Liu C,Xiang N,Yi H. Method of modeling 3D city based on Google Earth [J]. Surveying and Spatial Information Technology,2010,33 (6):89~92.

[86] 王明生. 城轨线路三维可视化设计基础理论和方法[D]. 北京:北京交通大学,2014.

[87] Cheng P,Wen H,Cheng Y,et al. Parameters of the CGCS 2000 ellipsoid and comparisons with GRS 80 and WGS 84[J]. Cehui Xuebao/Acta Geodaetica et Cartographic Sinica,2009, 38(3):189~194.

[88] Jun Y. Chinese modern geodetic datum Chinese geodetic coordinate system 2000 (CGCS 2000)and its frame. Chen[J]. Cehui Xuebao/Acta Geodaetica et Cartographic Sinica,2008, 37(3):269~271.

[89] Xiao Y,Tan T,Tay S. Utilizing edge to extract roads in high-resolution on satellite imagery [C]//IEEE International Conference on Image Processing,ICIP,2005:637~640.

[90] Shi W. The line segment match for extracting road network from high-resolution satellite images [J]. IEEE Transaction on Geoscience and Remote Sensing,2002,40(2):511~514.

[91] 朱长青. 基于形态分割的高分辨率遥感影像道路提取[J]. 测绘学报,2004,33 (4): 347~351.

[92] Grote A,Butenuth M,Heipke C. Road extraction in suburban areas based on normalized cuts[C]//International Archives of Photogrammetry,Remote Sensing and Spatial Information Sciences,Munich,2007:51~56.

[93] 李晓峰,张树清,韩富伟,等. 基于多重信息融合的高分辨率遥感影像道路信息提取[J]. 测绘学报,2008,37(2):178~184.

[94] Tupin F,Houshm B. Road detection in dense areas using SAR imagery and the usefulness of multiple views[J]. IEEE Transaction on Geoscience and Remote Sensing, 2002,40(11): 2405~2414.

[95] Hibz S,Baumgartner A. Automatic extraction of urban road networks from multiview [J]. Photogrammetry and Remote Sensing,2003,58:83~94.

[96] 项皓东. 从高分辨率遥感影像中提取道路信息的方法综述及展望[J]. 测绘与空间地理信息,2013,36(8):202~205.

[97] 康志忠,张祖勋,张剑清. 城市街道景观三维可视化的快速实现[J]. 武汉大学学报(信息科学版),2010,35(2):205~208.

[98] 万剑华,花向红. 城市三维景观像片写真模型的建立[J]. 测绘科学,1999,4:38~44.

[99] 吕永来,李晓莉.基于 CityEngine 平台的高速铁路建模方法的研究与实现[J].测绘,2013,(1):19~22.

[100] 王亮.城市三维景观建模方法综述[J].地矿测绘,2011,27(3):19~21.

[101] 北京市市政工程设计研究总院.CJJ37-2012 中华人民共和国国家标准城市道路工程设计规范[S].北京:中国建筑工业出版社,2012.

[102] 张文元,付仲良.基于 ArcGIS Engine 的综合管线三维可视化研究[J].测绘通报,2008,8:28~31.

[103] 唐莉萍,张浩.一种基于 Skyline 软件自动批量创建三维管线的方法[J].工程勘察,2012,4:85~87.

[104] 刘浩,赵文吉,段福洲,等.基于 GPU 的地下管线三维可视化建模研究[J].计算机工程与应用,2013,49(18):145~148.

[105] 张志华.矿山巷道三维网络模型的构建及其路径分析方法研究[D].西安:西安科技大学,2010.

[106] 马俊海.城市三维管线信息系统的设计与实现[J].黑龙江工程学院学报(自然科学版),2009,23(3):15~18.

[107] 简季,吴剑,杨武年,等.基于 OpenGL 的三维地下管线信息系统的设计与实现[J].计算机辅助设计与图形学学报,2004,16(10):1466~1468.

[108] 毕天平,孙立双,钱施光.城市地下管网三维整体自动建模方法[J].地下空间与工程报,2013,9(S1):1473~1476,1482.

[109] 周方晓,李昌华,赵亮.Sweep 造型法在管线三维可视化中的应用[J].计算机工程与应用,2011,47(7):162~165.

[110] 孙中昶,卢秀山,田茂义.矿山巷道 3 维建模算法研究及实现[J].测绘学报,2009,38(3):250~254.

[111] 王明生.城轨线路三维可视化设计基础理论和方法[D].北京:北京交通大学,2014.

[112] 简季,吴剑,杨武年,等.基于 OpenGL 的三维地下管线信息系统的设计与实现[J].计算机辅助设计与图形学学报,2004,10:1466~1468.

[113] 邓凯,蔡竹静.基于 VTK 的地下管线三维可视化研究与实现[J].科技信息,2013,2:150.

[114] 李清泉,严勇,杨必胜,等.地下管线的三维可视化研究[J].武汉大学学报(信息科学版),28(3):253~256,277~279.

[115] 吴博.基于 Orge 的三维管线绘制方法的研究与实现[J].电脑编程技巧与维护,2014,18:87~90.

[116] 陈子辉,王丽,胡建平.DXF 与 OpenFlight API 虚拟三维管网自动建模技术研究[J].测绘科学,2010,35(5):180~182.

[117] 陈亚东,胡建平,王丽.城市地下三维管网建模技术研究[J].计算机与现代化,2010,8:77~79.

[118] 张文元,付仲良.基于 ArcGIS Engine 的综合管线三维可视化研究[J].测绘通报,2008,8:28~31.

[119] 杨建思,柳应飞,彭正洪.基于 ArcGIS Engine 的燃气管道信息系统研究[J].武汉大学学

报(工学版),2006,39(4):72~75,79.

[120] 常河. Google SketchUp 与 ArcGIS 在城市三维地下综合管网中的应用研究[D]. 昆明:昆明理工大学,2008.

[121] 方军,黄长青,张录松. 基于 Skyline 的城市规划三维建模技术流程与应用[J]. 江南大学学报(自然科学版),2014,13(1):84~89.

[122] 张剑波,李春亮,张耀芝,等. 基于 Skyline 的城市三维管道自动生成技术[J]. 测绘通报,2013,12:66~70.

[123] 申海鹏,张义文,孙世凯. 基于 Skyline 的三维地下管线系统的设计[J]. 科技创新与应用,2013,4:42~44.

[124] 刘军,钱海峰,孙永新. 基于 Skyline 的三维综合地下管线应用与研究[J]. 城市勘测,2011,4:43~45.

[125] 徐爱锋,徐俊,龚健雅. 基于 Skyline 的三维管线系统的设计与实现[J]. 测绘通报,2013,6:75~77,93.

[126] 韩勇,陈戈,李海涛. 基于 GIS 的城市地下管线空间分析模型的建立与实现[J]. 中国海洋大学学报,2004,34(3):506~512.

[127] 毕天平,周京春. 昆明三维地下管线系统应用与研究[J]. 测绘通报,2014,2:93~96.

[128] 熊祖强. 工程地质三维建模及可视化技术研究[D]. 武汉:中国科学院武汉岩土力学研究所,2007.

[129] Houlding S W. 3D Geosciences Modeling Computer Techniques for Geological Characterization[M]. Berlin:Spring-Verlag,1994.

[130] 陈健. 三维地层信息系统的建模与分析研究[D]. 武汉:中国科学院武汉岩土力学研究所,2001.

[131] 王笑海. 基于三维拓扑格网结构的 GIS 地层模型研究[D]. 武汉:中国科学院武汉岩土力学研究所,1999.

[132] 李邵军. 边坡安全性评估的三维智能信息系统研究[D]. 武汉:中国科学院武汉岩土力学研究所,2004.

[133] 钟登华,李明朝. 水利水电工程地质三维地质建模与分析理论及实践[M]. 北京:水利水电出版社,2006.

[134] 李安波,周良辰,闾国年. 地质信息系统[M]. 北京:科学出版社,2013.

[135] Light W A. Some aspects of radial basis function approximation[A]//Approximation Theory,Spine Functions and Applications,NATO ASI Series. Boston:Kluwer Academic Publishers,1992:163~190.

[136] Lemon A M,Jones N L. Building solid models from boreholes and user-defined cross-section[J]. Computers and Geosciences,2003,29(3):547~555.

[137] Shi W Z. Development of a Hybrid Model for Three-Dimensional GIS[M]. Geo-Spatial Information Science,2000.

[138] Mallet J L. A computer aided design programe for geological applications. Three Dimensional Modeling with Geoscientific Information Systems[J],1992,354:123~141.

［139］Carlson E. Three dimensional conceptual modeling of subsurface structures［C］//Technical Papers of American Society for Photogrammetry and Remote Sensing/American Congress on Surveying and Mapping AnnualConvention，Baltimore，1987：188～200.

［140］Requicha A A G，Voelcker H B. Solid modeling：Current status and research directions［J］. IEEE Computer Graphics and Application，1983，3(7)：25～37.

［141］Victor J D. Delaunay triangulations in TIN creation：An overview and a linear time algorithm［J］. Geographical Information System，1993，7(6)：501～524.

［142］Victor J D，Alan P. Delaunay tetrahedral data modeling for 3D GIS applications［A］. Proc. GIS/LIS 93，1993：671～678.

［143］Pilout M，Tempfli K，Molenaar M. A tetrahedron based 3D vector data model for geo-information［A］. Advanced Geographic Data Modeling Netherlands Geodetic Commission. Publication on Geodesy，1994，40：129～140.

［144］杨东来. 地质体三维建模方法与技术指南［M］. 北京：地质出版社，2007.

［145］李德仁，李清泉. 一种三维 GIS 混合数据结构研究［J］. 测绘学报，1997，26(2)：121～127.

［146］Li R. 3D data structure and application in geological subsurface modeling［J］. International Archives of Photogrammetry and Remote Sensing，1994，30：124～131.

［147］李清泉，李德仁. 三维空间数据模型集成的概念框架研究［J］. 测绘学报，1998，27(4)：325～330.

［148］龚健雅，夏宗国. 矢量与栅格集成的三维数据模型［J］. 武汉测绘科技大学，1997，22(1)：7～15.

［149］曹彤，刘臻. 用于建立三维 GIS 的八叉树编辑压缩算法［J］. 中国图像图形学报，2002，7(1)：51～55.

［150］Shi W Z. Development of a hybrid model for three-dimensional GIS［M］. Geo-Spatial Information Science，2000.

［151］刘湘南，黄方，王平，等. GIS 空间分析原理与方法［M］. 北京：科学出版社，2007.

［152］吴立新，史文中，Christopher G. M. 3D GIS 与 3D GMS 中的空间构模技术［J］. 地理与地理信息科学，2003，19(1)：5～11.

［153］文学东，卢秀山，李青元，等. 基于三棱柱的三维地质体建模及可视化研究［J］. 测绘科学，2005，5(30)：82～83.

［154］Wu L X. Topological relations embodied in a generalized tri-prism(GTP) model for a 3D geosciences modeling system［J］. Computers and Geosciences，2004，30(4)：405～418.

［155］Zheng G Z，Shen Y L. 3D analysis of geological characteristics and status research of 3D geology modeling［J］. Advance in Earth Sciences，2004，19(2)：218～223.

［156］Cheng P G，Gong J Y，Shi W Z，et al. Geological object modeling based on quasitriprism volume and its application［J］. Geometrics and Information Science of Wuhan University，2004，29(7)：602～607.

［157］史文中，吴立新，李清泉，等. 三维空间信息系统模型与算法［M］. 北京：电子工业出版社，2007.

[158] 杨东来,张永波,王新春,等. 地质体三维建模方法与技术指南[M]. 北京:地质出版社,2007.

[159] 贺怀建,白世伟,赵新华,等. 三维地层模型中地层划分的探讨[J]. 岩土力学,2002,23(5):637～639.

[160] 熊祖强. 工程地质三维建模及可视化技术研究[D]. 武汉:中国科学院武汉岩土力学研究所,2007.

[161] 郑蔚,张冬梅,戴光明. 基于广义三棱柱体体元的三维地质体漫游技术[J]. 微计算机信息,2005,21(12):191～194.

[162] 王卫东,蒋红斐. 道路与铁道工程计算机辅助设计[M]. 北京:机械工业出版社,2004.

[163] 中华人民共和国住房和城乡建设部. 地铁设计规范 GB50157-2013[M]. 北京:中国建筑工业出版社,2014.

[164] 杨利. 城市轨道交通纵断面 CAD 系统研究[D]. 成都:西南交通大学,2007.

[165] 欧阳全裕. 地铁轻轨线路设计[M]. 北京:中国建筑工业出版社,2007.

[166] 陈学工,季兴,黄伟. 三维隧道矢量模型生成方法[J]. 2010,30(6):1577～1580.

[167] 李鸣. 城市轨道交通线路设计三维地理环境建模方法与应用研究[D]. 石家庄:石家庄铁道大学,2012.

[168] 何彬. 基于 GIS 的城市轨道交通三维空间选线系统研究[D]. 石家庄:石家庄铁道大学,2015.